LA DORDOGNE ET LE LOT

ÉDITION ÉCRITE ET ACTUALISÉE PAR

François Capelani, Jean-Bernard Carillet, Sandrine Gallotta et Isabelle Paccault

Sommaire

Avant le départ

À vélo sur le pont Valentré à Cahors (p. 248)

© B. PICCOLI / STOCK.ADOBE.COM

Sarlat et le Périgord noir 50

Bergerac et le Périgord pourpre 110

Près du musée national de Préhistoire, aux Eyzies-de-Tayac (p. 101)

Sommaire

Ferme du Quercy

En savoir plus

Carnet pratique

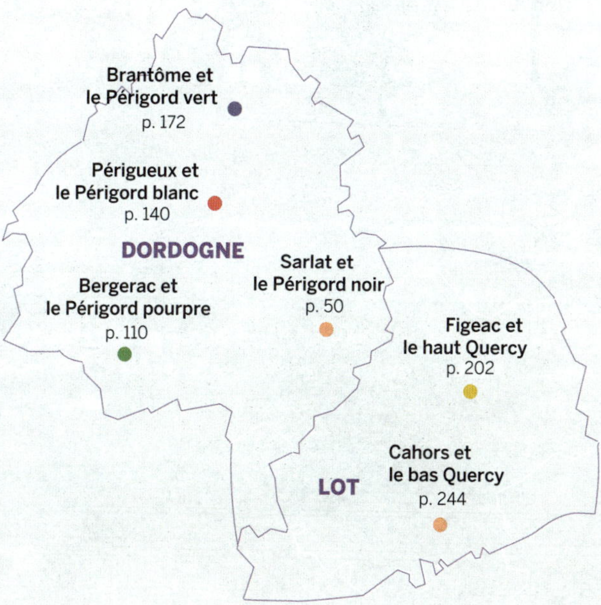

BIENVENUE EN DORDOGNE ET DANS LE LOT

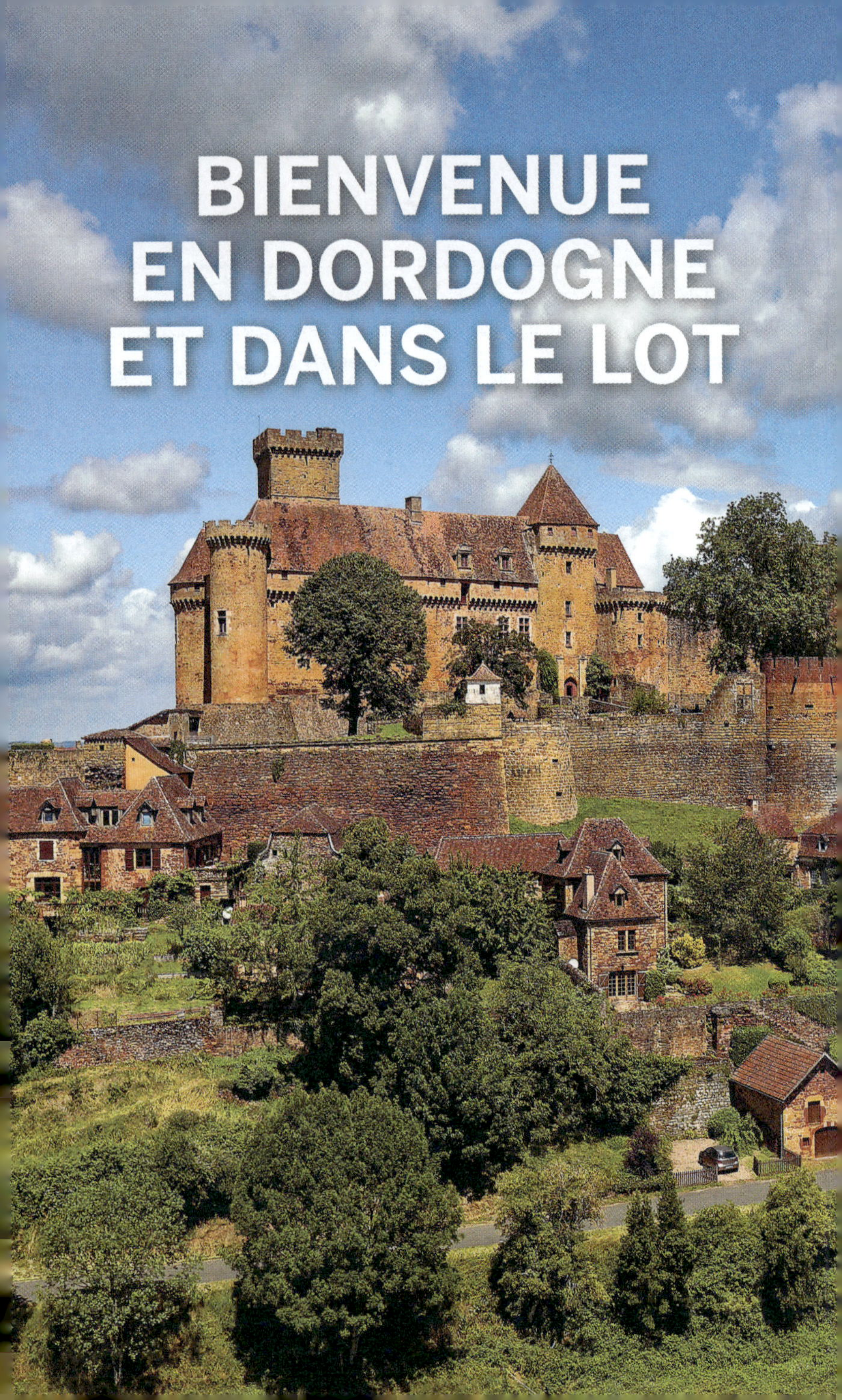

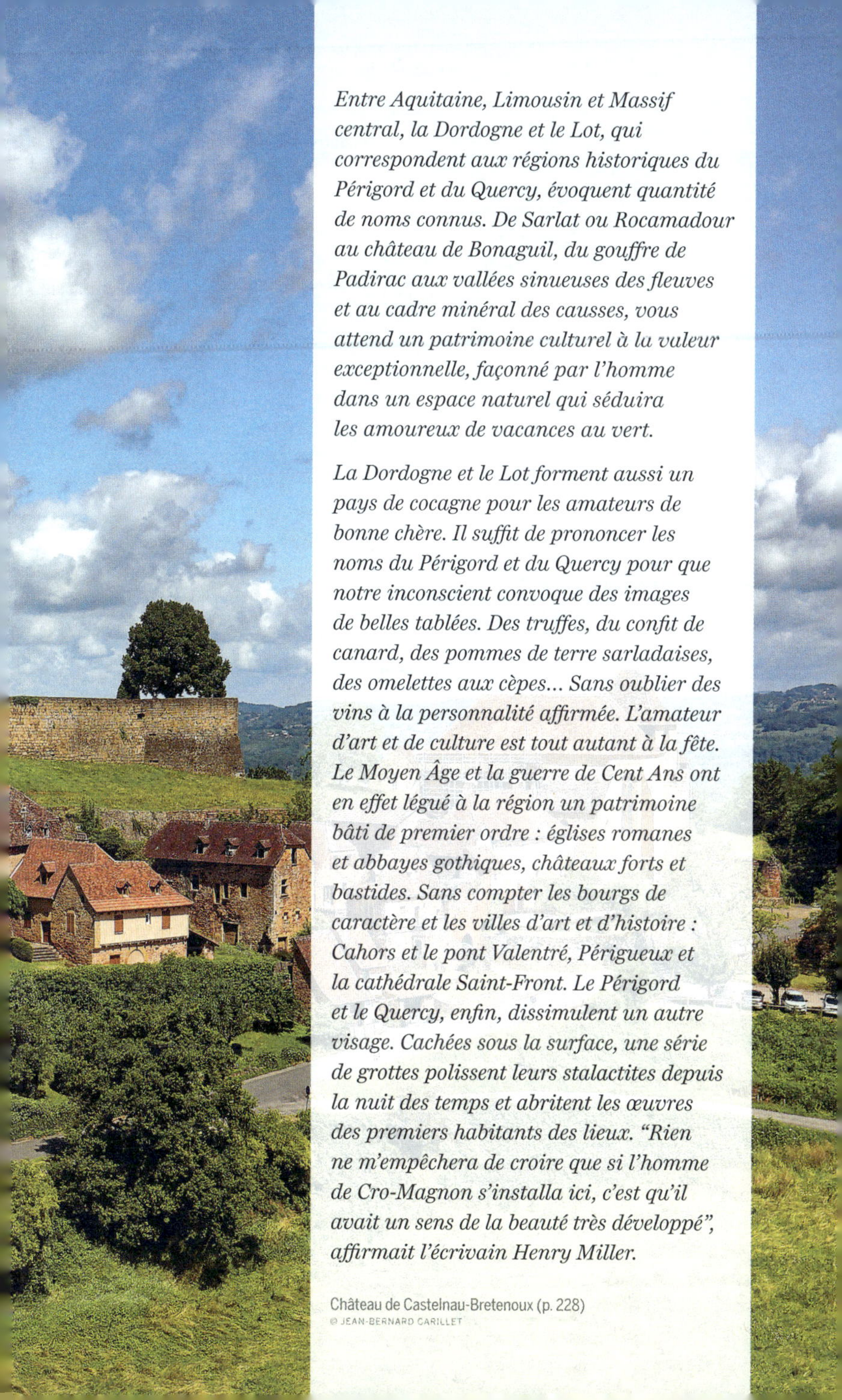

Entre Aquitaine, Limousin et Massif central, la Dordogne et le Lot, qui correspondent aux régions historiques du Périgord et du Quercy, évoquent quantité de noms connus. De Sarlat ou Rocamadour au château de Bonaguil, du gouffre de Padirac aux vallées sinueuses des fleuves et au cadre minéral des causses, vous attend un patrimoine culturel à la valeur exceptionnelle, façonné par l'homme dans un espace naturel qui séduira les amoureux de vacances au vert.

La Dordogne et le Lot forment aussi un pays de cocagne pour les amateurs de bonne chère. Il suffit de prononcer les noms du Périgord et du Quercy pour que notre inconscient convoque des images de belles tablées. Des truffes, du confit de canard, des pommes de terre sarladaises, des omelettes aux cèpes... Sans oublier des vins à la personnalité affirmée. L'amateur d'art et de culture est tout autant à la fête. Le Moyen Âge et la guerre de Cent Ans ont en effet légué à la région un patrimoine bâti de premier ordre : églises romanes et abbayes gothiques, châteaux forts et bastides. Sans compter les bourgs de caractère et les villes d'art et d'histoire : Cahors et le pont Valentré, Périgueux et la cathédrale Saint-Front. Le Périgord et le Quercy, enfin, dissimulent un autre visage. Cachées sous la surface, une série de grottes polissent leurs stalactites depuis la nuit des temps et abritent les œuvres des premiers habitants des lieux. "Rien ne m'empêchera de croire que si l'homme de Cro-Magnon s'installa ici, c'est qu'il avait un sens de la beauté très développé", affirmait l'écrivain Henry Miller.

Château de Castelnau-Bretenoux (p. 228)

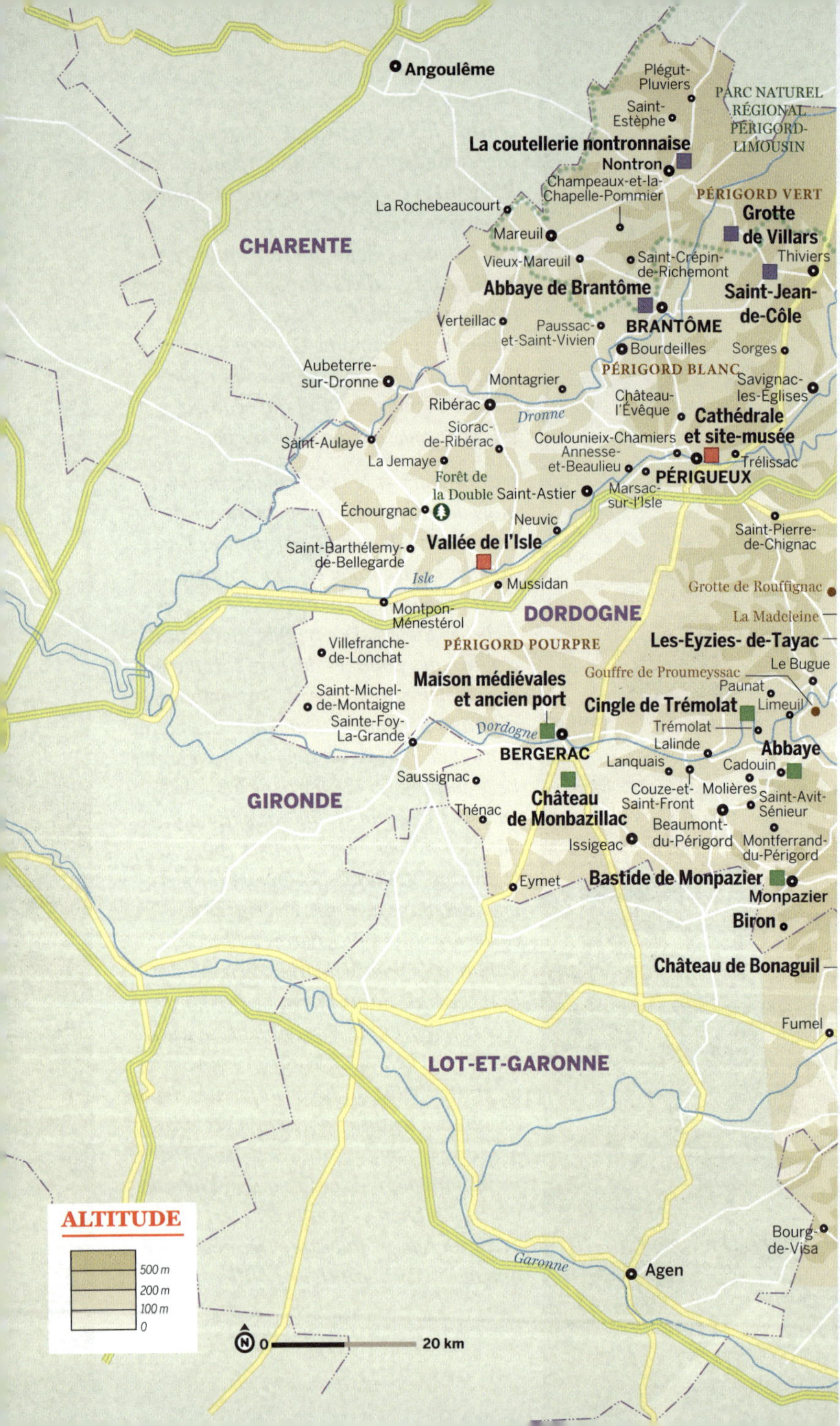

Angoulême
Plégut-Pluviers
Saint-Estèphe
PARC NATUREL RÉGIONAL PÉRIGORD-LIMOUSIN
La coutellerie nontronnaise
Nontron
Champeaux-et-la-Chapelle-Pommier
La Rochebeaucourt
PÉRIGORD VERT
Grotte de Villars
Mareuil
CHARENTE
Vieux-Mareuil
Saint-Crépin-de-Richemont
Thiviers
Abbaye de Brantôme
Saint-Jean-de-Côle
Verteillac
Paussac-et-Saint-Vivien
BRANTÔME
Bourdeilles
Sorges
Aubeterre-sur-Dronne
PÉRIGORD BLANC
Montagrier
Savignac-les-Eglises
Ribérac
Château-l'Évêque
Dronne
Cathédrale et site-musée
Siorac-de-Ribérac
Saint-Aulaye
Coulounieix-Chamiers
Annesse-et-Beaulieu
Trélissac
La Jemaye
PÉRIGUEUX
Forêt de la Double
Saint-Astier
Marsac-sur-l'Isle
Échourgnac
Neuvic
Saint-Pierre-de-Chignac
Saint-Barthélemy-de-Bellegarde
Vallée de l'Isle
Isle
Mussidan
Grotte de Rouffignac
Montpon-Ménestérol
DORDOGNE
La Madeleine
Villefranche-de-Lonchat
PÉRIGORD POURPRE
Les-Eyzies- de-Tayac
Le Bugue
Maison médiévales et ancien port
Gouffre de Proumeyssac
Saint-Michel-de-Montaigne
Paunat
Cingle de Trémolat
Limeuil
Sainte-Foy-La-Grande
Dordogne
Trémolat
Lalinde
BERGERAC
Abbaye
Lanquais
Cadouin
Saussignac
Couze-et-Saint-Front
Molières
Saint-Avit-Sénieur
GIRONDE
Château de Monbazillac
Thénac
Beaumont-du-Périgord
Montferrand-du-Périgord
Issigeac
Eymet
Bastide de Monpazier
Monpazier
Biron
Château de Bonaguil
Fumel
LOT-ET-GARONNE
ALTITUDE
500 m
200 m
100 m
0
Bourg-de-Visa
Garonne
Agen
N
0
20 km

CARTES DÉTAILLÉES
Sarlat et le Périgord noir (p. 50)
Bergerac et le Périgord pourpre (p. 110)
Périgueux et le Périgord blanc (p. 140)
Brantôme et le Périgord vert (p. 172)
Figeac et le haut Quercy (p. 202)
Cahors et le bas Quercy (p. 244)
HAUTE-VIENNE
Château de Jumilhac
Jumilhac-le-Grand
Isle
Auvézère
Vézère
Château de Hautefort
Grotte de Tourtoirac
Montignac
Tulle
CORRÈZE
Terrasson-Lavilledieu
Brive-la-Gaillarde
Dordogne
Lascaux II et IV
Montignac
Saint-Amand-de-Coly
Turenne
Collonges-la-Rouge
Saint-Léon-sur-Vézère
PÉRIGORD NOIR
Grotte des Combarelles
Salignac-Eyvigues
Beaulieu-sur-Dordogne
Jardins d'Eyrignac
Martel
Vayrac
Font-de-Gaume
SARLAT-LA-CANÉDA
Souillac
Carennac
Bretenoux
Beynac-et-Cazenac
Cité médiévale
Cazoulès
Grottes de Lacave
Sousceyrac
Saint-Julien-de-Lampon
Saint-Céré
Gouffre de Padirac
Grotte de Presque
Siorac-en-Périgord
Jardin de Marqueyssac
Domme
Belvès
La Roque-Gageac
Rocamadour
Gramat
Latronquière
Grotte de Cougnac
Castelnaud-la-Chapelle
Daglan
Gourdon
Saint-Vincent-le-Paluel
PARC NATUREL RÉGIONAL DES CAUSSES DU QUERCY
Lacapelle-Marival
Villefranche-du-Périgord
Salviac
Assier
Cardaillac
Cazals
Labastide-Murat
Livernon
LOT
HAUT QUERCY
FIGEAC
Célé
Montfort
Catus
Lauzès
Grotte du Pech Merle
Capdenac
Marcilhac-sur-Célé
Puy-l'Évêque
Vignobles
Saint-Géry
Sauliac-sur-Célé
Cabrerets
Grotte de Foissac
Lot
Luzech
Cajarc
Tournon-d'Agenais
Vignobles
CAHORS
Saint-Cirq-Lapopie
AVEYRON
Limogne-en-Quercy
BAS QUERCY
Montaigu-de-Quercy
Montcuq
Marché aux truffes
Lalbenque
Villefranche-de-Rouergue
Castelnau-Montratier
Lauzerte et le Quercy blanc
Montpezat-de-Quercy
Caylus
Najac
Molières
TARN-ET-GARONNE
Caussade
Moissac

↗ SARLAT
Capitale du Périgord noir, Sarlat-la-Canéda charme immédiatement avec ses ruelles bordées d'hôtels particuliers tout droit venus du Moyen Âge et de la Renaissance. Mais loin d'être nostalgique de son riche passé, la ville constitue aussi le cœur vibrant de la région grâce à ses marchés animés (p. 54).

1 CITÉS ET BASTIDES DE CHARME

Points d'entrée dans la région, lieux de villégiature ou simples étapes de passage, les jolies cités de la Dordogne et du Lot sont incontournables. Elles révèlent un patrimoine d'une très grande richesse qui remonte souvent au Moyen Âge. Quant aux bastides, ces "villes neuves" au plan en damier, elles sont un concentré d'histoire, urbaine et politique.

→ BRANTÔME

La situation de la ville, lovée dans une boucle de la Dronne que traversent cinq ponts et passerelles, lui a valu le surnom de "Venise du Périgord". Il ne faudra pas négliger la visite de son ancienne abbaye bénédictine qui renferme un parcours troglodytique bien mystérieux (p. 176).

↙ FIGEAC

Bordée par les eaux du Célé, Figeac fut une cité commerciale d'importance au Moyen Âge. Elle en garde de beaux vestiges architecturaux : nobles hôtels particuliers, demeures de riches marchands et belles places pavées. Y est né l'égyptologue Jean-François Champollion qui, le premier, déchiffra les hiéroglyphes (p. 206).

Le top des musées

- **Musée d'Art et d'Archéologie** (Périgueux, p. 148)
- **Musée Champollion** (Figeac, p. 208)
- **Musée Zadkine** (Les Arques, p. 242)
- **Atelier-musée Jean-Lurçat** (Saint-Laurent-les-Tours, p. 226)

→ MONPAZIER

Considérée comme un modèle du genre, la bastide de Monpazier a été fondée en 1284 par le roi d'Angleterre Édouard Ier. Son plan en damier déroule un quadrillage de rues et ruelles (les "carreyrous") autour de la belle place des Cornières (p. 126).

2 ART PRÉHISTORIQUE

Les passionnés de préhistoire ne sauront plus où donner de la tête tant la Dordogne et le Lot recèlent de trésors inestimables, témoins de l'occupation de ces régions par les hommes depuis des temps immémoriaux. L'émotion saisit immanquablement dans ces grottes et abris ornés de peintures et gravures surgies des profondeurs.

↓ LASCAUX

Classée au patrimoine mondial de l'humanité par l'Unesco, la "chapelle Sixtine de la préhistoire" a été réalisée il y a 20 000 ans. Elle est aujourd'hui fermée au public et ses peintures polychromes peuvent être admirées sur les sites de Lascaux II et IV, répliques de la célèbre grotte (p. 88).

↑ PECH MERLE

Peut-être moins célèbre que Lascaux, la grotte du Pech Merle permet une approche en conditions "réelles" de l'art pariétal du paléolithique. Et les sensations sont au rendez-vous face aux magnifiques fresques et autres dessins vieux de près de 16 000 ans (p. 216).

↓ ROUFFIGNAC

En famille, à bord d'un petit train, la "grotte aux Cent Mammouths" dépasse les espérances et n'en révèle pas moins de 158 pachydermes dessinés ou gravés sur ses parois. Ces œuvres impressionnantes datent de 13 000 ans (p. 94).

© GROTTE DE ROUFFIGNAC

Pour en savoir plus sur la préhistoire

- **Les Eyzies-de-Tayac** (p. 101)
- **La Roque-Saint-Christophe** (p. 98)
- **Visites-conférences des guides du Centre des monuments nationaux** (p. 100)

→ FOISSAC

Poteries, statuette, outils, squelettes et même empreintes de pieds d'enfant : la grotte de Foissac est riche de bien des trésors. Fréquentée il y a 5 000 ans, elle était utilisée pour récolter de l'argile mais également comme lieu de sépulture (p. 210).

© GROTTE DE FOISSAC

↗ DORDOGNE
Du haut Quercy au Périgord, la Dordogne traverse des paysages verdoyants que viennent rythmer petits villages, châteaux forts perchés et falaises à pic. Au choix, un parcours itinérant le long de la rivière (p. 69), ou une excursion à la demi-journée depuis La Roque-Gageac (p. 78) ou Bergerac (p. 115).

3 AU FIL DE L'EAU

Preuve de leur importance, la Dordogne et le Lot ont donné leur nom aux départements qu'ils traversent de part en part. Et, pour un tableau hydrographique complet, il faut ajouter la Dronne, le Célé, la Vézère ou encore l'Isle. Bref, il serait impensable de ne pas embarquer pour une randonnée en canoë-kayak, une balade en gabarre ou une croisière commentée.

↑ LOT

Entre haut Quercy et bas Quercy, coule paisiblement le Lot dont les méandres révèlent ponts extraordinaires, cités de caractère et vignobles à perte de vue. La rivière est navigable en particulier à Cahors (p. 252) et Saint-Cirq-Lapopie (p. 263) d'où partent d'agréables croisières en gabarre.

Les meilleurs spots de baignade

- **Lac de Pombonne** (p. 135)
- **Groléjac** (p. 71)
- **Grand étang de Saint-Estèphe** (p. 196)

↓ DRONNE

Le Périgord vert se découvre depuis la Dronne, entre Brantôme (p. 176) et Bourdeilles (p. 188) notamment. Le cours d'eau forme des boucles d'où surgissent là une abbaye bénédictine, ici un château médiéval, là-bas un jardin botanique. Le canoë-kayak est ici tout indiqué pour être au plus proche de la nature.

4 ÉTERNELLES ÉGLISES

Traversés respectivement par la Via Lemovicensis et surtout la Via Podiensis qui mènent les pèlerins à Saint-Jacques-de-Compostelle, la Dordogne et le Lot ont vu leur territoire se couvrir de nombreux sanctuaires, abbayes et cathédrales. S'y sont déployées des merveilles de l'art roman, avant que ne s'invitent ensuite le gothique et le baroque.

→ ROCAMADOUR

Tout semble lié au miracle sur le site de Rocamadour. Tenant son nom de saint Amadour, la cité y est comme suspendue au-dessus des gorges de l'Alzou, écrin sans nul autre pareil renfermant des sanctuaires où affluent depuis le XIIe siècle les pèlerins venus prier la Vierge noire (p. 220).

© LAMIO / STOCK.ADOBE.COM

Le top des églises décorées

- **Église de Monbos** (p. 139)
- **Abbatiale Sainte-Marie** (Souillac, p. 235)
- **Église Saint-Pierre-de-Rouillac** (p. 272)
- **Église Saint-Laurent** (Les Arques, p. 243)

↓ CATHÉDRALE SAINT-FRONT

Emblème de Périgueux que dominent son haut clocher et ses coupoles surmontées de clochetons, l'exubérance toute byzantine de la cathédrale Saint-Front ne passe pas inaperçue. Le sanctuaire est situé sur l'emplacement du tombeau du saint évangélisateur du Périgord (p. 145).

© CAPUDE1957 / STOCK.ADOBE.COM

↙ ABBAYE DE CADOUIN

Si l'abbaye Notre-Dame-de-la-Nativité peut sembler à première vue bien dépouillée, quelle ne sera pas votre surprise en découvrant son cloître du XVe siècle. Dans un style gothique flamboyant, animaux et personnages paraissent s'animer sur les chapiteaux, bas-reliefs et clés de voûte (p. 131).

↑ ABBAYE DE MOISSAC

Étape sur le chemin de Saint-Jacques-de-Compostelle, l'abbaye Saint-Pierre de Moissac impressionne au premier regard avec son portail roman sculpté, illustrant le thème de l'Apocalypse. Et, dans son cloître aux fines colonnes, les chapiteaux se font livres d'histoire (p. 277).

© JEAN-BERNARD CARILLET

© ASSOCIATION DES AMIS DU JARDI

5 ÉTONNANTS JARDINS

Si la nature est omniprésente dans le Périgord et le Quercy, elle sait aussi se domestiquer dans le cadre de jardins créés de la main patiente de l'homme et d'un amour immodéré pour les plantes venues des quatre coins du globe. "À la française", anglais, toscan, zen, des couleurs, des insectes, des sorcières, avec vue : il y en a pour tous les goûts.

JARDINS DU MANOIR D'EYRIGNAC
Archétypes du style "à la française", les jardins du manoir d'Eyrignac, situés à 13 km de Sarlat, ont été créés au XVIIIe siècle puis remaniés dans les années 1960. Les buis, charmes, ifs et autres cyprès y forment des sculptures végétales aux formes géométriques (p. 63).

© JAG IMAGES/ STOCK.ADOBE.COM

JARDINS DE CADIOT
Ce ne sont pas moins de dix jardins qui attendent les visiteurs à Carlux. S'ouvrant par un potager, se perdant dans un labyrinthe végétal, se faisant sauvage ou anglais, invitant à la poésie ou aux mystères égyptiens, les jardins de Cadiot séduisent par leur diversité (p. 68).

Au cœur des forêts

- **Forêt de la Double** (p. 161)
- **Forêts du Sarladais** (p. 64)
- **Forêt de Campagne** (p. 107)

JARDINS PANORAMIQUES
Sur les hauteurs de Limeuil, l'un des "plus beaux villages de France", les Jardins panoramiques offrent une vue à couper le souffle sur la Dordogne et la Vézère qui se rejoignent ici. Des sentiers d'interprétation à visée pédagogique parcourent les différents espaces thématiques (p. 135).

© AU FIL DU TEMPS

...BUISSON

LES BAMBOUS DE PLANBUISSON
Labellisés "Jardin remarquable", les Bambous de Planbuisson le sont sans conteste. Ce jardin présente en effet près de 240 variétés de bambous et 100 d'autres graminées : il s'agit de l'une des plus importantes collections de ces espèces en Europe (p. 134).

6 FIERS CHÂTEAUX

Perchés sur des crêtes vertigineuses ou au cœur de vallons verdoyants, dominant bourgs et villages ou posés au bord de l'eau, les châteaux du Périgord ponctuent la campagne de leurs donjons massifs, tourelles aux toits pointus et remparts crénelés. Et c'est l'histoire qui s'invite entre leurs murs, du fracas des guerres aux idées humanistes.

↓ BEYNAC

L'histoire semble encore vibrer dans l'enceinte du château de Beynac, témoin et acteur de la rivalité entre royaumes de France et d'Angleterre. Sa situation exceptionnelle, à 150 m de hauteur au-dessus de la Dordogne, offre un panorama sur les alentours aujourd'hui apaisés (p. 79).

© PACKSHOT / STOCK.ADOBE.COM

© OLIVIER CIRENDINI

↑ JUMILHAC

C'est un véritable conte de fées qui se raconte au château de Jumilhac, sous ses tours et tourelles pointant vers le ciel, dans ses jardins formant un labyrinthe végétal, ou encore dans cette "chambre de la fileuse" où se noua une histoire d'amour (p. 198).

→ BONAGUIL

Donjon, tours crénelées, hauts murs à pic, pont-levis, barbacane, chicane et meurtrières : rien ne manque au château de Bonaguil, qui constitue un exemple remarquable de place forte défensive. Et son histoire connut bien des épisodes mouvementés, entre guerres de Religion et Révolution (p. 269).

© MEMORY87/ STOCK.ADOBE.COM

↓ MILANDES

Datant du XVᵉ siècle, le château des Milandes est surtout connu pour avoir été la demeure de Joséphine Baker qui le racheta en 1947. Elle y vécut jusqu'en 1969 avec ses douze enfants adoptifs, modelant les lieux à son image, entre incroyables salles de bains et piscine en forme de "J" (p. 83).

Châteaux d'écrivains

- **Fénelon** (p. 70)
- **Montaigne** (p. 138)
- **Richemont** (p. 183)

© OKSMIT / STOCK.ADOBE.COM

© CLAIRE ANGOT

← BIRON

La visite du château de Biron est une traversée passionnante entre les styles architecturaux : à la tour féodale et porte romane succède la chapelle gothique à laquelle s'ajoutent les appartements Renaissance, sans compter les expositions d'art contemporain (p. 127).

7 DÉGUSTER LE TERROIR

Il ne faut pas chercher bien loin dans ses souvenirs culinaires ou sa culture gastronomique pour citer l'un de ces mets gourmands qui font la réputation du Périgord et du Quercy. Derrière cette renommée, ce sont des produits d'exception qui s'expriment – et qui valent bien quelques superlatifs, du "diamant noir" à l'"or rouge" –, et des savoir-faire qui se perpétuent.

↘ TRUFFES

Tuber melanosporum de son nom scientifique, la truffe noire est indissociable du Périgord. Ce produit de luxe au parfum entêtant se découvre en hiver sur les marchés de Sainte-Alvère (p. 136) ou de Lalbenque (p. 265), ou encore le long du sentier des truffières à Sorges (p. 167).

→ MARCHÉS AU GRAS

Quand l'hiver fut venu, les habitants de Dordogne et du Lot ne furent pas dépourvus… grâce aux marchés au gras. À Périgueux notamment (p. 148), les étals se couvrent alors de foie gras, magrets, confits et autres abats, de canard ou d'oie bien sûr.

LOT TOURISME · J. MOREL

↑ SAFRAN

Cultivé au XIe siècle avant d'être abandonné, le safran a récemment fait sa réapparition dans le Quercy. Rendez-vous le dernier samedi d'octobre à Cajarc (p. 212) pour vous initier à la délicate culture de ce crocus dont les stigmates rouge vif fournissent l'épice tant recherchée.

↓ VIGNOBLES

Les amateurs de vin auront fort à faire dans la région ! Autour de Cahors (p. 255), une tradition viticole millénaire produit un vin rouge puissant issu du malbec. Plus au nord, si Monbazillac (p. 121) est synonyme de vin blanc liquoreux, le vignoble bergeracois (p. 119) sait prendre bien d'autres teintes.

© CLAIRE ANGOT

© SLOWMOTIONGLI / STOCK.ADOBE.COM

↑ ROCAMADOUR

La célèbre cité médiévale partage son nom... avec un fromage de chèvre produit sur les Causses du Quercy. Petit palet rond et onctueux, protégé par une AOC, le rocamadour est aussi fréquemment appelé "cabécou" : ne le ratez pas sur les marchés (p. 220).

Découvrir l'artisanat

- ▶ **Nontron** (p. 193)
- ▶ **Moulin de la Rouzique** (p. 128)
- ▶ **Caussade** (p. 275)

8 LES "PLUS BEAUX VILLAGES DE FRANCE"

Peut-être n'est-ce pas complètement un hasard si la célèbre appellation est née dans le nord du Quercy, à Collonges-la-Rouge. Si tout classement suppose une dose de subjectivité, il ne reste plus qu'au visiteur à faire le sien parmi les nombreux villages de Dordogne et du Lot, entre destinations touristiques et lieux secrets.

↑ LA ROQUE-GAGEAC
Dominant la Dordogne, La Roque-Gageac semble comme accroché à la falaise. Son emplacement en fit un point défensif, un lieu de villégiature et aujourd'hui une destination touristique prisée (p. 76).

↑ SAINT-CIRQ-LAPOPIE
Perché au-dessus du Lot, Saint-Cirq-Lapopie offre de beaux panoramas sur la vallée depuis son fort médiéval ou sa belle église. Et le bourg lui-même est l'occasion d'une agréable déambulation au hasard de ses ruelles pentues bordées de maisons à arcades (p. 259).

→ SAINT-JEAN-DE-CÔLE
Comme sur une carte postale, Saint-Jean-de-Côle paraît posséder tous les attributs du village parfait : une église avec son prieuré, un beau château, des maisons à colombages, une halle en bois et un vieux pont qui enjambe la rivière. À vos appareils photo (p. 184) !

↑ COLLONGES-LA-ROUGE
Situé en Corrèze, dans le nord du Quercy, Collonges-la-Rouge doit son nom à la couleur de ses bâtiments construits avec les grès de la région riches en oxydes de fer. Et l'effet est saisissant, tout en contraste avec les alentours verdoyants (p. 239).

↓ FANLAC
C'est à Fanlac que se déroule l'histoire de *Jacquou le Croquant* d'Eugène Le Roy, qui retrace une révolte paysanne sous la Restauration. Et l'on y retrouve certains des décors : la "maison de l'abbé Bonal" qui recueillit le jeune héros ou le château de l'Herm du cruel comte de Nansac (p. 94).

Loin des foules

↘ VÉLO

Des véloroutes permettent la pratique du cyclotourisme en toute sécurité, dans la vallée du Céou (p. 80), en bord de Dordogne (p. 117) ou encore sur les berges de l'Isle (p. 160). Sans compter de tranquilles itinéraires en voies partagées dans les vallées du Lot et du Célé (p. 213 et 215 et cahier vélo).

Les activités les plus insolites

- ▶ **Chasses au trésor** (Puymartin, p. 64 ; Losse, p. 92)
- ▶ **Visites des phosphatières du Cloup d'Aural** (p. 266)
- ▶ ***Escape games*** (châteaux de Marzac, p. 99 et de Bridoire, p. 125)

↓ RANDONNÉE

Traversés par deux des chemins de Saint-Jacques-de-Compostelle (p. 301), la Via Podiensis et la Via Lemovicensis, le Lot et la Dordogne proposent un large choix d'itinéraires aux marcheurs. Autre option : mettre ses pas dans ceux des hommes de Lascaux dans la vallée de la Vézère (p. 87).

9 PROFITER DE LA NATURE

Outre les nombreux cours d'eau qui les parcourent (voir p. 318), la Dordogne et le Lot offrent un vaste terrain de jeu aussi bien aux amateurs de petite vitesse qu'aux sportifs à la recherche de sensations : à vélo le long de voies vertes, sur les traces des pèlerins de Compostelle, suspendus dans le vide le long d'une paroi vertigineuse ou encore plongés dans les profondeurs d'une cavité naturelle.

↑ SPÉLÉOLOGIE
Le sous-sol calcaire du Lot et de la Dordogne est plein de trous ! Idéal donc pour une initiation à la spéléologie, à Martel (p. 232), Saint-Cirq-Lapopie (p. 261) ou encore dans les gorges de l'Auvézère (p. 199).

↙ ESCALADE
Les occasions de faire des progrès en escalade ne manqueront pas : de belles voies ont été ouvertes en particulier dans le Quercy, entre Cahors et Figeac. Et, pour les moins téméraires, des via ferrata offrent de belles émotions, par exemple celle des jardins de Marqueyssac (p. 325).

10 MERVEILLES SOUTERRAINES

Si la beauté de la nature se donne à voir au premier regard, le long de la Dordogne ou sur les causses du Quercy, il faudra un peu plus d'efforts pour découvrir une autre facette de ses richesses. Direction sous Terre pour pénétrer dans ces cavités impressionnantes qui révèlent des formations géologiques à couper le souffle.

→ PADIRAC

Incontournable d'un séjour dans le Quercy, le gouffre de Padirac sait ménager ses effets : une descente à pic à 100 m de profondeur, une balade en barque sur une rivière souterraine et une succession de grottes toutes plus incroyables les unes que les autres (p. 225).

© FRANÇOIS CAPELANI

© FRANÇOIS CAPELANI

← LACAVE

C'est en empruntant un petit train que l'on pénètre jusqu'à l'entrée des grottes de Lacave d'où part un réseau de galeries long de 1,5 km. Les concrétions de calcaire millénaires y prennent des formes fantastiques, ici un dragon, là une araignée géante (p. 223).

→ PROUMEYSSAC

Il ne faut pas manquer la descente dans le gouffre de Proumeyssac en nacelle, (presque) comme le firent ses découvreurs en 1907. Tournant sur elle-même, elle offre au visiteur une vision à 360° de la "cathédrale de cristal" et de ses magnifiques fontaines pétrifiantes (p. 108).

↓ GRAND ROC

Semblable à une forêt minérale, la grotte du Grand Roc surprend par l'incroyable variété de ses cristallisations : stalactites, stalagmites, colonnes et autres draperies. La visite nocturne à la lampe tempête les lundis d'été ajoute encore aux sensations (p. 105).

Le top des mises en lumière

- **Grotte de Villars** (p. 182)
- **Grotte de Tourtoirac** (p. 168)
- **Grotte des Carbonnières** (p. 223)

→ MAXANGE

Découvertes seulement en 2000, les grottes de Maxange ont pour autre particularité de présenter un type de concrétions bien particulier : les excentriques. Celles-ci forment comme des bouquets dont les extrémités partent dans les tous les sens (p. 134).

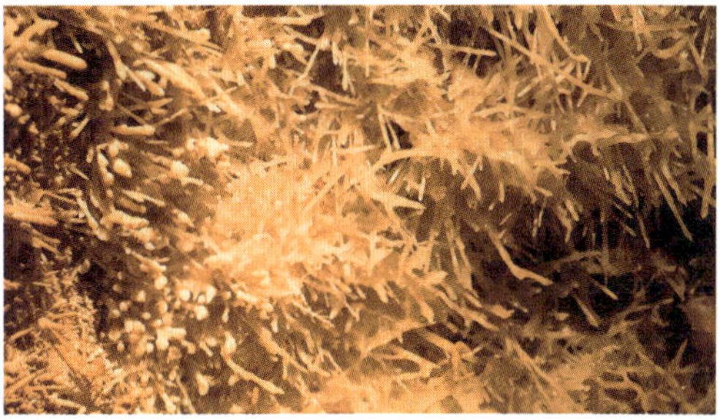

Avant le départ
Itinéraire : 10 jours

SANS VOITURE

Le Périgord sous toutes les couleurs

Pourpre, noir, blanc ou vert, le Périgord sait prendre bien des visages. Grottes de la préhistoire et cités du Moyen Âge ponctuent le territoire que traversent d'agréables cours d'eau.

Brantôme (p. 176)
Cap au nord pour découvrir la "Venise du Périgor[d]" vert, île-cité au riche passé, entre habitats troglodytiques, abbaye bénédictine du XIe siècle et demeures Renaissance.
Vous pourrez ensuite rejoindre Angoulême en bu[s]

7

Périgueux (p. 144)
La préfecture de la Dordogne, dans le Périgord blanc, a de nombreux atouts, notamment un site-musée gallo-romain conçu par Jean Nouvel, mais également une vieille ville médiévale bien agréable à arpenter tranquillement.
40 min de Périgueux à Brantôme, 5 bus/jour

6

Les Eyzies-de-Tayac (p. 101)
Poursuivez votre voyage dans l'histoire de nos origines avec la visite du Pôle international de la préhistoire et du musée national de Préhistoire sis sur la commune des Eyzies, dans la vallée de la Vézère.
35 min des Eyzies-de-Tayac à Périgueux, 5 trains/jour

5

Bergerac (p. 114)
En train depuis Bordeaux, pénétrez au cœur du Périgord pourpre.
La ville de Bergerac se développa au Moyen Âge grâce au tabac et au vin. Vous pourrez vous initier à l'œnologie au Quai Cyrano.
1 heure de Bergerac à Sarlat-la-Canéda, 4-6 trains/jour

1

La Roque-Gageac (p. 76)
Après les forteresses impressionnantes de Beynac (p. 79) et Castelnaud (p. 82), vous arriverez à La Roque-Gageac, un village spectaculairement accroché à la falaise. Prenez le temps pour une balade en canoë-kayak sur la Dordogne.
1 heure de Sarlat-la-Canéda à La Roque-Gageac, 6 bus/jour, uniquement en juillet-août, puis 35 min de Sarlat-la-Canéda à Montignac-Lascaux, 2-4 bus/jour

Les sites de Lascaux (p. 88)
Faut-il encore présenter la plus célèbre grotte ornée préhistorique de France ? Désormais fermée, vous pourrez admirer ses célèbres peintures à Lascaux II et IV.
50 min de Montignac-Lascaux aux Eyzies-de-Tayac, 4 bus/jour, uniquement en juillet-août. Sinon, 1 heure de Montignac-Lascaux à Périgueux, 2-4 bus/jour

Sarlat-la-Canéda (p. 54)
Impossible de rester de marbre face à la capitale du Périgord noir. Sa cité médiévale, qui s'anime les jours de marché, est d'une très grande richesse architecturale.
1 heure de Sarlat-la-Canéda à La Roque-Gageac, 6 bus/jour, uniquement en juillet-août.
Sinon 35 min de Sarlat-la-Canéda à Montignac-Lascaux, 2-4 bus/jour

Avant le départ
Itinéraire : 10 jours

SANS VOITURE

Le Lot, du paléolithique à aujourd'hui

Villes d'art et d'histoire, villages de caractère, sites naturels impressionnants : ce périple lotois ne manquera pas de vous étonner et de vous émerveiller.

Souillac (p. 235)
Débutez votre découverte du Lot à Souillac, sur la ligne de train Paris-Toulouse. La ville recèle deux curiosités : l'impressionnante abbatiale Sainte-Marie et un étonnant musée de l'Automate.
15 min de Souillac à Gourdon, 5-6 trains/jour

Gourdon (p. 241)
Capitale de la Bouriane, Gourdon a conservé son centre médiéval, tout de ruelles étroites bordées de maisons à colombages. À 3 km (à pied ou à vélo), ne manquez pas les grottes de Cougnac et leurs belles peintures du paléolithique.
25 min de Gourdon à Cahors, 5-6 trains/jour

Cahors (p. 248)
Il est impensable de passer à côté de Cahors et de ses deux monuments inscrits au patrimoine de l'Unesco : le pont Valentré et la cathédrale Saint-Étienne. Sans oublier son vignoble tout proche (p. 255).
30 min de Cahors à Bouziès, 2-6 bus/jour, puis 1 heure (4 km) jusqu'à Saint-Cirq-Lapopie par le chemin de halage de Ganil (p. 263)

Turenne (p. 237)
En remontant vers le nord, vous pénétrez en Corrèze. Faites une halte au petit village de Turenne, dominé par son fier château, témoin de la richesse de cette vicomté jadis puissante. De là, vous pourrez rejoindre Brive-la-Gaillarde en train.

Rocamadour (p. 220)
Tutoyez le ciel à Rocamadour : ce site de pèlerinage célèbre depuis le XIIe siècle est également un miracle d'équilibre architectural, perché au-dessus des gorges de l'Alzou.
30 min de Rocamadour-Padirac à Turenne, 3 trains/jour, puis 45 min (3 km) de la gare au village

6

Figeac (p. 206)
Cette ancienne cité marchande vous fera voyager des rives du Célé à celles du Nil grâce au musée consacré à l'enfant du pays qui sut le premier déchiffrer les hiéroglyphes, Jean-François Champollion.
35 min de Figeac à Rocamadour-Padirac, 5-6 trains/jour. Puis, de la gare, 1 heure (4 km) par un sentier pédestre jusqu'à Rocamadour

5

Saint-Cirq-Lapopie (p. 259) **et la grotte du Pech Merle** (p. 216)
Temps forts de votre périple : Saint-Cirq-Lapopie, l'un des plus beaux villages du Quercy, une croisière en gabarre sur le Lot, et la grotte du Pech Merle, site majeur de l'art paléolithique en Europe.
2 heures (20 km) aller-retour entre Tour-de-Faure (en face de Saint-Cirq-Lapopie) à Cabrerets (grotte du Pech Merle)
1 heure de Tour-de-Faure à Figeac, 2-6 bus/jour

4

Avant le départ
Itinéraire : 5 jours

SANS VOITURE

Boucle parfaite dans la vallée de la Dordogne

Si vos points de départ et d'arrivée seront les mêmes, Sarlat-la-Canéda, vous aurez voyagé entre-temps, de châteaux forts en villages perchés et autres bastides.

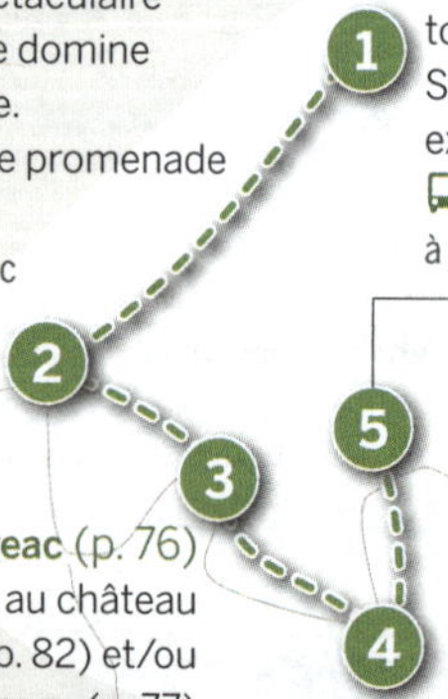

Sarlat-la-Canéda (p. 54)
La capitale du Périgord noir, accessible en train depuis Bordeaux, vous fera tout de suite remonter dans le temps. Son centre médiéval a été en effet extrêmement bien conservé et restauré.
🚌 30 min de Sarlat-la-Canéda à Beynac-et-Cazenac, 6 bus/jour

Beynac-et-Cazenac (p. 78)
Votre périple le long de la Dordogne commence de manière spectaculaire à Beynac, village perché que domine un château fort du XIIe siècle. Après la visite, profitez d'une promenade en gabarre sur la rivière.
🚌 30 min de Beynac-et-Cazenac à La Roque-Gageac, 6 bus/jour

La Roque-Gageac (p. 76)
En chemin, arrêtez-vous au château de Castelnaud (p. 82) et/ou aux jardins de Marqueyssac (p. 77) avant d'atteindre La Roque-Gageac. Construit entre la falaise et la Dordogne, ce village possède des habitats semi-troglodytiques.
🚌 20 min de La Roque-Gageac à Domme, 6 bus/jour

Domme (p. 73)
Typique de l'architecture défensive, cette bastide entourée de remparts jouit d'une position privilégiée au-dessus de la Dordogne. La vue sur la vallée y est magnifique.
🚌 10 min de Domme à Vitrac, 6 bus/jour

Vitrac (p. 71)
Cette dernière étape est l'occasion... de refaire le parcours à l'envers ! Mais en canoë-kayak cette fois, sur la Dordogne. Comptez 2 heures 30 pour Castelnaud (12 km), et 3 heures pour Beynac (16 km).
🚌 30 min de Beynac-et-Cazenac à Sarlat-la-Canéda, 6 bus/jour

Itinéraire : 5 jours

Les trésors du bas Quercy

Installez-vous à Cahors qui vous servira de base arrière pour rayonner dans la région : découverte du vignoble, croisière sur le Lot, excursion en Quercy blanc seront au programme, avec un petit détour par le Tarn.

Le vignoble (p. 255)
Plusieurs options pour découvrir le vignoble autour de Cahors : une excursion en bateau avec visite d'un château ; ou le train jusqu'à Mercuès (p. 256) ou Puy-l'Évêque (p. 268) d'où vous pourrez vous rendre à pied sur des domaines viticoles.
4 heures 30 de Cahors à Parnac, avec déjeuner (août uniquement)
15 min de Cahors à Mercuès, et 45 min jusqu'à Puy-l'Évêque, 3-7 bus/jour

Cahors (p. 248)
Prenez le temps de découvrir la "capitale du Quercy", accessible en train depuis Paris ou Toulouse. Vous admirerez le pont Valentré et la cathédrale Saint-Étienne, avant de gravir le mont Saint-Cyr pour un beau panorama.

Saint-Cirq-Lapopie (p. 259)
Remontez le cours du Lot pour découvrir l'un des plus beaux villages du Quercy : Saint-Cirq-Lapopie aux belles demeures de pierre blonde dominant le cours d'eau.
6 heures de Cahors à Tour-de-Faure, avec déjeuner (juillet-août uniquement)
30 min de Cahors à Bouziès, 2-6 bus/jour, puis 1 heure (4 km) jusqu'à Saint-Cirq-Lapopie par le chemin de halage de Ganil (p. 263)

Montcuq (p. 271)
Direction le Sud-Ouest et le Quercy blanc, qui doit son nom aux sols calcaires très clairs de la région.
Ici le tourisme se fait plus paisible, à l'image du petit village de Montcuq, dominé par sa haute tour-donjon.
40 min de Cahors à Montcuq, 3 bus/jour

Moissac (p. 277)
Autorisez-vous cette petite incursion dans le Tarn-et-Garonne voisin : l'abbaye Saint-Pierre de Moissac vaut le détour.
Après avoir frémi devant son portail roman illustrant l'Apocalypse, allez méditer dans le cloître aux 116 colonnes et 76 chapiteaux.
1 heure 30 de Cahors à Moissac via Montauban, 7-10 trains/jour

Itinéraire : 6 jours

SANS VOITURE

Au fil de l'eau sur la Dordogne

Embarquez pour une aventure en canoë-kayak : depuis la rivière, défileront beaux villages médiévaux, fiers châteaux et grottes fascinantes, sans compter la nature, toute proche.

1 Beaulieu-sur-Dordogne (p. 231)
Point de départ de votre randonnée en canoë-kayak sur la Dordogne, Beaulieu est une jolie cité médiévale construite autour de l'abbatiale Saint-Pierre. Partez ensuite à la découverte de la "Riviera limousine".
4 heures (20 km) de Beaulieu-sur-Dordogne à Carennac

2 Carennac (p. 229)
Avant de partir, ne manquez pas l'étonnant ensemble architectural de Carennac formé par l'église Saint-Pierre, son cloître et le château des Doyens. En chemin, faites un arrêt à Floirac pour découvrir sa couasne (p. 321).
4 heures (21 km) de Carennac

3 Meyronne
De Meyronne, vous gagnerez Lacave (p. 223) : ses grottes présentent un spectacle de concrétions de calcaire, faites de stalactites, cascades et draperies, à couper le souffle.
4 heures (20 km) de Meyronne à Souillac

4 Souillac (p. 235)
Amusez-vous au musée de l'Automate de Souillac, unique en Europe, avant une longue étape nature qui vous mènera jusqu'à Vitrac, via le cingle de Montfort (p. 71).
6 heures (28 km) de Souillac à Vitrac

5 Vitrac (p. 71)
Bastide de Domme (p. 73), village de La Roque-Gageac (p. 76), château de Castelnaud (p. 82) : les occasions de vous arrêter en chemin seront nombreuses, et toutes justifiées !
3 heures (16 km) de Vitrac à Beynac-et-Cazenac

6 Beynac-et-Cazenac (p. 78)
Accostez à Beynac puis grimpez visiter le village à flanc de falaise. Au sommet, se tient fièrement le château avec son gros donjon carré. N'oubliez pas de profiter du panorama avant de partir !

Itinéraire : 5 jours

À pied dans la vallée du Célé

Alternative à la Via Podiensis, l'un des chemins de Saint-Jacques, cette randonnée tranquille suit le Célé. Sinuant entre les falaises, le joli cours d'eau révèle de beaux panoramas et de charmants villages.

1 Faycelles (p. 212)
Arrivé en bus depuis Figeac au petit bourg de Faycelles, vous mettrez vos pas dans ceux des pèlerins de Saint-Jacques-de-Compostelle, avant de les quitter à Béduer pour gagner Espagnac par le GR®651.
4 heures 15 (17 km) de Faycelles à Espagnac

2 Espagnac (p. 215)
Après avoir visité le prieuré d'Espagnac-Sainte-Eulalie reconnaissable à son clocher à colombages et au toit de lauze, vous gagnerez Marcilhac-sur-Célé.
4 heures 30 (15 km) d'Espagnac à Marcilhac-sur-Célé

3 Marcilhac-sur-Célé (p. 214)
Admirez la belle abbaye de Marcilhac aux deux visages, roman et gothique, avant une étape de choix que vous pourrez ponctuer d'une petite balade en canoë-kayak à Sauliac-sur-Célé (p. 215).
5 heures (19 km) de Marcilhac-sur-Célé à Cabrerets

4 Cabrerets et la grotte du Pech Merle (p. 216)
Impossible, à Cabrerets, ne passer à côté de la grotte du Pech Merle et de ses magnifiques peintures paléolithiques : la frise noire, la fresque des chevaux ponctués ou encore les mains négatives au pochoir.
2 heures 30 (11 km) de Cabrerets à Saint-Cirq-Lapopie

5 Saint-Cirq-Lapopie (p. 259)
En chemin, vous verrez le Célé se jeter dans le Lot avant de rejoindre, par le chemin de halage de Ganil (p. 263), le beau village de Saint-Cirq-Lapopie, perché sur son promontoire rocheux au-dessus de la rivière. Vous pourrez regagner Cahors en bus depuis Tour-de-Faure, juste en face.

Itinéraire : 2/3 jours

SANS VOITURE

Week-ends

Voici quelques idées pour découvrir la Dordogne et le Lot le temps d'un week-end.

2

La capitale du Périgord blanc

En train depuis Bordeaux, venez passer un week-end bien rempli à Périgueux (p. 144). Au programme de votre 1er jour : la vieille ville autour de la cathédrale Saint-Front aux coupoles byzantines, puis le quartier de la Cité avec comme point d'orgue le musée Vesunna et sa demeure gallo-romaine. Le 2e jour, louez un vélo pour profiter de la voie verte des berges de l'Isle et visiter l'abbaye de Chancelade et le prieuré de Merlande (p. 153), aux portes de la ville.

1

Le must du Périgord noir

Installez-vous à Sarlat-la-Canéda (p. 54), accessible en train depuis Bordeaux, et allez arpenter les ruelles étroites de cette magnifique cité médiévale, sans oublier son marché du samedi. Le lendemain, remontez encore le temps en visitant les sites de Lascaux (p. 88), "la chapelle Sixtine de la préhistoire"

35 min, 2-4 bus/jour

3

Un pont, un vin, une cathédrale

Sur la ligne ferroviaire Paris-Toulouse, Cahors (p. 248) saura vous séduire par ses monuments emblématiques : le pont Valentré surmonté de ses hautes tours carrées et la cathédrale Saint-Étienne qui cache un beau cloître de style gothique. Le lendemain, vous pourrez partir à la découverte du vignoble (p. 255), dont certains domaines sont accessibles lors d'une croisière ou par le train.

Entre Célé et Lot

En bus depuis Cahors ou en train depuis Brive, vous gagnerez Figeac (p. 206). Cette jolie "Ville d'art et d'histoire" a vu naître l'égyptologue Jean-François Champollion à qui un musée passionnant rend hommage. Le 2e jour, direction la vallée du Lot (p. 212), pour découvrir l'église romane de Saint-Pierre-Toirac et le château de Larroque-Toirac (🚌 25 min, 2-6 bus/jour), ou pousser jusqu'à Cajarc pour une touche d'art contemporain (🚌 45 min, 2-7 bus/jour)

4

Avant le départ
L'agenda

Montgolfiades de Rocamadour (p. 220)

Janvier

Fête de la Truffe

Sarlat (mi-jan ; www.sarlat-tourisme.com/fete-de-la-truffe-sarlat). Le Périgord devait bien une fête au précieux champignon ! En parallèle se tiennent des ateliers culinaires, ouverts à tous et parrainés par l'Académie culinaire du foie gras et de la truffe.

Avril

Châteaux en fête

Périgord (fin avr ; www.chateauxenfete.com). Dans tout le département, des châteaux, manoirs et gentilhommières ouvrent leurs portes pour des animations, des concerts, des dégustations et des expériences variées.

Mai

Fête de la Ringueta

Sarlat (www.sarlat-tourisme.com/la-ringueta). Les années paires, la place de la Grande-Rigaudie accueille, le jour de la Pentecôte, les jeux traditionnels occitans.

Foire de la Latière

Saint-Aulaye (fin avr-début mai). Une foire aux bestiaux au cœur de la forêt de la Double, complétée d'une brocante et de diverses festivités.

Juillet

Chemins de l'Imaginaire

Terrasson-Lavilledieu (début juil ; www.centre-culturel-terrasson.fr/festival-les-chemins-de-limaginaire). Théâtre, apéros-concerts, cinéma en plein air… Ce festival offre trois jours de culture et de décontraction.

Lot of saveurs

Cahors et villages alentour (début juil : www.lotofsaveurs.fr). La gastronomie et les produits régionaux sont à l'honneur.

Félibrée

(1er dim juil). Cette fête traditionnelle de la culture occitane, la plus grande du Périgord, se tient chaque année dans une ville ou un village périgourdin.

Cahors Blues Festival

Cahors (mi-juil ; www.cahorsbluesfestival.com). La ville vit au rythme du blues chaque été depuis 1982, avec ce festival qui accueille des *bluesmen* français et étrangers.

Musiques de La Nouvelle-Orléans en Périgord

Périgord (mi-juil ; mnop.fr). Le jazz de la Nouvelle-Orléans résonne dans les rues de plusieurs villes et villages périgourdins durant tout le mois de juillet.

Africajarc

Cajarc (2nde quinzaine de juil ; www.africajarc.com). La ville du safran met des épices dans son été avec ce festival de musiques africaines, associé à une compétition de courts-métrages.

Souillac en Jazz

Souillac (2nde quinzaine de juil ; www.souillacenjazz.fr). Les grands noms du jazz se donnent rendez-vous à Souillac durant une semaine.

Juillet-août

Mimos

Périgueux (fin juil/début août ; www.mimos.fr). Le Festival international des arts du mime et du geste prend ses quartiers dans les rues, les places et les salles de spectacles. Créé en 1983 en hommage au mime Marceau, il est l'un des plus importants du genre en Europe.

L'été musical en pays de Bergerac

Pays de Bergerac (fin juil/début août ; www.festivalbergerac.com). Si le classique est à l'honneur, des musiciens et interprètes aussi divers que Juliette ou Avishaï Cohen s'y sont également produits. Les concerts sont donnés dans des lieux exceptionnels – bastide de Monpazier, château de Biron ou abbaye de Saint-Avit-Sénieur.

Joutes de Brantôme

Brantôme (juil-août). Tous les vendredis soir, à 21h devant l'abbaye, les équipes rouge et bleue s'affrontent sur l'eau pour le plus grand plaisir des spectateurs.

Rencontres musicales de Gourdon

Gourdon (juin-sept ; animationetcultureagourdon.jimdofree.com/les-rencontres-musicales). Musique classique, sacrée ou profane, pendant plusieurs journées entre juin et septembre à l'église Saint-Pierre ou dans la cour de la maison du Sénéchal.

Festival d'art lyrique de Saint-Céré

Saint-Céré (fin juil à mi-août ; festival-saint-cere.com). Jumelé avec le Festival de théâtre de Figeac, ce rendez-vous des amoureux d'opéra s'invite dans certains des plus beaux sites du département.

Festival des jeux du théâtre de Sarlat

Sarlat (fin juil-début août ; www.festival-theatre-sarlat.com). Scènes en plein air sur la place de la Liberté, dans les jardins du Plantier et de l'Enfeus et dans l'abbaye Sainte-Claire. Programmation classique et contemporaine.

★ Les grands rendez-vous

Félibrée, juillet
Lot of saveurs, juillet
Souillac en Jazz, juillet
Mimos à Périgueux, juillet-août
Festival d'art lyrique de Saint-Céré et Festival de théâtre de Figeac, juillet-août
Festival de musiques sacrées de Rocamadour, août
Festival du film de Sarlat, novembre
Marché aux truffes de Lalbenque, décembre-mars

☆ Festival de théâtre de Figeac

Figeac (fin juil à début août ; festivaltheatre-figeac.com). Figeac accueille de nombreuses pièces durant ce festival, associé au Festival d'art lyrique de Saint-Céré.

☆ Festival forges et métallurgie

Étouars (www.cpie-perigordlimousin.org). Une célébration tout feu tout flamme du patrimoine des forges et fonderies du Périgord-Limousin. Au programme, rencontres, ateliers et démonstrations (frappe de monnaie, fabrication d'une cloche en fonte...).

Août

☆ Festival de musique du Périgord noir

(août ; www.festivalmusiqueperigordnoir.com). Ce festival de musique classique et de jazz, réputé, bénéficie de l'acoustique exceptionnelle des églises autour de Montignac.

☆ Festival du Quercy blanc

(un concert par semaine en août ; www.festivalduquercyblanc.com). Musique classique et arts vivants – danse, théâtre, folklore – sont au programme, dans les églises de Montpezat-de-Quercy, Lauzerte ou Saint-Cyprien, notamment.

☆ Musique en Périgord

(1re quinzaine d'août ; musiqueenperigord.fr). Mêlant jeunes talents et artistes reconnus, ce festival s'attache à faire résonner la musique en milieu rural et à attirer tous les publics. Classique, jazz, musiques du monde dans plusieurs bourgs : Le Bugue, Saint-Cyprien, Les Eyzies, Audrix...

☆ Festival de Bonaguil-Fumel

Château de Bonaguil (début août ; festivaldebonaguil-fumel.fr). Originellement dédié à la musique classique, ce festival a évolué au fil du temps vers le théâtre, qui trouve dans le décor du château un cadre à sa mesure.

Fête du Couteau à Nontron

Nontron (2 jours début août ; metiersdartperigord.fr/fete-couteau-salon-nontron). Une centaine d'exposants présentent leur travail et leur savoir-faire.

Fête de l'Assomption et Festival de musiques sacrées de Rocamadour

Rocamadour (www.rocamadourfestival.com). Les fêtes du 15 août prennent un écho particulier à Rocamadour, qui attire les croyants depuis le Moyen Âge. D'autant plus que la période est également celle du Festival de musiques sacrées, qui se décline en une cinquantaine de concerts durant le mois d'août.

Foire de la Poterie à Uzech-les-Oules

Uzech-les-Oules (fin août ; www.poterie-uzech-artisanat.com). Des démonstrations de tournage et des ateliers pour les enfants sont organisés dans ce village, berceau d'une tradition potière remontant au XVe siècle.

☆ Sinfonia en Périgord

(fin août ; sinfonia-en-perigord.com). Une semaine de concerts de musique baroque dans des églises, des abbayes ou des parcs.

☆ Rencontres de violoncelle de Bélaye

Bélaye (début août ; www.belaye-violoncelle.fr). Des violoncellistes d'exception se rencontrent pour donner des concerts dans un pittoresque village médiéval, avec ateliers pour enfants et repas.

Septembre

Montgolfiades de Rocamadour

Rocamadour (un week-end de sept). La cité perchée accueille un rassemblement de montgolfières unique en Europe. Un spectacle magique !

☆ La Rue des enfants

Montcuq (mi-sept ; www.laruedesenfants.org). Spectacles de rue tous publics dans les ruelles et les cours de l'ancien castrum médiéval avec cirque, animations, contes et déambulations de marionnettes.

Octobre

Fête du Safran du Quercy

Cajarc (3e week-end d'oct ; renseignements à l'office du tourisme). L'association des safraniers du Quercy célèbre la culture du délicat *Crocus sativus linnaeus*, de la plantation à la récolte, sans oublier les usages culinaires du précieux pistil.

Fête de la Châtaigne et du Cèpe

Villefranche-du-Périgord (3e dim d'oct ; renseignements à l'office du tourisme). Marchés, artisanat d'art, dégustations et animations sur le thème de ces fruits de l'automne.

Novembre

☆ Festival du film de Sarlat

Sarlat (www.festivaldufilmdesarlat.com). Créé en 1991, ce festival qui a vu défiler de grands noms du 7e art a longtemps été réservé aux lycéens, qui pouvaient y rencontrer toutes les professions cinématographiques. Depuis 2010, il est ouvert à tous les publics, qui peuvent y découvrir des films en avant-première.

☆ DocumenTerre

Montignac (festivaldocumenterre.blogspot.fr). Ce festival de films documentaires consacrés à la planète axe chaque édition sur un thème spécifique : l'eau, le feu, la forêt, le monde souterrain...

Décembre

Marché aux truffes de Lalbenque

Lalbenque (déc-mars ; truffesnoires-lalbenque.com). La rue principale accueille, chaque mardi après-midi, le marché aux truffes le plus célèbre de la région.

Avant le départ
En avant-goût

Moulin de Lapeyre (p. 196) : pour voir les savoir-faire artisanaux en action

Livres

Jacquou le Croquant (1899). Sur fond de révolte paysanne sous la Restauration, ce classique d'Eugène Le Roy a été adapté au cinéma en 2007 (tournage à Beynac-et-Cazenac, Biron, Bouzic, Sarlat et Terrasson-Lavilledieu).

Je marche sous un ciel de traîne (Gallimard, 2000). Ribérac, la campagne périgourdine et les secrets servent de toile de fond à cette histoire d'amour signée Maylis de Kerangal.

La Rivière Espérance (Pocket, 2000) de Christian Signol (1990). Cette trilogie adaptée à la télévision en 1995 fait revivre l'aventure des gabarres.

Fortune de France (Le Livre de poche, 1994-2004) de Robert Merle, ou l'histoire d'un nobliau de la région de Sarlat.

Films

Le Boucher (1969). Claude Chabrol pose sa caméra à Trémolat.

La Fille de d'Artagnan (1994). Bertrand Tavernier réinvente le concept du film de cape et d'épée, avec Biron, Sarlat et Beynac-et-Cazenac comme décor.

Périgord noir (1988). La rencontre entre les membres d'une tribu africaine égarée et les habitants d'un hameau du Périgord. Une comédie de Nicolas Ribowski, avec Jean Carmet.

Le Dernier Duel (2021). Une superproduction de Ridley Scott sur fond de duel judiciaire, tournée dans le Sarladais (châteaux de Beynac et de Fénelon) et à Monpazier.

Cartes et plans

Cartes IGN (ignrando.fr/fr) de la Dordogne (réf. D721318) et du Lot (réf. D721334) ; du Périgord noir – Haut Quercy (réf. TOP75026) et cartes de randonnée de la série TOP 25.

Cartes Michelin (boutique.laventure.michelin.com) Corrèze-Dordogne (n°329), Périgord-Quercy (n°118) et Lot-Tarn-et-Garonne (n°337).

Sites Internet

www.francebleu.fr/perigord. Actualité régionale.

www.dordogne-perigord-tourisme.fr Office du tourisme de la Dordogne et du Périgord.

www.tourisme-lot.com Office du tourisme du Lot et du Quercy.

au-fil-du-temps.com Pour découvrir le patrimoine de la Dordogne.

Avant le départ
Voyager en famille

En visite au Préhisto Parc (p. 99)

Admirer les mammouths peints dans les grottes et apprendre à faire du feu, pagayer dans les rivières et se baigner dans des lacs, explorer les forteresses médiévales, observer de près les oies et les canards à la ferme : le Lot et la Dordogne ont vraiment de quoi éblouir les petits comme les plus grands ! La région est idéale pour des vacances en famille : chacun pourra ici trouver son plaisir dans des activités à pratiquer tous ensemble.

Découvrir la nature

Comme dans beaucoup de régions, en période estivale, l'eau est sans doute ce qui fédérera le plus facilement les familles. Pour une **balade en canoë** (voir *Sports et activités*, p. 320, et p. 69), ou un tour en **gabarre** sur la Dordogne, un pique-nique en bord de rivière, ou un après-midi de **baignade en eau douce** (voir ci-contre), les rivières et cours d'eau qui arrosent le Lot et la Dordogne forment un terrain de jeu inépuisable !

Si vous aimez plutôt le **vélo** en famille, sachez que certains tronçons de route plutôt plats, les **voies vertes**, sont parfaits pour des balades douces. Le site www.dordogne-perigord-tourisme.fr recense ainsi quatre parcours particulièrement adaptés : la voie verte de Thiviers à Saint-Pardoux-la-Rivière, dans le Périgord vert (17 km sur une ancienne voie de chemin de fer et une halte à Saint-Jean-de-Côle, un des "Plus beaux villages de France"), la voie verte de Trélissac à Marsac (16 km près de la rivière Isle, dans le Périgord blanc), le circuit Sarlat-Cazoulès (29 km du Périgord noir aux portes du Quercy, alternant ancienne voie de chemin de fer et voie verte) et une véloroute de 25 km dans la vallée du Céou entre le superbe

Pour jouer à Cro-Magnon

Nombreux sont les sites qui organisent des ateliers autour de la préhistoire : initiations à la peinture rupestre, chasse au propulseur, taille de silex… Renseignez-vous au parc du Thot (p. 93), au Préhisto Parc (p. 99), au site de Castel-Merle (p. 96), au Roc de Cazelle (p. 105) ou à l'archéosite des Fieux (p. 208). L'atelier de fouille du Pôle international de la Préhistoire, aux Eyzies, intéressera aussi les archéologues en herbe (p. 101).

village de Castelnaud-la-Chapelle et L'Abbaye-Nouvelle (Lot). Les berges de l'Isle, poursuivies par la véloroute de la vallée de l'Isle (p. 160), ainsi que le chemin de halage de Ganil dans le Quercy (p. 263) peuvent devenir de jolis coins de balades pour les jeunes cyclistes. Pour plus d'idées, reportez-vous au cahier vélo.

Pensez aussi au **vélorail**, activité insolite qui se pratique sur d'anciennes voies de chemin de fer. Vous trouverez par exemple un prestataire à Corgnac-sur-l'Isle (p. 182).

Pour découvrir la **faune et la flore**, les forêts et cours d'eau de la région se prêtent à merveille au pistage animalier et aux balades naturalistes (p. 107).

Parmi les autres activités plaisantes pour les enfants, inscrivez les **grottes à concrétions** (p. 316) et certaines grottes préhistoriques à votre carnet de visite.

Autres suggestions :

Gouffres, grottes et sites naturels

L'espace pour enfants du **gouffre de Proumeyssac** : initiation à la spéléologie et expériences géologiques (p. 108).
L'impressionnant **gouffre de Padirac** : un voyage fascinant dans les entrailles de la Terre (p. 225).
Les **grottes de Lacave** : on y accède par un amusant petit train et on y observe de fabuleuses concrétions et des lacs (p. 223).
La **grotte ornée de Rouffignac** : au cœur du Périgord noir, elle était autrefois fréquentée par des ours et est parée de 250 figurations animales (p. 94).
La **grotte ornée du Pech Merle** : ateliers de préparation de pigments ou de taille de silex (p. 216).
Les **grottes de Maxange** : de fabuleuses concrétions et une atmosphère sous-marine surprenante (p. 134).
Les **tourbières de Vendoire** : une initiation à la biodiversité et aux particularités des biotopes humides (p. 191).
Les **phosphatières du Cloup d'Aural** : un gouffre tapissé de plantes luxuriantes et une ancienne mine de phosphate (p. 266).
La **grotte du Grand Roc** : une extraordinaire diversité et densité de cristallisations qui éveillent l'imagination (p. 105).

Plans d'eau sécurisés et surveillés

La **plage du Pont-de-Vicq**, avec de belles pelouses pour dorer au soleil (p. 135).
La **plage des Bardoulets à Port-Sainte-Foy**, pour la baignade en rivière (p. 135).
Le **lac de Pombonne**, avec ses jeux pour enfants (p. 135).
L'**étang de Gurson** à Villefranche-de-Lonchat (p. 135).
L'**étang de Saint-Estèphe**, dans le parc naturel régional Périgord-Limousin (p. 196).
L'**étang de la Jemaye**, niché dans une forêt (p. 163).
La **base de loisirs de Neuvic**, avec ses nombreuses activités : minigolf, tyroliennes, trampoline… (p. 160)
La **base de loisirs de Chandos à Montpon-Ménestérol**, pour louer bateaux électriques, barques ou pédalos (p. 165).
L'**étang de Tamniès**, pour son sable fin (p. 66).

Où observer des animaux de près

La **réserve zoologique de Calviac** : un contact direct avec les lémuriens, les wallabies, les singes, les loups à crinière… (p. 68)
Univerland et l'**aquarium du Périgord noir** : le plus grand d'Europe en eau douce. Il dispose d'un parc aux alligators (p. 108).

Balade en gabare ou en canoë ? Le choix est vaste dans cette région parcourue de fleuves et rivières (p. 318).

Une **balade à cheval ou à poney** avec les Cavaliers de la Vézère (p. 97) ou la ferme équestre du Pech Merle (p. 218) ou encore un **goûter grattouilles** au milieu des chevaux bédouins aux Deux Abbesses en Vert (p. 188).

Le **parc du Thot** : pour accompagner un soigneur animalier lors de sa tournée matinale (p. 93).

Se cultiver et jouer

Les grottes préhistoriques et les forteresses médiévales emplies de légendes captiveront les enfants et les ados. Nombreux sont les **ateliers** (art pariétal, numismatique, héraldique...) qui permettront aux petits vacanciers de réviser leurs cours d'histoire sans même en avoir l'impression... et ils en redemanderont ! Côté parents, si vous êtes intéressés par la visite de vignobles, pas de panique ! Plusieurs vignerons soignent l'accueil des plus jeunes avec des **chasses au trésor** organisées dans les vignes, des **dégustations** de délicieux jus de raisin, des **jeux** en tout genre... Les plus jeunes auront largement de quoi s'occuper pendant la dégustation des parents. Enfin, en Nouvelle-Aquitaine, les chasses au trésor gratuites de Tèrra Aventura permettent de découvrir le patrimoine en se dépensant (p. 107).

Musées ludiques et captivants

Le **musée Champollion de Figeac** : pendant les vacances scolaires, ce musée, dédié à l'égyptologue qui a déchiffré les hiéroglyphes, et à l'écriture en général, organise des animations (p. 208).

Le **musée de l'Automate de Souillac** : les enfants seront sidérés par ses drôles de mises en scène de pièces amusantes : des musiciens qui roulent des yeux, un paon mécanique faisant la roue, des otaries qui dansent... (p. 235)

L'**Espace Cro-Magnon** du **parc du Thot**: axé sur l'art des cavernes, il complète très bien la visite de Lascaux II et IV (p. 93).

Lascaux II et IV : Pour découvrir les peintures de la grotte de Lascaux (p. 88).

Le **site gallo-romain de Montcaret** : il organise des ateliers autour de la mosaïque (p. 139).

Le **Bastideum de Monpazier** : pour tout apprendre sur les bastides et s'imprégner de la vie au Moyen Âge (p. 128).

Conseillé aux parents !

Le Comité départemental du tourisme de la Dordogne met à jour chaque année son excellent guide "Dordogne en famille", qui recense plus de 120 activités dédiées aux enfants et aux familles, classées par âge et zone géographique. Le guide, téléchargeable gratuitement (www.dordogne-perigord-tourisme.fr/voir-faire/famille) propose des ateliers pour enfants (poterie, boulangerie, orpaillage), des parcours dans les arbres, des visites animées, des jeux de piste, des découvertes ludiques de produits locaux, et recense également les fermes pédagogiques, bases de loisirs et centres d'équitation. Les offices du tourisme de Sarlat et de Cahors (www.cahorsvalleedulot.com/je-suis/en-famille), notamment, font de même.

L'**archéosite des Fieux** : pour jouer à Cro-Magnon à 5 km de Padirac (p. 208).

L'**écomusée de la Noix** : pour assister au pressage de l'huile, à Castelnaud-la-Chapelle (p. 82).

L'**écomusée du Moulin de la Rouzique** : pour apprendre à fabriquer sa propre feuille de papier (p. 128).

Châteaux et sites historiques

Le **château de Bridoire** : un paradis du jeu, avec échiquier géant, arbalètes, énigmes, *murders parties* et parcours très ludique avec des énigmes (la Vallée Mystérieuse) dans le parc du château (p. 125).

Le **château de Biron** : des ateliers blason, des chasses au trésor, des nocturnes théâtrales (p. 127).

Le **château de Jumilhac** : pour ses visites nocturnes à la lumière des bougies et des lanternes (p. 198).

La **Ferme du Parcot** à Échourgnac : pour observer la nature au cœur de la forêt de la Double (p. 163).

Le **château-forteresse de Bonaguil** : pour son atmosphère de forteresse imprenable (p. 269).

Le **château de Castelnaud** : il abrite un musée de la Guerre au Moyen Âge (p. 82).

Le **château de Bourdeilles** : pour participer à un jeu d'évasion en réalité virtuelle (p. 188) ou à un atelier héraldique (création de blason).

Se régaler et se reposer

De manière générale, les établissements sont équipés pour répondre aux demandes spécifiques des familles. Vous trouverez facilement des chaises hautes dans les restaurants, et les hôtels disposent souvent de suites familiales composées de deux chambres communicantes. Pour les moins de 10-12 ans, les menus enfant sont fréquents dans les restaurants et leur prix excède rarement une dizaine d'euros. Et puis, l'alimentation locale n'oublie pas les fruits et légumes. Les petits pourront ainsi facilement faire l'impasse sur le cou farci ou les gésiers, que l'âge leur apprendra sans doute à apprécier à leur juste valeur le moment venu.

Visites gourmandes et plaisirs sucrés

La **Borie d'Imbert**, près de Rocamadour, pour participer à la fabrication du célèbre fromage éponyme, de la traite des chèvres au moulage (p. 208).

La **chocolaterie Bovetti**, à Terrasson-Lavilledieu, pour le plaisir de fabriquer soi-même son moule (p. 87).

Le **jus de raisin** des vignobles de Bergerac, à déguster chez le viticulteur (p. 120).

Le **pastis**, gâteau aux pommes et à la pâte fine, typique du Lot. On en trouve de délicieux, faits maison, à Saint-Cirq Lapopie (p. 262).

Le parc du Thot, complémentaire de Lascaux II et IV, est tout particulièrement destiné aux familles (p. 93)

Le **parc du Bournat** au Bugue, pour déguster un gâteau aux noix après avoir vu travailler le meunier (p. 107).

Les **glaces Javerzac** dans le Périgord blanc, pour savourer une glace artisanale et profiter des animations gratuites de la ferme (p. 165).

Hébergement rigolo

La **Ferme de Sirguet** : pour dormir dans une roulotte ou dans une cabane, et s'amuser avec les animaux (p. 130).

Ô Bois Dormant : pour se calfeutrer dans une yourte ou se faire livrer le petit-déjeuner à la poulie dans les arbres (p. 186).

SARLAT ET LE PÉRIGORD NOIR

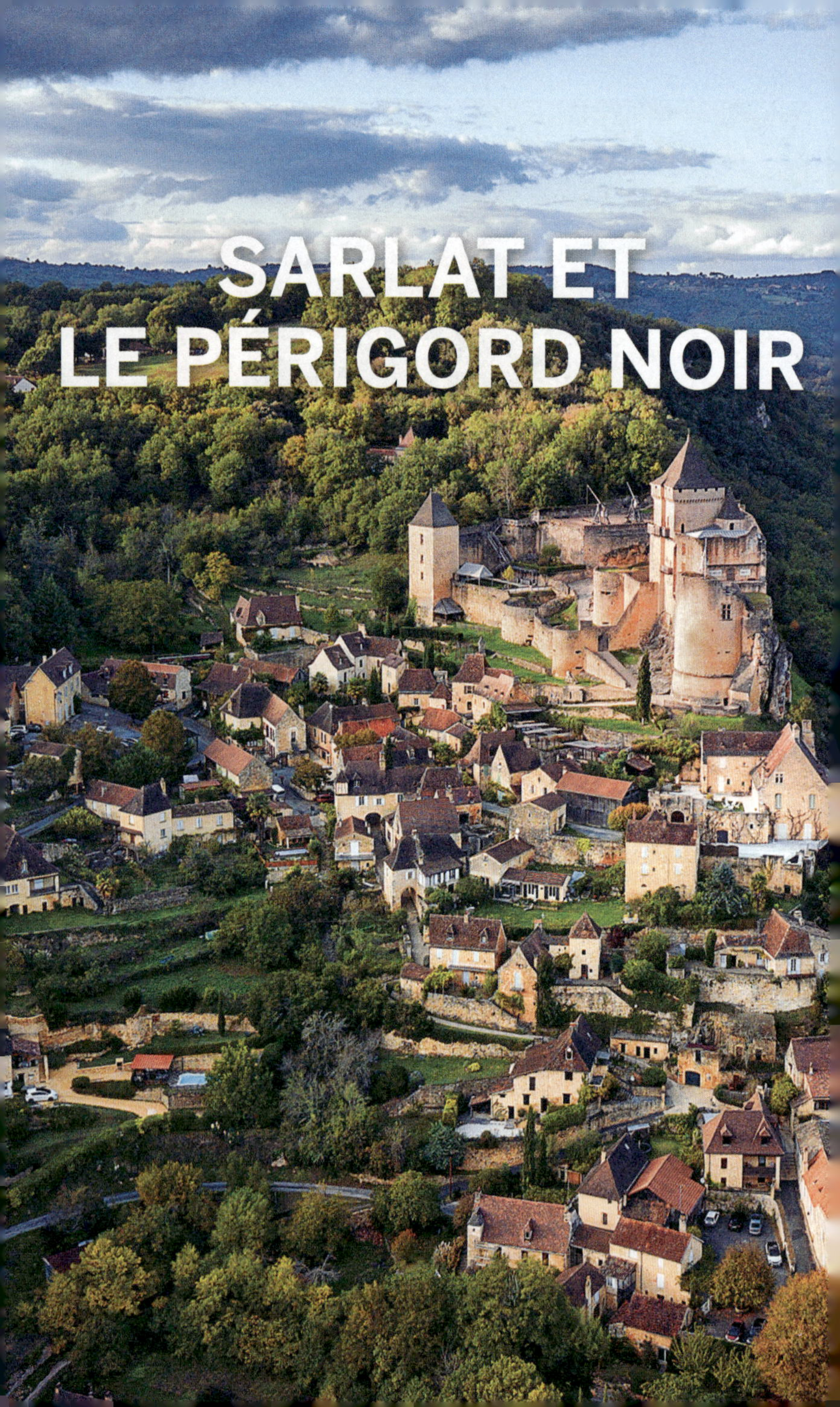

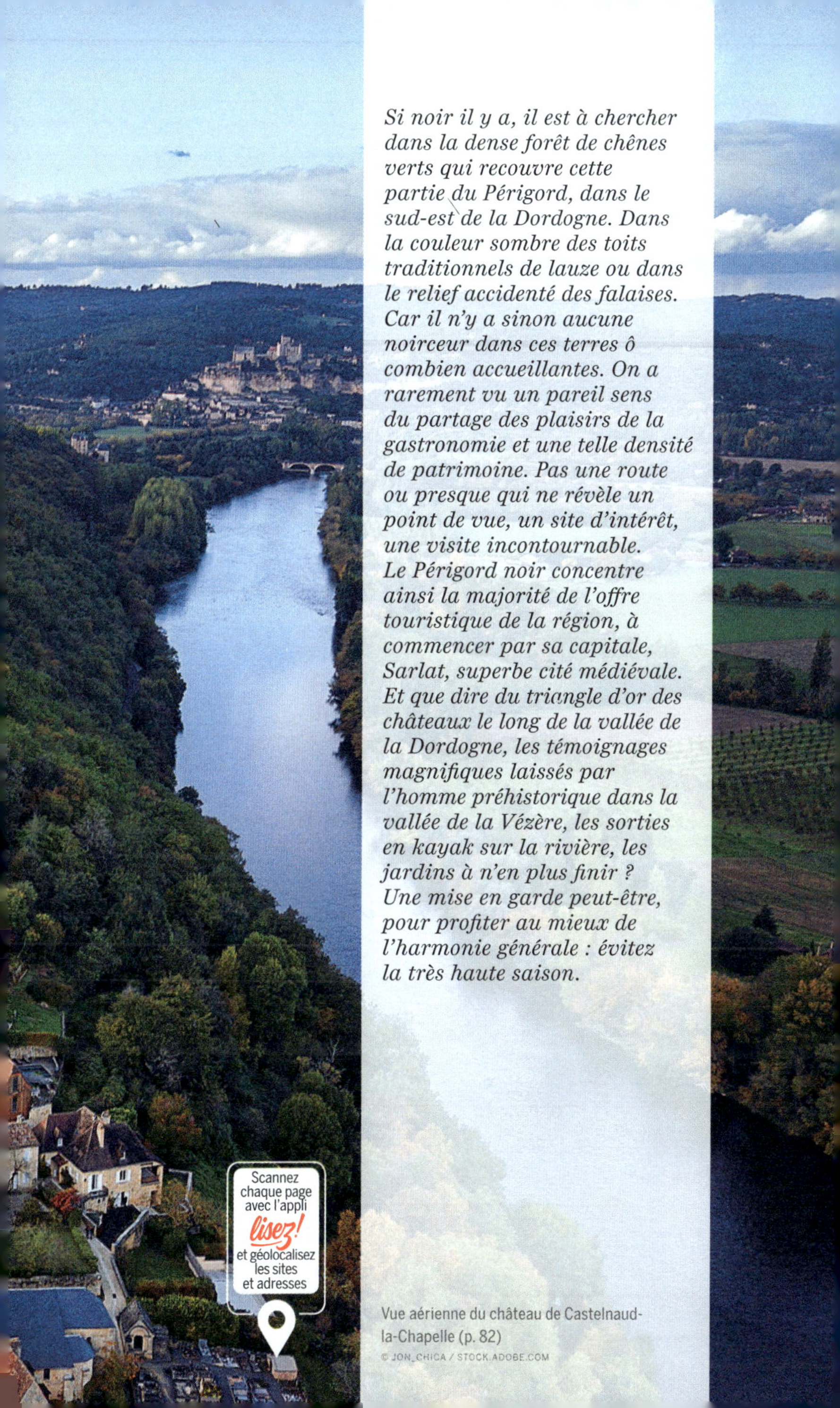

Si noir il y a, il est à chercher dans la dense forêt de chênes verts qui recouvre cette partie du Périgord, dans le sud-est de la Dordogne. Dans la couleur sombre des toits traditionnels de lauze ou dans le relief accidenté des falaises. Car il n'y a sinon aucune noirceur dans ces terres ô combien accueillantes. On a rarement vu un pareil sens du partage des plaisirs de la gastronomie et une telle densité de patrimoine. Pas une route ou presque qui ne révèle un point de vue, un site d'intérêt, une visite incontournable. Le Périgord noir concentre ainsi la majorité de l'offre touristique de la région, à commencer par sa capitale, Sarlat, superbe cité médiévale. Et que dire du triangle d'or des châteaux le long de la vallée de la Dordogne, les témoignages magnifiques laissés par l'homme préhistorique dans la vallée de la Vézère, les sorties en kayak sur la rivière, les jardins à n'en plus finir ? Une mise en garde peut-être, pour profiter au mieux de l'harmonie générale : évitez la très haute saison.

Vue aérienne du château de Castelnaud-la-Chapelle (p. 82)

Scannez la carte avec l'appli lisez! et géolocalisez l'ensemble des adresses du chapitre
D67
Aubas
Fanlac
Montignac
D704
Le Regourdou
Lascaux II et IV (p. 88)
D8
Rouffignac-Saint-Cernin-de-Reilhac
Plazac
D45
Le Thot
Vézère
Losse
Thonac
Valojoulx
Saint-Léon-sur-Vézère
La Chapelle-Aubareil
Sergeac
Grotte de Rouffignac
Fleurac
La Roque-Saint-Christophe
Castel-Merle
Maison forte de Reignac
Peyzac-le-Moustier
D710
Site de La Madeleine
Tursac
Tamniès
D48
Beune
DORDOGNE
D47
Château de Marsac
Grotte du Roc de Cazelle
Abri de Cap Blanc
Vallée de la Beune
Marcillac-Saint-Quentin
Grotte des Combarelles
Grotte du Grand Roc
Fort du Roc de Tayac
Marquay
Commarque
Les Eyzies-de-Tayac (p. 101)
Grotte de Font-de-Gaume
Grotte de Bernifal
Cabanes du Breuil
Grotte de Bara-Bahau
D47
Château de Puymartin
Le Bugue
Château de Campagne
Campagne
Meyrals
Gouffre de Proumeyssac
D703
D35
Audrix
Saint-André-d'Allas
Redon Espic
Saint-Cyprien
Beynac-et-Cazenac (p. 78)
La Roque-Gageac (p. 76)
D703
Saint-Vincent-de-Cosse
Coux-et-Bigaroque
Berbiguières
D28
D25
Musée de la Rue du temps qui passe
Allas-les-Mines
Vézac
Milandes
Siorac-en-Périgord
Castelnaud-la-Chapelle (p. 82)
Vallée du Céou
Jardins de Marqueysac (p. 77)
Saint-Cybranet
Saint-Laurent-la-Vallée
Daglan
0
10 km

Terrasson-Lavilledieu
Jardins de l'Imaginaire
CORRÈZE
A20
D62
Chavagnac
la Dornac
Saint-Amand-de-Coly
Saint-Amand-de-Coly
La Cassagne
Jayac
Nadaillac
D64
D50
D62
Archignac
Paulin
Saint-Geniès
Château de Salignac
Salignac-Eyvigues
Saint-Crépin-et-Carlucet
D920
Jardins d'Eyrignac (p. 63)
Borrèze
D704
D62
A20
Proissans
D61
Temniac
Sainte-Nathalène
Simeyrols
Cité médiévale (p. 54)
Prats-de-Carlux
Saint-Vincent-le-Paluel
Carlux
D703
Cazoulès
SARLAT-LA-CANÉDA
Calviac-en-Périgord
D704A
Saint-Julien-de-Lampon
Carsac-Aillac
Sainte-Mondane
Montfort
Fénelon
Vitrac
Les jardins d'eau
Veyrignac
Dordogne
Domme
D704
D920
Cénac-et-Saint-Julien
LOT
D40
Saint-Martial-de-Nabirat
Bouzic

SARLAT ET LE SARLADAIS

Capitale du Périgord noir, Sarlat séduit immédiatement avec sa cité médiévale taillée dans la pierre blonde et couverte de toits de lauze (pierre calcaire plate), son marché et sa vie culturelle. Enserrée entre la Dordogne et la Vézère, elle est entourée de coteaux couverts de chênes verts et de terres fertiles, qui font du Sarladais une campagne riche en découvertes et en chemins de traverse.

Sarlat-la-Canéda

Il est des villes qui suscitent l'émotion au premier regard. Malgré les deux millions de visiteurs qui arpentent chaque année ses ruelles, la cité médiévale de Sarlat est de cette trempe. Dans son cœur historique de 11 ha merveilleusement valorisé, le temps semble s'être arrêté à la fin du XVIIe siècle, si l'on excepte la "Traverse", la rue de la République, ouverte au XIXe siècle. De tous temps, on est venu à Sarlat pour les foires et les marchés. La tradition perdure les mercredis et samedis, où la ville natale d'Étienne de La Boétie devient plus que jamais la capitale du Périgord noir.

À voir

Cathédrale Saint-Sacerdos Édifice religieux

(pl. du Peyrou ; entrée libre ; 9h-18h). De l'église du XIIe siècle originelle, il ne reste que la tour-porche voûtée d'arêtes, selon un trait caractéristique de l'art roman. L'édifice a longtemps abrité les reliques de saint Sacerdos, natif de Calviac et évêque de Limoges au VIIIe siècle, avant qu'elles ne soient pillées et dispersées lors des guerres de Religion. En 1317, lorsque Sarlat devint un évêché, des travaux commencèrent pour transformer l'église en cathédrale ; ils ne seront achevés que près de quatre siècles plus tard. Ainsi, si le style gothique l'emporte, le chœur date du XVIe siècle, la nef du XVIIe et le bulbe coiffant le clocher-porche du XVIIIe siècle ; au sommet trône l'emblème de Sarlat : la salamandre.

Le palais de style Renaissance, accolé à la cathédrale, abritait quant à lui les appartements de l'évêque.

Maison de La Boétie Hôtel particulier

(pl. du Peyrou). Face à la cathédrale, cet hôtel particulier achevé vers 1525 vit naître cinq ans plus tard l'écrivain Étienne de La Boétie (1530-1563), dont les Sarladais parlent toujours avec fierté. Sa façade, qui s'inspire de la Renaissance italienne, la seule de ce type à Sarlat, est richement décorée avec de larges fenêtres à meneaux encadrées de pilastres sculptés de losanges et de médaillons, dont certains arborent sans doute les figures des ancêtres de ce grand ami de Montaigne, auteur du *Discours de la servitude volontaire*.

Tour Saint-Bernard (lanterne des morts) Édifice religieux

Cette majestueuse tour ronde, se dressant dans ce qui était autrefois le cimetière de l'abbaye de Sarlat, date du XIIe siècle. C'est le plus ancien bâtiment de Sarlat. Comme d'autres lanternes des morts, elle possède à l'étage une chambre percée d'ouvertures dans laquelle on hissait une lumière à la nuit tombée afin de guider les défunts. Sa construction remonterait au passage de saint Bernard à Sarlat en 1147, dont elle aurait commémoré le souvenir – d'où son nom de "tour Saint-Bernard". En contrebas, derrière la cathédrale, une autre partie de l'ancien cimetière, le **jardin des Enfeus**, sert en été de cadre à des manifestations culturelles. Il permet de rejoindre la cour des Chanoines, où se situe la **chapelle dite des Pénitents bleus**, une confrérie qui réalisa au XVIIe siècle un remaniement d'ampleur de ce vestige du XIIe siècle appartenant à l'ancienne abbaye bénédictine.

Place de la Liberté Place du marché

Principale place de Sarlat, elle accueille les marchés toute l'année, ainsi que des terrasses et des animations l'été. L'hôtel de ville y fut édifié au XVIIe siècle, à l'emplacement de la maison des Consuls. L'angle de la rue de la Liberté est marqué

Dans les rues de Sarlat

par la silhouette imposante de l'**hôtel de Vienne** (ou de Maleville), du XVIe siècle, ancienne propriété de Jean de Vienne, surintendant des finances d'Henri IV, passée ensuite à la famille Maleville.

Église Sainte-Marie — Marché couvert

Fondée au XIIe siècle, reconstruite à partir de 1365, cette église située au cœur du quartier des Consuls matérialisait leur pouvoir face à celui de l'abbé (voir l'encadré p. 58). Vendue à la Révolution comme bien national, elle fut en partie démantelée. Au début des années 2000, elle a connu une véritable résurrection grâce à Jean Nouvel. L'architecte, qui a passé son enfance à Sarlat, a mené un étonnant travail de réhabilitation : de monumentales portes métalliques ferment la nef d'origine, où se tient aujourd'hui un **marché couvert** (mi-avr à mi-nov tlj 8h30-13h, ven jusqu'à 18h, mi-nov à mi-avr mar-mer, ven-sam 8h30-13h). Un **ascenseur panoramique** (05 53 31 45 42 ; tarif plein/6-12 ans 5/1 € ; 10h-13h et 14h-19h30) est quant à lui dissimulé dans l'ancien clocher ouvert au sommet pour laisser passer la cabine, d'où s'offre une vue à 360° sur la ville. Si Jean Nouvel a bousculé quelques sensibilités locales, Sainte-Marie est sans conteste l'un des bâtiments les plus originaux de Sarlat.

Maison du Présidial — Monument civil

(6 rue Landry). Un restaurant occupe aujourd'hui le tribunal de justice établi par Henri II en 1551. Rival de celui de Périgueux, il fonctionna de 1641 à la Révolution. L'édifice est caractérisé par son lanterneau octogonal et un bel escalier extérieur orné d'une rampe en fer forgé. Le quartier alentour, prisé des magistrats, compte de beaux exemples d'hôtels particuliers des XVe et XVIe siècles, à l'image de l'**hôtel de Génis** (6 rue du Présidial) et de l'**hôtel de Grézel** (1 rue de la Salamandre).

Manoir de Gisson — Hôtel particulier

(05 53 28 70 55 ; www.manoirdegisson.com ; pl. du Marché-aux-Oies ; tarif plein/10-17 ans 8,50/4,80 € ; tlj juil-août 10h-19h, avr-juin et sept 10h-18h30, oct 10h-18h, vacances de Noël 10h-17h). Les deux corps de bâtiment de cet hôtel particulier, dont les fondations

Sarlat

0
100 m
Le Bistro de l'Octroi, Camping Le Montant et distillerie La Salamandre
Avenue Gambetta
R. Sirey
Rue des Cordeliers
Rue Fournier Sarlovèze
Chemin de Desmouret
R. Saint-Cyprien
Place de la Petite Rigaudie
R. la Caprenède
Boulevard Eugène le Roy
Rue de la République
R. Peyrats
Rue Magnanat
Boulevard Nessmann
Maison des Peyrat et le Clos Vallis
Rue des Armes
Rue des Consuls
Rue Papucie
Distillerie de la Trappe
R. de la Charité
Place Boissarie
Rue Victor Hugo
Rue Fénelon
Place de la Liberte
R. du Présidial
Boulevard Henri Arlet
Côte de Toulouse
Rue Jean-Jacques Rousseau
Rue Albéric Cahuet
Rue de la Liberte
Rue d'Albusse
Rue Landry
R. de Fage
Rue Montaigne
Rue de la Boétie
Place du Peyrou
Rue Rousset
Rue Louis Arlet
Rue Tourny
Cour des Chanoines
Escande
R. de Vienne
R. Barry
Rue du Siège
Rue Jean Joseph Escande
Palais de Justice
Boulevard Voltaire
Place du Quatorze Juillet
Boulevard Henri Arlet
Rue Émile Faure
Av. du Gal Leclerc
Gare SNCF, Le Grand Bleu, le Mas de Castel, la Ferme de Vialard et la Maison Dupéliac
Scannez la carte avec l'appli lisez! et géolocalisez les sites et adresses

Sarlat

À voir

1 Couvent Sainte-Claire B4
2 Cathédrale Saint-Sacerdos C4
3 Chapelle des Pénitents blancs B3
4 Chapelle dite des Pénitents bleus C4
5 Église Sainte-Marie B3
6 Hôtel de Vienne B3
7 Hôtel Plamon B3
8 Lanterne des morts (tour Saint-Bernard) et Jardin des enfeus C4
9 Maison de La Boétie C4
10 Manoir de Gisson C3
11 Place de la Liberté C3
12 Place du Marché-aux-Oies B3
13 Maison du Présidial C3
14 Tour du Bourreau A5

Où se loger

15 Hôtel La Couleuvrine D3
16 In Sarlat D3
17 Plaza Madeleine B2

Où se restaurer

18 Chez le Gaulois C5
La Couleuvrine .... (voir 15)
Le Présidial .... (voir 13)
19 Aux 3 Sens D3

Où prendre un verre

20 La Lune Poivre B3

Achats

21 Magasin de la Distillerie du Périgord C3

Renseignements

22 Office du tourisme C4

remontent au XIIIe siècle, s'articulent de part et d'autre de sa tour de noblesse (voir l'encadré p. 58) avec son escalier à vis du XVe siècle. La visite met en lumière le mode de vie d'une famille patricienne de Sarlat au XVIIe siècle au fil d'une quinzaine de pièces richement meublées, allant des salons d'apparat aux appartements privés.

Place du Marché-aux-Oies — Place

Trois oies de bronze – œuvre des Lalanne – rappellent le passé commercial de cette place qui, au Moyen Âge, faisait partie des plus importantes de Sarlat. Certains des hôtels particuliers les plus réputés de la ville la bordent, dont trois possèdent une tour de noblesse. L'**hôtel Plamon** (6-10 rue des Consuls), ou "**maison des Consuls**", est particulièrement remarquable : sa façade est rythmée d'arcades en arc brisé datant du XIVe siècle, et les baies géminées du premier étage sont surmontées de trilobes.

Quartier ouest — Patrimoine

Moins visitée, cette partie de la vieille ville qui s'étend à l'ouest de la rue de la République compte pourtant d'intéressants édifices. On y trouve, par exemple, la **chapelle des Pénitents blancs** (rue Jean-Jacques-Rousseau), du XVIIe siècle, vestige de l'ancien couvent des Récollets, au beau portail baroque. Plus loin, le **couvent Sainte-Claire** a abrité des clarisses au XVIIe siècle. L'ensemble a été réhabilité en logements HLM dans les années 1990. Le quartier conserve également une partie des **remparts** édifiés au XIVe siècle pour protéger la cité, l'élément le plus notable étant la **tour du Bourreau**, d'où l'on jouit d'une vue sur les toits de lauze de Sarlat.

Activités

Voie verte — Cyclotourisme

Les anciennes voies ferrées entre Sarlat et Souillac ont été réaménagées en une voie verte de 25 km. De Sarlat à Carsac, elle traverse un paysage de forêt et de roche, sans présenter de difficulté particulière (la pente est même plutôt descendante). Au départ du parcours, **Liberty Cycle** (☎ 07 81 24 78 79 ; liberty-cycle.com ; 1 av. du Périgord ; vélo électrique/classique adulte/enfant demi-journée 25/17/10 €, journée 40/22/12 € ; avr-oct) loue des vélos. Après Carsac, deux options se présentent à vous : soit poursuivre vers Souillac (l'itinéraire replonge dans les bois, puis se faufile à travers la campagne), soit franchir la Dordogne pour aller vers Groléjac. On peut ensuite poursuivre jusqu'à Gourdon (p. 241) via des routes de campagne (l'office du tourisme de Sarlat fournit des cartes).

Où se loger

Le réseau **In Sarlat** (☎ 05 53 29 44 90 ; www.in-sarlat.fr ; 16 rue Fénelon) propose à la

Le patrimoine exceptionnel de Sarlat

Si Sarlat a été la première commune à bénéficier de la loi Malraux de 1962 sur les secteurs sauvegardés, c'est parce que l'histoire l'a dotée d'un riche patrimoine en même temps qu'elle l'a protégée des destructions industrielles.

Sa fondation remonte au IXe siècle, par des moines bénédictins qui trouvèrent, dans cette terre traversée par le ruisseau de la Cuze et protégée par les *pechs* (collines) environnantes, un îlot accueillant. Mais l'histoire de Sarlat prit réellement son essor au XIIe siècle, avec le développement de l'abbaye qui possédait alors de nombreuses chapelles et églises alentour. Profondément marquée par des divisions internes, son autorité fut peu à peu remise en cause par les bourgeois de la ville. Des années de relations conflictuelles entre pouvoir religieux et pouvoir civil aboutirent en 1299 à la signature d'un *Livre de la paix*, le roi Philippe le Bel accordant à Sarlat un certain degré d'autonomie. En dehors du monastère, la cité fut désormais administrée par des consuls. Ce mode de gestion participa à l'enrichissement de la ville, où le commerce fit florès à l'intérieur des remparts. Entre 5 000 et 6 000 habitants y vécurent, faisant alors de Sarlat la plus importante ville du Périgord. Elle devint même le siège d'un évêché, créé en 1317 par le pape d'Avignon, Jean XXII, natif de Cahors.

Pendant la guerre de Cent Ans, Sarlat demeura plutôt fidèle au roi de France, qui lui maintint ses privilèges. Elle sortit décimée de ce conflit, mais la reconstruction et la prospérité ne tardèrent pas à revenir, comme en témoignent les tours de noblesse qui s'élevèrent à la fin du XVe siècle et au début du XVIe siècle. À la Révolution, Sarlat perdit l'évêché et devint une sous-préfecture. Les siècles suivants, en perte d'attractivité, elle pâtit de l'exode rural, de l'éloignement des grandes voies de communication et d'une industrialisation quasi absente. Paradoxalement, elle en a tiré sa force actuelle : son centre historique, libéré des remparts au milieu du XVIIIe siècle, avait certes subi l'usure du temps, mais non des transformations sauvages lorsqu'il tomba dans l'escarcelle de la loi Malraux.

location des studios et appartements de confort et de budget variables, disséminés dans la cité médiévale. Une bonne option si vous souhaitez résider intra-muros.

Camping Le Montant Quatre-étoiles €

(05 58 59 18 50 ; www.camping-sarlat.com ; rte de la Croix-d'Espit ; empl 5-18 €, adulte 4-9 €, enfant 2-6 €, locations 290-1 890 € ; mi-mai à fin sept ;). Sur une colline à l'ouest de Sarlat, à 4 km environ du centre historique, ce vaste domaine est entouré de végétation et dispose d'équipements de qualité, à l'image de son restaurant d'où l'on profite d'une agréable vue (ouverture mi-juin). Sur ses 135 emplacements, 120 sont de grand confort. Choix varié de locations (mobil-homes, chalets, gîtes en pierre) et deux piscines, l'une couverte, l'autre à l'extérieur.

Hôtel La Couleuvrine Institution €€

(05 53 59 27 80 ; www.la-couleuvrine.com ; 1 pl. de la Bouquerie ; d/f 70-115/110-130 €, petit-déj 12 € ;). Toutes différentes, les 26 chambres de cet établissement familial s'adaptent au budget et aux demandes de chacun, même si les petites chambres ont un moins bon rapport qualité/prix. Dans la catégorie confort, la n°10, logée dans les créneaux – l'hôtel est situé contre la dernière tour d'angle défensive des anciens remparts de la ville – est la plus demandée. Plusieurs ont aussi un balcon. Un conseil : réservez en ligne pour voir les chambres. Le restaurant (p. 60) peut

© ALEXANDRE LENOIR

Maison de La Boétie

être pris d'assaut au dîner : réservation recommandée.

Plaza Madeleine Hôtel, spa €€€

(05 53 59 10 41 ; www.plaza-madeleine.com ; 1 pl. de la Petite-Rigaudie ; ch 134-335 € selon confort et saison, petit-déj 16 € ; garage 15 € ;). Aux portes de la cité médiévale, ce quatre-étoiles décline un décor contemporain aux couleurs chaudes dans ses 41 chambres habillées de moquette. Selon la catégorie, elles varient entre 18 m^2 et 30 m^2. Accès libre à l'espace bien-être avec sauna, hammam et piscine chauffée. Bar à vins et à cocktails au rez-de-chaussée.

La Maison des Peyrat Hôtel de charme €€

(05 53 59 00 32 ; www.maisondespeyrat.com ; 270 chemin Marcel-Deviers ; ch 65-140 € selon confort et saison, petit-déj 12 € ; fin-mars à mi-nov ;). Sur les hauteurs de Sarlat, cette maison de caractère séduit avec ses chambres claires, son jardin, sa belle piscine, sa tranquillité, sans compter l'accueil des propriétaires peu avares de conseils. Un chemin permet de rejoindre la vieille ville en dix minutes à pied.

Le Mas de Castel Chic rustique €€€

(05 53 59 02 59 ; www.hotel-lemasdecastel.com ; rte du Sudalissant ; d/f 75-126/90-150 €, petit-déj 11 € ; avr à oct ;). À environ 3 km au sud du centre-ville de Sarlat, ce trois-étoiles offre un hébergement dont le charme tient avant tout à l'accueil et à l'emplacement, à la campagne. En rez-de-chaussée, les 28 chambres (certaines sur le jardin et avec terrasse particulière) offrent tout le confort voulu. Piscine chauffée.

L'Étape des Peupliers Chambres d'hôtes €

(05 53 59 03 53 ; 25 ter rue de Cahors ; s/d/tr 60/68/90 € avec petit-déj ; mars à mi-nov ;). On est si bien accueilli dans cette chaleureuse maison de famille périgourdine qu'on comprend sa petite renommée à Sarlat. Les chambres sont petites mais impeccables (2 nuits minimum) et il fait bon lézarder au bord de la piscine. Il y a un coin cuisine, mais

n'hésitez pas à opter pour l'excellent petit-déjeuner.

Où se restaurer

Malgré la multiplication des restaurants dans le vieux Sarlat, beaucoup vous diront que la cité médiévale n'est pas le meilleur choix pour se restaurer, ce qui n'est pas tout à fait faux. Gardez à l'esprit qu'il est impossible qu'un menu de qualité avec foie gras ne coûte qu'une quinzaine d'euros.

Chez le Gaulois — Cave à jambons €

(05 53 59 50 64 ; 9 rue Tourny ; plats 12-14,50 € ; fermé dim-lun, tlj en saison et vacances de Pâques). La chaleureuse petite salle se remplit vite, et le tac-tac de la machine manuelle à trancher les jambons résonne agréablement aux oreilles, annonçant les planches à charcuterie, les assiettes façon raclette ou tartiflette et d'autres propositions à base de jambons d'Italie, de Corse, de Savoie, etc. Une adresse sans faute pour les amateurs de charcuterie !

CosmiQ — Snack terroir €

(05 53 29 98 24 ; www.cosmiq-sarlat.fr ; 5 av. Gambetta ; menus 11-14 €, pizzas 9-12 € ; tlj 18h30-22h). Sous ses airs de simple fast-food, le CosmiQ cache un concept intéressant : revisiter la traditionnelle mique périgourdine (boule de pain pochée dans du bouillon) en pain à burger et pâte à pizza garnis de produits locaux comme le foie gras ou le cabécou. Les ingrédients sont de qualité et les recettes généreuses : une excellente adresse pour les connaisseurs.

La Couleuvrine — Bistrot et terroir €€

(05 53 59 27 80 ; www.la-couleuvrine.com ; 1 pl. de la Bouquerie ; formule midi 13 €, menus 24-30 €, plats 12-30 € ; tlj midi et soir). Que vous soyez gourmand de cuisine bistrot (tartare, burger, wok, entrecôte), traditionnelle (omelette aux cèpes, confit de canard, magret) ou même végane (courge spaghetti à la grenade, tempura de tofu), La Couleuvrine répondra pleinement à vos attentes. Le cadre est agréable et l'atmosphère familiale. Carte des vins soignée.

Le Présidial — Traditionnel €€

(05 53 28 92 47 ; www.lepresidial.fr ; 6 rue Landry ; menu midi 19 €, soir 29-39 €, plats 16-35 € ; fermé lun et jeu midi, dim hors saison et fin nov-fin mars). Dans la catégorie cuisine traditionnelle (le menu du midi en est un bon aperçu avec foie gras de canard mi-cuit en entrée, confit de canard rôti au four en plat suivi d'un rocamadour AOP), cette adresse se distingue par son cadre historique, au sein du Présidial. Aux beaux jours, on profite de la terrasse-jardin de ce bel hôtel particulier.

Le Bistro de l'Octroi — Terroir €€

(05 53 30 83 40 ; www.lebistrodeloctroi.fr ; 111 av. de Selves ; menu déj 15-19 €, menus 24-38 € ; tlj midi et soir). Aux portes de la cité médiévale, ce bistrot est une valeur sûre. Il propose une cuisine à dominante périgourdine, des offres à l'ardoise venant compléter les différents menus. Les spécialités de poisson sont réussies, le service est souriant et efficace. Agréable véranda.

Aux 3 Sens — Gastronomique €€

(05 53 30 19 59 ; 15 rue Fénelon ; formule midi 18 €, menus 29-49 € ; fermé sam midi). Le chef Christian Borini sait à la fois manier les produits locaux et tirer parti de ses origines argentines pour sublimer son menu du marché, à grand renfort d'épices et d'audace. Menu végétarien de qualité, très frais. Une adresse à réserver à ceux qui aiment être surpris et qui, accessoirement, ne sont pas pressés. Cours de cuisine sur réservation les mercredis et samedis.

Le Grand Bleu — Gastronomique €€

(05 53 31 08 48 ; www.legrandbleu.eu ; 43 av. de la Gare ; menus midi 26/52 €, soir 35-78 € ; fermé dim soir, lun, mar midi et mer midi, et de mi-nov à fin avr). À Sarlat, l'esprit créatif et gastronome est à chercher du côté de la gare ferroviaire. Au fil des saisons, la cuisine de Maxime Lebrun compose des variations qui surprennent le palais en

À NE PAS MANQUER

Les marchés alimentaires du Périgord noir

Diurnes (de 8h à 13h) ou nocturnes, les marchés sont un incontournable de l'art de vivre périgourdin. Les marchés aux truffes et au gras, typiques de la région, ont lieu de décembre à février-mars.

- **Lundi** **Beynac** (producteurs, mi-juin à mi-sept), **Les Eyzies** (avr-oct). Marché nocturne à **Montignac** (juil-août) et aux **Milandes** (fin juin-début sept).
- **Mardi** **Cénac**, **Audrix**, **Le Bugue**, **Salignac** (producteurs ; mi-avr à mi-sept), **Thenon** (juil-août). Marché nocturne à **Bouzic** (producteurs ; juil-août), au **Bugue** (producteurs ; juil-août), à **Saint-Amand-de-Coly** (producteurs ; juil-août), **Villefranche-du-Périgord** (producteurs ; mi-juil à sept).
- **Mercredi** **Sarlat**, **Montignac**, **Saint-Cyprien** (juin-sept), **Sainte-Nathalène** (juil-août). Marché nocturne à **Belvès** (fin juin à début sept), **Saint-Géniès** (juil-août), **Aubas** (juil-août), **Rouffignac** (producteurs ; mi-juil à mi-août).
- **Jeudi** **Domme**, **Meyrals** (fin juin à mi-sept), **Saint-Julien-de-Lampon**, **Terrasson**. Marché nocturne à **Saint-Cyprien** (juil-août).
- **Vendredi** **Saint-Pompont**, **Carsac-Aillac** (juil-août), **La Roque-Gageac** (avr-sept). Marché nocturne à **Salignac** (producteurs ; juil-août), **Saint-Cybranet** (juil-août) et **Valojoulx** (producteurs ; juil-août).
- **Samedi** **Sarlat**, **Belvès**, **Le Bugue**, **Villefranche-du-Périgord, Montignac**. Marché nocturne à **Audrix** (juil-août) et **Saint-Pompont** (juil-août).
- **Dimanche** **Calviac** (juil-août), **Carsac** (mi-juin à mi-sept), **Daglan**, **Marquay** (juil-août), **Rouffignac**, **Saint-Cyprien**, **Saint-Géniès**. Marché nocturne à **Thenon** (juil-août).

SI VOUS AIMEZ...
Les fermes-auberges

On y mange bien et copieusement, l'hiver, souvent autour du "cantou" (le coin du feu). Les fermes-auberges sont nombreuses dans ce pays de terroir. La formule est idéale pour goûter les spécialités régionales cuisinées selon les recettes de grand-mère. Il est préférable de réserver.

La Garrigue Haute. Au menu figurent exclusivement des produits de la ferme familiale : en entrée, selon la formule choisie, rillettes, foie gras ou foie gras poêlé, et, en plat, confit de canard ou d'oie. (☎05 53 29 80 08 ; www.lagarriguehaute.fr ; Prats-de-Carlux ; menus 21-33 € ; Pâques-Toussaint).

Les Cent Écus Une ravissante chambre d'hôtes traditionnelle où l'on mange cou farci, confit et foie gras dans la très belle salle à manger, avec sol en pisé et grande cheminée. (☎06 80 02 21 66 ; www.chambrescentecus.fr ; Le Roc Manobre, Sainte-Mondane ; d 102 € avec repas du soir et petit-déj ; toute l'année).

Le Bareil (Chez Sardan) Plus restaurant que ferme-auberge, cette adresse réputée (avec terrasse) est située près de Lascaux. Outre les terrines et spécialités locales, Cathy Sardan excelle dans l'art des confitures, parfois originales comme celle à base de courgettes. (☎05 53 50 74 28 ou 06 82 40 05 84 ; www.madeinbareil.com ; La Chapelle-Aubareil ; menus 26-30 € ; tlj midi sauf sam).

Le Colombier À la table des Peyrat, le canard est à l'honneur, tandis que la traditionnelle soupe périgourdine et les délicieuses pâtisseries font chaud au cœur. Une adresse tout en convivialité, où l'on peut également dormir dans d'anciens séchoirs à tabac aménagés. (☎05 53 28 33 97 ; lieu-dit Le Colombier ; menus 17-35 € ; Pâques-Toussaint).

revisitant les produits locaux. Le poisson a droit ici aux mêmes égards que la viande, et les desserts ne sont pas en reste pour l'inventivité.

Où prendre un verre

La Lune Poivre Bar
(☎06 81 58 88 30 ; 5 rue Jean-Jacques-Rousseau ; avr-nov tlj 18h-2h, jeu-sam reste de l'année). Les belles histoires contées et la musique ont toute leur place dans ce bar qui leur réserve régulièrement des soirées. L'été, la clientèle, où se côtoient touristes et habitués, déborde sur la rue, un verre à la main. Jam-session tous les vendredis et concerts chaque semaine.

Achats

Le **marché du samedi** et, dans une moindre mesure, celui du **mercredi** sont incontournables. Ils ont lieu en plein air de 8h30 à 13h. Le samedi, en saison, prévoyez de venir tôt pour mieux profiter du moment et découvrir ce festival de spécialités périgourdines et de produits du terroir – volailles, cèpes, foie gras, figues (et même figues farcies au foie gras !), fraises, gâteaux aux noix, etc. Il existe aussi un marché couvert à l'année dans l'ancienne église Sainte-Marie (p. 55), ainsi qu'un marché bio tous les jeudis soir sur la place du 14 juillet. Les marchés aux truffes ont lieu de décembre à mars selon la récolte.

Sarlat compte trois distilleries. Vous pourrez vous approvisionner au magasin de la **Distillerie du Périgord** (☎05 53 59 31 10 ; www.distillerie-perigord.com ; pl. de la Liberté ; 10h-12h30 et 14h30-19h, tlj juil-août, mar-sam reste de l'année, fermé jan-Pâques), fondée en 1860, au cœur de la cité médiévale. Des apéritifs et des liqueurs confectionnés à base de châtaignes, noix, figues et autres fruits frais régionaux, ainsi qu'un pastis et un whisky, vous y attendent.

Créée en 1835, la dynamique **Distillerie de la Trappe** (☎05 53 59 47 27 ; www.distillerie-de-la-trappe.com ; rue du Tunnel, lieu-dit La Verperie ; lun-ven 9h-12h et 14h-18h,

© JEAN-BERNARD CARILLET

À NE PAS MANQUER

Les jardins du manoir d'Eyrignac

Façonnés au XVIIIe siècle, puis entièrement remaniés dans les années 1960 dans le plus pur style "à la française", ces jardins situés à 13 km de Sarlat font partie des lieux incontournables du Périgord. La longue allée de charmes taillés au cordeau donne d'emblée le ton de ces jardins de 10 ha qui sont une ode à l'art topiaire : plus de 300 formes sont travaillées à la main sur quelque 50 000 plants d'ifs, de charmes, de buis et de lierre. Au-delà du manoir d'Artaban, du XVIIe siècle, le jardin de fleurs et le jardin potager viennent rompre le strict ordonnancement à la française. Bon à savoir pour les familles : des visites ludiques avec quiz sont prévues pour les enfants, qui devraient en outre apprécier les sculptures végétales en forme d'animaux. Les jeudis d'été, les "pique-niques blancs" permettent de profiter des jardins en soirée, lors d'une fête à ciel ouvert agrémentée de feux d'artifice.

Infos pratiques

Jardins (05 53 28 99 71 ; www.eyrignac.com ; Salignac ; tarif plein/étudiant/11-18 ans/5-10 ans/Pass famille 12,90/10,90/8,50/6,50/39 € ; tlj jan-mars et nov-déc 10h30-12h30 et 14h30-18h, avr 10h-19h, mai-sept 9h30-19h, oct 10h-18h).

Restaurant (05 53 30 22 56 ; plats 15-21 € ; avr-oct).

9h-18h en haute saison) occupe quant à elle un lieu atypique : un ancien tunnel ferroviaire. Parmi ses produits phares figurent l'apéritif Guignolet, la liqueur de noix ou encore l'eau-de-vie de reine-claude "prestige".

Située sur la route de Montignac, la **Distillerie La Salamandre** (05 53 59 10 00 ; www.distillerie-salamandre.com ; Les Tissanderies, Temniac ; lun-ven 8h-12h et 14h-18h, 10h le sam) est ouverte à la visite.

Une coopérative de producteurs locaux est par ailleurs installée sur la route de Souillac. La **Ferme de Vialard** (05 53 31 98 50 ; www.la-ferme-de-vialard.com ; lieu-dit Vialard, D704A ; lun-jeu 9h-12h30 et 14h-19h, ven-sam 9h-19h, dim 9h-12h30) est une bonne adresse pour se fournir en fruits, légumes, viandes, poissons, fromages et conserves, provenant des 55 producteurs de la région réunis au sein de l'association. Des plats cuisinés sont aussi proposés le jeudi.

Renseignements

Office du tourisme Sarlat Périgord noir (05 53 31 45 45 ; www.sarlat-tourisme.com ; 3 rue Tourny). D'intéressantes visites guidées (tarif plein/réduit 10/6 €) sur l'histoire de la ville sont organisées en saison au départ de l'office. Des balades contées ou théâtralisées, comme "La Belle Sarladaise" (tarif plein/réduit 12/6 €), sont également proposées.

Depuis/vers Sarlat

Train Un **TER Aquitaine** (3635 ; www.ter.sncf.com/nouvelle-aquitaine) relie Bordeaux à Sarlat en passant par Libourne et Bergerac. En changeant au Buisson-de-Cadouin, on peut rejoindre Périgueux ou Agen en TER.

Bus Deux lignes du réseau **Modalis** (09 70 87 08 70 ; transports.nouvelle-aquitaine.fr ; billet 1 €) desservent Sarlat : la ligne n°6 fait la liaison avec Souillac et la n°7 avec Périgueux.

Le Sarladais

La découverte des villages du Sarladais invite à emprunter des routes de campagne sillonnant la région entre coteaux et vallons, entre paysages de forêt et parcelles cultivées. Une belle escapade authentiquement bucolique.

À voir

Château de Puymartin — Architecture civile

(05 53 59 29 97 ; www.chateau-puymartin.com ; Marquay ; tarif plein/13-18 ans/6-12 ans 9/6,50/4,50 € ; tlj avr-juin et sept 10h-18h, juil-août 10h-18h30, oct-11 nov 14h-17h30, visites le matin sur rdv). Reconstruit aux XVe et XVIe siècles, restauré au XIXe dans le style néogothique, ce château privé, au superbe mobilier, servit de repaire au capitaine Puymartin, qui reprit Sarlat aux calvinistes en 1574. Il serait hanté par une ancienne châtelaine, la Dame Blanche : au XVIe siècle, accusée d'adultère, Thérèse de Saint-Clar fut enfermée plus de quinze ans dans la tour nord, où elle aurait ensuite été emmurée. L'été, son fantôme apparaît judicieusement lors des visites nocturnes et le jeu de la Dame Blanche (tarif plein/13-17 ans/6-12 ans 15/12/9 € ; juil-août 17h20 à 19h40) permet de découvrir l'histoire du château à travers les énigmes d'un astucieux jeu d'aventure.

Cabanes du Breuil — Patrimoine rural

(06 80 72 38 59 ; www.cabanes-du-breuil.com ; Saint-André-d'Allas ; adulte/enfant 5,5/3 € ; tlj avr-sept 10h-20h, oct 10h-12h et 14h-19h, 1er nov-11 nov 14h-18h). Voici un site attachant tant il est lié à l'histoire d'une famille d'agriculteurs installée sur ce coteau depuis 1949. On leur doit d'avoir restauré un étonnant et magnifique ensemble de cabanes en pierres sèches couvertes de lauze, rendues célèbres par la série *Jacquou le Croquant* (1969), tirée d'un classique de la littérature (voir p. 304) et tournée dans la région.

Jardins de Haute-Terre — Parc

(06 84 39 57 36 ou 06 86 92 25 99 ; jardinsdehauteterre.free.fr ; Saint-André-d'Allas ; tarif plein/12-18 ans 10/5 € ; toute l'année, sur réservation). Si vous aimez les jardins intimistes (en matière de fréquentation, car il fait tout de même 4 ha), n'hésitez pas à opter pour ce parc ethnobotanique qui offre un très beau panorama sur la vallée de la Dordogne.

Église Notre-Dame-de-Temniac — Édifice religieux

Au nord de Sarlat, sur la route de Montignac, le village de **Temniac** abrite

© ALEXANDRE LENOIR

Cabanes du Breuil

une belle église romane du XIIe siècle qui dépendait de l'abbaye bénédictine de Sarlat. Dans la crypte, des ex-voto témoignent de la ferveur avec laquelle les habitants se sont placés sous la protection de la Vierge noire lors des épidémies de peste, et plus encore après le miracle de la guérison intervenu en 1688 à la suite d'une procession.

Saint-Géniès Village de charme

Avec son célèbre marché au foie gras du dimanche matin, ce village coquet est l'un des plus caractéristiques du Périgord noir. À l'image de son église romane, dotée d'ajouts gothiques aux XIIIe-XIVe siècles et d'un clocher-porche au XVIe siècle, ses maisons en pierre blonde sont coiffées des traditionnels toits de lauze. Dominant le village et la petite vallée de la Chironde, la **chapelle du Cheylard** (juil-août mer 18h-21h45 et dim 9h-12h45 ou sur demande au ☎ 05 53 28 98 70), du XIVe siècle, renferme des fresques dont on voit par endroits les *sinopie*, ces tracés préparatoires au pigment rouge.

Château de Lacypierre Architecture civile

(☎ 06 48 71 30 16 ; www.chateau-lacypierre-perigord.fr ; Le Bourg, Saint-Crépin-et-Carlucet ; tarif plein/7-12 ans 7,50/4 €, gratuit -de 7 ans ; 🕒 visites guidées de l'intérieur avr à fin oct tlj 15h, juil-août lun-jeu 15h et 17h, dim 17h). Dans le village de Saint-Crépin, ce petit château resté près de 400 ans dans la même famille, celle des Lacypierre, atteste de la présence d'un fief ici dès le XIIIe siècle. La visite guidée vaut la peine tant la propriétaire des lieux raconte l'histoire de son manoir et de ses travaux de restauration avec une énergie communicative.

Château de Salignac Rénovation participative

(☎ 06 51 03 01 16 ; www.chateausalignac.com ; Salignac-Eyvigues ; tarif 6 €, gratuit -de 18 ans ; 🕒 juil-août tlj 10-18h, mai-sept fermé le mardi). Ce château fort ayant appartenu à la famille de Salignac et datant des XIe et XVe siècles a été racheté en 2006 par un charmant couple de passionnés qui le décrit affectueusement comme "ni tout

Pause près du château de Lacypierre (p. 65)

à fait en ruine, ni tout à fait en état". Après des travaux de restauration de près de 15 ans, le château a rouvert au public en 2021. Même si les travaux ne sont pas encore terminés, un parcours fléché et des panneaux explicatifs permettent de découvrir les coulisses, joies et déboires de la rénovation des châteaux classés.

Activités

Étang de Tamniès Plage et jeux aquatiques
(05 53 29 68 95 ; www.tamnies.fr ; Tamniès ; entrée 3 €, gratuit -7 ans ; 10h-19h fin juin à fin août). À Tamniès, joli village surplombant la vallée de la Grande Beune, un étang a été aménagé pour la baignade (plage de sable surveillée) et les activités comme la pêche, le tennis ou encore le volley.

Héliclub du Périgord Vol
(05 53 29 35 33 ; heliclubperigord.com ; Saint-Crépin-et-Carlucet ; vol 20 min pour 1/2 pers 180/280 € ; sans rdv mais réservation conseillée 48h à l'avance). Cette sympathique association de pilotes locaux propose de survoler la Dordogne en partageant avec vous leurs meilleures anecdotes.

GyroRando Véhicules électriques
(06 07 75 92 66 ; www.gyrorando.com ; Marcillac-Saint-Quentin ; à partir de 35 € pour 1 heure 30 ; tlj, réservation obligatoire). Circuits accompagnés en gyropode (plus faciles à manier qu'il n'y paraît, grâce à la géostabilisation) et location de divers véhicules, pour les adeptes de la randonnée à assistance électrique ou simplement les curieux.

Où se loger et se restaurer

La Borderie Hôtel-restaurant €€
(05 53 29 68 59 ; www.hotel-laborderie.com ; Le Bourg, Tamniès ; d/f 70-108/86-146 € selon confort et saison, petit-déj 12 €, menus 25-55 €, plats 17-30 € ; restaurant mi-juin-nov tlj 19h-20h30, sam-dim 12h-13h30 ;). Difficile d'imaginer de prime abord l'étendue du domaine de cet hôtel situé au cœur du village-promontoire de Tamniès. Si le restaurant, apprécié pour sa cuisine périgourdine, est logé dans une maison

traditionnelle en pierre, la plupart des chambres se trouvent en revanche dans une annexe formée de différents bâtiments ouvrant sur la campagne. Les chambres sont grandes et fonctionnelles, à défaut de posséder un réel cachet. Belle piscine. On apprécie la convivialité d'une affaire familiale rondement menée.

La Maison de Marquay Chambres et table d'hôtes €€
(05 53 59 53 59 ; www.maisondemarquay.fr ; Le Bourg, Marquay ; ch avec petit-déj 90-125 € selon saison, 2 nuits au minimum en saison, table d'hôtes 35 € ;). Au cœur du village, cette maison ancienne à l'atmosphère élégante est couverte de lierre. La mini-piscine, l'absence de télévision, la superbe table d'hôtes aux accents gastronomiques (sur réservation) et les petits-déjeuners très généreux (on peut vous proposer de la truite !) ne laissent aucun doute : cette belle adresse s'adresse aux couples sans leurs enfants.

La Colline d'Orance Chambres d'hôtes €€
(06 30 23 88 67 ; route de Proissans, Proissans ; ch avec petit-déj 80-92 € selon saison ; fermé de mi-nov à mars ; P). Près de Sarlat et bénéficiant d'une vue panoramique sur la campagne environnante, cette adresse loue quatre chambres à la décoration moderne, aménagées dans une partie plus récente de la maison. Accès indépendant pour chaque chambre. Préférez celles à l'étage, plus cosy et lumineuses.

La Meynardie Gastronomique €€
(05 53 28 85 98 ; www.domainedelameynardie.com ; lieu-dit La Meynardie, Salignac-Eyvigues ; menus 37-93 € ; tlj 12h30-14h et 19h30-21h, fermé mar, lun soir et sam midi). C'est dans un domaine écologique-chic que la cuisine d'Adrien Soro, auréolée d'une étoile au Michelin, déploie ses charmes. Les cuissons révèlent en filigrane les influences japonaises du chef et les plantes, cultivées pour la plupart sur place, apparaissent sous des formes raffinées et surprenantes, comme la glace au cèleri, le biscuit au bourgeon de sapin ou les fleurs de courgette glacées.

Achats

Ferme de la Brunie Produits laitiers
(06 87 04 18 97 ; www.fermedelabrunie.com ; Sainte-Nathalène ; tlj 18h-19h30, sauf dim et jours fériés). Il faut passer à l'heure de la traite du soir pour visiter la ferme et acheter directement les produits à base de lait de vache, transformés sur place. On peut aussi trouver ses fromages et yaourts artisanaux sur les marchés estivaux de Salignac et de Sainte-Nathalène, et à la Ferme de Vialard (p. 64).

LA VALLÉE DE LA DORDOGNE

C'est paradoxalement par temps de brouillard que la vallée de la Dordogne révèle toute sa magie. Ou, plus exactement, à cette heure matinale où les brumes se décrochent peu à peu des falaises et découvrent un paysage empreint d'histoire et de vues mémorables. Très tôt, l'occupation humaine a tiré parti de la géographie particulière des lieux. La rivière était dévolue à la navigation des gabarres, transportant notamment les vins de Domme, tandis que la plaine concentrait l'activité agricole. Les puissances féodales ont installé leurs châteaux sur les promontoires rocheux, les villages se développant autour, avec un habitat parfois troglodytique. Les châteaux de Beynac et de Castelnaud-la-Chapelle témoignent encore de la rivalité qui opposa les deux cités de part et d'autre de la rivière, évocatrice de celle qui avait cours entre les royaumes de France et d'Angleterre pendant la guerre de Cent Ans. C'est peu dire que la vallée de la Dordogne regroupe nombre d'attraits touristiques de la région. À la visite des châteaux et des cités médiévales à flanc de falaise, s'ajoutent les flâneries dans les jardins et les plaisirs du canoë-kayak.

SI VOUS AIMEZ... Les baignades

Premier conseil : pensez à emporter des sandales en plastique, utiles sur les plages de galets. Voici quelques sites (non surveillés) où l'on peut pratiquer des baignades "sauvages" :

- **Saint-Julien-de-Lampon** La plage.
- **Carsac-Aillac** Le Rocher de la Cave.
- **Cénac** Plage du pont.
- **Vitrac** Plage du port et plage de Caudon.
- **La Roque-Gageac** Beau-Rivage et plage de la Roque.
- **Vézac** Pont de Fayrac.
- **Castelnaud-la-Chapelle** Plage du Bourg.
- **Saint-Cyprien** Plage du Garrit.
- **Tamniès** Étang.
- **Groléjac** Plan d'eau.

De Cazoulès à Vitrac

Quittant le Lot et les causses rugueux du Quercy, la Dordogne adopte un parcours plus sage une fois entrée dans son département, avant les grands cingles qui ont fait sa réputation. Sur sa rive droite, la D703 suit l'ancienne voie ferrée entre Souillac et Sarlat. **Cazoulès**, la porte du Périgord noir, est la première commune traversée. Quelques kilomètres plus loin, les ruines d'un château du XIIe siècle (visite libre) marquent l'arrivée à **Carlux**. Puis l'on découvre **Aillac** et son église Notre-Dame-de-l'Assomption (XVe siècle), avec ses culs-de-lampe et ses chapiteaux sculptés de motifs végétaux et de figures humaines. D'autres chapiteaux finement sculptés sont à voir dans le chœur de l'église de **Carsac**, datant des XIe et XVIe siècles. Aux murs, un chemin de croix minimaliste est l'œuvre du peintre et sculpteur d'origine russe Léon Zack (1892-1980). Face à l'église se devinent les vestiges du château.

La rive gauche présente un visage plus vallonné et verdoyant. À **Saint-Julien-de-Lampon**, un pont permet de traverser la Dordogne. L'église au clocher fortifié de cet agréable village arbore de belles fresques du XVIe siècle sur les voûtains du chœur. En retrait de la rivière, sur les hauteurs de Sainte-Mondane, le château de Fénelon (voir p. 70) s'octroie la plus belle vue des environs.

À voir

Jardins de Cadiot Jardins thématiques
(☎ 05 53 29 81 05 ; www.lesjardinsdecadiot.com ; Carlux ; tarif plein/étudiant/-14 ans 7,5/6 €/gratuit ; tlj mai à sept 10h-19h). Une fois n'est pas coutume, c'est un potager qui ouvre la visite de ces superbes jardins. Voilà qui en dit beaucoup sur l'esprit des lieux, où la recherche de l'esthétique n'est jamais surfaite. En 1980, Anne-Marie et Bernard Decottignies ont eu un coup de cœur pour ce fabuleux vallon. Au fil des saisons, ils ont imaginé, planté et cultivé une dizaine de jardins thématiques, sur des parcelles en terrasses entourées de chênes verts. L'un d'eux rassemble 80 variétés de pivoines, d'autres nous font voyager en Toscane et en Angleterre, quand la roseraie sauvage flatte la vue et l'odorat.

Gare Espace Robert-Doisneau Galerie
(☎ 05 53 59 10 70 ; www.lagare-robertdoisneau.com ; Carlux ; GRATUIT ; tlj juil à sept 10h-18h). Le long de la voie verte, l'ancienne gare de Carlux abrite des expositions photo temporaires et permanentes, dont une émouvante série de clichés par Robert Doisneau qui retrace les premiers congés payés du prodige de la photographie dans le Périgord noir, en 1937. Des ateliers pédagogiques sur le thème de la photo, une boutique et un petit café viennent compléter cet élégant voyage dans le temps.

Réserve zoologique de Calviac Parc animalier
(☎ 05 53 28 84 08 ; www.reserve-calviac.org ; Sous le Roc, Calviac-en-Périgord ; tarif plein/

© PIERRE VIOLET/FOTOLIA

À NE PAS MANQUER

Une sortie en canoë sur la Dordogne

Il n'y a qu'à pencher la tête pour observer la rivière et ses nombreux points de couleur : voici l'activité phare de la région ! Outre l'aspect ludique et sportif, le canoë permet de découvrir les paysages de Dordogne sous un angle que l'on a difficilement depuis la route et les villages. Le secteur des châteaux est bien entendu plébiscité, au départ de Carsac ou de Vitrac, et jusqu'à Beynac. Mais, en plein été, mieux vaut partir tôt pour espérer jouir d'un peu de tranquillité. à défaut, privilégiez le secteur autour du cingle de Montfort, moins prestigieux en apparence mais assurément plus nature : une bonne option consiste alors à partir de la belle plage de Saint-Julien-de-Lampon pour rejoindre Groléjac. C'est aussi l'occasion de découvrir une particularité de la région : les rivières, bordées d'un côté par une falaise, forment des cingles, des boucles allant jusqu'au cercle quasi complet. Ne négligez pas les superbes cingles voisins de Limeuil et de Trémolat (p. 135), dans le Périgord pourpre, réputés pour leur symétrie.

Pour connaître les coordonnées des différents prestataires, reportez-vous à la rubrique *Activités* des localités de la vallée. Vous trouverez également plus d'informations dans le chapitre *Sports et activités*, p. 320.

étudiant/3-12 ans 11/9/7 € ; tlj juil-août 9h30-19h30, avr-juin et sept 10h-19h, fév-mars et oct-11 nov 13h30-18h, vacances de Noël 13h30-17h, fermé 12 nov-9 fév). Ce parc à but non lucratif a été créé il y a une dizaine d'années sur ce coteau boisé de Calviac. Une trentaine d'espèces menacées (wallabies, loups à crinière, tapirs, singes tamarins, fossas...) y vivent. On les découvre au long d'un parcours ludique divisé en quatre zones géographiques (Europe, Madagascar, Amérique du Sud et Océanie) : il est possible d'entrer dans l'enclos de certains animaux et – très bonne idée – leurs caches habituelles sont indiquées pour aider à mieux les observer.

Château de Fénelon Architecture civile
(05 53 29 81 45 ; www.chateau-fenelon.fr ; Sainte-Mondane ; tarif plein/étudiant/5-11 ans 10/8/5,50 € ; juil-août tlj sauf sam 10h30-18h30, avr-juin et sept tlj sauf mar et sam 10h30-12h30 et 14h30-18h, oct tlj 14h-17h sauf mar et sam). C'est là qu'est né François de Salignac de la Mothe-Fénelon, célèbre écrivain et théologien, le 6 août 1651 : le cèdre du Liban visible dans le parc aurait été planté le même jour. L'édifice du XIIIe siècle, modifié aux XIVe, XVIe et XVIIe siècles, qui occupe stratégiquement une hauteur à proximité de la confluence de la Dordogne et de la Bouriane est remarquable pour ses toits de lauze et ses trois enceintes fortifiées. À l'intérieur, la traversée des salles aux boiseries anciennes et à l'ameublement choisi vous fera remonter le temps, du Moyen Âge au premier Empire.

Jardins d'Eau Jardin d'exception
(05 53 28 91 96 ; www.jardinsdeau.com ; Saint-Rome, Carsac-Aillac ; tarif plein/12-17 ans/6-11 ans 8,50/7/5 € ; tlj mai-août 10h-19h, sept 11h-18h). Des nombreux jardins du Périgord, celui-ci se distingue par son parti pris aquatique. Créé il y a vingt ans par des Normands, il déroule, sur 3 ha, une multitude de lotus et de nymphéas dans des bassins où grenouilles et libellules ont élu domicile. Ne manquez pas le labyrinthe sur pilotis et le bassin tactile qui permet de caresser les carpes Koï.

Où se loger et se restaurer

Camping Le Rocher de la Cave En bord de rivière €
(05 53 28 14 26 ; www.rocherdelacave.com ; La Pommerède ; adulte/enfant 4,70-8/2,30-4,05 € selon période, empl. 5,90-10,50 €, canoë 14-40 €/pers selon parcours ; mai-sept ;). Un camping à l'ambiance familiale idéalement situé au bord de la Dordogne, avec vue sur les falaises de Turnac. Il compte 140 emplacements et – c'est l'un de ses avantages – une plage avec un bar-restaurant. On peut aussi y louer des canoës. À 1 km de Carsac.

Hors-Série en Périgord Chambres d'hôtes de charme €€
(06 20 46 85 40 ; www.horsserieperigord.com ; Millac, Peyrillac-et-Millac ; ch. 140-200 € selon saison, avec petit-déj, repas 30 € ; P). Les hôtesses ? Deux artistes animées par l'amour de l'hospitalité. Les chambres ? Deux suites spacieuses, à la décoration design et dépaysante, entourées de verdure avec vue sur les collines. Le petit plus ? L'accent mis sur le bien-être et les activités artistiques proposées, comme la galerie d'art et les cours de photographie. Une pépite.

Ô Moulin Gastronomique €€
(05 53 30 13 55 ; www.latabledumoulin.com ; Carsac ; menu midi 27 €, soir 35/70 € ; lun-sam 12h15-13h45 et 19h15-20h45, dim 12h15-13h45, fermé le mer). Calme et bucolique, cet ancien moulin est propice à une pause gourmande. Le chef sait sublimer les produits locaux et de saison et prendre des risques, sans jamais sacrifier le goût. La truite de Borrèze sauce vin blanc aux perles d'Ô et le croustillant de canard confit aux épices tandoori en sont une parfaite illustration.

La Villa Romaine Hôtel-restaurant €€€
(05 53 28 52 07 ; www.lavillaromaine.com ; Saint-Rome ; d/ste 129-219/279-340 €, petit-déj 15-17 €, menu 28-39 € ; restau soir uniquement, fermé nov à avr ; P). Sur le site d'une ancienne villa gallo-romaine, à deux pas des Jardins d'Eau, cet hôtel de charme réserve un accueil souriant. Réparties sur trois bâtiments, les 17 grandes chambres ont fait peau neuve avec moquettes grises moelleuses et meubles en bois de beau style. La pierre de certains murs est apparente. À signaler : les familles sont ici bienvenues, deux suites leur sont particulièrement destinées. Belle piscine à débordement et restaurant ouvert le soir (réservez).

VAUT LE DÉTOUR

Villefranche-du-Périgord

Au sud du Périgord noir, cette bastide, fondée en 1261 pour Alphonse de Poitiers, frère de Saint Louis, est la plus ancienne du département de Dordogne. Sous sa halle du XIXe siècle, qui a conservé quelques vestiges plus anciens comme ses colonnes, de nombreuses manifestions ont lieu autour du cèpe et de la châtaigne, les produits phares de la localité. Ce qui ajoute au charme de la promenade dans ses rues, bordées pour certaines de belles **maisons sur arcades** des XIIIe et XIVe siècles. Autres temps, autre style : c'est l'architecte Paul Abadie (p. 145), proche de Viollet-le-Duc et restaurateur de la cathédrale de Périgueux, qui a supervisé l'édification de l'église du village en 1864.

Sur un mode plus ludique qui devrait plaire aux enfants, la **Maison de la châtaigne** (05 53 29 98 37 ; office du tourisme, rue Notre-Dame ; 11 juin-30 sept 10h-12h30 14h-18h, oct-mai appeler l'office du tourisme) GRATUIT vous dit tout sur ce fruit et vous invite à des sorties en forêt, en particulier sur le sentier nature du châtaignier.

Le Relais du Paysan Terroir €€
(05 53 29 41 90 ; www.hotelrouffillacdordogne.com ; Bourg, Carlux ; menus 18/28 € ; toute l'année 12h-15h et 19h-23h). Gourmandes et généreuses, les assiettes sont ici bien garnies d'ingrédients de qualité, de la crème fraîche aux pêches de vigne, et donnent envie d'aller dévaliser la boutique attenante après le repas. La carte, composée de variations autour des produits de saison, est restreinte mais va à l'essentiel. Au cas où le service s'éterniserait, la vue de la terrasse panoramique permet de patienter. Glaces maison mémorables.

Activités

Base de loisirs de Groléjac Baignade
(www.grolejac.com). Sur les 15 ha du plan d'eau du Roc Percé vous attendent diverses activités (barque, pédalo, pêche...). En été, une plage de sable est aménagée et surveillée l'après-midi (2 €).

Achats

Les Oies du Périgord noir Visite de ferme
(06 86 73 80 38 ; www.oies-du-perigord.com ; Prats-de-Carlux ; visite lun-ven 10h en juil-août, toute l'année sur réservation). Les propriétaires de cette exploitation familiale vous feront partager leur passion lors de visites. Ils louent également des gîtes.

Renseignements

Bureau d'information touristique du Pays de Fénelon (05 53 59 10 70 ; www.perigordnoir-valleedordogne.com)

Depuis/vers Cazoulès et Carsac

Bus La ligne 6 du réseau **Modalis** (09 70 87 08 70 ; transports.nouvelle-aquitaine.fr ; billet 1 €) relie Souillac à Sarlat en passant par Cazoulès, Carlux, Calviac-en-Périgord et Carsac-Aillac.

Vitrac et Montfort

La vallée de la Dordogne commence à prendre ici des airs majestueux. Depuis la D703, la vue est imprenable sur le **cingle de Montfort** ; ce méandre presque fermé enserre une plantation de noyers dont la coloration varie au fil des saisons. Attention si vous vous garez pour admirer le point de vue : les places sont rares sous les rochers. Le charmant bourg de **Montfort** est surmonté par le château éponyme, sorti tout droit d'un conte de fées. Propriété

Remparts de Domme

d'une famille saoudienne, le château (fermé au public) fut plusieurs fois détruit et reconstruit entre le XIIIe et le XVIIe siècle, puis encore modifié au XXe siècle. Son nom n'a pas de parenté avec celui de Simon de Montfort, qui s'en empara pourtant en 1214, lors de sa croisade contre les Albigeois. En contrebas, le village de **Vitrac** est bordé par la Dordogne et traversé par la Cuze, sur lequel s'égrènent les moulins. Une halte nautique a d'ailleurs été aménagée au niveau du pont, sur la rive gauche.

Où se loger

Domaine de Soleil Plage — Camping de luxe €

(05 35 37 14 13 ; www.soleilplage.fr ; Caudon via Montfort et Vitrac ; forfait 2 pers, empl et électricité 25-42 €/nuit selon période, mobil-home à partir de 42€/nuit ; mi-mai à mi-sept ;). Ce vaste domaine offre des prestations variées et de qualité. Il bénéficie d'une belle situation avec des emplacements au bord de la rivière pour campeurs "classiques", plus prisés et forcément plus chers. Les biens à louer sont rassemblés en différents villages, et plusieurs piscines forment un parc aquatique. Le site compte également une très belle plage de galets où l'on peut louer des canoës. Des soirées à thème sont organisées en été.

Le Pech de Malet — Hôtel-restaurant €

(05 53 28 14 82 ; pech-de-malet.fr ; Vitrac ; ch 38-50 € selon saison ; menus 13,50-28 € ; mai-oct ;). Cette ancienne ferme familiale pourrait bien offrir l'un des meilleurs rapports qualité/prix du Périgord noir. Les chambres sont simples et confortables, l'accueil est sympathique. Au coucher du soleil, les collines environnantes deviennent pastel et les habitants viennent se régaler du menu du jour, avec ses assiettes gourmandes débordantes de produits frais. Dès l'arrivée de la soupe périgourdine, on sait qu'on est au bon endroit.

L'Ombrière — Maison d'hôtes €€

(07 89 68 18 89, 05 53 29 21 60 ; www.lombriere.com ; Vitrac ; s/d avec petit-déj 90-110 € selon confort et saison ; tables d'hôtes sur réservation 35 € ; toute l'année ;).

Reprise en 2017 par un jeune couple d'Allemands très accueillants, cette belle maison d'hôtes est au cœur de la nature. Dans une demeure du XVIIIe siècle aux épais murs de pierre, les quatre chambres, aménagées à l'étage et sous les combles, sont sobres, sans télévision, et dégagent une atmosphère sereine. En été, une maisonnette est à la disposition des hôtes pour préparer des repas, façon pique-nique dans le jardin.

La Barde Montfort Maison d'hôtes €€

(05 53 28 24 34 ; www.labardemontfort.com ; Montfort ; ch/ste avec petit-déj 90-140/145-170 € selon saison ; avr-nov ;). Près du château de Montfort, cette maison moderne est tenue par des Lorrains qui aiment à entretenir l'esprit du Périgord. Les chambres sont grandes, en rez-de-jardin et décorées "à la châtelaine" (avec tapisseries et cadres anciens). Une suite parentale, un peu isolée du reste de la maison, est parfaite pour les familles. Excellent petit-déjeuner sous forme de buffet.

Où se restaurer

La Treille Terroir €€

(05 53 28 33 19 ; www.latreille-perigord.com ; port de Vitrac ; menus 39-49 € ; d 49-80 € ; fermé lun et mar midi). La Treille est une institution tant elle occupe les lieux depuis plusieurs générations. La véranda et la terrasse dominent la rivière, le service est aimable et la cuisine du terroir tient toutes ses promesses. Au-dessus du restaurant, des chambres simples mais spacieuses, climatisées et peu onéreuses sont disponibles en saison.

Le Chalet Snack €

(05 53 29 32 73 ; Pont de Vitrac ; plats 8,50-17 € ; tlj midi et soir juin-sept). Des pizzas, des salades et des burgers-frites... Ce n'est pas pour l'originalité des plats qu'on s'assied en terrasse de ce snack adjacent à la base nautique, mais pour son emplacement privilégié : les pieds dans la Dordogne, face aux falaises, éclairées par des projecteurs en soirée.

L'École Buissonnière Café-restaurant €

(06 83 94 98 35 ; Le Bourg, Vitrac ; menus 19,50 € ; tlj 12h-21h30, fermé jeu et lun hors-saison). Insolite et amusante, cette adresse propose des crêpes et salades bio dans une ancienne école du XIXe. Quel bonheur de manger une savoureuse galette dans la cour de récré ! Les artistes à l'origine du projet proposent des cours de peinture pour partager un peu plus leur univers. Végétariens bienvenus.

Activités

Canoës Loisirs Descente et randonnées

(05 53 28 23 43 ; www.canoes-loisirs.com ; pont de Vitrac ; canoë 10-28 € selon parcours ; avr-oct 9h-19h). C'est l'une des plus grandes bases de canoë de la vallée. Elle organise des descentes libres ainsi que des randonnées de 2 à 6 jours sur la Dordogne.

Pour une simple location, vous pouvez également vous adresser au camping Domaine de Soleil Plage (p. 72) et à la base de **Canoë Azur** (05 53 28 33 05 ; canoazur.free.fr ; 15-21 €/pers selon parcours ; avr-sept) au camping La Bouysse.

Domme et ses environs

Bastide (voir p. 74) fondée en 1281 par Philippe III le Hardi, Domme est perchée à 150 m au-dessus de la Dordogne, offrant ainsi une vue splendide sur sa vallée. Cet emplacement privilégié ne l'empêcha pas de tomber entre les mains des Anglais et des Français, en alternance, au cours de la guerre de Cent Ans, puis, lors des guerres de Religion, entre celles des protestants – dont le terrible capitaine Geoffroy de Vivans – et des catholiques. Loin du tumulte de l'histoire, on profite aujourd'hui du panorama depuis le "belvédère de la Barre", et du charme de l'un des "Plus beaux villages de France". Au détour d'une vieille maison en pierre blonde, d'un petit jardin caché ou d'une ruelle, le bourg, conserve en effet de précieux joyaux entre ses remparts. Au pied de la bastide, le village de **Cénac** est un bon point de départ pour naviguer sur la Dordogne.

À voir

Bastide — Patrimoine

Entourée d'une enceinte, la bastide présente un plan assez classique, si ce n'est qu'elle est ouverte naturellement côté rivière et possède deux places. En arrivant par Cénac, vous découvrirez probablement d'abord la **place de la Rode**, où aurait eu lieu autrefois le supplice de la roue. En fait de roues, le mot "rode" ferait plutôt référence à celles des charrettes du marché. La place abrite la **maison du Batteur de monnaie** (fin XIIIe siècle), la plus ancienne de la bastide. Plus en amont, sur la **place de la Halle**, l'office du tourisme occupe les anciennes halles, face à ce qui fut la maison du Gouverneur (aujourd'hui la mairie) et non loin de la maison de l'Évêque, dont la présence est attestée à Domme au XVe siècle. Cette place témoigne du passé commercial de la bastide, prospère au XVIIIe siècle. À deux pas, un petit **musée des Arts et Traditions populaires** (☎05 53 31 71 00 ; tarif plein/5-14 ans 5/3 € ; ⏲mai-juin et sept 10h30-12h30 et 14h30-18h, juil-août 10h30-19h) est consacré à la vie des habitants de la région depuis le XIXe siècle. Sachez que deux **petits trains touristiques** (Petit train blanc : ☎06 07 02 98 66, adulte/enfant 5/3 € ; Domme Express : ☎05 53 31 71 00, 5/2 €) fonctionnent en saison.

Porte des Tours — Architecture défensive

(☎05 53 31 71 00 ; visites guidées de l'office du tourisme tarif plein/étudiant/enfant 7,50/6,50/5,50 €, visite en autonomie en juil-août). Cette porte fortifiée du XIVe siècle a servi de prison à des templiers en 1307 – ils seraient les auteurs d'inscriptions visibles dans la pierre. Les explications sur la signification de ces étranges signes géométriques rythment la visite de l'une des deux tours. La seconde tour a renoué avec son rôle de prison puisqu'elle abrite un *escape game* géré par l'office du tourisme.

Grotte de Domme — Cavité naturelle

(☎05 53 31 71 00 ; pl. de la Halle ; tarif plein/étudiant/enfant 9/7,50/6,50 € ; ⏲mai-nov horaires variables selon la saison, voir l'office du tourisme). On y entre par la place de la Halle et on en ressort par un ascenseur panoramique. La grotte, qui a très tôt servi de refuge à la population locale, dévoile ses 400 m de galeries hérissées de stalactites et stalagmites, le temps d'une visite guidée de 45 minutes.

Église Notre-Dame-de-la-Nativité — Édifice religieux

(Cénac-et-Saint-Julien ; ⏲tlj). Située au sud-ouest de Domme par la D50, en direction de Saint-Cybranet, cette église faisait partie d'un prieuré dépendant de l'abbaye de Moissac (p. 277). De l'édifice du XIIe siècle, il ne reste que le chœur – l'édifice fut presque totalement détruit lors des guerres de Religion. Rebâti au XIXe siècle, il attire aujourd'hui les visiteurs pour ses chapiteaux romans préservés, au bestiaire très réaliste.

Activités

Plusieurs loueurs de canoës opèrent depuis le pont de Cénac : **Cénac Périgord Loisirs** (☎05 53 29 99 69), **Randonnée Dordogne** (☎05 53 28 22 01 ; www.canoerandodordogne.com) et **Canoë Raid** (☎06 07 15 57 43 ; www.a-canoe-raid.com).

Pour les amateurs de surf à pagaie, **Stand Up Paddle Périgord** propose de muscler ses abdos en regardant le paysage (☎05 53 30 34 58 ; www.sup-perigord.com).

À l'aérodrome au-dessus du village médiéval de Domme, **Chute Libre Dordogne** (☎06 03 97 24 06 ; www.chutelibre.fr ; saut en tandem 265 €) propose des sorties en parachute. On peut aussi s'envoler en ULM ou en hélicoptère via **Air Châteaux** (☎05 53 29 71 35 ; airchateaux.com ; ULM/hélico à partir de 65/225 €).

Où se loger et se restaurer

Un Logis à Domme — Chambres d'hôtes €€€

(☎05 53 23 46 42 ; www.1logisadomme.fr ; 1 pl. de la Porte-Delbos ; ch 105-145 €, petit-déj 13 € ; 📶 ❄ P). Posée sur les remparts de la bastide, cette maison d'hôtes possède un

Gabarre sur la Dordogne

jardin remarquable – un spa en libre accès au milieu des fleurs et une vue imprenable sur les environs vous y attendent ! À l'intérieur, les tonalités des cinq grandes chambres, au calme, varient de l'orange au bleu turquoise en passant par le vert amande. La n°1 offre un panorama sur la vallée. Pas de télévision, mais un salon réservé aux hôtes avec une belle bibliothèque.

Le Manoir du Rocher Chambres d'hôtes €€€

(05 53 30 25 09 ; www.lemanoirdurocher.fr ; route de Turnac ; ch avec petit-déj 140-200 €, 2 nuits au minimum ;). Ne soyez pas surpris de croiser une biche sur le chemin de cette belle adresse – un ancien relais de chasse des XVIIe et XVIIIe siècles –, nichée au milieu d'une clairière, à 7 km de Domme, au niveau du cingle de Montfort. Plancher de couleur miel, pierres apparentes et grande cheminée donnent le ton de la décoration, élégante et sans affectation. Les trois chambres (dont une suite) sont joliment meublées, lumineuses et d'un calme absolu. Piscine dans le jardin.

Glacier fabricant Lambert Snack €

(05 53 28 32 86 ; pl. de la Halle, Domme ; cornet 3 boules 4 € ; mai-oct tlj 11h-22h). Déguster une glace de qualité en zone touristique n'est jamais une mince affaire ! Heureusement, ici, les glaces sont faites maison, les cornets sont bien garnis et les saveurs variées et gourmandes. Si le parfum noix fait la renommée de cette petite entreprise familiale, les sorbets sont aussi un délice.

Cabanoix et Châtaigne Restaurant €€

(05 53 31 07 11, 06 14 67 16 74 ; www.restaurantcabanoix.com ; rue Geoffroy-de-Vivans, Domme ; menus 25-38 €, plats 12-50 € ; tlj 12h-13h30 et 19h-20h30, fermé mar). Située dans la bastide, dans une rue perpendiculaire à la Grand-Rue, cette adresse est agrémentée d'une jolie cour intérieure du XVIIIe siècle où il fait bon reprendre des forces. Ici, on travaille les produits de saison, originaires de la région, avec une mention particulière pour le foie gras de canard, décliné dans une variété de choix (cru, au torchon, grillé, mi-cuit, etc). Bon choix de vins et de plats à emporter.

La Roque-Gageac

Achats

La Maison de la noix Produits du terroir (05 53 28 40 59 ; www.lamaisondelanoix.fr, Cénac-et-Saint-Julien ; 10h-13h 15h-19h tlj en juil-août, lun-sam le reste de l'année). À la sortie de Cénac, cette boutique est la vitrine du groupe coopératif Cerno, fondé ici en 1983 et qui fédère 500 producteurs de noix du Grand Sud-Ouest. Noix sèches, cerneaux, huiles et produits bio à base du fruit à coque sont proposés à la vente. Également des panneaux d'interprétation.

Renseignements

Office du tourisme (05 53 31 71 00 ; www.perigordnoir-valleedordogne.com ; pl. de la Halle, Domme)

La Roque-Gageac et ses environs

Village phare de la vallée, La Roque-Gageac est blotti entre la Dordogne et une falaise, à l'assaut de laquelle partent ses maisons. Un majestueux abri, mais aussi une menace : en janvier 1957, un pan de roche s'est détaché, faisant trois morts et coupant en deux la route qui traverse le village pendant plusieurs années ; en 2010, un éboulement n'a heureusement pas fait de victime, mais a en partie emporté le plafond du fort troglodytique.

En raison de son emplacement, La Roque-Gageac fut au Moyen Âge un point avancé de la défense du monastère bénédictin de Sarlat. Plus tard, ce site exposé plein sud devint un lieu de villégiature pour la bourgeoisie sarladaise : il compta les premiers estivants à venir se baigner dans la vallée.

À voir

Bourg Patrimoine

Une merveilleuse façon de découvrir le village consiste à s'y rendre à la nuit tombante. Les monuments sont alors éclairés, et les ruelles en grande partie vidées du flot des visiteurs. Dans tous les cas, il vous faudra un peu grimper ! Une première surprise vous attend dans l'espace étroit entre la falaise et les maisons : profitant d'un microclimat clément, palmiers, bananiers et bougainvilliers prospèrent. Ils sont les survivants d'un **jardin exotique** planté ici dans les années 1970 par un ancien haut fonctionnaire de l'OCDE venu s'installer dans la région. Le jardin s'étend jusqu'au toit végétalisé du nouvel office du tourisme, imaginé pour que le bâtiment s'intègre harmonieusement à ce décor luxuriant.

À côté, l'église Notre-Dame (XIVe siècle) se distingue par son toit en lauze et son clocher-mur à ouvertures campanaires. Un peu plus haut s'élève la tour ronde du **manoir de Tarde**, d'époque Renaissance, évocatrice de l'une des personnalités incontournables du Périgord : Jean Tarde (1561-1636). Chanoine passionné d'astronomie, il rapporta de Florence, où il était allé rendre visite à Galilée, la première lunette astronomique de France. On lui doit aussi l'un des plus anciens plans de Sarlat, dont il fit également la chronique.

Plus haut, le regard porte sur le **fort troglodytique** (05 53 31 04 08 ; www.fortdelaroquegageac.com ; tarif plein/étudiant/enfant 6,50/5,50/3,50 € ; tlj mai-nov). S'il a résisté à la guerre de Cent Ans et aux guerres de Religion, le travail de l'eau dans la roche calcaire a eu raison de lui en 2010. Un étonnant chantier a permis en 2015 de dégager les 750 tonnes de rochers qui avaient fait s'effondrer sa couverture cinq ans plus tôt, et de la sécuriser avec d'énormes piliers de béton. On y accède aujourd'hui grâce à 140 marches vertigineuses, ce qui permet de se représenter le point stratégique qu'il a constitué à travers les âges, comme en témoigne le "siège du guetteur" et les marques d'anciennes fortifications.

En direction de Beynac, vous apercevrez enfin la silhouette du **château de la Malartrie**, qui date du tout début du XXe siècle. Au XIIe siècle, une léproserie occupait le site.

Jardins de Marqueyssac — Jardins d'agrément

(05 53 31 36 36 ; www.marqueyssac.com ; Vézac ; tarif plein/10-17 ans 10,80/5,90 €, billet jumelé avec Castelnaud 21/10,50 € ; tlj juil-août 9h-20h, avr-juin et sept 10h-19h, fév-mars et oct à mi-nov 10h-18h, mi-nov à fin jan 14h-17h). Entre La Roque-Gageac et Vézac, un important travail de restauration mené il y a une vingtaine d'années a redonné leur lustre d'autrefois à ces jardins suspendus. En plus d'offrir un panorama unique sur la vallée de la Dordogne, Marqueyssac est réputé pour ses 150 000 buis taillés à la main. Que vous empruntiez la grande allée centrale (une navette y circule en été), la promenade des hauteurs ou celle des falaises, vos pas vous mèneront vers le fameux **belvédère** posté sur le versant sud du parc, à 130 m au-dessus de la rivière. Le château, de style classique, date de la veille de la Révolution. Un salon de thé, ouvert en saison, sert notamment des glaces artisanales.

Parmi les animations proposées (sans supplément mais sujettes à variation à la suite de la crise sanitaire), une via ferrata (voir p. 325), un parcours de filets suspendus, des aires de jeux et des ateliers de bricolage. Les familles y passeront une bonne demi-journée sans s'ennuyer ! En juillet-août, Marqueyssac déploie ses charmes au crépuscule les lundis et jeudis soir, où il est possible de flâner dans le parc jusqu'au coucher du soleil.

Activités

Sorties en gabarre

L'attraction est certes touristique mais elle n'en demeure pas moins incontournable pour apprécier la vue de La Roque-Gageac et du château de Marqueyssac depuis la rivière. L'embarquement se fait depuis le quai du port, et l'on fait demi-tour avant le pont de Castelnaud, soit une boucle d'environ 6,5 km. La balade dure ainsi une petite heure. Elle est ponctuée du commentaire du "gabarier", assez instructif au milieu des notes, très appuyées, d'humour. Vous pouvez partir avec les **Gabarres Norbert** (05 53 29 40 44 ; www.norbert.fr ; adulte/-13 ans 10,90/8,50 € ; tlj 9h30-18h, avr à fin oct) ou les **Gabarres Caminade** (05 53 29 40 95 ;

gabarrecaminade.fr ; adulte/enfant 10,90/8,50 € ; tlj 10h-18h, avr-fin oct). En saison, mieux vaut réserver.

Canoë

Canoës Dordogne (05 53 29 58 50 ; www.canoesdordogne.fr ; 9-26 €/pers. selon les parcours, -50% pour les -12 ans avec 2 adultes ; toute l'année) et **Canoë Vacances** (05 53 28 17 07 ; www.canoevacances.com ; 17-25 €/pers selon les parcours, -50% pour les -12 ans avec 2 adultes ; avr-sept) opèrent depuis La Roque-Gageac.

Montgolfière

Installé ici depuis 1987, **Montgolfières du Périgord** (05 53 28 18 58 ; www.montgolfiere-du-perigord.com ; Saint-Donat ; tarif plein/7-12 ans à partir de 215/110 € par pers ; toute l'année) décolle, en fonction de la météo, face au village ou au pied des châteaux alentour.

Où se loger et se restaurer

Les Hauts de Gageac Chambres d'hôtes €€€
(05 47 31 28 76 ; www.leshautsdegageac.fr ; lieu-dit Gageac ; ch avec petit-déj 115-185 € selon confort et saison, 2 nuits minimum en saison ; avr à fin oct ;). Même en pleine saison, le calme et la quiétude règnent dans cette maison d'hôtes installée au-dessus du village, où tout est fait pour préserver le repos de la clientèle (les animaux ne sont pas admis). Deux des trois chambres disposent d'une entrée indépendante et d'une terrasse privée. Belle vue depuis la piscine, cours de yoga (50 €) et espace massage (62-72 €).

La Ferme Fleurie Ferme-auberge €
(05 53 28 33 39 ; fermefleurieperigord.com ; lieu-dit Le Colombier, La Roque-Gageac ; ch avec petit-déj 57-80 €, menu 19 € ; mar-nov ;). Une ferme-auberge comme on les aime, et qui porte bien son nom, car elle est spécialisée entre autres dans la culture des rosiers. La bâtisse et la salle à manger en pierre ont un charme fou. Le soir, après avoir goûté l'excellente cuisine périgourdine de Fanny (la table d'hôtes se réserve la veille) et s'être promené dans les jardins parfumés, on se surprend à se sentir comme à la maison.

La Belle Étoile Hôtel-restaurant €€
(05 53 29 51 44 ; hotel-belle-etoile-dordogne.fr ; Le Bourg ; menus 30-55 € ; d/tr/suite 70-87/110/160 €, petit-déj 14 € ; restaurant fermé lun et mer midi, établissement fermé nov-avr ;). Cet hôtel-restaurant fait partie de l'histoire de La Roque-Gageac. Créé au XIXe siècle, il fut l'un des tout premiers de la région. Il a reçu des hôtes célèbres – Joséphine Baker en avait fait sa cantine, et, plus récemment, l'établissement a accueilli François Hollande. La cuisine de Régis Ongaro pianote sur une gamme traditionnelle, à l'image des filets de sole rôtie, des asperges vertes en carpaccio de morilles ou du ris de veau, la star de la maison qui ne quitte pas la carte. Terrasse dominant la Dordogne, parfaite le soir.

Renseignements

Bureau d'information touristique (05 53 31 45 45 ; www.sarlat-tourisme.com ; bourg ; avr-oct). Au départ de l'office du tourisme, la visite guidée Les Énigmes d'Eliette permet de découvrir le village à travers les anecdotes personnelles et historiques d'une jeune fille du pays (mi-mai-sept, tarif plein/réduit 12/6 €).

Parking Pour une voiture, comptez 3 € la demi-journée.

Beynac-et-Cazenac

Se détachant en haut d'une falaise, le château fort de Beynac peut à juste titre se prévaloir d'être le plus beau du Périgord. Au cœur du "triangle d'or", il est entouré par quatre autres châteaux : Castelnaud, Marqueyssac, Fayrac et Lacoste, plus loin dans la vallée du Céou. Une franche rivalité a toujours opposé les châteaux de Beynac et de Castelnaud (p. 82), le premier, rive droite, résistant aux convoitises des Anglais, quand le second, rive gauche, passait une grande partie de la guerre de

© JEAN-BERNARD CARILLET

Beynac-et-Cazenac

Cent Ans dans leur camp. La bataille se livre désormais sur le plan touristique. Cartes maîtresses de Beynac : la visite du village à flanc de falaise (prévoyez de bonnes chaussures), le château, bien sûr, et l'embarcadère d'où partent les gabarres. Beynac, rattaché au début du XIXe siècle au hameau de Cazenac, fut autrefois un port important sur la Dordogne.

À voir

Bourg — Balade historique

(www.sarlat-tourisme.com ; visites guidées en saison jeu 10h30, hors saison renseignements auprès de l'office du tourisme Sarlat-Périgord noir ; tarif plein/réduit 5,50/3 €). La cité médiévale est organisée autour de la forteresse en différents quartiers appelés "barris". Pour la découvrir, le mieux est de partir du port, d'où vous profiterez d'une superbe vue en contre-plongée sur le **pigeonnier** et, surtout, le **château** qui semble prolonger la falaise, avant d'entamer votre ascension par une étroite ruelle. Rue de l'Ancienne-Poste, une maison garde l'empreinte de l'un de ses habitants célèbres : O'Galop, alias Marius Rossillon (1867-1946), dessinateur du fameux Bibendum de Michelin (présent aussi sur la façade de la grande maison en face). D'autres artistes arrivèrent dans son sillage, notamment Georges-Henri Pissarro, le fils du peintre impressionniste, ou Paul Éluard, dont une ruelle, un peu plus loin, porte le nom, et qui aurait achevé ici *Poésie ininterrompue*. En chemin, vous passerez devant une **croix templière**. Elle provient du cimetière de Cazenac et son emplacement marque l'ancien quartier de l'église paroissiale Saint-Jacques, détruite pendant les guerres de Religion. Les toits en lauze des maisons environnantes forment un ensemble remarquable. Peu avant de passer la **porte Veuve**, qui séparait le bourg du château, la **tour dite "du Couvent"** constitue un exemple type de maison-tour du XIVe siècle.

Château de Beynac — Château fort

(05 53 29 50 40 ; chateau-beynac.com ; tarif plein/11-16 ans 9,50/7 € ; tlj 10h-19h, visites guidées sur réservation). Un premier

VAUT LE DÉTOUR
La vallée du Céou

Cette étroite vallée, qui débute à l'arrière du château de Castelnaud, traverse une succession de villages bucoliques, dont le calme est particulièrement appréciable en haute saison. Les plus courageux découvriront ses charmes le long des 25 km de la **véloroute** entre Castelnaud-la-Chapelle et l'Abbaye-Nouvelle, dans le Lot (voir le cahier vélo). Il est possible de louer un vélo de qualité en début de parcours chez **Bike Bus** (05 53 31 10 61 ; www.bike-bus.com ; 15-25 € la journée). Une dizaine de campings, paisibles et familiaux, jalonnent les eaux limpides du Céou. Si vous aimez les jardins, rendez visite aux propriétaires passionnés des **jardins de l'Albarède** (05 53 28 38 91 ; Saint-Cybranet ; tarif plein/-13 ans 6 €/gratuit ; juin-sept mer-ven et dim 9h-12h30, ou sur rdv). En quelques décennies, ils ont transformé un fond de vallon caillouteux et calcaire en un jardin de 2 ha riche d'espèces variées, cultivées en bio. À **Daglan**, un bourg joliment restauré, la **Maison de la pierre sèche** (05 53 29 88 84 ; www.maisonpierreseche.org) GRATUIT est une association visant à protéger et à faire connaître un patrimoine singulier : les cabanes en pierres sèches. Elle organise des **randonnées** (tarif plein/6-14 ans 5/3 € ; juil-août, mer 10h ; 3 km, 3 heures) pour les découvrir. Le village de **Bouzic** vaut aussi le détour pour sa halle autour de laquelle s'organise son **marché de producteurs bio**, chaque mardi soir en été, avec des barbecues collectifs et de grandes tablées (venir tôt, vers 18h). Pour accompagner vos grillades, quoi de mieux qu'un petit vin local ? C'est à Florimont-Gaumier, à la **cave coopérative de Moncalou** (05 53 28 14 47 ; www.vindedomme.fr ; été lun-ven 10h30-12h30 et 15h-19h, week-end et jours fériés 15h-19h, appelez pour les visites hors saison) que vous le trouverez. Depuis les années 1990, la vigne est en effet réapparue sur les coteaux du Céou, d'où elle avait disparu à la fin du XIXe siècle. Si vous n'avez pas trop le vertige, vous pourrez admirer le "vignoble de Domme" du haut des 23 m de la **tour panoramique de Moncalou** (accès libre ; suivez les panneaux Caves du vin de Domme). Pour terminer en beauté sur un repas délicieux, rendez-vous au joli village de **Saint-Martial-de-Nabirat**, sur un coteau surplombant la vallée du Céou, au restaurant **Le Saint-Martial** (05 53 29 18 34 ; Le Bourg ; www.lesaintmartial.com ; menus 45-80 € ; fermé dim soir et lun-mar).

castrum a dû être établi dès le XIe siècle au sommet de ce roc, à 150 m de hauteur. Le château tel qu'on le découvre aujourd'hui, avec sa double enceinte côté plateau et son gros donjon carré couronné de créneaux, commença à prendre forme aux XIIe et XIIIe siècles. À la fin du XIIe siècle, profitant de ce que son propriétaire était mort sans descendant direct, Richard Cœur de Lion s'en empara et le confia à l'un de ses compagnons. Après son assassinat, les seigneurs de Beynac récupérèrent la citadelle, mais leur fidélité au comte de Toulouse leur attira bientôt les foudres d'un nouvel ennemi : Simon de Montfort, en croisade contre les Albigeois. Toutefois, les Beynac réaffirmèrent leur loyauté au roi de France, qui épargna le château et en fit une place forte pendant la guerre de Cent Ans. Les Anglais l'occupèrent un temps, lorsque le traité de Brétigny (1360) leur céda le Périgord. Beynac devint ensuite l'une des quatre baronnies du Périgord, comme en témoigne la très belle salle des États, remaniée au XVIIe siècle.

Outre un panorama exceptionnel sur la vallée, le château offre un impressionnant exemple d'architecture médiévale grâce à un travail de restauration entrepris à titre privé depuis 1962. Le site accueille d'ailleurs régulièrement des tournages :

Les Visiteurs 2 (1998) de Jean-Marie Poiré, *Jeanne d'Arc* (1999) de Luc Besson, *Le Chocolat* (2000) de Lasse Hallström ou encore *Le Dernier Duel* (2020) de Ridley Scott… Il gagnerait cependant à avoir une meilleure muséographie.

Église de Beynac Édifice religieux
(ouverte uniquement aux visites guidées de l'office du tourisme). La chapelle du château est devenue l'église paroissiale après les guerres de Religion. De style roman, remaniée aux XVIe et XVIIe siècles, elle frappe par son clocher-mur à cinq baies campanaires.

Activités

Gabarres de Beynac Promenade en bateau
(05 53 28 51 15 ; www.gabarre-beynac.com ; port ; tarif plein/4-12 ans 9/5 € ; mai-sept 10h-18h, avr et oct 11h-17h). L'embarquement se fait face à la poste, au pied du parking de Beynac. La balade commentée, de 50 minutes environ, vous mènera jusqu'au château de Castelnaud, en passant par Fayrac.

Montgolfière et Châteaux Vols découverte
(06 71 14 34 96 ; www.montgolfiere-chateaux.com ; Beynac-et-Cazenac ; à partir de 190 €/pers, 130 € -12 ans). Rendez-vous est donné directement sur les sites de décollage, qui changent selon la météo mais qui se situent dans la zone des châteaux. Les vols ont lieu soit au lever du soleil soit peu avant son coucher.

Couleurs Périgord Canoës et spéléologie
(06 81 68 43 11 ; ladordogneencanoe.com ; pont de Fayrac, Vézac ; location canoë 13-24 € selon parcours, randonnée 24 €/jour/pers, sans hébergement, spéléologie adulte/enfant 150-135 €/240-220 € selon durée et niveau). Outre la location classique de canoës, Couleurs Périgord propose de bonnes sorties accompagnées dans le respect de la nature, notamment des excusions spéléologiques pour tous niveaux à travers des galeries souterraines.

Où se loger et se restaurer

Le Capeyrou Camping €
(05 53 29 54 95 ; www.campinglecapeyrou.com ; Le Capeyrou ; empl 19,20-38,50 €, tentes équipées 290-890 € 2 nuits minimum ; fin avr-fin sept ;). C'est un camping comme on les aime, à taille humaine et très bien situé, avec une vue imprenable sur le château et des emplacements au bord de la Dordogne. Mis à part quelques tentes sur pilotis, il n'y a pas de locations. Agréable salle collective avec bar (et carte des vins), jeux de société et coin bibliothèque. Piscine chauffée. Proche du village à pied et des commerces, en face.

Lembert Auberge et conserverie €€
(05 53 29 50 45 ; www.lembertfoiesgras.com ; Beynac-Cazenac ; assiettes à partir de 17,90 €, menus 20-28 € ; boutique tlj avr-sept, lun-ven le reste de l'année, restaurant juil-août tlj sauf sam, lun-mer et dim soir, midi seulement avr-juin et sept). En bord de route, cette maison familiale, médaillée au concours général agricole de Paris, œuvre depuis 1940 dans la conserverie artisanale. De la boutique, on peut voir la conserverie où se fabrique un excellent foie gras. Si l'auberge-restaurant, à l'étage, ne paie pas de mine, elle sert au déjeuner de bons plats locaux à des prix maîtrisés, à l'image de l'anchaud de porc maison.

Achats

Le Moulin du Trel Huile et farine
(05 53 31 21 52 ; lemoulindutrel.com ; Vézac ; lun-sam 10h-12h 13h-18h). Cet ancien édifice du XIIe siècle fut un moulin banal de la seigneurie de Beynac (les habitants devaient obligatoirement y fabriquer leur farine et leur huile pour que le seigneur puisse en prélever une partie). Aujourd'hui le moulin se visite et on y écrase et on y moud encore noix ou noisettes pour obtenir de l'huile d'olive truffée ou de la

Écomusée de la Noix

Un agréable parfum de noix entoure le **moulin de Vielcroze** (05 53 59 69 63 ; www.ecomuseedelanoix.fr ; Castelnaud-la-Chapelle ; tarif plein/10-17 ans 5/4 € ; avr-nov tlj 10h-19h), une huilerie sur la route du château de Castelnaud, où l'on presse une huile de noix 100% bio. Un petit écomusée et une boutique complètent le site. Il est possible d'assister au pressage de l'huile le mardi, le mercredi et le jeudi après-midi (du lundi au vendredi l'été).

© ALEXANDRE LENOIR

farine de noix, dont les odeurs emplissent la boutique.

Renseignements

Bureau d'information touristique (05 53 29 43 08 ; www.sarlat-tourisme.com ; La Balme)

Depuis/vers Beynac-et-Cazenac

Parking Pour les voitures, comptez 2,50/5 € 2 heures/journée.

Castelnaud-la-Chapelle

Castelnaud, Les Milandes, Lacoste, Fayrac : rares sont les communes à compter autant de châteaux sur leur territoire, même si tous ne sont pas ouverts à la visite. Castelnaud-la-Chapelle domine le confluent de la Dordogne et du Céou, et descend en terrasses depuis le bourg médiéval jusqu'à la plaine. Juché sur un plateau calcaire à 220 m de hauteur, le château de Castelnaud fait face à celui de Beynac, son rival de l'autre côté de la Dordogne. Comme lui, il s'imposa au Moyen Âge comme l'une des principales puissances locales, mais fut dans le camp anglais durant la guerre de Cent Ans. C'est aujourd'hui, après Lascaux, le deuxième site le plus visité du Périgord.

À voir

Château de Castelnaud — Château et musée

(05 53 31 30 00 ; castelnaud.com ; Castelnaud-la-Chapelle ; tarif plein/10-17 ans 11,90/6 €, juil-août tarif réduit avant 13h 9,80/4,90 € ; tlj juil-août 9h-20h, avr-juin et sept 10h-19h, fév-mars et oct à mi-nov 10h-18h, mi-nov à fin jan 14h-17h sauf vacances de Noël 10h-17h, dernière entrée 1 heure avant la fermeture). Au tout début du XIIIe siècle, le château était la propriété du puissant seigneur Bernard de Casnac, fervent défenseur de la foi cathare. En 1214, il fut, sans surprise, la cible de Simon de Montfort, qui s'en empara lors de sa croisade contre les Albigeois. Castelnaud fut brûlé sur l'ordre de l'archevêque de Bordeaux. Les reconstructions, fortifications et modernisations qui jalonnent les siècles suivants témoignent de l'évolution de l'architecture militaire. Pendant la guerre de Cent Ans, la forteresse changea sept fois de camp au gré des alliances et des sièges. Peu à peu abandonnée (elle servira même de carrière de pierre après la Révolution), elle fut rachetée en 1965 par le maire de Beynac, fils du dessinateur Marius Rossillon (voir p. 79). Le château

© ISABELLE PACCAULT

Château de Castelnaud

appartient désormais au petit-fils de Rossillon qui possède également les jardins de Marqueyssac.

L'originalité du château tient à son **musée de la Guerre au Moyen Âge**. Dans ce cadre privilégié sont exposées une collection d'armes, dont de magnifiques arbalètes, ainsi que des machines de guerre reconstruites à taille réelle.

De la **terrasse panoramique**, enfin, le regard embrasse la vallée de la Dordogne, faisant ressentir à quel point l'édifice occupe une position stratégique. Nombreuses animations en juillet-août, visites costumées sur le thème du quotidien au Moyen Âge et livret-jeu gratuit pour les enfants.

Château des Milandes

Château et exposition Joséphine Baker

(05 53 59 31 21 ; www.milandes.com ; tarif plein/5-16 ans 12,50/8 € ; Les Milandes, Castelnaud-la-Chapelle ; tlj 7 juil-29 août 9h30-20h, 19 mai-6 juil et sept 9h30-19h, avr et oct 9h30-18h30, nov 10h-18h, déc 11h-19h, fév-mar 14h-18h, dernière entrée 1 heure avant la fermeture ; spectacle de rapaces mai-nov).

Construit en 1489 et remanié au tout début du XXe siècle, ce château est surtout associé à Joséphine Baker, qui le racheta en 1947 pour y loger ses douze enfants adoptifs. En 1969, acculée par les dettes, elle fut contrainte d'abandonner les lieux. Une exposition lui est dédiée dans les différentes pièces du château ouvertes à la visite. Du monde du spectacle évoqué par ses robes fastueuses, on passe à une facette plus intime avec la cuisine, les extravagantes salles de bains des années 1950 ou les chambres des enfants. Autres attraits de la visite : les jardins entièrement restaurés en 2016 et le spectacle de rapaces sur la grande terrasse qui sert d'assise au château – il est programmé jusqu'à quatre fois par jour en saison (11h15, 14h30, 16h et 17h30). En quittant le château par la route, jetez un coup d'œil à l'ancien parc de la chanteuse pourvu d'une brasserie, d'une salle de music-hall personnelle et d'une superbe piscine en forme de "J" comme Joséphine et Joe, le prénom de son époux à l'époque.

Activités

Canoës Butterfly Balade fluviale
(05 53 30 41 21 ; www.canoes-butterfly.fr ; Le Pont du Pech, Castelnaud-La-Chapelle ; 11-27 €/pers selon parcours, -50% pour les -10 ans). Quatre balades (1 heure/2 heures 30/3 heures/4 heures 30) vous permettent d'admirer les cinq châteaux de la vallée depuis la rivière.

Pour louer des canoës, vous pouvez également vous adresser à la **base municipale** (05 53 29 40 07 ; canoescastelnaudlachapelle.fr ; 8-25 €/pers selon parcours), située au pied du pont de Castelnaud.

Saint-Cyprien et ses environs

Saint-Cyprien doit son nom à un ermite qui se serait installé vers l'an 620 dans les grottes de Fages, au-dessus du village actuel. Il serait à l'origine de la création d'un monastère sur le site, dont il ne reste aujourd'hui que l'**église abbatiale**, sans doute bâtie entre le XIIe (pour le clocher-donjon, qui se visite lors des Journées du patrimoine) et le XIVe siècle. Elle fut détruite en partie pendant les guerres de Religion puis reconstruite. Elle abrite un intéressant mobilier des XVIIe et XVIIIe siècles. Un souterrain en partirait vers le château de Fages (en restauration) et son trésor enterré. Aujourd'hui, Saint-Cyprien est un charmant village qui s'anime lors du **marché** du dimanche matin (qui se tient aussi le jeudi soir en été). Sur le haut du village, un chapelet de ruelles est accroché à la colline.

Le sentier de l'Ermite, boucle balisée de 5 km (départ pl. Jean-Ladignac, difficulté moyenne), a été sacré plus beau sentier de randonnée du Périgord en 2020 et offre de jolies vues, entre vieilles pierres et collines.

À voir

Redon-Espic Ancien prieuré
à 5 km de Saint-Cyprien (suivez la D25, en direction de Sarlat), cachée au milieu des bois, l'église de cet ancien prieuré daterait du XIIe siècle. Après être tombé en désuétude à la Révolution, l'endroit est redevenu un site religieux majeur après que la Vierge y serait apparue en 1814 à Jeanne Grave, une jeune bergère de la commune. à 500 m, un petit

Saint-Cyprien fête la culture occitane lors des Félibrées

oratoire en marque le souvenir. On notera également l'enfeu de l'église, un tombeau aménagé dans l'épaisseur du mur extérieur.

La Rue du temps qui passe Musée
(☎05 53 28 27 82 et 07 85 63 30 60 ; musee-laruedutempsquipasse.fr ; Allas-les-Mines ; tarif plein/6-12 ans 7,50/6 € ; juil-août tlj 10h-18h, avr-juin et sept ven-mar 10h-12h et 14h-18h, oct-11 nov ven-mar 14h-18h). Dans un hangar, un ancien garagiste a décidé de mettre en valeur les milliers d'objets collectionnés tout au long de sa vie en reconstituant, avec l'aide d'une de ses filles, une rue pavée et sinueuse bordée de plus de 25 commerces et boutiques d'artisans datant de 1840 à 1960. Du garage au magasin de jouets en passant par la boucherie, la modiste ou l'apothicaire, c'est une passionnante plongée dans le passé qui permet aux plus anciens de se remémorer leur jeunesse et aux plus jeunes de découvrir la vie d'autrefois. Pour pimenter la visite, un jeu consiste à trouver, bien caché dans chaque commerce, un objet d'aujourd'hui. À l'extérieur, une jolie terrasse fleurie donnant sur la rivière permet de boire un verre. À 6 km de Saint-Cyprien par la D703.

Où se restaurer

La Savie Branché €€
(☎09 83 58 59 15 ; www.lasavie.com ; Meyrals ; plats 21-26 € ; mar-ven midi et soir, sam fermé sam midi, dim soir, nov-mar). Entre Saint-Cyprien et les Eyzies, au bout d'une route forestière un peu difficile, cette adresse est pourtant très fréquentée, ce qui sous-entend déjà qu'elle est différente. La carte, réduite, change au gré des saisons et met en valeur la créativité du chef, comme en témoignent le saumon fumé maison au wasabi et la crème anglaise aux épices massala du dessert. Des cours de cuisine conviviaux sont organisés certains soirs d'été.

Activités

Périgord Dordogne Montgolfières Vols découverte
(☎06 83 26 47 66 ; www.perigord-dordogne-montgolfieres.com ; Tournepique ; tarif plein/7-12 ans 205/115 € ; toute l'année). Pour survoler la célèbre vallée aux châteaux pendant une heure environ.

Périgord E-Bikes Vélos électriques
(☎06 40 49 37 60 ; www.perigord-ebikes.com ; Le Garrit ; demi-journée/semaine 36/250 € ; toute l'année). Plusieurs circuits et balades à thèmes en VAE proposés par un adepte du cyclotourisme.

Belvès

La petite cité médiévale de Belvès domine la vallée de la Nauze. Ses ruelles sont agréables à parcourir et sa halle, du XVe siècle, arbore une belle charpente. Un **marché nocturne** s'y tient en été le mercredi. Récemment restaurée, l'**église** construite au XVe siècle sur l'emplacement d'un ancien monastère bénédictin possède des peintures intérieures inspirées de la Renaissance italienne.

Par l'intermédiaire de l'office du tourisme, il est possible de visiter les **abris troglodytiques** (tarif plein/5-14 ans 7/4,50 €) situés sous la halle et qui furent occupés du XIIIe au XVIIIe siècle, ou de participer à un jeu d'évasion (sites-belves.com ; 30€/pers). En contrebas du village, l'ancienne **filature** (☎05 53 57 52 64 ; www.filaturedebelves.com ; Montplaisant ; tarif plein/6-18 ans 8,50/6 € ; juil-août tlj 10h-19h, mai-juin et sept tlj 14h à 18h sauf sam) est occupée par un intéressant centre d'interprétation de la laine, animé par une association dynamique qui organise des stages et des animations à l'année. Belle boutique de créateurs.

Où se restaurer

L'Échappée Tourtes maison €
(☎07 69 09 69 66 ; 13 rue de la Tour ; plats 9-13 € ; mar-sam midi). à deux pas de la place des Halles, on s'assoit à midi sous les canisses de cette petite cour, égayée par des lampions, pour déguster des planches ou d'excellentes tourtes cuisinées avec les produits du marché. Les jours de pluie, on apprécie la belle arrière-salle aux allures d'ancienne salle de classe.

La vallée de la Vézère

Renseignements

Office du tourisme Vallée Dordogne Forêt Bessède (05 53 29 10 20 à Belvès, 05 53 28 66 00 à Saint-Cyprien ; www.ccdordogne-bessede.fr)

LA VALLÉE DE LA VÉZÈRE

Celle que l'on surnomme la Vallée de l'Homme fascine par ses paysages de falaises couvertes de forêt, au milieu desquels serpente la Vézère, et par le nombre exceptionnel de ses sites préhistoriques. Plusieurs d'entre eux sont inscrits au patrimoine mondial de l'Unesco, et la vallée a été labellisée Grand Site de France en 2020. Sur une trentaine de kilomètres se succèdent grottes ornées, gravées ou sculptées, abris sous roche et autres gisements témoignant d'une occupation humaine continue dans le Périgord depuis plus de 400 000 ans. Leur découverte, à partir de la fin du XIXe siècle, a bouleversé le regard porté sur la préhistoire et a pris, dans certains cas, l'allure d'une véritable chasse au trésor. Mais ce qui nous interpelle peut-être le plus aujourd'hui, c'est le mystère qui continue à entourer ces merveilles venues de la nuit des temps, à commencer par Lascaux, Font-de-Gaume, Combarelles et Rouffignac. La datation au carbone 14 n'est pas toujours possible, et les interprétations des traces laissées sur les parois n'ont rien de certain. Reste l'assurance que les hommes préhistoriques ont trouvé dans cette vallée un lieu de vie, qui s'explore au fil d'une route en lacets, pittoresque en diable.

Terrasson-Lavilledieu

Porte d'entrée de la vallée de la Vézère, Terrasson-Lavilledieu et ses belles maisons médiévales aux toits d'ardoise juchées sur une colline offrent un panorama sur la Vézère. Son Pont Vieux, du XIIe siècle, en partie reconstruit au XVe siècle, est le plus ancien de la vallée. Chaque jeudi matin, le marché installe ses étals à deux pas. On a plaisir à arpenter les ruelles qui descendent depuis Saint-Sour, ancienne église abbatiale reconstruite aux XVe-XVIIe siècles et restaurée au XIXe siècle.

À voir

Jardins de l'Imaginaire — Jardin remarquable

(☎ 05 53 50 86 82 ; www.jardins-imaginaire.com ; pl. du Foirail ; tarif plein/10-18 ans 7,50/4,50 € ; juil-août tlj 10h-18h, avr-juin tlj sauf mar 10h-17h30, sept tlj sauf mar 10h-17h). Gagnants d'un concours organisé par la mairie en 1996, l'architecte-paysagiste Kathryn Gustafson et l'architecte Ian Ritchie ont conçu ce vaste parc (6 ha) surplombant le centre historique. Il est constitué d'une succession de tableaux suscitant chacun des sensations différentes, qu'il s'agisse du sous-bois, des vagues de buis, de la forêt de jets d'eau ou du fil d'or dans les arbres, pour n'en citer que quelques-uns. Très beau point de vue sur la vallée.

Chocolats Bovetti — Musée-boutique

(☎ 05 53 51 81 53 ; www.bovetti.com ; zone artisanale du Moulin-Rouge ; musée tarif plein/3-12 ans 3,90/3,40 € ; consultez le site pour les horaires, sur réservation). Côté musée : Valter Bovetti dévoile ses secrets tandis que les enfants confectionnent un moulage en chocolat qu'ils pourront remporter à la maison. Côté boutique : du chocolat pur beurre de cacao, une gamme bio riche de 23 références et des délices maison qui s'exportent un peu partout dans le monde.

Où se restaurer

La Mandragore — Belvédère €€

(☎ 05 53 51 34 17 ; www.restaurant-mandragore.fr ; Belvédère des Remparts ; menus 27-38 € ; tlj sauf mar soir-mer). On y va de prime abord pour sa terrasse panoramique au-dessus de la Vézère. Mais la surprise est dans l'assiette, avec des plats traditionnels revisités avec goût (délicieux parmentier de canard) et un menu du midi à l'excellent rapport qualité/prix. S'il fait trop chaud, la salle de garde des remparts conserve la fraîcheur.

Itinéraire à pied

Une randonnée de 90 km intitulée "Dans les pas des hommes de Lascaux" suit la vallée de la Vézère, de Terrasson-Lavilledieu à Limeuil. Plus de détails sur le site rando.dordogne.fr/?page_id=488 (guide à télécharger et données GPS fournies).

La Table de Jean — Routier bistronomique €€

(☎ 05 53 51 68 08 ; www.latabledejean.com ; Le Bourg, Coly ; menu midi 17-25 €, sinon 32 € ; tlj sauf dim, lun et mer soir). Sur la D62 se cache un vrai restaurant bistronomique, à mi-chemin entre le bistrot pour travailleurs du coin et la table pour laquelle des voyageurs font le détour. Le classique trio périgourdin foie gras en entrée, magret en plat et fraises en dessert est ici réinventé à chaque étape, avec un vrai souci du détail. Goûtez la royale de foie gras à la gelée au porto, purée d'artichaut et moutarde violette de Brive.

Activités

Club Athlétique de Condat — Course d'orientation

(☎ 05 53 82 63 74 ; www.cac2408.fr ; Condat-sur-Vézère ; toute l'année) Le C.A.C. propose des séances d'initiation ou d'entraînement à la course d'orientation ouvertes à tout public, débutant ou confirmé.

Renseignements

Office du tourisme (☎ 05 53 50 37 56 ; www.vezere-perigord.fr ; rue Jean-Rouby)

Depuis/vers Terrasson-Lavilledieu

Train Un **TER Aquitaine** (☎ 36 35 ; www.ter.sncf.com/nouvelle-aquitaine) faisant la liaison entre Brive, Périgueux et Bordeaux s'arrête à la gare de Terrasson.

© ALEXANDRE LENOIR

À NE PAS MANQUER

Les sites de Lascaux

Si la découverte de la grotte Chauvet, bien plus ancienne, lui a quelque peu volé la vedette ces dernières années, **Lascaux I**, classée au patrimoine mondial de l'Humanité par l'Unesco, demeure un site incontournable du paléolithique supérieur. On la date d'il y a environ 20 000 ans, soit une période allant de la fin du solutréen au tout début du magdalénien. L'aspect monumental des représentations animales peintes et gravées, la polychromie largement conservée et l'utilisation remarquable des reliefs naturels de la roche rendent cette grotte exceptionnelle à plus d'un titre. Sa découverte par quatre adolescents le 12 septembre 1940 a ainsi bouleversé la perception que l'on avait alors de l'art pariétal. L'abbé Breuil, qui faisait autorité à l'époque, est le premier à authentifier le site avant qu'il ne devienne une attraction mondiale après son ouverture au public en 1948.

Lascaux II Inaugurée en 1983, vingt ans après la fermeture de la grotte originale, cette première réplique rassemble sur une cinquantaine de mètres 90% des peintures de Lascaux. Comme prévu, sa fréquentation a chuté depuis l'ouverture de Lascaux IV, mais elle garde la préférence d'un public averti, malgré l'absence d'une partie des scènes et gravures. à l'inverse de sa grande sœur Lascaux IV, Lascaux II est située sous terre et possède la même morphologie que la grotte originelle, située à deux pas. Lors des visites,

Montignac et ses environs

Cette petite cité recèle un trésor mondialement connu : la grotte de Lascaux (ci-dessus), découverte sur la colline qui la domine. Fermée en 1963 par mesure de protection, la "chapelle Sixtine de la préhistoire" a été reproduite à l'identique quelques centaines de mètres plus loin. Lascaux II, inaugurée en 1983, est un facil n'y a qu'un seul groupe dans la grotte. Une "intimité" appréciable pour communier avec les premiers dessinateurs ou ressentir l'émotion des inventeurs de Lascaux.

Lascaux III Il s'agit d'une exposition itinérante et internationale (elle s'est déjà tenue à Chicago, Houston et Montréal) relatant l'histoire de la grotte avec films et fac-similés.

Lascaux IV (Centre international d'art pariétal de Montignac-Lascaux) Situé en bas de la colline de Lascaux pour mieux préserver la grotte originelle, ce bel espace tout en longueur, imaginé par le cabinet d'architectes norvégien Snøhetta, évoque un abri sous roche. Bâti en béton gris, il fait écho aux strates du sous-sol. À l'intérieur, se tient une réplique intégrale des parties ornées de la grotte originale, qui a été scannée en 3D. Cette reproduction est d'ailleurs si précise que c'est ici que les scientifiques viennent aujourd'hui pour l'étudier.

La fameuse "salle des Taureaux" ouvre la visite, et l'on est d'emblée saisi par la taille et la dynamique de ces animaux que l'on croirait en mouvement. Puis vient le "diverticule axial", une galerie plus étroite, entièrement tapissée de représentations, qui ont valu à la grotte son surnom de "chapelle Sixtine de la préhistoire". Suivent les panneaux de "la Vache noire", des "Cerfs nageants" ou des "Bisons croisés"... des scènes non reproduites à Lascaux II. Au centre de la grotte, l'abside regroupe un millier de gravures enchevêtrées qui, à elles seules, représentent plus de la moitié des œuvres de Lascaux.

Après la visite guidée d'une heure (dont 30 minutes dans la grotte), on pénètre dans l'Atelier, vaste pièce ponctuée de plusieurs panneaux grandeur nature où les œuvres livrent leurs secrets à l'aide de tablettes (pas toujours très intuitives) distribuées à l'entrée. On y détaille notamment la fameuse "représentation du Puits", difficilement observable puisque cachée au fonds d'un puits : un homme (le seul de toute la grotte) à tête d'oiseau, le sexe en érection à terre devant un bison.

Une visite nocturne à la "torche" (reproduisant à s'y méprendre à la lumière d'une flamme) permet de voir la grotte à la même lumière que celle dans laquelle elle a été peinte, et donc pensée. C'est une tout autre œuvre qui se dévoile alors, où l'utilisation des reliefs raconte une nouvelle histoire. Éclairées l'une après l'autre par la flamme vacillante, les scènes défilent comme dans un film.

Parmi les animaux représentés, si le cheval domine à côté des cerfs, bisons et bouquetins, l'aurochs est le plus rare et le renne est absent (ce qui bat en brèche l'hypothèse de la représentation de scènes de chasse). L'abondance des figures gravées et peintes, ainsi que la mise en scène – un effet monumental et spectaculaire voulu par les artistes de la préhistoire – témoignent de l'extraordinaire inventivité et de la maîtrise de nos ancêtres, mais leur sens n'a toujours pas été percé à jour.

Infos pratiques

Lascaux II (05 53 51 95 03 ; www.lascaux-ii.fr ; tarif plein/5-12 ans 14/9 € ; 8-21 juil tlj 9h30-19h, 22 juil-23 août tlj 9h-20h, 24 août-29 sept tlj 10h-12h30 et 14h-18h, 30 sept-3 nov tlj 10h-12h30 et 14h-17h30)

Lascaux IV (05 53 50 99 10 ; www.lascaux.fr ; tarif plein/5-12 ans 20/12,90 € ; juil-août tlj 8h-22h, mai-juin et sept tlj 9h-19h, oct-avr consulter le site, dernière entrée 2 heures avant fermeture ; visite à la torche 30 € juil-août 18h30-20h)

similé résultant d'une véritable prouesse technique et est toujours ouverte au public. Au début des années 2000, la surfréquentation du site qui fragilisait la grotte originelle a conduit à la construction d'une deuxième copie, encore plus complète, cette fois au pied de la colline : Lascaux IV fut inaugurée en décembre 2016.

Mais Montignac, c'est aussi une charmante ville de part et d'autre de

© JMJAG/FOTOLIA

Montignac

la Vézère. La rive droite se prête à une agréable promenade dans les ruelles médiévales, bordées de maisons à galerie et sur pilotis. La rive gauche, où se situe l'office du tourisme, rassemble les anciens bâtiments religieux.

À voir

Le Regourdou Site préhistorique et musée

(05 53 51 81 23 ; regourdou.fr ; tarif plein/enfant +6 ans 6,50/3,50 € ; juil-août 10h-19h, hors saison 13h-18h, fermé déc-jan). Au sommet de la colline de Lascaux, à 800 m à pied de Lascaux II, ce site est indissociable de la personnalité de Roger Constant, le propriétaire du terrain. Persuadé qu'il existait une autre entrée à la grotte de Lascaux (voir p. 88 des explications sur sa découverte en 1940), il y entreprit des fouilles. Mais le chantier fut vite repris en main, contre sa volonté, par des archéologues professionnels, qui y découvrirent notamment les squelettes d'un homme de Neandertal et d'un ours. Aujourd'hui, sa nièce a repris le flambeau et fait visiter le site, sa maison transformée en musée et l'enclos où vivent les ours que Roger Constant a voulu réintroduire dans le Périgord.

Château de Sauvebœuf Château et musée

(06 74 65 89 54 ; lechateaudesauveboeuf.com ; Aubas ; tarif plein/réduit/-5 ans château 8,50/5 €/gratuit, musée 8,50/5 €/gratuit, billet jumelé 12/10 € ; ch d'hôtes 100-190 € lun-ven, juil-août 14-19h, avr-juin et sept-oct 14h18h, fermé nov-mars). Richelieu fit raser en 1633 la maison forte originelle, propriété de la famille de Ferrières, vassale des seigneurs de Montignac, pour les châtier de n'avoir pas pris le parti de Louis XIII contre sa mère, Marie de Médicis. Le château fut alors rebâti entièrement en style Louis XIII. Après bien des vicissitudes, il a été racheté en 1987 par le publicitaire Claude Douce. Ce passionné d'art et de préhistoire l'a fait entièrement restaurer, découvrant en particulier sa terrasse sur la Vézère. Depuis 2013, il est ouvert au public qui peut y admirer les superbes aménagements intérieurs et une collection d'objets préhistoriques réunis par le propriétaire. Chambre d'hôtes. À 3,5 km de Montignac.

© PHILIPPEGRAILLEPHOTO / STOCK.ADOBE.COM

© GERALD VILLENA / STOCK.ADOBE.COM

De gauche à droite : pont à Terrasson-Lavilledieu (p. 86) ; château de Clérans, Saint-Léon-sur-Vézère (p. 94)

Où se loger et se restaurer

Hostellerie La Roseraie Hôtel de charme €€€

(05 53 50 53 92 ; www.laroseraie-hotel.com ; 11 pl. d'Armes ; d/f 80-147/152-211 € selon saison, petit-déj 14 € ; fermé nov-mars ;). Très cosy, cette belle bâtisse bourgeoise se prête bien à des séjours de plusieurs jours avec son parc à l'arrière, sa piscine et ses salons. On peut trouver la déco – tapis rouge, boiseries colorées et cadres dorés – un peu désuète, mais les chambres sont calmes et confortables. Demi-pension possible sur réservation (52 €).

La Licorne Chambres d'hôtes €€

(05 53 50 77 77 ; licorne-lascaux.com ; Le Bourg, Valojoulx ; d 90-125 € selon saison, petit-déj 20 €, 2 nuits minimum juil-août ;). Isabelle tient sa maison dans l'esprit réellement convivial des vraies chambres d'hôtes et c'est assez rare pour être signalé. Vous y attendent 5 chambres (dont une suite familiale) avec mur en pierre apparente, dont les plus agréables sont en rez-de-jardin. Copieuse et gourmande table d'hôtes (32 €, végétariens bienvenus) proposée les lundis et jeudis soir, et hors saison le lundi également. Piscine chauffée. À 6 km de Montignac.

Uni'Vert Snack végétarien €

(06 33 22 20 68 ; 7 pl. Carnot ; plats 13-15 € ; ma-ven 9h30-18h, lun 9h30-14h). Des légumes frais, du vin bio, et de succulentes quiches concoctées aux petits oignons (et au fromage de chèvre) par Marie. Plats à emporter sur réservation. Certains soirs, Pascal, son compagnon, prend le micro pour animer la terrasse avec des reprises pop-rock ou chanson française.

L'Orée du Bois Routier bistronomique €€

(05 53 04 19 94 ; lieu-dit Fontpoutreau, Thenon ; menus 14-25 € ; ch 50 €, demi-pension 68 €, petit-déj 6 € juil-août tlj sauf sam, mar-sam reste de l'année). Si vous venez à Montignac par le nord, n'hésitez pas à faire une halte dans ce surprenant routier bistronomique, vite complet car les travailleurs et les familles locales s'y bousculent. Ici, on ne trouve pas que viande et salade verte, mais des recettes qui

VAUT LE DÉTOUR
Saint-Amand-de-Coly

Joli village aux toits de lauze niché entre deux vallons, Saint-Amand-de-Coly abrite une remarquable église abbatiale fortifiée (tlj 9h30-19h), du XIIe siècle pour ses parties les plus anciennes. Son clocher-porche haut de 30 m donne un sentiment d'écrasement par sa monumentalité. L'atmosphère est tout aussi saisissante à l'intérieur. L'après-midi, la lumière passant au travers des larges fenêtres magnifie l'ensemble. Des concerts y sont donnés lors du Festival du Périgord noir (p. 42). Trois circuits avec panneaux explicatifs permettent de découvrir le village, entouré de plusieurs chemins de randonnée (renseignements au point info 05 53 51 98 92, en saison). Chaque mardi soir en été, ne manquez pas le marché des producteurs de pays – on peut y dîner.

sentent bon les plats familiaux. Quelques chambres simples et peu onéreuses sont aménagées dans des chalets à proximité.

Le P'tit Monde Hôtel €
(05 53 51 32 76 ; www.hotel-montignac.fr ; rue du 4-septembre ; ch 49-63 € selon saison ; petit-déj 8,50 € toute l'année sauf jan ;). Votre budget est réduit et vous voulez aller à Lascaux à pied depuis votre hébergement ? Heureusement, il y a Le P'tit Monde. Cet hôtel n'offre peut-être pas le plus grand confort, mais il réserve un accueil sympathique, il dispose d'une piscine et d'un sauna en accès libre et a un petit côté...inclassable. En été, évitez la chambre éco si vous craignez la chaleur. Chambre PMR disponible.

Où prendre un verre

Du Bareil au Même Bar à vins
(06 82 40 05 84 ; www.madeinbareil.com ; pl. d'Armes ; tapas 6-15 € ; avr-sept, mar-dim 17h-1h). Un petit bar à vins et tapas périgourdines à l'ambiance conviviale et animée le soir. On peut y manger sur le pouce ou s'installer confortablement au milieu des caisses de vin pour déguster une planche bien garnie de rillettes, fromages, terrines et autres produits de chez Made In Bareil, la conserverie de la maison.

Renseignements

Office du tourisme (05 53 51 82 60 ; www.lascaux-dordogne.com ; pl. Bertran-de-Born)

Depuis/vers Montignac

Bus La ligne n°7 du réseau **Modalis** (09 70 87 08 70 ; transports.nouvelle-aquitaine.fr ; billet 1 €) relie une fois par jour Montignac et Sarlat, du lundi au vendredi pendant la période scolaire et le mercredi en juillet-août.

Thonac

Ce village tranquille posté sur la rive droite de la Vézère est entouré de deux châteaux, dont l'un a fait sa renommée, à tel point que les armes de la famille qui le possédait – les Losse – ont été reprises par la ville. Sur les hauteurs, la **tour penchée de La Vermondie** faisait partie du système de guet de l'ancienne châtellenie de Montignac, établie au XIIIe siècle et qui s'étendait sur un rayon de 15 km. Seules quatre tours sont encore debout. Pour l'apercevoir, prenez la direction de Plazac.

À voir

Château de Losse Château et jardins
(05 53 50 80 08 ; www.chateaudelosse.com ; tarif plein/12-17 ans/5-11 ans 9,50/8/6 € ; tlj sauf sam, juil-août 11h-18h, mai-sept 12h-18h). Si vous empruntez, depuis Montignac, la D65 en suivant le cours de la Vézère, vous aurez une très belle vue sur le château de Losse. Ce logis Renaissance a été bâti par Jean II de Losse sur les fondations d'une forteresse médiévale dont il reste les remparts et les douves. Ses propriétaires actuels s'emploient à entretenir son esprit

jusque dans les jardins qui font l'attrait de la visite tout autant que le château et son mobilier des XVIe et XVIIe siècles. L'été, on peut découvrir le domaine à travers une grande chasse au trésor bien rythmée qui plaira beaucoup aux enfants.

Parc du Thot Centre d'interprétation

(05 53 50 70 44 ; www.parc-thot.fr/fr; tarif plein/5-12 ans 10/6,50 €, animations 4 € ; 7 juil-31 août tlj 10h-19h30, 19 mai-6 juil 10h-18h, reste de l'année consulter le site). Cet espace, complémentaire de Lascaux II et IV, mais pensé de manière plus ludique et interactive est davantage destiné aux familles. Un petit parc animalier permet de voir évoluer les animaux représentés sur les parois de la grotte – aurochs, bisons, cervidés... mais aussi des loups. à l'intérieur, des fac-similés mettent en valeur les gravures de la grotte de Lascaux grâce à un jeu de lumière noire. Un court film en 3D sur le climat permet de comprendre pourquoi, à la période glaciaire, les populations se sont réfugiées dans le sud-ouest de l'Europe. Animation de réalité augmentée et ateliers pendant les vacances scolaires ; effet garanti sur le jeune public ! De 8h à 10h, la visite "Soigneur d'un jour" (sur réservation) permet aux visiteurs de faire le tour du parc et de ses coulisses dans un cadre intimiste, accompagnés d'un soigneur animalier avant l'horaire d'ouverture.

Où se loger et se restaurer

Hôtel Archambeau Bon rapport qualité/prix €€

(05 53 50 73 78 ; www.hotel-restau-archambeau.com ; ch 65-125 € selon confort et saison, petit-déj 9 €, menu midi sem 15 €, sinon 23-29 € ; fermé nov-mars ;). Une affaire familiale et presque une institution. La répartition en plusieurs endroits du bourg des chambres, du restaurant, de la terrasse ou encore de la piscine peut surprendre à première vue, mais elle garantit finalement une certaine tranquillité. Différentes catégories de chambres, pour certaines rénovées, sont proposées. Cuisine régionale d'excellente facture, mention spéciale au camembert rôti.

Saint-Amand-de-Coly

Le Céloma Végétarien/Végan €

(05 53 50 85 81 ; Le Bourg ; plats 12,50-15 € ; tlj 19-21h, réouverture prochaine à midi).
Si les plats sont parfois simples, ils n'en restent pas moins frais et goûteux mais, surtout, cette adresse a le mérite d'exister au pays du canard. Le "foie gras" végan, aussi appelé faux gras par les connaisseurs, est une réussite. Les propriétaires sont attentionnés et les desserts végans sympathiques. Plats à emporter disponibles.

Fanlac

En remontant le ruisseau de Thonac, affluent de la Vézère, on parvient à ce village bien connu des lecteurs d'Eugène Le Roy, l'auteur de *Jacquou le Croquant*. C'est d'ailleurs ici que Stellio Lorenzi tourna le feuilleton tiré du roman, en 1969 (le film de 2007 a été tourné en grande partie en Roumanie). Il ne pouvait trouver décor mieux adapté que ces ruelles aux maisons des XVIIe et XVIIIe siècles. La "maison de Jacquou" et la vieille ferme à flanc de colline n'existent plus, mais l'église du XIIe siècle et la "maison de l'abbé Bonal" sont encore debout. Si l'histoire de Jacquou – un enfant, puis un jeune paysan en révolte contre la misère et l'oppression du seigneur local – est une fiction, la **forêt Barade**, berceau de la révolte paysanne, et le **château de l'Herm** (fermé temporairement à la visite), qui figura la demeure du comte de Nansac, sont bien réels. De style gothique flamboyant, l'édifice, dont il restait des ruines imposantes, est en cours de réhabilitation depuis les années 2000.

Grotte de Rouffignac

Elle est surnommée la "grotte aux Cent Mammouths", mais il y a en réalité 158 pachydermes gravés ou dessinés au trait noir sur les parois et les plafonds de cette vaste cavité creusée dans le massif calcaire, l'une des plus grandes du Périgord. Expertisée en 1956, la **grotte** (05 53 05 41 71 ; www.grottederouffignac.fr ; Rouffignac-Saint-Cernin-de-Reilhac ; tarif plein/6-12 ans 7,90/5,20 € ; tlj juil-août 9h-11h30 et 14h-18h, 22 mai-juin et sept-oct 10h-11h30 et 14h-17h) est un incontournable du genre. Il est rare de voir une telle concentration de mammouths (ils constituent 70% du bestiaire), les auteurs des peintures leur préférant souvent les chevaux et les bisons. Parmi eux, le "Patriarche", identifiable à la taille de ses défenses, est particulièrement émouvant. Arrivé au "Grand Plafond", c'est un tourbillon de 63 dessins d'animaux qui frappe le regard. La composition adoptée par les artistes magdaléniens (il y a plus de 13 000 ans) est une source intarissable d'interprétations. Originalité de Rouffignac : la visite se fait à bord d'un petit train électrique, un transport particulièrement bien adapté aux familles. La visite dure une heure dans un lieu à 13°C : habillez-vous chaudement.

Saint-Léon-sur-Vézère

Voici une étape on ne peut plus paisible. Le village se love dans une boucle de la Vézère, que l'on peut longer à pied sur l'ancien chemin de halage. En été, il n'est pas rare de voir des gens s'y baigner. Ancien port florissant, Saint-Léon-sur-Vézère était au XIIe siècle le siège d'un prieuré bénédictin dépendant de l'abbaye de Sarlat. Couverte de lauzes, l'église romane demeure l'un des attraits du village. Autre monument majeur, mais privé : le **château de Clérans** (XVIe siècle) dominant la rivière.

Bon à savoir pour les amateurs de **randonnée** paisible : un **sentier** longeant la Vézère rejoint le site de Castel-Merle et le village de Sergeac en vingt petites minutes. Pour un point de vue sur la vallée de la Vézère, grimpez sur les hauteurs de la **côte de Jor**, point de ralliement des amateurs de parapente. C'est aussi là que se trouve le **château de Chaban**, qui a donné son nom de résistant et d'homme d'État à Jacques Chaban-Delmas, de passage dans la région en 1943.

À voir

Église Saint-Léonce Édifice religieux

Vestige de l'ancien prieuré, l'église fut édifiée au XIIe siècle près de la rivière, sur

© ALEXANDRE LENOIR

Site préhistorique de Castel-Merle (p. 96)

le site d'une ancienne villa gallo-romaine. Elle est toute simple, avec sa nef unique et son abside flanquée de deux absidioles. Remarquez la peinture polychrome de la voûte du chœur. L'ensemble, très bien restauré, jouit d'une belle acoustique : c'est en été l'un des lieux investis par le Festival du Périgord noir (p. 42).

Chapelle expiatoire — Édifice religieux

Située à la sortie du village, cette chapelle cubique éclairée par deux baies en arc brisé arbore les armes des Reillac, qui l'ont fait construire au XVIe siècle. Au tympan de la porte d'entrée, un texte en langue d'oc explique le miracle du XIIIe siècle à l'origine de sa fondation : un homme serait tombé raide mort, la tête retournée, après avoir tiré une flèche sur une croix plantée là. À proximité, le cimetière possède plusieurs enfeus.

Donjon et manoir de la Salle — Architecture

(06 81 74 77 35 ; perigord-dordogne-visites.com ; Grand-Rue ; tarif plein/étudiant/5-13 ans 8/7/4,50 € ; tlj juil-août 10h20h avr-juin et sept-11 nov 10h-19h). À l'entrée du bourg, le manoir de la Salle a été bâti au XVe siècle à côté d'un donjon carré du XIVe. Habitée jusqu'à très récemment, la bâtisse a été minutieusement entretenue, de son sol en pisé jusqu'à sa charpente massive, et recouverte de pierres de lauze. On peut aujourd'hui parcourir librement ses jardins et ses intérieurs richement meublés, fourmillant de petits détails, comme un ancien petit cabinet de pharmacie.

Activités

Centre bouddhiste Dhagpo Kagyu Ling — Stages et méditation

(05 53 50 70 75 ; www.dhagpo.org ; lieu-dit Landrevie ; toute l'année, visite guidée en août à 16h dim). Ne vous étonnez pas de voir des hélicoptères y atterrir : ce centre du bouddhisme tibétain, créé il y a quarante ans au cœur du Périgord, est d'envergure européenne et accueille nombre de personnalités. On doit son existence au défunt propriétaire du château de Chaban, le scientifique britannique Bernard Benson, qui, en 1975, offrit le terrain aux lamas en

exil. Rencontres et stages sont organisés autour de la méditation, de la découverte et de l'étude du bouddhisme. Le plus simple est de s'y rendre depuis le Moustier, en prenant la côte à droite d'une boulangerie. à 4 km de Saint-Léon.

Aventure Plein Air — Canoë-kayak

(05 53 50 67 71 ou 06 82 09 45 85 ; www.canoevezere.com ; La Péchère ; canoë 2 pers 24-65 € selon parcours, rafting 35 € pour 1 heure 15 ; avr-oct). Dans ce site géré par Philippe Colomy, un ancien de l'équipe de France de canoë, vous avez le choix entre plusieurs itinéraires, la portion la plus longue (30 km) allant de Montignac aux Eyzies (on vous conduira alors au point de départ), avec la possibilité d'embarquer muni d'un audioguide. Des sorties en rafting sur la haute Vézère sont également proposées de janvier à avril.

Où se loger et se restaurer

Le Clos des Songes — Chambres d'hôtes €€

(06 07 44 78 15 ; www.leclosdessonges.com ; ch 89-139 €, avec petit-déj ; avr-oct;). Donnant sur le chevet de l'église Saint-Léonce, au cœur du village, cette ancienne maréchalerie dispose de quatre chambres. Pierres et poutres apparentes avec, pour certaines, une petite touche préhistorique (lustres en bois de cerf et couvre-lit en fourrure). On peine à quitter les lits hyper-confortables et les douches à température idéale et aux pommeaux extra-larges.

Le Déjeuner sur l'Herbe — Au bord de l'eau €

(05 53 50 69 17 ; Le Bourg ; plats 10-15,50 € ; juin-sept tlj sauf sam 9h30-21, uniquement midi le reste de l'année). À côté de l'église, au bord de la rivière, cette halte champêtre sert assiettes de dégustation, tartines chaudes, tourtes salées ou bol de salade, le tout préparé avec des produits du terroir. On commande au bar, on laisse son prénom et, dès que c'est prêt, on vient chercher son plat à emporter. De grandes tablées sont disposées sur l'herbe face aux saules pleureurs. Le cadre est idéal pour une pause gourmande.

Le Restaurant de la Poste — Terroir €

(05 53 50 73 08 ; restaurantde-laposte.eatbu.com ; plats 14-28 €, menu 24,50 € ; tlj sauf jeu et lun soir, fermé jan-mars). Une institution qui tient ses promesses, grâce notamment aux pommes de terre sarladaises fondantes accompagnant le confit de canard. Si la terrasse vous paraît trop ensoleillée ou venteuse, gagnez la cour intérieure, protégée par une pergola ornée de glycine.

Le Petit Léon — Branché €€

(05 53 51 18 04 ; www.restaurantlepetitleon.fr ; Le Bourg ; menus 45-65 € ; mai-sept mer-jeu 18h-21h, ven-dim 12h-14h et 18h30-21h, fermé lun-mar). Si vous cherchez les *millennials* de la région, c'est ici qu'ils se cachent. Cette adresse chic et décontractée propose des menus volontairement cryptiques pour assurer l'effet de surprise. Ça marche, car on est agréablement surpris ! Sans trop en dire, le beurre blanc au yuzu est à tomber. Mention spéciale aux menus végétariens et aux desserts, gourmands.

Sergeac

Superbe village templier – ne manquez pas la croix hosannière du XVIe siècle marquant le carrefour, à l'entrée du bourg –, Sergeac a conservé plusieurs maisons médiévales au toit de lauze. Elles entourent une église romane et la tour ronde fortifiée du **château de Cramirat**, ancienne résidence des templiers (fermé à la visite). Située sur la rive gauche de la Vézère, qu'elle domine du haut de sa plateforme rocheuse, la localité est également connue pour la falaise de Castel-Merle et ses nombreux abris préhistoriques.

À voir

Site préhistorique de Castel-Merle — Abris sous roche

(05 53 42 30 09 ; www.castel-merle.com ; tarif plein/6-10 ans 7,50/4,50 € ; tlj sauf sam, juil-août 10h-18h, mai-juin et sept 14h-18h).

De droite à gauche : église de Sergeac (ci-contre) ; Sergeac (ci-contre)

La famille Castanet fait partie des grandes figures de la vallée. Voici en effet cinq générations qu'elle fouille et anime ce site comprenant quantité d'abris sous roche, qui sont autant de hauts lieux de la culture aurignacienne (p. 287). Récemment, une étude parue aux États-Unis a estimé que les motifs d'un bloc de calcaire trouvé sur place constituaient la plus ancienne forme d'art pariétal connue à ce jour, puisqu'ils dateraient de 37 000 ans. Inclus dans la visite, le tir au propulseur est très apprécié des enfants. D'autres animations, parmi les plus qualitatives de la région, leur sont dédiées durant les vacances scolaires.

Activités

Les Cavaliers de la Vézère Centre équestre

(☎ 06 75 24 25 03 ou 06 30 47 86 51 ; www.cavaliersdelavezere.fr ; Le Pré de Barre ; balade 1 heure 23 €). Valérie propose des balades à cheval et à poney, d'une heure à une journée autour de Sergeac. De septembre à juin, des randonnées de plusieurs jours sont aussi organisées – cette belle manière de découvrir la région s'adresse toutefois à des cavaliers confirmés.

Où se loger et se restaurer

Auberge de Castel-Merle Vue panoramique **€€**

(☎ 05 53 50 70 08 ; www.hotelcastelmerle.com ; Castel-Merle ; s/d/tr 82-87/106 € avec petit-déj, panier pique-nique 9,50 €/pers ; ⏲ avr-oct ; P ᯤ ❄). Dans un environnement paisible, l'auberge et ses neuf chambres confortables, meublées dans un style régional, dominent la vallée de la Vézère. Une vue dont on profite depuis la grande terrasse naturelle où l'on prend place l'été pour savourer un petit-déjeuner généreux, avec même... de l'omelette aux truffes ! Vos hôtes pourront vous préparer un panier pique-nique pour vos balades dans les environs.

Auberge du Peyrol Terroir **€€**

(☎ 05 53 50 72 91 ; Les Sols ; plats 13-28 €, menus 21-40 € ; ⏲ juil-août tlj sauf lun, reste de l'année mar-dim midi, ven-sam soir). Si vous cherchez votre chemin, demandez tout simplement "Chez Jeannine". Dans un cadre classique d'auberge, avec nappes à carreaux rouge et blanc, elle régale ses hôtes d'une cuisine du terroir à base de canard et de pommes de terre sarladaises, le tout servi à la bonne franquette et souvent accompagné de la mique périgourdine (boule de pain pochée dans un bouillon). Pas de carte bancaire.

La Roque-Saint-Christophe

Impressionnante falaise de 80 m de haut sur 1 km de long, creusée d'abris naturels sur cinq niveaux, **La Roque-Saint-Christophe** (☎ 05 53 50 70 45 ; www.roque-st-christophe.com ; Peyzac-le-Moustier ; tarif plein/étudiant/5-13 ans 10/7/5 € ; ⏱ tlj 7 juil-27 août 9h30-19h30, avr-juin et sept 10h-18h30, oct à mi-nov et fév-mars 10h-18h, mi-nov à fin déc 10h-17h30, jan 10h-17h) a été occupée par l'homme depuis la préhistoire. Au Xe siècle, elle fut aménagée en place forte à l'initiative de Frotaire, évêque de Périgueux, pour empêcher d'éventuelles invasions normandes par la rivière. Tout un village troglodytique voit alors le jour, dont on prend la pleine mesure en franchissant le "Pas du Miroir", un tunnel débouchant sur une immense terrasse autrefois bordée par quarante maisons et une église. C'est l'histoire de cette occupation humaine millénaire qui est ici évoquée au travers de diverses reconstitutions : l'habitat de Neandertal, la cuisine médiévale, la salle d'armes, un film en réalité virtuelle ou encore les machines de levage, comme la cage à écureuil (la grue du Moyen Âge). Un coffre-fort du XIIe siècle taillé à même la paroi et un escalier monolithique ponctuent la visite. Ce dernier a été mis au jour par Gabriel Touron, propriétaire des lieux, dont la famille a réhabilité La Roque au terme de travaux titanesques entre 1935 et 1952.

Tursac

Son territoire, dans les gorges de la Vézère, a fourni de nombreux abris à l'homme préhistorique, comme en témoigne le site majeur de La Madeleine. Prenez le temps de vous écarter de la route principale pour rejoindre la source de Notre-Dame-de-Fontpeyrine, un lieu perdu en pleine nature. L'histoire dit qu'un bœuf, en grattant le sol, a fait jaillir là une source dans laquelle se trouvait une statue de la Vierge à l'Enfant. Le petit édifice qui protège la fontaine miraculeuse est couvert d'ex-voto.

À voir

Site de La Madeleine Gisement préhistorique et village troglodytique

En 1863, Édouard Lartet et Henry Christy découvrent un important gisement dans l'abri sous roche de La Madeleine. Ils mettent au jour des restes humains et de nombreux objets. L'étonnante maîtrise technique et artistique dont ceux-ci témoignent change totalement la vision que les érudits de l'époque ont de l'homme préhistorique, à tel point qu'en 1872, l'archéologue Gabriel de Mortillet donne à la dernière phase du paléolithique (il y a entre 17 000 et 12 000 ans) le nom de magdalénien en référence au gisement de La Madeleine. Au début du XXe siècle, Denis Peyrony exhume des plaquettes gravées et un squelette d'enfant couvert d'ocre et d'une parure de coquillages. L'essentiel des trouvailles est visible au musée des Eyzies (p. 102), l'abri de La Madeleine étant fermé au public. On peut en revanche visiter son **village troglodytique** (☎ 05 53 46 36 88 ; www.la-madeleine-perigord.com ; tarif plein/étudiant/5-12 ans 7,90/5/4 € ; ⏱ tlj juil-août 9h30-20h, mai-juin et sept 10h-19h, mar-avr et nov 10h-18h, fév 10h-17h30, fermé déc-jan), qui a été habité du IXe au XIXe siècle. Derrière le poste de garde, on découvre une rue bordée d'habitats à usages multiples (artisanat, élevage, etc.), puis une chapelle gothique sur un soubassement roman. Plus haut se dresse le "Petit Marzac", un château fort construit au XIIIe siècle et incendié en 1623. En 2021, la ferme paysanne de La Madeleine voit le jour. On peut y apprendre d'anciens savoir-faire en visite libre (un petit musée immersif de la vie paysanne

© A. DEMOTES / PHOTONONSTOP

En canoë devant le site de la Madeleine

rassemble photos et enregistrements sonores dans un séchoir à tabac) ou lors d'ateliers pédagogiques.

Château de Marzac — Château-jeu d'évasion

(06 06 42 58 59 ; www.chateaudemarzac.com ; D706 ; tarif plein/6-12 ans 16-22/13-18 € en fonction du nombre de participants ; juil-août tlj 10h-19h. Réservation obligatoire). Pour la première fois de son histoire, le château a ouvert ses portes au public en 2020. Pour se démarquer et donner envie aux plus jeunes de le découvrir, ses nouveaux propriétaires ont fait le pari de ne l'ouvrir à la visite qu'en participant à un *escape game* d'environ 1 heure 30. Pari audacieux mais réussi, la partie est mémorable et amusante, grâce à une utilisation astucieuse des recoins et mystères du château. Ce jeu permet également de découvrir l'histoire récente de ce château qui, par l'intermédiaire de son avant-dernier propriétaire Pierre de Fleurieu, a réellement connu de hauts faits de résistance pendant la Seconde guerre mondiale.

Maison forte de Reignac — Château-falaise

(05 53 50 69 54 ; www.maison-forte-reignac.com ; D706, rte de Montignac ; tarif plein/14-18 ans et étudiant/5-13 ans 9/6,50/4,50 € ; juil-août 10h-20h, avr-juin et sept 10h-19h, fév-mar, oct-nov et vacances de Noël 10h-18h). Unique exemple encore intact de château-falaise en France, la maison forte est insérée dans le roc, à l'emplacement d'un ancien abri préhistorique. Bâtie essentiellement à la fin du XIVe siècle, elle renferme des salles qui, de la cuisine à la chambre de la comtesse, témoignent des différentes périodes d'occupation des lieux. La visite se clôt par une pièce dédiée à la torture : gravures et objets de supplice illustrent la (trop) grande imagination de l'homme en la matière.

Préhistoparc — Site d'interprétation

(05 53 50 73 19 ; www.prehistoparc.fr ; tarif plein/étudiant/5-13 ans 8,50/7,50/4,80 €, animations 3 € ; juil-août tlj 10h-19h30, le reste de l'année, contacter le parc). Dès l'entrée du parc, on entend l'écho d'une chasse au

Les sites préhistoriques

Certains sites de la vallée de la Vézère, un peu difficiles à appréhender, prennent tout leur intérêt grâce aux passionnantes **visites-conférences des guides du Centre des monuments nationaux** (réservation à Font-de-Gaume ☎06 47 56 57 01 ou 05 53 06 86 00 ; www.sites-les-eyzies.fr ; 4 av. des Grottes, Les Eyzies-de-Tayac ; tarif plein/réduit/-18 ans 11,50/9 €/gratuit). Comptez 1 heure 30 de visite en moyenne. Les départs se font depuis la grotte de Font-de-Gaume (p. 103), sauf pour l'Abri du Poisson. Pour information, le site **www.hominides.com**, instructif, permet d'en savoir plus sur la préhistoire et les sites préhistoriques à visiter dans le Périgord et le Quercy.

- **Abri du Poisson** Dans le magnifique vallon de Gorges-d'Enfer, sur la rive droite de la Vézère, cet abri doit son nom à la plus ancienne gravure de poisson au monde (25 000 ans), un saumon de plus de 1 m de long. Il fut envisagé de le découper pour le vendre, et la paroi a gardé les traces de la bataille entre sauvegarde et mercantilisme qui s'est livrée en ces lieux. À voir aussi, une belle main négative. (toute l'année sur demande ; rendez-vous sur place)
- **Abri de Laugerie-Haute** Bien qu'un peu ardu à déchiffrer pour le profane, ce site est fondamental ; il avait une grande capacité d'accueil et son occupation fut constante (entre 24 000 et 14 000 ans). Dans les couches archéologiques (une quarantaine) sont encore visibles des ossements et des silex ! (toute l'année sur demande)
- **Gisement de la Ferrassie** Plus ancien que le précédent (ses couches stratigraphiques remontent à 40 000-25 000 ans), il est célèbre pour les huit sépultures néandertaliennes qui y furent trouvées. (toute l'année sur demande)
- **Abri du Moustier** Le gisement, constitué en fait de deux abris, a donné son nom au moustérien (voir p. 285). (toute l'année sur demande)
- **Gisement de la Micoque** Sa stratigraphie couvre 300 000 ans d'occupation humaine, dont les premières traces de l'homme dans la région. C'est un site fondamental du début du paléolithique (voir p. 285). (toute l'année sur demande).

mammouth. Le ton est donné ! Ce parc familial à vocation ludique et pédagogique met en scène la vie quotidienne des hommes de Neandertal et de Cro-Magnon au moyen de reproductions grandeur nature, bruitages à l'appui – le tout expliqué par des panneaux accessibles aux enfants. La visite de 1 heure 15 est l'occasion d'une agréable promenade, qui peut être pimentée par des animations : gestes et outils de la préhistoire, feu et tir au propulseur.

Où se loger et se restaurer

Himalaya en Périgord Chambres d'hôtes €€

(☎05 53 03 79 16 ; himalaya-en-perigord.com ; Le Bourg ; ch. avec petit-déj 80-110 € selon saison, 2 nuits minimum ; plats 9-19 € ; avr-nov ; dans le restaurant). Après une décennie sur le toit du monde, Patrick a décidé d'ouvrir ce havre de paix en Dordogne. Les chambres et le restaurant sont décorés comme des palais tibétains, des tankas jusqu'aux lavabos en bronze. Mini-boutique ayurvédique et tapis de yoga fournis. La chef népalaise propose du *dal bhat* comme là-bas et des *momo* sur commande. *Tashi delek* !

Achats

Élevage des Granges Exploitation familiale

(☎06 87 75 90 06 ; www.elevagedesgranges.com ; lun-sam 9h-19h, ouvert dim juil-août).

Maison forte de Reignac

On les aperçoit en traversant le bourg : les oies, élevage périgourdin par excellence (contrairement au canard), sont élevées et gavées ici. Outre la boutique, il est possible de visiter la ferme à 11h et 18h en été.

Les Eyzies-de-Tayac

Du haut de la falaise des Eyzies, la statue de *L'Homme primitif* semble contempler avec détachement l'agitation de l'homme moderne en contrebas. Située à la confluence de la Beune et de la Vézère, où le passage des troupeaux de rennes a dicté l'installation des premiers campements sous roche, la "capitale de la préhistoire" vit sa destinée changer en 1863, lorsque Édouard Lartet et son ami anglais Henry Christy vinrent y mener des fouilles. Très vite, l'écho de leurs découvertes amena par le chemin de fer des touristes passionnés d'archéologie. Au début du XXe siècle, Les Eyzies connurent une véritable effervescence, cette nouvelle activité supplantant peu à peu celle des forges installées le long de la Beune. L'époque a ses héros – Louis Capitan, Henri Breuil et Denis Peyrony – et son "méchant", le pseudo-antiquaire suisse Otto Hauser, qui vendra nombre de trouvailles à l'étranger. D'où la promulgation en 1913 d'une loi protégeant les sites préhistoriques au titre de "Monuments historiques". Il faudra toutefois attendre quelque temps encore pour que les fouilles soient menées, de façon constante, dans les règles de l'art.

À voir

Les Eyzies

Pôle international de la Préhistoire Centre d'information

(05 53 06 06 97 ; www.pole-prehistoire.com ; 30 rue du Moulin ; juil-août tlj 9h30-18h30, mai-juin sept lun-ven 9h30-18h30, dim 10h30-18h30, fermé le sam, oct-avr lun-ven 9h30-17h30, dim 10h30-17h30, fermé le sam). GRATUIT Sa mission est de coordonner les actions de l'État, de la région et du département pour valoriser l'exceptionnel patrimoine préhistorique de la région. Situé à l'entrée des Eyzies, il constitue une excellente introduction à la visite des sites. Tout au long de sa rue intérieure, différents espaces vous

La statue de *L'Homme primitif*, près du musée national de Préhistoire

permettent de faire connaissance avec les 28 sites de la vallée, grâce à des maquettes 3D, des bornes à écran tactile ou des films – le personnel étant toujours prêt à vous conseiller selon vos attentes. Des animations ont lieu aussi pendant les vacances scolaires, avec un module de fouilles bien pensé pour les enfants. À noter que le Pôle a été un acteur majeur dans l'obtention du titre "Grand Site de France" par la vallée de la Vézère en 2020.

Musée national de Préhistoire

Culture, histoire

(☎05 53 06 45 45 ; www.musee-prehistoire-eyzies.fr ; 1 rue du Musée ; tarif plein/réduit/-18 ans 6/4,50 €/gratuit, gratuit 1er dim du mois, visites guidées 9,50-11,50 €, gratuit -13 ans, ateliers 7 € ; ⏲juil-août tlj 9h30-18h30, juin et sept tlj sauf mar 9h30-18h, oct-mai tlj sauf mar 9h30-12h30 et 14h-17h30). Accroché à la falaise, ce musée retrace l'évolution des sociétés qui se sont succédé dans le Périgord depuis les plus anciennes découvertes, remontant à 400 000 ans, jusqu'à la fin des glaciations, vers 8 000 ans avant notre ère. On doit son existence à Denis Peyrony, qui découvrit et fouilla beaucoup des sites de la vallée. En 1913, il fit acheter par l'État les ruines du château des Eyzies pour y abriter le patrimoine archéologique trouvé à proximité et l'étudier : le musée de Préhistoire était né. En 2004, une extension à l'architecture contemporaine lui a été adjointe, augmentant sa surface de 3 600 m². Dans le hall d'accueil, une "frise anthropologique" et une évocation de l'histoire africaine de l'homme nous font remonter aux origines. On accède aux galeries d'exposition par un escalier taillé dans la falaise, où la reproduction des différentes coupes stratigraphiques du paléolithique invite à remonter le temps. La "galerie basse" illustre les grandes cultures préhistoriques, en rappelant l'environnement des chasseurs-cueilleurs. La partie consacrée à l'homme de Neandertal présente un émouvant squelette de bébé, l'une des pièces majeures du musée. La "galerie haute" expose des parures, des outils domestiques et des objets d'art exceptionnels, à l'image de cette lampe trouvée à Lascaux ou encore du célèbre "bison se léchant" d'un réalisme confondant. Montez jusqu'aux terrasses pour admirer la vue et *L'Homme primitif* (1931), sculpté par Paul Dardé. Un conseil : privilégiez les visites guidées, vraiment bien menées, car la muséographie reste assez dense. Sachez également que des ateliers du patrimoine sont organisés pendant les vacances scolaires, et que l'on trouve ici des conférences et des ateliers (archéologie, fabrication d'outils préhistoriques) parmi les plus pointus de la région.

Abri Pataud Site archéologique

(05 53 06 92 46 ; www.mnhn.fr/fr/abri-pataud ; 20 rue du Moyen-Âge ; tarif plein/réduit 5/3,50 €, gratuit -de 25 ans ; juil-août tlj 10h-13h et 14h-18h, avr et oct 10h-12h et 14h-18h lun-ven, mai-juin et sept 10h-12h et 14h-18h dim-jeu, fermé mi-oct à fin mars, visite guidée uniquement avec un départ ttes les heures). Pendant des milliers d'années, l'abri a servi de campement saisonnier ou de camp de base aux chasseurs-cueilleurs. Martial Pataud, l'ancien propriétaire du site, avait refusé son accès aux archéologues du XIXe siècle. Ainsi, c'est une zone préservée qu'un chercheur américain a pu fouiller de 1958 à 1964. Dans cette excavation d'une hauteur de 9 m, on distingue les 14 couches d'occupation humaine du site sur une période s'étalant de -34 000 à -20 000 ans. Cette visite, forcément guidée, permet de comprendre de façon concrète en quoi consiste le travail d'un archéologue, d'autant que des fouilles y ont été encore tout récemment menées.

Abri Cro-Magnon Musée

(05 53 13 58 54 ; www.abri-cromagnon.com ; 2 chemin de Cro-Magnon ; tarif plein/étudiant/5-16 ans 7,50/7/5 € ; tlj juil-août 10h-19h30, reste de l'année consulter le site). C'est ici qu'en 1868, lors de la construction de la route entre Les Eyzies et Tayac, furent découverts des restes humains fossilisés ayant toutes les caractéristiques anthropologiques de l'homme moderne. Ils servirent de base à la définition de l'espèce "Cro-Magnon" (du nom du lieu de la trouvaille). Aujourd'hui, on parle plutôt d'*Homo sapiens*. Vous ne verrez plus rien des originaux, le fameux crâne de l'homme de Cro-Magnon étant la vedette du tout nouveau musée de l'Homme à Paris. Mais, depuis peu, le site accueille un petit musée bien conçu dans l'ensemble et qui aime à bousculer quelques idées reçues sur Cro-Magnon.

Église Saint-Martin de Tayac Édifice religieux

Près de la gare, cette église romane fortifiée datant du XIIe siècle faisait à l'origine partie d'un prieuré dépendant de l'abbaye bénédictine de Paunat. Elle ne se visite pas, mais son clocher-mur et sa chambre de guet au-dessus du chevet valent le coup d'œil.

Fort du Roc de Tayac Fort semi-troglodytique

(06 81 74 77 35 ; perigord-dordogne-visites.com ; D47, route de Périgueux ; tarif plein/7-15 ans 10/5,50 € ; mi-mai-oct sur réservation). On n'accède à ce site discret que par une visite guidée, pendant laquelle une guide conférencière passionnée vous raconte sa surprenante histoire à travers celles de ses multiples occupants. On découvre notamment la vie d'un personnage emblématique des Eyzies, Gabriel Galou, modeste puisatier à l'âme excentrique qui fut le premier à oser descendre dans le gouffre de Proumeyssac (p. 108) et qui creusa, puis aménagea un hôtel dans le fort, à la Belle Époque. En période estivale, les visites nocturnes éclairées à la bougie rendent la visite encore plus immersive.

Sur la route de Sarlat

Grotte de Font-de-Gaume Grotte ornée

(05 53 06 86 00 ; www.sites-les-eyzies.fr ; 4 av. des Grottes, Les Eyzies-de-Tayac ; tarif plein/réduit/-18 ans 11,50/9 €/gratuit, pass "Font de Gaume-Combarelles-Cap Blanc" pour tarif réduit ; tlj sur réservation en ligne). Beaucoup ne jurent que par elle, et la visite se mérite : pour des raisons de conservation, le nombre d'entrées est limité à 52 par jour et

Château de Commarque

cela va en diminuant. Attention, les billets ne sont vendus qu'en ligne et ils partent vite. C'est en effet l'une des rares grottes à peintures polychromes encore ouvertes au public en Aquitaine. Et l'on ressent une réelle émotion à entrer par petits groupes à la suite de Capitan, Breuil et Peyrony qui l'ont découverte en 1901, pour admirer ces témoignages – plus de 200 figurations dessinées ou gravées – laissés par les artistes magdaléniens 17 000 ans auparavant. Le bison est prédominant, même si une scène emblématique montre deux rennes se faisant face. Breuil a aussi mis en évidence des signes géométriques, dont l'interprétation reste mystérieuse. Notez que si vous n'avez pas réussi à obtenir le sésame, une visite virtuelle immersive est disponible sur font-de-gaume.monuments-nationaux.fr.

Grotte des Combarelles Grotte ornée

(☎ 05 53 06 86 00 ; www.sites-les-eyzies.fr ; sur réservation en ligne). Pendant 2 000 ans, entre -14 000 et -12 000 ans environ, l'homme préhistorique a fréquenté cette grotte, découverte en 1901. Il y a gravé et peint une multitude de figures, mais les pigments ont pratiquement disparu, ne laissant pour l'essentiel que les gravures. L'abbé Breuil s'est employé à les identifier durant dix ans : tâche ardue tant elles sont enchevêtrées sur les parois de ce sanctuaire magdalénien. Il en dénombrera 300, chiffre porté plus récemment à 600, voire 800 œuvres. Il faut parcourir plus de 70 m avant qu'apparaissent les premières représentations. C'est alors un festival de chevaux, de rennes (dont un en train de boire, magnifique), de félins (dont une lionne emblématique) ; à noter également la représentation de figures féminines. L'œil doit s'habituer pour les distinguer, en raison de la finesse des traits et des jeux de relief de la roche.

Grotte de Bernifal Grotte ornée

(☎ 06 74 96 30 43 ; Meyrals ; entrée 7 € ; ⏲ sur rdv uniquement). L'incroyable conservation de cette grotte découverte en 1898 doit beaucoup à son ancien propriétaire, Gilbert Pémendrant, le "dernier paysan préhistorien". Aujourd'hui, c'est uniquement sur visite guidée que vous partirez à la rencontre des 150 figures peintes ou gravées de la grotte, révélées par la lumière de la lampe torche. On y voit de nombreux mammouths (quoique moins qu'à Rouffignac) et des tectiformes (signes en forme de toit), des mains négatives et gravées, et, chose exceptionnelle, un visage humain – autant de témoignages du magdalénien moyen (16 000 à 13 000 ans), extrêmement émouvants.

Abri de Cap Blanc — Abri sous roche

(☎ 05 53 59 60 30 ; www.sites-les-eyzies.fr ; Marquay ; tarif plein/réduit/-18 ans 11,50/9 €/gratuit ; tlj sur réservation en ligne). Orienté plein sud, à proximité d'un point d'eau, cet abri préhistorique a été principalement occupé au magdalénien moyen, il y a 15 000 ans. Il a pour pièce maîtresse une monumentale frise de chevaux qui cache une autre frise… de bisons celle-là (l'ensemble fait 13 m de longueur). Les figures en bas-relief devaient être rehaussées à l'ocre. S'il n'y a plus guère de traces de couleur aujourd'hui, elles n'en demeurent pas moins saisissantes. Un petit espace muséographique se trouve à l'entrée.

Grotte du Roc de Cazelle — Abris troglodytiques

(☎ 05 53 59 46 09 ; rocdecazelle.com ; D47 ; tarif plein/étudiant/5-13 ans 8,50/7,50/4,80 € ; tlj juil-août 10h-20h, avr-juin et sept 10h-19h, mi-nov à fév 11h-17h). Les reconstitutions de ce site de falaises verdoyant prennent peut-être quelques libertés archéologiques, mais elles permettent aux plus jeunes de se représenter la vie des divers habitants des abris troglodytiques de la préhistoire à nos jours. À recommander plutôt aux familles, les après-midis d'été, pour profiter des animations dans un cadre ombragé.

Château de Commarque — Château

(☎ 05 53 59 00 25 ; www.commarque.com ; av. de Laugerie ; tarif plein/13-17 ans/6-12 ans 8,80/5,50/4,50 € ; tlj juil-août 10h30-19h30, mai-juin et sept-15 oct 11h-19h). L'endroit est si enchanteur qu'on s'étonne à peine qu'il ait été occupé sans discontinuer de la préhistoire à nos jours. Passionné infatigable à la fibre écolo, Hubert de Commarque s'évertue à redonner vie au domaine familial depuis qu'il l'a racheté en 1962. Il a d'abord fallu dégager de la végétation et des éboulis les ruines majestueuses de ce castrum abandonné à la fin du XVIe siècle, un vaste ensemble comprenant le château médiéval à flanc de falaise, une chapelle et des maisons nobles protégés par une enceinte. Il se situait aux limites du territoire de l'abbaye bénédictine de Sarlat, dont il assurait la protection sur la route de Montignac. Le site a pour particularité d'abriter, outre le castrum, une grotte préhistorique (qui ne se visite pas) et des habitats troglodytiques. Dans le château, le corps de logis, rénové en 2017, abrite une expo sur les gravures trouvées dans la grotte. Des terrasses du donjon, la vue est impressionnante. Aujourd'hui, le château propose de nombreuses activités (descente en rappel, jeu d'évasion, nocturnes costumées…).

Sur la route de Périgueux

Grotte du Grand Roc — Grotte et abri sous roche

(☎ 05 53 06 92 70 ; www.grotte-grand-roc.fr ; av. de Laugerie ; tarif plein/5-12 ans 8,10/5,60 € ; 7 juil-août tlj 10h-19h, 19 mai-6 juil tlj 10h-13h et 14h-18h). Découverte en 1924, cette grotte se caractérise par les extraordinaires diversité et densité de ses cristallisations : stalactites, stalagmites, excentriques, colonnes et draperies. Les lundis en haute saison, des visites nocturnes à la lampe tempête permettent de se projeter dans la peau de Jean Maury, découvreur de la grotte, qui y entra pour la première fois accompagné de sa femme et de sa fille, pour se perdre dans ses dédales durant plusieurs heures. Un billet jumelé (tarif plein/5-12 ans 11,70/7,50 €) donne accès aux **abris de Laugerie-Basse** (www.abris-laugerie-basse.fr ; tarif plein/5-12 ans 8,60/6,10 € ; mêmes horaires que la grotte), quelques mètres plus loin. Le site est réputé pour le grand nombre d'outils et objets ornés d'époque magdalénienne qui y ont été exhumés (dont beaucoup furent malheureusement pillés). Ateliers enfants durant les vacances scolaires. Visite guidée recommandée.

Activités

Plusieurs prestataires proposent des départs en canoë des Eyzies. Trois d'entre eux sont regroupés autour du pont en direction de Périgueux : **Les 3 Drapeaux** (05 53 06 91 89 ou 06 30 57 39 66 ; canoes-3drapeaux.fr ; canoë 2 pers 36-65 € selon parcours ; Pâques-fin sept), **Canoës Vallée Vézère** (05 53 05 10 11 ; www.canoesvalleevezere.com ; canoë 18-25 € selon parcours ; Pâques-fin sept) et **Animations Vézère Canoë-Kayak** (05 53 06 92 92 ; www.vezere-canoe.com ; canoë 13-28 € selon parcours ; Pâques à mi-oct).

Le village des Eyzies est aussi un spot de **randonnées**. Des boucles ombragées au départ du parking de la Vézère offrent de beaux panoramas sur le village et la vallée. L'office du tourisme vend des brochures répertoriant divers parcours (0,35 €).

Où se loger et se restaurer

Camping La Rivière — Familial €

(05 53 06 97 14 ; www.lariviereleseyzies.com ; 3 rte du Sorcier, D47 ; empl 6,90-10,85 €, adulte/3-12 ans 4,55-7,20/3,15-5,55 € ; fermé oct à avr ; appart'hôtel 215-430 €/sem ;). Un agréable camping familial en bord de rivière, avec des emplacements classiques, des mobil-homes, un lodge et trois appart'hôtel (ouverts à l'année). Démarche écolo et animations en été.

Hôtel Le Moulin de la Beune — Hôtel-restaurant €€

(05 53 06 94 33 ; www.moulindelabeune.com ; 2 rue du Moulin-Bas ; ch 76-110 €, petit-déj 12 €, menus 32-70 €, plats 17-39 € ; fermé mi-oct-mi-avr ; restaurant lun-sam soir ;). Un feu de bois vous accueille à l'entrée de l'hôtel aux premiers frimas. On se sent immédiatement bien, tant la simplicité est ici à l'ordre du jour. Les vingt chambres, classiques et chaleureuses, sont de catégorie deux étoiles et offrent un bon rapport qualité/prix. Au Vieux Moulin, le restaurant de l'hôtel mitonne une cuisine du terroir, à déguster sur la terrasse agréable au bord de la rivière, au rythme du moulin à eau.

Hôtel Le Centenaire — Hôtel €€

(05 53 06 68 68 ; www.hotelducentenaire.fr ; 2 av. du Cingle ; ch 90-180/ 162-200 € basse/haute saison, petit-déj 14 €, menus 28-78 €, plats 23-50 € ; fermé 15 nov-15 mars ; restau tlj midi et soir). Jadis réputé pour ses étoiles au Michelin, l'établissement a été repris en 2017 par un jeune couple. Côté hôtel, les 21 grandes chambres ont conservé leur style Second Empire. La modernité se trouve davantage côté restaurant : des produits du terroir rehaussés de touches exotiques. On recommande les esturgeons (et leurs œufs) élevés à deux pas de l'établissement. Piscine chauffée et accueil sympathique.

Hôtel Les Glycines — Hôtel-restaurant de charme €€€

(05 53 06 97 07 ; www.les-glycines-dordogne.com ; 4 av. de Laugerie ; ch 155-415 €, petit-déj 17 €, menu bistrot 33 €, sinon 65-110 €, plats 37-45 € ; fermé dim-mar en jan-mars, fermé nov-déc ;). À la sortie des Eyzies, voici une belle adresse qui conjugue confort, charme, accueil souriant et détente (il y a même un petit spa). Cet ancien relais de poste a toujours accueilli des voyageurs. La plupart des 26 chambres donnent sur le parc fleuri à l'arrière, les classiques, sur la cour intérieure, étant les moins chères. Depuis peu, trois éco-lodges en bois offrent un hébergement atypique autant qu'exceptionnel, avec des terrasses en hauteur. La formule bistrot du midi, dans la salle sous la verrière, est un bon choix.

Restaurant de Laugerie-Basse — Terroir €

(05 53 06 97 91 ; Laugerie-Basse ; menus 14-27 € ; juil-août tlj 12h-15h et 19h-20h dim 12h-15h, fermé sam, nov-déc et dim hors saison). Si les gens du coin appellent toujours le restaurant Chez Jugie, c'est que la famille du même nom le tient depuis 1947 et

qu'ils furent les derniers en date à habiter la falaise. La cuisine y est traditionnelle, gourmande et bon marché et le site pittoresque, que l'on mange dans la salle troglodytique ou en terrasse avec vue sur la vallée.

Renseignements

Office du tourisme (☎ 05 53 51 82 60 ; www.lascaux-dordogne.com ; 19 av. de la Préhistoire)

Depuis/vers Les Eyzies-de-Tayac

Train Un **TER Aquitaine** (☎ 36 35 ; www.ter.sncf.com/nouvelle-aquitaine) faisant la liaison entre Agen et Périgueux dessert la gare des Eyzies. De Bordeaux, comptez de 2 heures à 2 heures 30 avec correspondance à Périgueux ou Niversac.

Le Bugue et ses environs

Voici des siècles que le mardi matin est jour de marché au Bugue, et c'est sans doute le meilleur moment pour profiter de cette ville à la confluence de la Vézère et du Doux, qui autrement manque un peu de charme. Cela dit, plusieurs sites à la fois ludiques et touristiques vous y feront venir si vous avez des enfants que la préhistoire commence à lasser.

À voir

Parc Le Bournat Périgord 1900

(☎ 05 53 08 41 99 ; www.lebournat.fr ; tarif plein/4-12 ans/forfaits famille 18/11/51-61 € ; ⏲ tlj juil-août 10h-19h, nocturnes jusqu'à 11h30, avr-juin et sept 10h-18h). Une très bonne surprise ! Ce parc de 7 ha nous plonge dans un univers 1900, où l'on découvre, au milieu des animaux, la vie et les métiers d'autrefois. La fête foraine réunit de vieux manèges (prix inclus dans le billet d'entrée) et on peut voguer en barque sur un marais (5 €). Chaque jour, des ateliers sont proposés et des artisans (boulanger, meunier, coutelier, forgeron, etc.) font des

---

SI VOUS AIMEZ...
Les chasses au trésor

Tèrra Aventura 🍃 En Dordogne, difficile de passer à côté du phénomène aquitain, familial et gratuit. L'idée : on télécharge l'application (www.terra-aventura.fr/comment-jouer), on choisit un parcours à pied ou à vélo (5 à 7 km) où l'on va trouver, sur le principe du géocaching, des indices tous les 500 m, qui permettent de faire découvrir un point d'intérêt et de répondre à des énigmes afin d'arriver au trésor. Parmi les jeux de piste les plus populaires en Périgord noir, citons Beynac, Domme, Sarlat, Montignac-Lascaux (qui propose la visite du village) et La Roque-Gageac (un peu plus difficile).

Châteaux et parcs Pour faire face à la demande, de nombreux châteaux périgourdins se sont lancés dans les parcours ludiques, jeux d'évasion et autres chasses au trésor. Parmi les poids lourds de la région, on trouve Puymartin (p. 64), dont le jeu permet de découvrir l'histoire du château, ou encore Commarque (p. 105). Plus confidentiels, la chasse au trésor du château de Losse (p. 92), qui met ses jardins à l'honneur et Marzac (p. 99), qui a ouvert ses portes uniquement dans le cadre d'un jeu d'évasion (*escape game*).

Faune et flore 🍃 Parfois, les trésors sont juste sous nos yeux, on a simplement besoin d'un guide naturaliste pour nous aider à les découvrir. Dans la forêt de Campagne, le club du Goupil propose des ateliers de pistage animalier (☎ 06 60 64 97 14 ; jesuislapiste.fr, voir p. 137). À Salignac, une balade naturaliste permet de découvrir la faune locale sur le sentier des fontaines, au crépuscule (☎ 05 53 59 10 70, office du tourisme de Fénelon, 7 €). À Saint-Julien-de-Lampon, le lit bas de la rivière en été permet de passer par les graviers et d'y découvrir la biodiversité (☎ 06 24 90 61 70 ; www.guidenaturesarlat.com).

Gouffre de Proumeyssac

démonstrations. Restauration possible sur place (cuisine à base de produits locaux).

Univerland Parc d'attractions

(☎05 53 07 10 74 ; www.aquariumperigordnoir.com ; tarif plein/4-12 ans 14,90/11,90 € pour l'aquarium, pass 4 sites 40/36 € ; ⏲tlj juil-août 10h-19h, mai-juil tlj 11h-18h, sept tlj 12h-18h). Autour de l'Aquarium du Périgord noir ont poussé ces dernières années trois sites ludiques : le Labyrinthe préhistorique, sorte d'*escape game* à la sauce Cro-Magnon, le Jungle Golf, un mini-golf exotique et le Big Bird, parcours aérien à 22 m de hauteur. Moins sportive, la visite de l'aquarium est l'occasion de découvrir plus de 6 000 poissons d'eau douce, ainsi que des reptiles et des alligators.

Grotte de Bara-Bahau Grotte ornée

(☎05 53 07 44 58 ; www.bara-bahau.fr ; Le Bugue ; tarif plein/6-13 ans 7,50/5,30 € ; ⏲juil-août 10h-12h et 14h-18h, sept 10h-12h et 14h-17h30, 16-31 oct 14h-17h, tlj sauf lun). C'est la plus méridionale des grottes préhistoriques ornées de la vallée. Son entrée était bien connue des habitants de la région, mais ce n'est qu'en 1951 qu'elle fit l'objet d'une véritable exploration, qui dévoila une vingtaine de gravures d'époque magdalénienne, pas toujours très lisibles.

Grotte du Sorcier Grotte ornée

(☎05 53 07 14 37 ; Saint-Cirq ; tarif plein/étudiant/5-13 ans 7,50/6/3,50 € ; ⏲juil-août 10h, sur réservation uniquement). Les amateurs de préhistoire ne passeront pas à côté de cette grotte découverte en 1952 et de son trésor, l'une des très rares représentations humaines de l'art pariétal : un chaman au phallus proéminent gravé dans la roche. Bisons, chevaux et bouquetins complètent le décor. Un petit musée présente l'autre curiosité des lieux : une tortue sculptée, parmi les silex et les ossements découverts sur place. La grotte a été inscrite au patrimoine mondial de l'Humanité en 1979.

Gouffre de Proumeyssac Cathédrale de cristal

(☎05 53 07 27 47 ; www.gouffre-proumeyssac.com ; tarif plein/étudiant/4-15 ans 11,40/8,90/8,10 €, avec descente en nacelle 19,80/13,30 € ; ⏲tlj juil-août 9h-19h, fév et nov-déc 14h-17h, avr-juin et 1er sept-15 sept 9h30-18h, mars, 16 sept-30 sept et oct 9h30-12h et 14h-17h30, fermé jan). Les plus anciennes mentions d'un "trou" dans un bois, sur la route entre Sarlat et Bergerac remontent au début du XVIIIe siècle. Le lieu est entouré de nombreuses superstitions. Pour faire taire ces rumeurs et prévenir tout accident, on tenta de le combler – ce qui fait sourire quand on voit la dimension des lieux. N'y parvenant pas, on construisit une voûte maçonnée pour en boucher l'entrée. Il fallut attendre son effondrement pour qu'en 1907, un puisatier des Eyzies ait le courage d'effectuer une descente dans un tonneau, bougie à la main. Il distingua une véritable "cathédrale de cristal" aux sources toujours actives. Le site fut alors ouvert au public, qui descendait par une nacelle. Un tunnel a depuis été ouvert, mais la descente en nacelle permet de découvrir le gouffre "à l'ancienne" sur fond de musique et de projections à 360° qui mettent en valeur les quatre fontaines pétrifiantes, dont la célèbre méduse. À l'extérieur, des espaces pédagogiques sont aménagés pour les enfants et des vélos-générateurs permettent de produire une partie de l'électricité nécessaire à la visite de ce site labellisé NF-Environnement.

Château de Campagne Parc remarquable
(05 53 02 20 20 ; www.campagne-en-perigord.fr ; Le Bourg ; GRATUIT ; tlj juil-août 10h-20h, avr-juin et sept-oct 10h-18h, mars et nov 10h-16h, fermé déc-fév sauf vacances scolaires 10-16h). Construit au pied de la falaise de Campagne au XVe siècle, le château des seigneurs de Campagne a été réaménagé au XIXe par La Borie, inspiré par les romantiques. Il arbore une façade néogothique et un vaste parc comprenant notamment un potager pédagogique et un amusant labyrinthe de vignes. L'ascension de l'Escalier des Dames, dont la légende dit qu'il a été créé pour festoyer dans les grottes, mène à des cluzeaux et à une vue sur la forêt. Le château ne se visite pas mais on peut y apercevoir l'intérieur lors d'expositions.

Où se loger et se restaurer

La Maison Oléa Chambres d'hôtes €€
(05 53 45 80 04 ; www.olea-dordogne.com ; La Combe de Leygue ; ch avec petit-déj 2/3 pers 75-115/95-140 € selon ch et saison ;). Sur les hauteurs du Bugue, cette vaste maison vous réserve un accueil chaleureux et, si vous optez pour la table d'hôtes proposée certains soirs, une cuisine du terroir de qualité. Les chambres sont lumineuses, décorées avec soin, et certaines bénéficient d'un balcon sur la campagne environnante. Plusieurs, aménagées en suite, sont parfaites pour les familles.

L'Abreuvoir Crêperie terroir €
(09 82 25 35 45 ; Grand'Rue, Le Bugue ; menu 15 €, carte 11-18 € ; lun 12h-14h, mar-sam 12h-14h et 19h-21h, dim 19h21h, fermé 15 déc-fév. Réservation recommandée). Des crêpes et galettes faites maison à la sauce périgourdine, donc généreusement garnies de produits frais et locaux comme des gésiers, des pommes de terre sautées et des champignons. Pour les végétariens, les crêpes fromagères avec salade sont un délice. Vins locaux, bon rapport qualité/prix des menus.

Achats

Julien de Savignac Caviste
(05 53 07 10 31 ; www.julien-de-savignac.com ; av. de la Libération ; lun-sam 9h-19h, dim 9h-12h, jusqu'à 14h en juil-août). C'est au Bugue que l'histoire a commencé pour cette cave spécialisée dans les vins de Bergerac ; plusieurs boutiques ont essaimé depuis, dans la région et à Paris.

Renseignements

Office du tourisme (05 53 51 82 60 ; www.lascaux-dordogne.com ; 22 pl. de l'Hôtel-de-Ville)

Depuis/vers Le Bugue

Train Un **TER Aquitaine** (36 35 ; www.ter.sncf.com/nouvelle-aquitaine) faisant la liaison entre Agen et Périgueux dessert Le Bugue.

BERGERAC ET LE PÉRIGORD POURPRE

Pécharmant, monbazillac, montravel, saussignac... de bien doux noms tintent aux oreilles du voyageur qui pénètre dans cette partie méridionale du Périgord, baptisée "Périgord pourpre" en référence aux couleurs automnales des vignobles des treize AOC du secteur. La Dordogne y poursuit son cours indolent au milieu de magnifiques "mers de vignes" où vous dénicherez toujours une cave ou un château proposant une dégustation. Mais, au-delà de l'œnotourisme, cette terre longtemps protestante réserve de belles surprises aux amateurs d'histoire, de cités médiévales et de châteaux. Il y a d'abord Bergerac, la capitale. Le charme de ses ruelles anciennes et de ses maisons à pans de bois opère toujours. Puis, le long de la Dordogne, d'adorables villages, comme Limeuil, Trémolat ou Lalinde. Enfin, passé le fleuve vers le sud et l'est, c'est un chapelet de bastides à la géométrie parfaite qui s'égrène : Monpazier – splendide ! –, Eymet, Beaumont-du-Périgord...

Château de Monbazillac (p. 121)

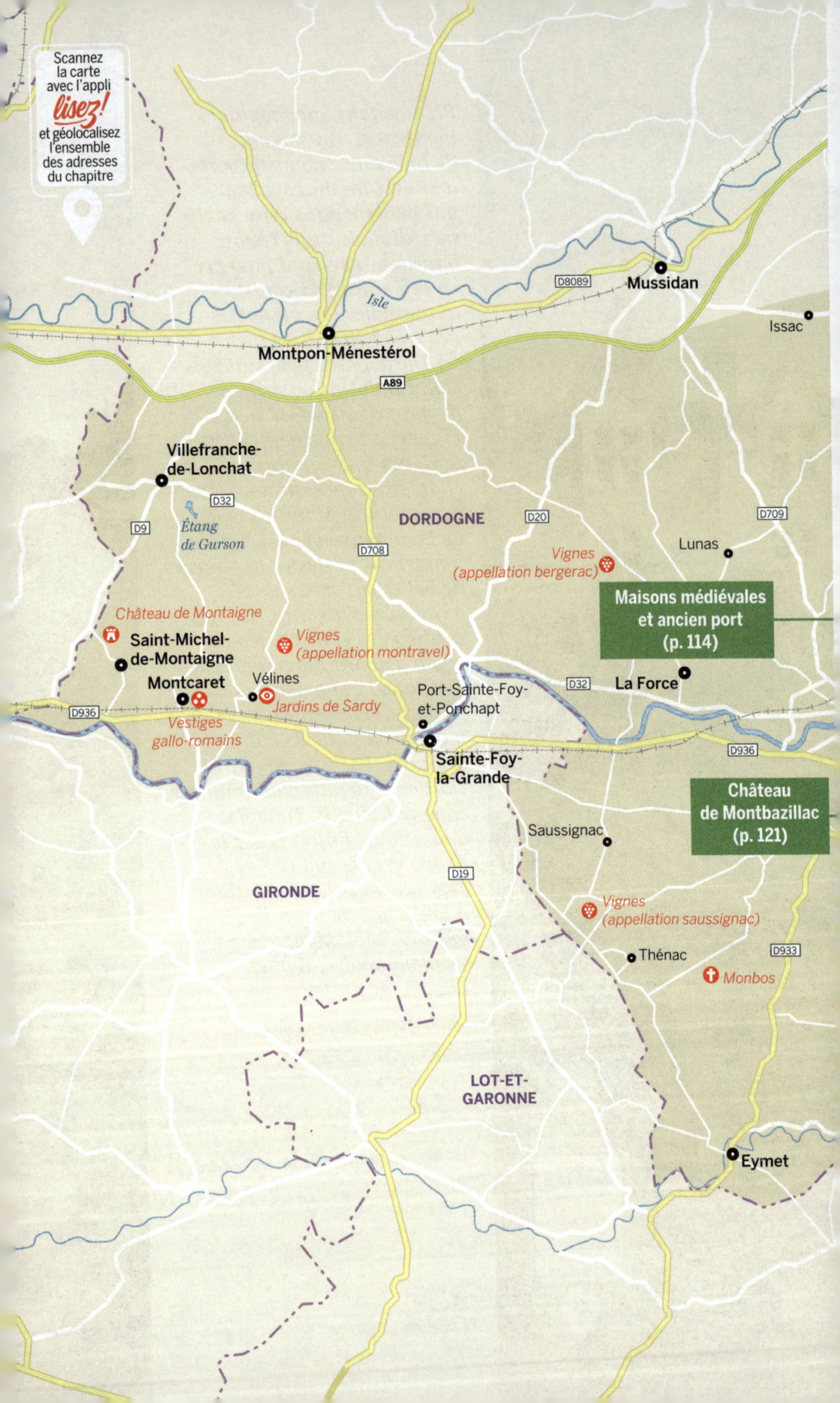

Scannez la carte avec l'appli lisez! et géolocalisez l'ensemble des adresses du chapitre
Mussidan
D8089
Isle
Issac
Montpon-Ménestérol
A89
Villefranche-de-Lonchat
D32
D9
Étang de Gurson
DORDOGNE
D20
D709
D708
Lunas
Vignes (appellation bergerac)
Maisons médiévales et ancien port (p. 114)
Château de Montaigne
Saint-Michel-de-Montaigne
Vignes (appellation montravel)
Montcaret
Vélines
Jardins de Sardy
Port-Sainte-Foy-et-Ponchapt
D32
La Force
D936
Vestiges gallo-romains
Sainte-Foy-la-Grande
D936
Château de Montbazillac (p. 121)
Saussignac
D19
GIRONDE
Vignes (appellation saussignac)
Thénac
D933
Monbos
LOT-ET-GARONNE
Eymet

Vergt
Lac de Neufont
Cendrieux
Val de Louyre
et Caudeau
DORDOGNE
N21
Sainte-Alvère
D21
D703
Cingle
de Trémolat
(p. 136)
Paunat
D32
Vignes
(appellations bergerac
et pécharmant)
Limeuil
Vézère
Lac de Pombonne
D703
Trémolat
BERGERAC
Baneuil
Le Buisson-
de-Cadouin
Dordogne
Écluses
de Tuilières
Lalinde
D703
Canal
de Lalinde déclassé
Grottes
de Maxange
D25
Aéroport Bergerac
Dordogne Périgord
Lanquais
Couze-
et-Saint-Front
Molières
Cadouin
Moulin
de la Rouzique
Abbaye de Cadouin
(p. 131)
Monbazillac
D19
Vignes
(appellations monbazillac et bergerac)
Monsac
Saint-Avit-
Sénieur
Beaumont-
du-Périgord
Ribagnac
Bridoire
D26
Montferrand-
du-Périgord
D25
D660
N21
Issigeac
Nojals-et-Clotte
D14
Bastide de Monpazier
(p. 126)
Monpazier
D1
D660
LOT-ET-
GARONNE
Château de Biron
(p. 127)
Biron
0
10 km

BERGERAC ET SES ENVIRONS

Qui veut arpenter le Périgord pourpre serait bien inspiré de débuter son voyage ici, dans un secteur qui fut longtemps le cœur palpitant du Périgord. Le négoce du vin et du tabac, qui transitaient en gabarre sur les eaux de la Dordogne, en a assuré la fortune. À Bergerac comme à Monbazillac, à une dizaine de kilomètres au sud, de passionnants musées et des espaces consacrés aux vins vous conteront l'histoire du vignoble bergeracois. En sillonnant les environs, vous découvrirez aussi de surprenants châteaux, au premier rang desquels celui de Bridoire, superbe !

Bergerac

Arrivez à Bergerac plutôt par le sud pour découvrir la vieille ville donnant sur la Dordogne. Veillée par le clocher de l'église Notre-Dame, elle se dresse fièrement comme pour se présenter au visiteur. Cité marchande prospère au Moyen Âge, Bergerac fut une importante place forte protestante, puis un centre d'imprimerie de premier plan, ce qui lui valut le surnom de "petite Genève". Passé le Vieux-Pont, on s'engouffre avec plaisir dans la ville pour arpenter venelles et ruelles de charme et admirer les vieilles demeures médiévales à colombages. Ailleurs, les hôtels particuliers aux façades ouvragées témoignent de l'opulence passée. Ne reste plus qu'à embarquer sur une gabarre (ci-contre) pour admirer la ville depuis les eaux.

À voir

Commencez votre découverte de la ville depuis l'**ancien port**. C'est d'ici que partaient les gabarres chargées de tonneaux de crus des environs, avec Bordeaux pour destination, puis l'Angleterre et l'Europe du Nord, en particulier les Pays-Bas. Vous pourrez voir des répliques d'embarcations du XIXe siècle mouiller dans la Dordogne en attendant les touristes en passe d'embarquer. À l'est, les cinq arches du **Vieux-Pont**, construit en 1825, se reflètent dans la Dordogne. Gagnez ensuite la **place de la Mirpe** et la jolie

Bergerac

place Pélissière pour admirer la **statue de Cyrano de Bergerac**. Né à Paris en 1617, l'écrivain libertin qui inspira une pièce de théâtre à Edmond Rostand n'a en fait strictement rien à voir avec la cité de Bergerac, où il n'a jamais mis les pieds (l'ancien fief familial de Bergerac se trouve dans la vallée de Chevreuse), mais la ville y a tout de même fait ériger une statue en forme de clin d'œil. Un **quartier piétonnier** s'étire entre la rue du Colonel-de-Chadois et la Grand-Rue. Flânez de placettes en ruelles, où fleurissent les terrasses des cafés et des restaurants aux beaux jours, admirez les vieilles bâtisses à pans de bois et promenez-vous le long des étals du marché quotidien qui se tient **place du marché couvert** (7h-13h et 15h-19h mar-sam).

Église Notre-Dame — Néogothique

(pl. Sainte-Catherine). Impossible de rater son clocher qui culmine à 80 m. Dessiné par Paul Abadie (voir l'encadré p. 145) et édifié au XIXe siècle, l'édifice est de style néogothique et les dimensions de sa nef sont impressionnantes. Dans la chapelle est, observez *L'Adoration des Mages*, attribué à le Pordenone, peintre vénitien élève de Giorgione, et surtout *L'Adoration des bergers*, attribué à Gaudenzio Ferrari, élève de Léonard de Vinci. Dans la chapelle ouest est exposée une immense tapisserie d'Aubusson aux armes de Bergerac.

Musée du Tabac — Histoire et cultures

(05 53 63 04 13 ; pl. du Feu ; tarif plein/-18 ans et étudiant 4 €/gratuit ; juil-août mar-ven 10h30-18h, sam-dim 14h-18h, horaires variables le reste de l'année). Situé dans la maison Peyrarède, remarquable hôtel particulier du XVIIe siècle, ce musée revient sur l'histoire du tabac à travers les siècles et les sociétés. Utilisée en Amérique depuis 3 000 ans, la plante, cultivée en Dordogne, contribua largement à l'essor de la ville de Bergerac et de la région. Si l'on découvre quelques outils autrefois utilisés dans la région pour le séchage du tabac, le musée est surtout remarquable pour sa riche collection de pipes et de tabatières du monde entier. D'intéressantes expositions

Quai Cyrano : culture, tourisme et vins

L'office du tourisme et l'ancienne Maison des Vins ont fusionné à l'été 2019 pour donner naissance au Quai Cyrano, un lieu dédié à la culture, au vin et au tourisme situé face au port. Le rez-de-chaussée accueille l'espace tourisme tandis que le premier étage est dédié aux vins, avec un grand espace dégustation, une table sensorielle et un bar à vins. Plus de 120 domaines sont présentés, avec au moins une référence de chaque disponible à la dégustation. On peut aussi acheter sur place les crus dégustés, au prix de la propriété. L'agréable terrasse dominant la Dordogne et le joli cloître ombragé offrent deux espaces propices à la dégustation et à la détente. Plus d'information p. 120.

d'art contemporain sont organisées dans les lieux.

Musée Costi — Sculpture

(05 53 63 04 13 ; presbytère Saint-Jacques, pl. de la Petite-Mission ; juil-août mar-ven 10h30-18h, sam-dim 14h-18h, avr-juin et sept mar-ven 10h-12h30 et 13h30-18h, sam-dim 14h-18h, oct-mars mer 10h-12h30 et 13h30-18h et 1er dim du mois 14h-18h). GRATUIT Sous les voûtes du cellier du presbytère Saint-Jacques, une soixantaine de sculptures figuratives de l'artiste grec Constantin Papachristopoulos (1906-2004), dit Costi, qui fut un élève d'Antoine Bourdelle. Il fit don à la ville de ses œuvres, essentiellement des corps féminins, en bronze ou en plâtre.

Activités

Les Gabarres de Bergerac — Au fil de l'eau

(05 53 24 58 80 ; www.gabarresdebergerac.fr ; quai Salvette ; 50 min tarif plein/enfant 10,50/7,50 € ; avr-oct, 4 à 9 traversées par jour selon la saison). Lors d'une balade de 50 minutes dans une réplique de gabarre,

Bergerac

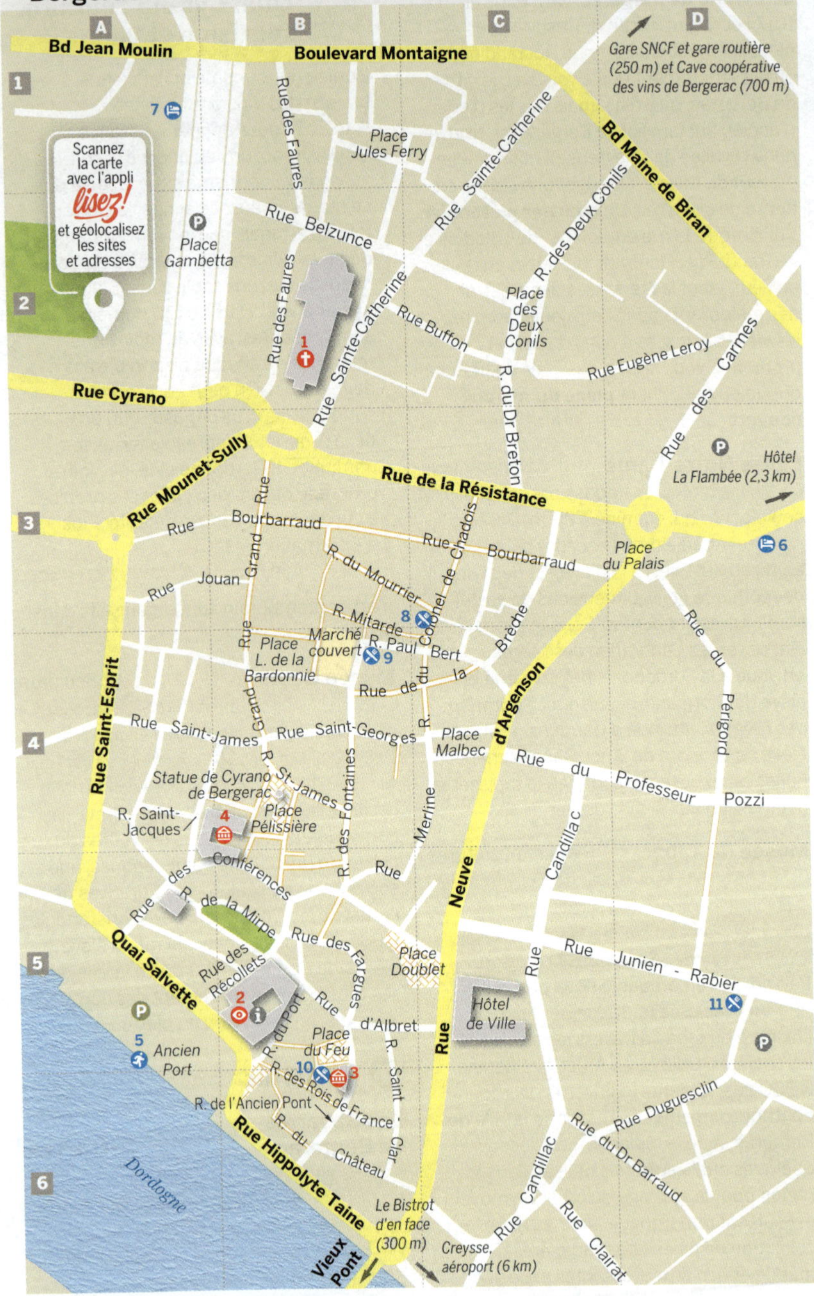
0 100 m
A
B
C
D
1
2
3
4
5
6
Bd Jean Moulin
Boulevard Montaigne
Gare SNCF et gare routière (250 m) et Cave coopérative des vins de Bergerac (700 m)
Bd Maine de Biran
Scannez la carte avec l'appli lisez! et géolocalisez les sites et adresses
Place Jules Ferry
Rue des Faures
Rue Belzunce
Rue Sainte-Catherine
R. des Deux Conils
Place Gambetta
Place des Deux Conils
Rue Buffon
Rue Eugène Leroy
Rue des Carmes
R. du Dr Breton
Rue Cyrano
Rue Mounet-Sully
Rue de la Résistance
Hôtel La Flambée (2,3 km)
Rue Bourbarraud
Place du Palais
R. du Mourrier
R. Mitarde
Rue Colonel de Chadois
Rue Jouan
Grand Rue
Marché couvert
R. Paul Bert
Place L. de la Bardonnie
Rue de la Brèche
Rue du Périgord
Rue Saint-James
Rue Saint-Georges
Place Malbec
Rue Neuve d'Argenson
Rue du Professeur Pozzi
Rue Saint-Esprit
Statue de Cyrano de Bergerac
R. St-James
Place Pélissière
R. Saint-Jacques
R. des Fontaines
Rue Merline
Rue Candillac
Rue des Conférences
R. de la Mirpe
Quai Salvette
Rue des Récollets
Rue des Fargues
Place Doublet
Rue Junien - Rabier
Hôtel de Ville
Ancien Port
R. du Port
Rue d'Albret
Place du Feu
R. des Rois de France
R. Saint Clar
R. de l'Ancien Pont
R. du Château
Rue Duguesclin
Rue du Dr Barraud
Rue Candillac
Rue Clairat
Dordogne
Rue Hippolyte Taine
Le Bistrot d'en face (300 m)
Creysse, aéroport (6 km)
Vieux Pont
1
2
3
4
5
6
7
8
9
10
11

Bergerac

À voir

Activités

Où se loger

Où se restaurer

Renseignements

embarcation à fond plat datant des XVIIIe et XIXe siècles, vous pourrez contempler Bergerac depuis les eaux, et observer hérons, milans, ragondins... Une balade de 1 heure 30 part du **port de Creysse** (06 72 45 72 19 ; tarif plein 14 € ; mi-juil à août mar et jeu 10h30), en direction de Mouleydier et du barrage de Tuilières. En haute saison, la réservation est conseillée la veille pour le lendemain.

Le guichet vend aussi les billets pour le **petit train touristique** (tarif plein/réduit 10/6 € ; durée 40 min) qui part rue des Récollets, à côté de l'office du tourisme.

Voie verte — Véloroute

La véloroute de Bergerac (V91) suit au plus près la rive droite de la Dordogne, reliant en 18 km le port de Bergerac au barrage de Tuilières (voir p. 120). À terme, elle devrait s'étirer sur 240 km de Souillac (Lot) à Libourne (Gironde).

Où se loger

Hôtel de Bordeaux — Central €€

(05 53 57 12 83 ; www.hotel-bordeaux-bergerac.com ; 38 pl. Gambetta ; s/d/tr/qua 60-90/65-110/90-120/105-135 € selon confort et saison ; petit-déj 10 € ; fermé 15-31 déc ; P 8 €). Tout près du vieux Bergerac, des chambres confortables dans des teintes contemporaines, avec tout le confort d'un trois-étoiles. Piscine et jardin ombragé.

Sur le même trottoir, l'**Hôtel de France** (05 53 57 11 61 ; www.hoteldefrance-bergerac.com ; 38 pl. Gambetta ; d/f 79-110 €/130-175 €), lui aussi avec piscine, offre des prestations comparables.

Hôtel La Flambée — Calme €€

(05 53 57 52 33 ; www.laflambee.com ; rte de Périgueux, 49 av. Marceau-Fevry ; d 70-90 € selon confort et saison ; fermé le dim ; P). Ce trois-étoiles situé en périphérie de Bergerac dispose d'une vingtaine de chambres petites mais confortables, aménagées dans une jolie demeure du XIXe siècle, avec court de tennis, piscine et agréable parc arboré. Bon rapport qualité/prix et accueil aimable. Restauration possible sur place pour les résidents.

Le Clos d'Argenson — Chambres d'hôtes de charme €€€

(06 12 90 59 58 ; www.leclosdargenson.com ; 99 rue Neuve-d'Argenson ; d basse/haute saison à partir de 130/175 €, avec petit-déj ; fermé nov ; P). Décorée avec un goût exquis, cette belle demeure bourgeoise du XIXe siècle, à deux pas du centre historique, est sans doute la prestation la plus haut de gamme de Bergerac. On y trouve quatre suites de 50 m^2 impeccablement équipées (TV, Wi-Fi, clim, cafetière et boissons) dont les murs accueillent la superbe collection de peintures des hôtes. Et plein de petits plus qui font la différence : une magnifique piscine, une bibliothèque, un billard, un spa et une salle de remise en forme. Deux nuits minimum en haute saison (à partir de 350 € pour 2 nuits).

Où se restaurer

On mange bien, voire très bien à Bergerac ! Les attrape-touristes sont plutôt rares, mais évitez quand même la jolie place Pélissière.

Une cuillère pour maman — Bio, végétarien €-€€

(05 53 27 29 83 ; locobiobergerac.com ; 10 pl. du Feu ; formule 2/3 plats 16/20 € ; 11h30-17h30 mar-sam). Cette adresse du centre historique n'offre que quelques tables à l'intérieur, mais celles installées sur la place font le plein aux beaux jours. La formule (16 €), qui change quotidiennement, propose de réjouissantes options végétariennes. Tout est frais, bio et de saison.

Le Confluence — Gastronomique €€

(05 53 24 30 63 ; 16 rue du Colonel-de-Chadois ; menu midi/soir 16-18 €/29-31 € ; 12h-14h et 19h-21h mar-sam). L'ambition du jeune chef du Confluence : cuisiner gastronomique à des prix raisonnables. Pleins de fraîcheur, les plats sont aussi beaux que bons, les desserts affolent les sens (incroyable citron trompe-l'œil !) et le service est chaleureux.

Le Bistro d'en Face — Bistronomie €€

(05 53 61 34 06 ; 1 rue Fénelon ; menu 29 €, plat 18 € ; lun-jeu le midi, ven-sam midi et soir ;). En terrasse avec vue sur la Dordogne et le vieux Bergerac, on fait là de joyeuses découvertes culinaires, bien assises sur le terroir périgourdin mais qui s'offrent quelques excursions bienvenues sur d'autres continents (ris d'agneau grillé façon tajine avec falafels de pois chiche et légumes par exemple). Plat végétarien, huîtres de Marennes et foie gras sont proposés tous les jours à la carte et au menu. Belle sélection de vins au verre.

Aux Tabliers noirs — Bistronomie €€

(09 81 34 62 08 ; www.auxtabliersnoirs.fr ; 24 rue Duguesclin , menu midi/soir 17-20 €/ 26-34 € ; jeu-sam midi et soir, mar-mer soir uniquement). Le jeune couple aux commandes de ce nouvel établissement a réussi son entrée sur la scène gastronomique bergeracoise. Le menu, qui change tous les jours, propose viande ou poisson. Les saveurs sont bien dosées et les assiettes pleines de couleurs.

La Table du Marché — Bistronomie €€€

(05 53 22 49 46 ; www.table-du-marche.com ; 21 pl. Louis-de-la-Bardonnie ; menu midi/soir

Maison médiévale à Bergerac

© CLAIRE ANGOT

© ALEXANDRE LENOIR

À NE PAS MANQUER

À la découverte des AOC du vignoble bergeracois

Treize appellations et cinq couleurs : il y a fort à parier que vous ferez de belles découvertes au fil de vos dégustations dans les vignobles de Bergerac. Rouges complexes, liquoreux dorés à souhait, blancs boisés, rosés fruités et festifs... La robe des rouges est souvent sombre, laissant présager des saveurs corsées et un bouquet généreux. Ils sont principalement assemblés à partir de cabernet-sauvignon, de cabernet franc et de merlot, parfois complétés des cépages côt (ou malbec), fer servadou ou mérille. Les blancs secs fruités de la région sont aussi appréciés, tout comme les liquoreux très suaves et longs en bouche. Ils sont assemblés à partir des cépages sémillon, sauvignon blanc et gris, et muscadelle, auxquels s'ajoutent parfois ugni blanc, ondenc et chenin.

Avant de vous mettre en route pour rencontrer les vignerons de la région, une halte au Quai Cyrano de Bergerac (p. 120) est tout indiquée. Vous pourrez y suivre un mini-cours d'œnologie et déguster gratuitement plusieurs vins.

Lors de vos dégustations, commencez toujours par les blancs secs, puis les rouges, pour finir par les moelleux et les liquoreux. Ainsi, votre palais perçoit au mieux les bouquets subtils, sans être d'emblée accaparé par les tanins ou le sucre.

Vous trouverez une liste des différents vins que vous pourrez découvrir sur votre chemin ainsi que notre sélection de caves p. 313.

Infos pratiques

Le site **www.vins-bergeracduras.fr** propose une cartographie qui vous aidera à vous retrouver dans les appellations et à organiser votre road trip à travers les vignobles. Il inclut aussi la région viticole des côtes-de-duras produits dans le Lot-et-Garonne voisin. Le label **Vignobles et Découvertes** distingue les vignerons qui ont à cœur de valoriser leur terroir grâce à des initiatives conviviales : pique-niques dans les vignes, aménagements de sentiers de randonnée au cœur du vignoble, animations pour les enfants... Notez qu'une réservation par téléphone est toujours plus sûre.

L'escalier d'écluses de Tuilières

Ouvrage exceptionnel, les écluses de Tuilières, sur le canal de Lalinde, permettaient autrefois aux gabarres de contourner les rapides de la Dordogne. Grâce à un escalier de six écluses régulièrement réparties sur 289 m, les embarcations franchissaient un dénivelé de 22 m en 6 heures ! La disparition de la batellerie entraîna la fermeture du canal en 1926, mais les écluses restent un lieu de promenade privilégié. On les rejoint en une quarantaine de minutes à vélo depuis Bergerac en suivant la véloroute, plate et souvent ombragée, qui longe la rive droite de la Dordogne. La balade peut se poursuivre quelques kilomètres au-delà, jusqu'au village de Lalinde (voir encadré p. 132).

25 €/39,50-56,50 € ; mar-sam). Dans un cadre raffiné, une cuisine qui l'est tout autant et ménage de très belles surprises, comme le filet de canette rôti petits pois-rhubarbe et l'incroyable melba où pointent menthe et violette... Les végétariens trouveront quelques jolis plats.

Où prendre un verre

Quai Cyrano Vins

(05 53 63 57 55 ; www.pays-bergerac-tourisme.com ; quai Salvette ; 17h-19h mar-dim). Pour savourer un verre de vin face à la Dordogne ou profiter par temps chaud de la fraîcheur du cloître des Récollets, le bâtiment qui accueille l'office du tourisme est un must. Sélection de vins au verre (3-5 € le verre) et belles assiettes de produits régionaux ou végétariennes (3,50-8 €).

Achats

Si la vieille ville abrite des boutiques d'artisanat et de souvenirs, l'artère commerçante de Bergerac se situe rue de la Résistance, prolongée par la rue du Colonel-de-Chadois.

Quai Cyrano – Espace Vin Vins

Pour acheter des crus au même prix qu'au château, adressez-vous à l'espace Vin et Tourisme (ci-dessous).

Cave coopérative des vins de Bergerac Vins

(05 53 57 16 27 ; 70 bd Santraille ; juil-août 9h-12h30 et 14h-18h30, mar-sam 9h-12h et 14h-18h le reste de l'année). Elle propose les productions de 140 vignerons de Dordogne et de Gironde.

Les Agriculteurs Réunis Produits régionaux

(06 25 17 62 04 ; www.agriculteursreunis-boutique.fr; 81 avenue Paul-Doumer ; 9h30-12h30 et 14h30-18h30 lun-ven, 9h30-12h30 sam). À la sortie de Bergerac direction Eymet, cette épicerie de producteurs permet de faire le plein de conserves artisanales, d'huiles de noix et de confitures, mais aussi de produits frais. Également une sélection de vins de la région. Prix intéressants.

Renseignements

Quai Cyrano – Espace Vin et Tourisme (05 53 57 03 11 ; www.pays-bergerac-tourisme.com ; quai Salvette ; tlj). GRATUIT Désormais installé dans le cloître des Récollets (p. 120), l'office du tourisme forme, avec l'Espace Vin, une unique structure. Outre l'œnotourisme, vous trouverez ici de la documentation sur l'ensemble des activités du Périgord. Location de vélos, classiques ou électriques (forfaits 2 heures, 4 heures et journée).

Depuis/vers Bergerac

Bus La gare routière se trouve au niveau de la gare SNCF. Les cars **LCB** (05 53 58 49 33 ; www.lcb-voyages.com) assurent des liaisons quotidiennes vers Périgueux (ligne 3), Eymet (ligne 4), Issigeac (ligne 4A), Beaumont-en-Périgord et Lalinde (ligne 5).

Train La **gare SNCF de Bergerac** (☎36 35 ; www.voyages-sncf.com ; av. du 108e-RI) est desservie par les TGV de la ligne Bordeaux-Bergerac-Sarlat, qui empruntent un très bel itinéraire le long de la vallée de la Dordogne. Les TER rallient Périgueux en 2 heures 30.

Avion L'**aéroport Bergerac Dordogne Périgord** (☎05 53 22 25 25 ; www.bergerac.aeroport.fr ; route d'Agen) accueille des vols en provenance de Bruxelles-Charleroi et du Royaume-Uni, principalement opérés par Ryanair (☎0892 56 21 50 ; www.ryanair.com/fr).

Monbazillac

Posé sur les coteaux qui dominent la vallée de la Dordogne, ce bourg de 1 000 habitants doit son importante notoriété à son vin blanc liquoreux et à son château du XVIe siècle, extrêmement bien conservé. Au XIe siècle, les moines du prieuré Saint-Martin de Bergerac mirent au point le procédé de vinification propre au monbazillac, qui gagna en renommée grâce à son exportation en Hollande au XVIIe siècle par les huguenots. Un succès qui ne s'est jamais démenti, puisque ce vin est aujourd'hui apprécié dans le monde entier.

À voir

Château de Monbazillac Édifice historique et musée
(☎05 53 61 52 52, 05 53 63 65 00 ; www.chateau-monbazillac.com ; tarif plein/réduit env. 10/5 € ; voir site Web). Édifié autour de 1550 par la famille d'Aydie, ce fief protestant a miraculeusement traversé les vicissitudes du temps et se dresse aujourd'hui au milieu d'une fantastique mer de vignes, sans la moindre égratignure ! Son architecture est de style défensif médiéval (avec canonnières, douves, créneaux, mâchicoulis, quatre tours et un chemin de ronde) mais laisse entrevoir les prémices des canons de la Renaissance (fenêtres à meneaux, charpentes complexes, larges ouvertures, escalier intérieur rampe sur rampe...). Depuis 1960, le château et les 60 ha de vignes attenants appartiennent aux vignerons de la cave coopérative de Monbazillac.

Les intérieurs, soigneusement mis en valeur, dévoilent un beau mobilier du XVIIe siècle, des expositions d'art et, surtout, un épatant **musée du Vin**. Lors de notre passage, ces espaces, de même

SI VOUS AIMEZ...

Les hébergements chez le vigneron

Envie d'une escale au milieu des vignes ? Voici une sélection d'hébergements chez des vignerons, pratique pour ne pas avoir à reprendre le volant après quelques dégustations...

- **Château de Panisseau** (www.chateaudepanisseau.com). Dans le village de Thénac, dans le sud du Périgord pourpre, ce château mérite une halte. Sur le domaine viticole, la ferme attenante a été rénovée dans le style périgourdin. On peut y dormir dans de magnifiques **gîtes** (2 et 8 pers, d à partir de 85 €/nuit) avec spa et hammam.
- **Château Feely** (www.feelywines.com/fr). À Saussignac, ce domaine est un véritable coup de cœur ! Caro et Sean Feely, originaires d'Afrique du Sud, se sont lancés dans l'aventure du vin il y a plusieurs années pour convertir ces 7 ha de vignes en biodynamique. Deux superbes gîtes, aussi modernes que respectueux de la nature, offrent une vue fantastique sur la vallée de la Dordogne. Piscine commune.
- **Château du Tuquet** (chateaudutuquet.wixsite.com/chateau-du-tuquet). Autre ambiance dans ce domaine situé au nord-ouest de Bergerac, où Élisabeth et Olivier vous accueillent au milieu des vignes, dans l'une de leurs **tentes mauritaniennes** (d à partir de 60 €/nuit), et vous font découvrir leur production avec convivialité. Sous les tissus colorés, le confort est douillet. Une jolie cabane accueille le coin douche.

© SANDRINE GALLOTTA

Eymet

que la boutique et la salle de dégustation, étaient en complet réaménagement. Parmi les nouveautés prévues, une exposition consacrée au rôle du protestantisme dans la région et à celui de la famille Bacalan, propriétaire du château aux XVIIIe et XIXe siècles, ainsi qu'un parcours découverte pour les enfants.

Plusieurs manifestations (concerts, spectacles, séances de cinéma en plein air) sont habituellement organisées dans le parc de juin à fin août. Consultez le site du château pour obtenir des informations détaillées, ainsi que la date précise de réouverture (prévue pour avril 2022).

Où prendre un verre et se restaurer

La Maison Vari — Bar à vins €

(05 53 61 84 98 ; www.chateau-vari.com ; tapas 8-14 €, vin au verrre 2,50-10 € ; tlj avr-oct). Juste en face de l'église, dans une maison de village, des vignerons travaillant en bio ont aménagé un bar à vins très animé l'été, avec notamment des apéros-**concerts jazz** (ven soir juil-août). La patronne fait son marché le matin afin de concocter du gaspacho, des assiettes très gourmandes (magret, foie gras, fromages) et des salades simples mais inspirées. Une escale sympathique !

À la Grappe d'Or — Terroir €€

(05 53 61 17 58 ; www.alagrappedor.fr ; Le Peyrat, Monbazillac ; plats 14-18 €, menus 28,50-38,50 € ; 12h-14h et 19h30-21h mar-dim midi, fermé mi-jan à fin mars). Situé au bord d'une route départementale, l'endroit ne paie pas de mine, mais la cuisine ravira les amateurs de viande, et plus spécialement de canard. Les soupes et plats d'hiver sont très appréciés des habitants également.

Achats

Coopérative de Monbazillac — Vins

(05 53 63 65 06 ; cave.chateau-monbazillac.com ; rte de Mont-de-Marsan, Monbazillac ; lun-sam 9h-12h30-13h30-19h juin, 9h-19h juil-août, 10h-12h30-13h-19h sept-déc et mars-mai, 10h-12h30-14h-18h jan-fév). À 3 km du château, cette coopérative, propriétaire de l'édifice historique, regroupe 50 vignerons.

Renseignements

Maison des Vins et du Tourisme (05 53 58 63 13 ; maisondesvins-monbazillac.jimdo.com ; Monbazillac ; juil-août tlj 10h-19h, mai-juin et sept-oct lun-sam 14h-18h). Renseignements touristiques et dégustation des vins des domaines locaux. Projection d'un film explicatif.

Eymet

Fondée en 1270 par Alphonse de Poitiers, frère de Saint Louis et acquise à la cause protestante en 1561, la bastide d'Eymet consiste en une place principale bordée d'arcades et de maisons à pans de bois et à pignons, de laquelle part un entrelacs de rues dessinant un rectangle presque parfait. Maintes fois pris et repris par les Anglais, qui occupaient l'Aquitaine, le village coule aujourd'hui des jours tranquilles le long du Dropt, la rivière qui le borde. Il est toujours apprécié des Britanniques, nombreux à y avoir élu domicile.

À voir

Outre les **portes** qui gardent la ville et quelques restes de murailles, on peut y admirer les **vestiges d'un château fort** du XIIIe siècle, dont un **donjon carré** vieux de 750 ans. Le **marché alimentaire** (jeu matin) est très vivant, tout comme les **marchés nocturnes d'été** (mar soir) qui se tiennent sur la place du village. Celle-ci est fermée aux voitures à partir de 18h tous les soirs en été : les terrasses de bars et de restaurants qui la bordent sont alors très prisées.

Où se loger

Les Vieilles Pierres — Hôtel €

(05 53 23 75 99, 06 02 09 79 57 ; www.lesvieillespierres.fr ; 9/11 chemin de La Gilette ; d/tr 59-65 €-70/85 € ; fermé 20 déc à mi-mars, ouvert tlj reste de l'année ;). À 5 minutes à pied du village, un hôtel tout simple, à l'accueil convivial. Vous pourrez compter sur le confort (piscine, parc arboré) malgré des prix planchers ! En saison, on peut se restaurer sur place.

De la pourriture, oui, mais noble !

Cueillis à surmaturité, les raisins du vignoble de Monbazillac atteignent une sucrosité exceptionnelle grâce au *Botrytis cinerea*, dit "pourriture noble". Il s'agit d'un champignon microscopique qui s'en prend aux grappes à l'automne. Sa prolifération s'explique par la conjugaison de brumes matinales retenues dans les coteaux en matinée, suivies de chaleurs importantes l'après-midi. Vendangé tardivement et presque un grain après l'autre, puis trié méticuleusement par strates successives, le raisin donne alors un vin doré d'une inimitable complexité aromatique.

Où se restaurer

La Cour d'Eymet — Semi-gastronomique €€

(05 53 22 72 83 ; www.lacourdeymet.com ; 32 bd National ; menu midi/soir 27€ /39 € ; fermé mer et dim soir). On aime la jolie terrasse ombragée et son odorante glycine, et surtout l'excellente cuisine fine de François Kartheiser. Le chef fait honneur aux produits locaux (foie gras et canard) tout en s'autorisant quelques incursions iodées bienvenues (poissons en papillote et excellent saumon fumé). Belle sélection de vins du pays à des prix raisonnables.

Si vous choisissez de loger dans l'une des deux chambres d'hôtes (environ 70 €) ou dans le studio (environ 90 €) adjacent au restaurant, vous aurez droit au petit-déjeuner du chef (10 €) !

Andine — Péruvien €€

(09 81 18 33 41 ; pl. Gambetta ; andine.eu ; plat 12-18 € ; midi et soir mar-sam). Les Eymétois plébiscitent ce sympathique établissement

installé dans l'une des maisons de la place principale. Les spécialités péruviennes – ceviche, bœuf *chimichuri*, *aji de gallina* (poulet émincé dans une sauce au fromage et au piment) ou *pescado coco* – côtoient quelques plats asiatiques et végétariens. À accompagner d'un délicieux cocktail avec ou sans alcool (4,50-9 €).

Où prendre un verre

Plusieurs bars et cafés sont installés sous les arcades de la place.

Café des Arts Café, concerts

(5 pl. Gambetta). Situé sous les arcades, ce café-bar sympathique organise régulièrement des concerts (12 € avec plat et boisson ; mer soir ; programme et réservation sur la page Facebook), notamment en été. Petite carte de restauration.

Achats

Cave d'Eymet Vins

(06 22 56 19 80 ; eymetwines.com ; 23 pl. Gambetta). Des perles locales aux raretés issues du monde entier, cette cave spécialisée en vins biologiques et biodynamiques fait beaucoup d'heureux.

Renseignements

Office du tourisme d'Eymet
(05 53 23 74 95 ; 45 pl. Gambetta)

Depuis/vers Eymet

Eymet est desservi toute l'année par la ligne 4 (Marmande-Eymet-Bergerac) des cars **LCB** (05 53 58 49 33 ; www.lcb-voyages.com).

Issigeac

Jadis lieu de résidence des évêques de Sarlat, le village médiéval d'Issigeac possède un charme indéniable que l'on découvre en arpentant ses délicieuses venelles bordées par des maisons à encorbellement. En opposition au plan en damier des bastides rectangulaires du secteur, l'ensemble se love en un cercle dont le tracé parfait ne peut se voir que

Issigeac

du ciel, hélas. Le village est très fréquenté le dimanche matin, pour son **marché** coloré et très gourmand.

À voir

Au croisement de la Grand-Rue et de la rue Cardénal, la **maison des Têtes** vous fera lever la vôtre. Observez les visages de bois sur la façade de cette fabuleuse maison gothique du XVe siècle avec pans de bois et poutres sculptées sur une base en pierre de taille. À l'ouest du village, l'ancienne **prévôté** est reconnaissable à sa toiture mansardée et à son pigeonnier fortifié (!). Elle date des XVIIe et XVIIIe siècles. Jetez un coup d'œil à la **maison des Dîmes**, où les seigneurs stockaient la dîme (le dixième des récoltes) recueillie comme impôt. Elle se trouve en face du **château des Évêques**, sobre bâtiment du XVIe siècle rehaussé par deux tourelles. Admirez enfin les vestiges de l'ancienne enceinte de fossés et de remparts (le "**tour de ville**").

Où se loger et se restaurer

La Brucelière

Cuisine fine et chambres d'hôtes **€€**

(05 53 73 89 61 ; www.labruceliere.com ; pl. de La Capelle ; plat 15 €, menu midi 25 €, sinon 32-36 € ; jeu-mar sept-juil, fermé mer midi juil-août). On sert ici une exquise cuisine de saison qui fait honneur au terroir. Si les volailles et les viandes de la région sont mises à l'honneur, les habitués plébiscitent l'oreiller d'écrevisses et champignons… Pour le dessert, essayez le biscuit de chocolat chaud au coulis de fruits rouges. À l'étage, les **chambres d'hôtes** (d 68-85 € avec petit-déj), climatisées, sont simples mais confortables et très propres.

La P'tite Treille

Salon de thé et en-cas **€-€€**

(05 53 24 24 09 ; 2 pl. du Château ; plats 7-21 € ; avr-oct mar-dim 9h-18h). Une adresse mignonnette où s'arrêter pour un déjeuner simple et frais en terrasse (salades périgourdines, omelettes, pâtes, magrets de canard séchés, et hamburgers) ou pour

© ISABELLE BOITET / PHOTONONSTOP

Le château de Bridoire

À 12 km au sud de Bergerac, cette attachante **demeure** (05 53 58 11 74 ou 06 30 39 38 22 ; www.chateaudebridoire.com ; Ribagnac ; château tarif plein/4-12 ans 9,50/6,50 € ; juil-août tlj 10h-19h, le reste de l'année we et vacances scolaires voir site Web), à l'histoire tumultueuse, a longtemps été abandonnée puis vandalisée avant d'être rachetée en 2011 et formidablement restaurée. La façade nord, la plus ancienne (XIIe siècle), fut remodelée au XIVe siècle et le donjon primitif de forme carrée fut alors englobé à l'intérieur des nouveaux murs. Aux XVe et XVIe siècles, l'édifice subit son plus gros remaniement : on lui adjoignit trois grosses tours à poivrières et de lourds mâchicoulis. L'ensemble a gardé des stigmates de la guerre de Cent Ans et des guerres de Religion. La visite des pièces (meublées) se fait librement. On peut même voir la pièce où dîna Henri de Navarre (pas encore couronné Henri IV) en 1576. Côté animation, on a rarement vu château aussi ludique ! Les familles seront aux anges : jeux d'adresse, entraînement à l'arbalète, échiquier géant, grandes tables de jeu… Impossible de s'ennuyer ! Dans le parc du château, le **labyrinthe** (tarif plein/4-12 ans 8,50/5,50 €), qui consiste en deux parcours (environ 2 heures chacun) avec des énigmes à résoudre, vaut vraiment le coup ! En été, l'*escape game* nocturne **Les Nuits hantées** (adulte/10-15 ans/-10 ans 18/14/10 €) remporte un vif succès.

Les bastides, des villes nouvelles

Le terme "bastide" désigne les "villes neuves" fondées pour le compte des rois de France ou d'Angleterre entre 1150 et 1350 dans le Sud-Ouest, où l'on en compte environ 400. Elles répondent à un urbanisme spécifique qui met le marché au cœur de la cité : celui-ci occupe la place centrale autour de laquelle les rues d'organisent suivant un plan en damier. La bastide d'Eymet (p. 123) a été fondée en 1270 par Alphonse de Poitiers, comte de Toulouse et frère de Saint Louis, un grand bâtisseur à qui l'on doit en tout une cinquantaine de bastides, dont celle de Villefranche-du-Périgord (p. 71).

une pause sucrée l'après-midi (délicieuses pâtisseries maison et bons thés bio).

Renseignements

Office du tourisme (05 53 58 79 62 ; www.issigeac.fr). Situé dans le château des Évêques. Visites guidées de la ville en juillet-août en journée (4 €) et certains mercredis, aux lampions.

Depuis/vers Issigeac

Issigeac est desservi par la ligne 4A (Villeneuve-sur-Lot-Issigeac-Bergerac) des cars **LCB** (05 53 58 49 33 ; www.lcb-voyages.com).

Environs d'Issigeac

Château de Lanquais Édifice historique
(05 53 61 24 24, 05 53 57 52 64 ; chateaudelanquais.fr ; Lanquais ; tarif plein/enfant 8,50/6 € ; avr-juin et sept-oct 14h-18h dim-ven, juil-août 10h-19h tlj). À 12 km d'Issigeac, ce château surnommé le "Louvre inachevé du Périgord" a gardé son ameublement des XVIIe et XVIIIe siècles. La partie la plus ancienne a été construite du XIIe au XVe siècle, mais l'ensemble a été remanié sous la Renaissance, d'où l'amorce d'un palais à l'italienne (les remarquables cheminées datent de la fin du XVIe siècle). Si vous êtes amateur d'histoire et de mobilier ancien, la demeure vous passionnera. Le château, repris par une association très dynamique, se visite avec ou sans guide, tout en proposant une intrigue sur fond de crime.

Si vous voulez jouer les châtelains pour une nuit, restez dormir dans l'une des **chambres d'hôtes** (d 150 €, petit-déj 10 € ; avr à mi-oct).

L'EST ET LE PAYS DES BASTIDES

Nous sommes ici dans la partie la plus séduisante du Périgord pourpre. La Dordogne y dessine de magnifiques méandres (des "cingles") dont les courbes enserrent des villages pittoresques, comme Limeuil ou Trémolat. Un peu plus au sud, c'est un patrimoine religieux incroyable qui se laisse découvrir, à l'image de l'abbaye de Cadouin ou de l'église abbatiale de Saint-Avit-Sénieur, deux splendeurs classées par l'Unesco. Plus bas encore, quel plaisir de remonter les ruelles du temps dans les bastides, ces villes médiévales à la géométrie parfaite (voir l'encadré ci-contre et p. 300). Monpazier caracole en tête des visites, mais ne négligez pas ses cousines (Beaumont-du-Périgord, Molières...), moins fréquentées mais également riches en découvertes.

Monpazier

C'est un modèle du genre, la bastide parfaite en tous points ! C'est Édouard Ier, duc d'Aquitaine et roi d'Angleterre, qui la fonda en 1284 afin d'asseoir son pouvoir en Aquitaine et d'installer durablement les Anglais face au voisin français. Les volontaires pour s'y implanter bénéficièrent alors de nombreux privilèges, comme l'exemption d'impôt et l'abolition du droit seigneurial. Monpazier a remarquablement

À NE PAS MANQUER

Le château de Biron

"Un château incomparable, à la crête des eaux, entre la Garonne et la Dordogne", écrivait Blaise Cendrars. Difficile, en effet, de ne pas succomber au charme de cette forteresse, au sud de Monpazier. Cet ensemble de plusieurs édifices successifs est devenu au fil des siècles l'un des sites majeurs d'Aquitaine. La création de ce château a débuté au XIIe siècle, et Biron n'a que très peu souffert des guerres et de l'usure du temps, un peu à l'image de la lignée des châtelains de Gontaut-Biron, qui en commanditèrent la construction et en ont été les propriétaires jusqu'au XXe siècle. La découverte du site, seul ou avec guide (gratuit) est passionnante. On visite d'abord la **chapelle gothique** du XVIe siècle, avec ses tombeaux aux bas-reliefs richement sculptés, puis la **tour féodale** et sa porte romane. Depuis la **cour d'honneur**, en observant les **logis**, on voit bien la juxtaposition de styles et d'époques. À gauche, la **tour du concierge**, remarquable pour ses lucarnes Renaissance, est reliée à la **tour Saint-Pierre**, dominée par le **château des Maréchaux**, dont la charpente en carène est impressionnante. Viennent ensuite les **appartements Renaissance**, les **cuisines voûtées** et, enfin, la "**salle des États de Guyenne**", de plus de 200 m^2, où se rassemblaient les représentants des quatre baronnies du Périgord au Moyen Âge.

Restauré par le Conseil général de la Dordogne, qui l'a acquis en 1978 et en a fait un centre d'art, le château accueille des expositions d'art contemporain. L'été, les animations sont variées : concerts, marchés gourmands nocturnes (les jeudis à 18h).

Infos pratiques

Château (☎ 05 53 63 13 39 ; www.chateau-biron.fr ; Biron ; tarif plein/5-12 ans 8,80/5,90 €, billet jumelé avec l'abbaye de Cadouin tarif plein/enfant 12,50/8 € ; ⏲ mai-juin et sept-oct 10h-13h et 14h-18h, juil-août 10h-19h30, nov-déc 10h-12h30 et 14h-17h).

Ateliers ludiques lors des vacances scolaires et visites nocturnes théâtrales (15 € sur réservation).

Moulin de la Rouzique

Au XIXe siècle, le moulin de la Rouzique était l'un des 13 moulins à papier installés sur les rives de la Couze. Son activité, attestée dès 1530, s'est éteinte en 1983 face à la concurrence des papeteries modernes. Sauvé de la ruine, le moulin est aujourd'hui un écomusée géré par l'association **Au fil du temps** (au-fil-du-temps.com, qui gère également la filature de Belvès, p. 85 et les jardins panoramiques de Limeuil, p. 135), très active dans le Périgord. La visite guidée, très instructive, ravit toutes les générations. De la préparation de la pâte à papier au séchage, on y découvre les nombreuses étapes qui permettaient de transformer en feuilles immaculées de vieux chiffons de chanvre, de lin et de coton. Au terme de cette découverte très bien menée, un passage à l'atelier permet de fabriquer sa propre feuille de papier, avant une halte à la boutique où sont vendus carnets et papiers artisanaux et autres accessoires de papeterie bien tentants...

Infos pratiques

(05 53 24 36 16 ; moulin-rouzique.com ; rte de Varennes, Couze-et-Saint-Front ; tarif adulte/6-18 ans/-6 ans 8,50/6 €/gratuit ; juil-août tlj 10h-19h, avr-juin et sept-nov dim-ven 14h-18h).

bien traversé les épreuves du temps. Aujourd'hui, une trentaine d'artistes et d'artisans d'art (maroquinerie, création de bijoux, céramique, peinture...) ont élu domicile dans l'un des "Plus beaux villages de France".

À voir

Passé les imposantes portes de la ville, on découvre une charmante bastide édifiée selon un plan en damier autour d'une place centrale, la splendide **place des Cornières**, entourée de maisons bâties entre le XIIIe et le XVIIe siècle, qui présentent un festival de baies ouvragées, d'arcades et de piliers. On peut aussi admirer une magnifique **halle** dont la charpente, en bois de châtaignier, date de 1287. La **grange aux Dîmes** (rue Notre-Dame), ou **Maison du chapitre**, reconnaissable à ses trois arcades gothiques, mérite le coup d'œil. C'est ici que l'on entreposait l'impôt sur les récoltes, aussi est-ce le plus haut bâtiment de la bastide. Juste à côté, l'**église Saint-Dominique** a été édifiée du XIIIe au XVIe siècle. Sur le tympan, l'inscription "Le peuple français reconnait l'existence de l'Être Suprême." est un vestige de la Révolution. De là, arpentez les **carreyrous**, ces ruelles transversales et plutôt étroites, typiques des bastides : vous pourrez ainsi observer de près de charmantes demeures fleuries et des éléments d'architecture très pittoresques.

Bastideum Histoire et archéologie

(05 53 57 12 12 ; www.bastideum.fr ; 8 rue Galmot ; tarif plein/6-17 ans 4,80/2,80 € ; Pâques-Toussaint fermé lun). Dans l'ancien couvent des Récollets (XVIIe siècle), une exposition permanente revient sur la fondation de la bastide et ses particularités. Interactif et adapté au jeune public (livret-jeu pour les 8-12 ans, jeux de construction...).

Où se loger et se restaurer

Bistrot 2 Fusion €€

(05 53 22 60 64 ; www.bistrot2.fr ; Foirail Nord ; plats 14,50-17 €, menus 18,50-25,50 € ; tlj sauf ven). Sirotez d'abord un verre sous la pergola, puis passez dans la grande salle lumineuse pour vous restaurer. Aux commandes de cet établissement vénérable (ce fut un hôtel qui accueillit Blaise Cendrars et John Dos Passos), un jeune couple venu du nord de la France. Au menu, des produits du terroir mais aussi des saveurs plus exotiques (foie gras au cacao, nems de canard...) ! Une adresse bien agréable, juste à l'extérieur de la bastide, et donc à l'abri de la foule en été.

Hôtel Edward Ier — Hôtel de charme €€

(05 53 22 44 00 ; www.hoteledward1er.com ; 5 rue Saint-Pierre ; d 115-230 € selon confort et saison ; avr-nov, restaurant 19-21h jeu-mar ;). Un peu à l'écart dans un coin de la bastide, cette très belle gentilhommière du XIXe siècle abrite un hôtel-restaurant aux chambres raffinées sans trop en faire, avec piscine. Reprise en 2020 par un couple dynamique, l'adresse, rajeunie, allie charme et confort. Lors de notre passage, un espace beauté était en cours d'aménagement.

Éléonore — Gastronomique €€

(05 53 22 44 00 ; www.hoteledward1er.com ; 5 rue Saint-Pierre ; entrées 15-20 €, plats 25-35 € ; dîner 19-21h jeu-mar toute l'année). Ancien de Paul Bocuse et de Marc Veyrat, Michel a trimballé son piano de cuisine dans les îles avant de s'installer récemment à Monpazier (il est, avec son épouse, le propriétaire de l'hôtel Edward Ier). Tel un alizé, herbes et agrumes apportent de la fraîcheur aux produits périgourdins, cuisinés avec précision. Une table élégante et inspirée, avec une carte régulièrement renouvelée. Mention spéciale au sympathique menu Street Food du midi (20 €, en été uniquement).

Renseignements

Office du tourisme (05 53 22 68 59 ; www.pays-bergerac-tourisme.com ; pl. des Cornières). Il propose des **visites guidées** (sur réservation, 5 €) et, en été, des visites nocturnes au flambeau (juil-août lun 21h ; 6 €). Livret-jeu de visite de la bastide pour les enfants. Renseignez-vous sur les pièces de théâtre en plein air à la belle saison.

Montferrand-du-Périgord

Dominant la vallée préhistorique de la Couze et situé sur le tracé du GR®36, ce village en mouchoir de poche s'éparpille autour d'une grande rue bordée de belles demeures en pierre dorée. On peut y admirer une halle couverte du XVIe siècle, des maisons Renaissance ainsi qu'une chartreuse, le donjon du château de Regagnac (résidence de chasse du maréchal de Biron construite

Place des Cornières, Monpazier

Hébergements insolites

Dans les environs de Beaumont-du-Périgord (p. 132), deux adresses sont à retenir pour passer une nuit unique :

Les Châteaux dans les arbres Posées sur l'eau ou dans les arbres, six cabanes raffinées et très spacieuses, avec chacune un spa ou un bain nordique. Inoubliable ! (06 30 64 26 00 ; www.chateaux-dans-les-arbres.com ; Domaine Puybéton, Nojals-et-Clotte ; d base/haute saison à partir de 240/290 €, avec petit-déj ; fév-nov ;).

La Ferme de Sirguet Au cœur d'une ferme périgourdine de foie gras, à vous la vie d'aventurier dans une cabane ou une roulotte, mais avec Jacuzzi perché dans un arbre et sauna, s'il vous plaît ! Idéal en famille. (06 13 63 42 19 ; www.ferme-sirguet.com ; hameau de Sirguet, Monsac ; roulotte/cabane à partir de 99-140 € ; à l'année).

au XVIe siècle), et son ancienne église. Les causses calcaires du secteur sont propices aux orchidées. Aussi, les balades printanières sont-elles particulièrement agréables.

À voir

Église Saint-Christophe Édifice religieux

À 800 m au-dessus du village au milieu du petit cimetière, l'ancienne église paroissiale du XIe siècle surprend par ses proportions curieuses : une haute tour-clocher dominant une très courte nef, comme tronquée. L'intérieur abrite l'un des trésors les mieux gardés du Périgord : de superbes peintures à la détrempe, d'époques romane et gothique, parmi lesquelles la légende de saint Léonard (XIIe et XIIIe siècles), aux traits naïfs, un Christ en majesté (XVe et XVIe siècles) et, sur le mur du fond de la nef, l'Annonciation et saint Christophe (XIIe et XIIIe siècles).

Où se loger et se restaurer

Auberge Lou Peyrol Hôtel-restaurant €

(05 53 63 24 45 ; "La Barrière", sur la D26 en direction de Beaumont-du-Périgord ; www.hotel-loupeyrol-dordogne.com ; d avec/sans sdb 67/57 €, menus 21-39 €, plats 13-22 € ; Pâques-sept ;). Une auberge de pays adorable, au rapport qualité/prix imbattable ! Le restaurant décline le canard sous toutes ses formes, et propose terrine, salades composées, soupes et omelettes généreuses. Les cinq chambres sont simples et gaies, avec vue dégagée sur la campagne, et l'accueil des propriétaires, dans la région depuis 30 ans, est délicieux. Location de vélos à tarifs avantageux. Formule demi-pension possible (72-62 € par personne et par jour).

Saint-Avit-Sénieur

Perché sur un promontoire rocheux avec vue sur les vallons, ce petit bourg bien tranquille doit sa fréquentation à son église abbatiale remarquable, classée au patrimoine de l'Unesco au titre des Chemins de Compostelle. De juin à septembre a lieu une très belle mise en lumière nocturne du bourg et de l'abbaye aux accents poétiques, **Les Murmures de Saint-Avit-Sénieur** (05 53 22 39 12 ; juin-sept tous les soirs au crépuscule ; gratuit).

À voir

Église abbatiale Roman remanié

GRATUIT Cette église romane aux proportions étonnantes en regard de la taille du village faisait partie d'une abbaye bâtie au XIe siècle et dédiée à saint Avit, un ermite évangélisateur de la région. Une première construction de style roman byzantin avait été érigée avec trois coupoles ; une deuxième construction romane (l'actuelle), plus vaste (pour l'accueil des pèlerins) et flanquée de deux tours d'angle, fut construite au début du XIIe siècle puis fortifiée et dotée d'éléments gothiques. Dans la nef, les peintures du plafond et des murs sont remarquables. En sortant,

À NE PAS MANQUER

L'abbaye de Cadouin

L'abbaye Notre-Dame-de-la-Nativité, inscrite au Patrimoine mondial au titre des Chemins de Compostelle, fut fondée en 1115 par Géraud de Sales et affiliée à l'ordre des cisterciens en 1119. L'**église abbatiale**, de style roman, est dotée de trois nefs avec quatre travées voûtées en berceau brisé. La façade ouest, avec son porche à quatre rouleaux, est plutôt dépouillée. L'intérieur l'est tout autant, à l'exception du chœur, décoré de chapiteaux avec motifs végétaux souvent présents dans l'architecture cistercienne primitive. Trois oculus (petites fenêtres rondes, une sur la façade et deux sur la coupole) font pénétrer la lumière à chaque équinoxe, marquant ainsi l'orientation de l'église vers l'Orient. C'est le **suaire de Cadouin**, reconnu comme apocryphe, qui a valu à l'abbaye de devenir un lieu de pèlerinage important sur le chemin de Compostelle. Jusqu'à ce qu'un historien jésuite démontre au début du XXe siècle qu'il s'agissait en fait d'un tissu fatimide du XIe siècle honorant Allah.

Aujourd'hui, c'est le **cloître** du XVe siècle, rebâti après la guerre de Cent Ans dans le style gothique flamboyant (photo ci-dessus), qui déplace les foules, pour la beauté de ses colonnes sculptées, son entrelacs de voûtes et son admirable siège abbatial en pierre dans la galerie nord. Surtout, on reste subjugué par la richesse et le détail des décors : chapiteaux, bas-reliefs et clés de voûte pendantes déploient une profusion d'animaux et de personnages incroyablement expressifs.

Infos pratiques

Abbaye (05 53 63 36 28 ; www.cloitre-cadouin.fr ; tarif plein/5-12 ans 7,20/4,50 €, billet jumelé avec le château de Biron tarif plein/enfant 12,50/8 € ; juil-août tlj 10h-19h, avr-juin et sept-nov tlj 10h-13h et 14h-18h, nov-mars mar-dim 10h-12h30 et 14h-17h, fermé jan)

De nombreuses animations ont lieu à l'abbaye en été (visites nocturnes aux flambeaux, ateliers de calligraphie ou de sculpture...). Auberge de jeunesse sur place (p. 134).

Les petits villages tranquilles

Les foules de juillettistes et d'aoûtiens, très peu pour vous ? Voici quelques solutions de repli pour profiter des charmes du Périgord en toute quiétude.

- **Lalinde** La toute première bastide anglaise du Périgord (1267) est postée au bord de la Dordogne. Joli marché (jeudi matin) et bon point de départ pour goûter aux charmes de la vallée de la Couze. (office du tourisme 05 53 61 08 55).
- **Paunat** Au nord de Limeuil, un adorable village blotti dans la verdure et doté d'une superbe abbatiale. (p. 136)
- **Molières** Une bastide inachevée, avec une église gothique fortifiée, les ruines d'un ancien château fort du XIVe siècle et un porche remarquable. (mairie 05 53 63 19 23).
- **Bigaroque** Perchée au-dessus de la Dordogne, ce village est si discret qu'on y passe sans le voir. Grimpez son unique rue et découvrez maisons médiévales et jardinets secrets.

admirez les vestiges de l'ancienne abbaye : le cloître, le dortoir, le jardin des moines et le presbytère du XVIIe siècle, avec ses voûtes en berceau brisé éclairées de fenêtres cintrées.

Où se restaurer

La Table de Léo — Cuisine fine €€

(05 53 57 89 15 ou 06 23 57 31 22 ; www.latabledeleo.fr ; menus midi 20 €, plats 35-45 € ; mer-dim midi et soir, sur réservation). Cette adresse ne cesse de gagner en renommée. La jolie terrasse au pied de l'abbaye est idéale pour déguster une cuisine créative et merveilleusement maîtrisée. La courte carte met à l'honneur les produits du terroir – foie gras, poisson de rivière, pièce de bœuf... – et change toutes les semaines. Le tout à prix corrects et servi avec le sourire.

Beaumont-du-Périgord

Fondée en 1272 par le sénéchal de Guyenne au nom du roi d'Angleterre Édouard Ier, cette jolie bastide protégée par une église-forteresse vaut vraiment une visite. Il fait bon siroter un verre sur la vaste **place centrale à arcades** – elle a conservé 7 de ses 16 maisons à cornières –, avec sa halle nouvelle construite en 2014. Explorez les ruelles et admirez les nobles demeures en pierre blonde, parfois fortifiées (avec des murs-écrans qui servaient au système défensif de la ville), puis les vestiges des anciens remparts dont il reste la seule **porte Luzier** (XIIIe siècle).

À voir

Église Saint-Laurent-et-Saint-Front — Gothique anglais

GRATUIT Édifiée au XIIIe siècle, cette église fortifiée de style gothique anglais possède quatre tours, dont l'une, sur la façade, faisait office de donjon, culminant à 30 m. Elle possède tout un système de fortifications dans ses parties hautes (bretèche, mâchicoulis, meurtrières...) et faisait partie intégrante du système défensif, pouvant également servir de refuge et de lieu de stockage. Observez le portail à voussures brisées.

Où se loger dans les environs

Le Loft — Chambres d'hôtes €€

(05 53 61 97 45, 06 83 47 83 68 ; www.vakantiedordogne.be ; La Bouygue, Molières ; d 85-95 € selon confort, avec petit-déj ;). Dans une ancienne étable rénovée, les trois chambres proposées ici bénéficient d'une déco gaie et colorée. Vous disposerez d'une kitchenette, d'une grande piscine, d'un espace spa avec Jacuzzi. Tarif dégressif à partir de 3 nuits et prêt de vélos.

Achats

Maison Bariat — Quincaillerie, bazar

(05 53 22 30 12 ; www.maisonbariat.com ; 33 rue Foussal , mar-sam 8h-12h et 14h-18h).

Diables à châtaignes, barattes à beurre, cueille-myrtilles et paniers en tout genre côtoient dans un désordre charmant matériel de bricolage, bâtons de marche et vaisselle. Naviguer dans cette profusion d'objets parfois oubliés est un voyage dans le quotidien de nos campagnes et une belle occasion de rapporter un souvenir original et utile.

Ma super petite boutique Épicerie, artisanat
(☎ 05 53 73 36 07 ; 19 rue Romieu ; ⏲ mar-sam 9h-12h30 et 15h30-19h, dim 9h-12h30). Biscuits, liqueurs et limonades, conserves et terrines, miel et thés périgourdins vous attendent dans cette petite boutique chaleureuse. Mais aussi des objets de décoration, des bijoux et des accessoires fabriqués par des artisans locaux.

ⓘ Renseignements

L'**office du tourisme** (☎ 05 53 22 39 12 ; www.pays-bergerac-tourisme.com ; 16 pl. Jean-Moulin ; ⏲ lun-sam 9h-13h30 et 14h30-18h, dim 9h-13h juil-août, lun-ven 9h-12h30 et 14h-17h30 avr-juin et sept-oct, seulement le mar nov-mars) propose des **visites nocturnes théâtralisées** (6 €, gratuit -8 ans ; ⏲ jeu juil-août) de la bastide sur réservation. Un flambeau est remis à chaque famille pour éclairer la visite (2 €/flambeau supp).

Cadouin et Le Buisson-de-Cadouin

Les amateurs d'édifices religieux connaissent bien le nom de ce bourg tranquille. Et pour cause, Cadouin abrite une superbe abbaye cistercienne (voir l'encadré p. 131), classée au patrimoine mondial de l'Unesco au titre des Chemins de Compostelle. Plus que l'abbaye elle-même, assez dénudée, c'est le cloître du XVe siècle qui la jouxte, chef-d'œuvre de l'art gothique flamboyant, qui émerveille. La place centrale du village de Cadouin, avec sa robuste halle en bois, est très agréable. À quelques kilomètres, les grottes de Maxange sont remarquables pour leur collection d'excentriques. Pour un coin de baignade sûr, voir p. 135.

Place de Beaumont-du-Périgord

À voir

Les Bambous de Planbuisson Jardin

(☎05 53 57 68 02 ; www.bambous-planbuisson.com ; 18 rue Montaigne, Le Buisson-de-Cadouin ; adulte/12-18 ans 7/3 €, gratuit -12 ans ; ⏲mars-juin et sept-nov mer-dim et jours fériés 10h-12h 14h-18h, juil-août tlj 10h-19h). Ce jardin rassemble une collection de 240 espèces de bambous et une centaine d'autres graminées des quatre coins du globe dans un bel espace luxuriant sur 2 ha, tout en poésie et en harmonie.

Grottes de Maxange Grottes à concrétions

(☎05 53 23 42 80 ; lesgrottesdemaxange.com ; Mestréguiral, Le Buisson-de-Cadouin ; tarif plein/4-12 ans 9,50-5,90 € ; ⏲Pâques-Toussaint, juil-août tlj 9h30-19h, avr-sept 10h-12h et 14h-18h, oct-nov dim-sam 14h-17h). Découvertes par hasard en 2000, ces grottes abritent un nombre impressionnant de concrétions et de cristallisations étincelantes, d'où leur surnom de "grottes aux étoiles". On sort de la visite guidée de 40 minutes avec la curieuse impression d'avoir fait une plongée sous-marine... mais sous terre ! En effet, les parois de la cavité sont parées d'"excentriques", des concrétions de calcite ayant poussé (et poussant encore !) dans tous les sens : l'eau se déplaçant par voie de capillarité, ses dépôts calcaires créent des formes défiant les lois de la gravité. Prévoyez une petite laine car la température dans les grottes est de 13°C seulement.

Où se loger et se restaurer

Abbaye de Cadouin Auberge de jeunesse €

(☎05 53 73 28 78 ; pl. de l'Abbaye ; www.hifrance.org ; à partir de 23,30 € la nuit avec petit-déj ; ⏲fermée 21 déc-27 jan). Située dans les bâtiments conventuels de l'abbaye cistercienne du XIIe siècle, cette auberge de jeunesse jouit d'une belle réputation. Certes, le confort y est spartiate, mais le cadre est splendide et l'accueil chaleureux. Les chambres comportent de 2 à 7 lits et disposent de salles de bains et de toilettes.

Les Terrasses de la Côte Rouge Fusion €€

(☎06 38 99 73 02 ; 6 rue de la Côte-Rouge, Le Buisson-de-Cadouin ; plats 13-19 € ; ⏲tlj ; ✎). C'est un jeune chef qui a repris cette belle adresse sur les hauteurs du village. La carte, courte mais renouvelée selon le marché, fait la part belle aux produits locaux, sublimés par les épices et les herbes fraîches. Jolie terrasse plantée dans la verdure et salle très cocon, ouverte sur la cuisine.

Limeuil

Perchée sur un promontoire rocheux au confluent de la Vézère et de la Dordogne, cette ravissante petite cité médiévale, classée parmi les "Plus beaux villages de France", a tout pour plaire. Florissante aux XVIIIe et XIXe siècles grâce à son port et à son centre de batellerie, elle est aujourd'hui plébiscitée par plusieurs artisans d'art de talent qui se nichent dans ses rues pentues (parfois abruptes !).

À voir et à faire

Vous pourrez admirer les vestiges de l'ancien château de Limeuil : la tour carrée, la tour canonnière et le puits.

Il est possible de partir en balade sur l'eau et de louer des embarcations auprès de **Canoës Limeuil** (☎05 53 63 38 73, 06 30 09 54 81 ; canoe-limeuil.fr ; pl. du Port ; location kayak ou canoë 11,50-25 € selon le parcours ; ⏲mai à mi-sept) pour des parcours de durées variables sur la Vézère ou la Dordogne – de 1 heure 30 (jusqu'au Bugue ou Le Buisson) à 4-5 heures (Saint-Cyprien, Tursac). Les prix comprennent le retour en navette jusqu'à Limeuil et tout l'équipement. Le centre organise aussi, à la demande, des randonnées sur plusieurs jours.

La **plage du port** permet de se rafraîchir l'été, même si l'eau est peu profonde.

Jardins panoramiques Parc

(☎05 53 73 26 13 ; jardins-panoramiques-limeuil.com ; Limeuil Haut ; tarif plein/6-18 ans 8/5,50 € ; ⏲juil-août tlj 10h-20h, mai 10h-18h, juin et sept 10h-18h30, avr oct et début nov dim-ven 10h-18h). Un magnifique parc arboré ponctué de panneaux d'interprétation et comportant plusieurs jardins thématiques et didactiques, ainsi qu'un ancien moulin, une ruche et un pigeonnier. Depuis l'éperon rocheux où les jardins sont campés, quelle vue sur la confluence de la Vézère et de la Dordogne ! L'été, l'association dynamique (voir p. 128) qui gère les lieux propose une foule d'activités (tissage, vannerie, teinture...) et sensibilise le public au respect de l'environnement.

Où se loger et se restaurer

Plusieurs établissements sans prétention, mais jouissant d'une belle vue sur le confluent de la Dordogne et de la Vézère, s'alignent au bas du village. Tout en haut, la petite place compte aussi quelques adresses qui étaient en rénovation lors de notre passage.

Au Bon Accueil

Restaurant et chambres d'hôtes €€

(☎05 53 63 30 97 ; www.au-bon-accueil-limeuil.com ; menus midi/soir 17/20-32 € ; d avec petit-déj 85 €). Après avoir gravi la ruelle principale du village, on se réfugie sous le toit de glycines de la cour ou dans l'une des deux salles aux pierres apparentes pour déguster les plats du terroir (foie gras de canard mi-cuit, escargots aux cèpes, fricassée de porc à la bière). Des menus intéressants qui n'affolent pas le porte-monnaie et une belle carte des vins de la région.

Les **chambres d'hôtes** (d 85 €), propres et modernes, se situent dans le bâtiment voisin.

Renseignements

Office du tourisme (☎05 53 63 38 90 ; www.limeuil-en-perigord.com). Renseignements sur les marchés nocturnes.

Les baignades en eau douce

Envie de vous rafraîchir, mais la mer est trop loin ? Voici des lieux de baignade sûrs dans des lacs et des rivières (voir aussi p. 15).

- **Lac de Pombonne** Plage de sable, jeux pour enfants, buvette-restauration et départs d'itinéraires pédestres juste au nord de Bergerac. (☎05 53 74 66 92 ; rte de Podestat ; gratuit, baignade surveillée en été).
- **Étang de Gurson** Dans l'ouest du Périgord pourpre, une base nautique très appréciée des familles. (☎05 53 82 53 15 ; Villefranche-de-Lonchat).
- **Plage des Bardoulets** Baignade surveillée dans la Dordogne, à l'ouest de Bergerac, près de Sainte-Foy-la-Grande. (☎05 57 46 03 00 ; Port-Sainte-Foy).
- **Plage du Pont-de-Vicq** Baignade surveillée dans la Dordogne et vastes pelouses où s'étendre, à l'est. (☎05 53 22 06 09 ; Le Buisson-de-Cadouin).
- **Lac de Neufont** Près de Vergt, un lac de 7 ha ceint d'une forêt, avec plages, toboggan aquatique et baignage surveillée (☎05 53 54 93 90 ; St-Amand-de-Vergt).

Trémolat

Un village charmant que les passionnés de sites naturels inscriront sur leur itinéraire pour son fameux cingle, un large méandre que l'on peut contempler depuis un belvédère.

À voir et à faire

Visitez le bourg, en particulier l'**église fortifiée Saint-Nicolas** construite dès le XIe siècle, admirable pour son clocher-donjon, ses fresques du XIVe siècle, et deux autels du XVIIIe siècle. Les gastronomes y trouveront l'une des tables les plus réputées de la région.

Cingle de Trémolat Panorama
(depuis le bourg, suivez la direction du belvédère de Rocamadour). Tout au long de sa course, la capricieuse Dordogne s'amuse à décrire de superbes méandres et sculpte au passage les falaises calcaires qui enserrent son lit. Au niveau de Limeuil et de Trémolat, deux cingles presque parfaitement symétriques enserrent une mosaïque colorée de champs cultivés et forment un formidable spectacle. Du **belvédère** naturel de Trémolat, la boucle occupe 200 m de large sur 10 km de long.

Depuis le bourg, une **randonnée** de 7 km (2 heures aller-retour) conduit au belvédère. Demandez le dépliant à l'office du tourisme.

Base nautique Au fil de l'eau
(06 77 18 66 46 ; www.aquafundordogne.com). Paddles, pédalos, canoës et kayaks à louer. La base est réputée pour son école de ski nautique (baptême à partir de 3 ans). Balades encadrées possibles.

Où se loger et se restaurer

Le Vieux Logis Gastronomique €€
(05 53 22 80 06 ; www.vieux-logis.com ; rue des Écoles ; menu midi/soir 60 €/110-140 €, menu végétarien 70 € ; 12h-13h30 et 19h30-21h tlj juil-août, fermé mer-jeu sept-juin). Cette table étoilée, installée dans la cadre superbe d'un ancien séchoir à tabac, est l'une des plus réputées de la région. Depuis 20 ans aux commandes, le chef Vincent Arnould, Meilleur ouvrier de France, explore avec justesse et créativité les spécialités régionales. Aux beaux jours, la terrasse à l'ombre des tilleuls, ajoute à la quiétude du moment.

Renseignements

Office du tourisme (05 53 22 89 33 ; www.pays-des-bastides.com ; rue Bertrand-de Born)

Val de Louyre

Bien que rattachée administrativement à Périgueux, cette région vallonnée dont le nom exact est Val de Louyre et Caudeau se trouve aux confins des Périgord pourpre, blanc et noir. Elle compte de charmants villages disséminés entres landes et forêts. Ils sont éclipsés par des voisins plus renommés et leur discrétion contribue au plaisir de leur découverte, loin des foules.

Sainte-Alvère est célèbre depuis 30 ans pour son important **marché aux truffes** (lun matin déc-fin fév et juin à mi-juil). Il est agréable de flâner dans le parc qui domine la place centrale, où s'élèvent les vestiges d'une forteresse médiévale démantelée au XVIIIe siècle et un beau patrimoine vernaculaire (dont un *tramalh*, un terme occitan qui désigne un portique en bois qui servait à soigner et ferrer les bestiaux).

Une dizaine de kilomètres au nord, **Cendrieux**, autrefois blotti au sein de remparts circulaires, regroupe ses maisons en pierre rougeâtre et coiffées de tuiles autour de son imposante **église fortifiée** (demandez les clés à la mairie). Durant la Seconde Guerre mondiale, ses bois abritèrent le **maquis de Durestal**, l'un des plus importants du Périgord. Un autre pan d'histoire vous attend au château de la Pommerie où les propriétaires, descendants de Bonaparte, ont aménagé un **musée Napoléon** (05 53 03 24 03 ; www.musee-napoleon.fr ; plein/réduit/-12 ans 8/6 €/gratuit) rassemblant quelque 500 objets évoquant leur aïeul impérial.

Plus au sud en direction de Limeuil, Paunat s'annonce par une cascade de toits dominant une vallée verdoyante. Son **abbaye gothique Saint-Martial**, consacrée en 991, est précédé d'un remarquable clocher-porche du XIIe siècle, aux allures de donjon.

À voir et à faire

Maquis de Durestal Balade historique
Depuis Cendrieux, un **itinéraire balisé** conduit à différents sites ayant permis la survie des résistants en pleine forêt : fontaine, lavoir, cabanes, soute à munitions... En été, des visites guidées sont proposées sur réservation auprès de l'office du tourisme (p. 138), qui loue également des casques audio.

Je suis la piste Pistage animalier
(☎ 06 60 64 97 14 ; jslpiste@gmail.com, jesuislapiste.fr ; adulte/enfant 20/10 € la sortie de 2 heures). Animé par Francis, cet atelier de pistage animalier vous rendra la forêt plus vivante que jamais : au sol ou sur les troncs, vous apprendrez très vite à identifier les traces laissées par les habitants des sous-bois. Instructive et divertissante, cette activité ravira petits (très doués, paraît-il !) et grands. Consultez le site Web ou appelez pour connaître les sorties prévues lors de votre passage dans la région.

Où se loger et se restaurer

La P'tite Factory Terroir revisité €
(☎ 05 53 74 91 12 ; pl. du 8-Mai, Sainte-Alvère ; menu unique à 20 €, à la carte 28 € environ, formule déj 18 € ; 10h-12h et 18h30-21h lun-ven, soir sam-dim). Qu'il est agréable de s'installer sur les tables extérieures, à l'ombre des tilleuls. Ancienne assistante du cinéaste Tony Gatlif, la patronne a mis beaucoup de sa personnalité pour créer ce lieu bohème où l'on vient pour (bien) manger, assister à un concert ou à un spectacle. La cuisine maison, qui valorise les beaux produits et les circuits courts, a du caractère, comme les lieux !

Chez Julien Gastronomique €€
(☎ 05 53 45 80 95 ; Paunat ; menu 30 €, plats 14-25 € ; 12h-13h30 et 19h-20h30 lun, mar, jeu, ven, 19h-20h30 sam, 12h-13h30 dim). D'abord le cadre : l'ancien presbytère et sa terrasse donnant sur le parc et les vieilles pierres de l'abbatiale de Paunat. Ensuite, l'assiette : un dressage parfait et des plats goûteux où les classiques bien maîtrisés, côtoient des propositions plus originales (nems de cabecou, dhal de lentilles au saumon...).

Hôtel du Parc Hôtel familial €
(☎ 05 53 45 80 95 ; 17 pl. Marty ; ch d/tr/qua 60/70/75 €). Tenu par un jeune couple sympathique, cet hôtel sans chichis situé sur la place principale de Vergt (une ancienne bastide) compte 5 chambres propres, lumineuses et bien équipées. Restauration sur place, en salle ou dans

Le cingle de Trémolat

© SANDRINE GALLOTTA

Cendrieux (p. 136)

l'agréable jardin. Une adresse petit budget, fort pratique pour rayonner entre Périgord blanc, pourpre et noir.

Renseignements

Bureau d'information touristique de Sainte-Alvère (05 53 61 76 89)

Mairie de Paunat
(09 67 25 00 73, 05 53 63 00 73)

L'OUEST DU PÉRIGORD POURPRE

Par opposition à l'est, qui regorge de cités médiévales et de splendeurs patrimoniales, l'ouest du Périgord pourpre, moins riche en surprises, est un peu le parent pauvre du tourisme régional. À une quarantaine de minutes en voiture de Bergerac, cette région est plus volontiers tournée vers Bordeaux et la toute proche Gironde, dont viennent quelques visiteurs attirés par la découverte des vins de Montravel ou celle du château de Montaigne.

À voir et à faire

Avec des enfants, il est agréable de jouer et de se rafraîchir à la base nautique de Gurson (voir l'encadré p. 135).

Saint-Michel-de-Montaigne Village

Perché sur des coteaux où la vigne s'épanouit, ce hameau a vu naître Michel Eyquem de Montaigne en 1533. Détruit par un incendie, le **château de Montaigne**, où vécut la mère du philosophe humaniste, fut rebâti à la fin du XIXe siècle par Viollet-le-Duc. Dans l'angle de la cour, seule la **tour** (05 53 58 63 93 ; www.chateau-montaigne.com ; visites guidées sur réservation, château 30 min tarif plein/5-12 ans 9/7 €, tour 45 min tarif plein/5-12 ans 9/7 €, billet couplé 16/10 €, parc 3 € ; juil-août 10h-18h30, horaires variables le reste de l'année) du XIVe siècle fut épargnée et est restée en l'état. C'est ici que Montaigne habita et qu'il écrivit *Les Essais* de 1571 à sa mort en 1592. La tour se découvre grâce à des visites guidées où l'on apprend notamment comment Montaigne eut un rôle de pacificateur majeur dans les guerres de Religion. Au dernier étage, on peut admirer sa célèbre "librairie", son bureau-bibliothèque (les livres ont été vendus) dont la charpente est gravée de citations de penseurs grecs et latins. C'est ainsi que l'auteur trouvait l'inspiration. Une visite intéressante, surtout pour les admirateurs de l'auteur, mais on peut regretter les prix relativement élevés.

Site gallo-romain de Montcaret Archéologie

(05 53 58 50 18 ; montcaret.monuments-nationaux.fr ; tarif plein/-18 ans 4 €/gratuit ; juin-sept mar-dim 9h30-12h45 et 14h-18h, oct-mai mar-dim 10h-12h30 et 14h-17h30). Les vestiges d'une ancienne villa gallo-romaine et ses thermes, ornés d'un pavement de mosaïques exceptionnellement bien conservées (Ier et IVe siècles).

Jardin de Sardy Arbres et botanique

(05 53 27 51 45 ; jardinsdesardy.com ; hameau de Sardy, Vélines ; adulte/réduit 7/4 €, gratuit -12 ans ; fin avr-sept tlj 10h-18h). À Vélines, ces agréables jardins aux accents florentins et anglais sont aussi apaisants qu'odorants. Cherchez le patchouli, la sauge de Jérusalem, ou encore l'*Escallonia illinita*, au parfum de curry. Joli bassin bordé de cyprès avec jets d'eau. Salon de thé.

Église de Monbos Préroman

(hameau de Monbos, Thénac). Perchée sur une colline au cœur des bois et des vignes, la modeste église Saint-Pierre-ès-Liens mérite le détour pour le remarquable ensemble sculpté ornant son chœur. Bâtie aux XIe et XIIe siècles, elle a conservé de cette période de rares chapiteaux préromans où se croisent scènes de chasse et érotiques. Regarder ces sculptures riches en détails est d'autant plus émouvant que les chapiteaux se situent à hauteur d'homme.

Où se loger et se restaurer

Les Fresques Gastronomique **€€€**

(05 53 61 50 00 ; vigiers.com ; Le Vigier, 24240 Monestier ; menus 45€-114 € ; mi-juin du lun soir au dim midi, fermé mer). Installé dans le château des Vigiers, ce restaurant étoilé jouit d'un cadre classique un peu intimidant. Le chef toulousain Didier Casaguana y apporte de la légèreté en proposant une cuisine inventive, savoureuse et colorée où s'invitent des associations audacieuses (caviar de Montpon et huître Ostra Regal, sorbet Péchalou) et des saveurs plus classiques admirablement maîtrisées (agneau, truffe noire et artichaut...).

Le domaine, dont le parc accueille un parcours de golf, abrite aussi un hôtel 4 étoiles (d/s à partir de 125-180 € selon confort et saison).

Achats

Château Pagnon Vins régionaux

(05 53 27 10 72, 06 07 72 96 28 ; www.chateaupagnon.fr ; 38 avenguda del Peirigord, Vélines). Si vous voulez déguster quelques Montravel, ce domaine en bordure de route a notre préférence pour la finesse de ses crus, mais aussi pour les à-côtés : soirées théâtre, déjeuner dans une adorable **Cave à manger** (plats 10-14,50 €, verre de vin 2 €), avec concerts ou apéro pétanque l'été... et **boutique** (lun-ven 9h30-12h30).

PÉRIGUEUX ET LE PÉRIGORD BLANC

Paysage d'amples collines, de falaises et de plateaux calcaires, le Périgord blanc s'étire d'est en ouest au centre de la Dordogne, tel un trait d'union entre Gironde et Corrèze. Entaillée par de nombreuses rivières, cette région naturelle doit son qualificatif à son sol crayeux, son architecture de pierre calcaire et ses vastes zones agricoles. En son cœur, Périgueux s'est imposée comme la capitale de la Dordogne. Riche de plus de 2 000 ans d'histoire, la cité demeure le centre d'intérêt majeur du Périgord blanc, avec ses vestiges gallo-romains et son quartier médiéval et Renaissance bien préservé. Ses environs sont aussi riches en monuments et conviendront aux amoureux d'espaces bucoliques peu touristiques. À l'est, la vallée de l'Isle fait le bonheur des amateurs de kayak, de canoë ou de balades à vélo. À l'ouest, le causse calcaire ravit les gourmets, avec la ville de Sorges, "capitale de la truffe". Plus loin, aux confins de la Corrèze, le château de Hautefort, rare pépite Grand Siècle de la région, est une destination incontournable.

Dans la vallée de l'Isle (p. 157)

Scannez la carte avec l'appli lisez! et géolocalisez l'ensemble des adresses du chapitre
CHARENTE
DORDOGNE
Bourdeilles
D708
Dronne
Ribérac
Dronne
Mensignac
Saint-Aulaye
Siorac-de-Ribérac
Segonzac
D708
Annesse-et-Beaulieu
Razac-sur-l'Isle
La Jemaye
Forêt de la Double
Puyferrat
Saint-André-de-Double
Saint-Germain-du-Salembre
Saint-Astier
Servanches
Abbaye Notre-Dame-de-Bonne-Espérance
La Ferme du Parcot
Échourgnac
Neuvic
Vallée de l'Isle (p. 157)
Neuvic-sur-l'Isle
D730
Saint-Barthélemy-de-Bellegarde
Grignols
Eygurande-et-Gardedeuil
Saint-Michel-de-Double
Saint-Martin-l'Astier
Isle
Fratteau
Saint-Laurent-des-Hommes
Sourzac
Saint-Séverin-d'Estissac
Bourrou
Le Pizou
Moulin du Duellas
Saint-Médard-de-Mussidan
Mussidan
Château Barrière
Ménesplet
Issac
Villamblard
Montpon-Ménestérol
Saint-Martial-d'Artenset
Montréal
N21
A89
D708
Dordogne
BERGERAC
0
10 km

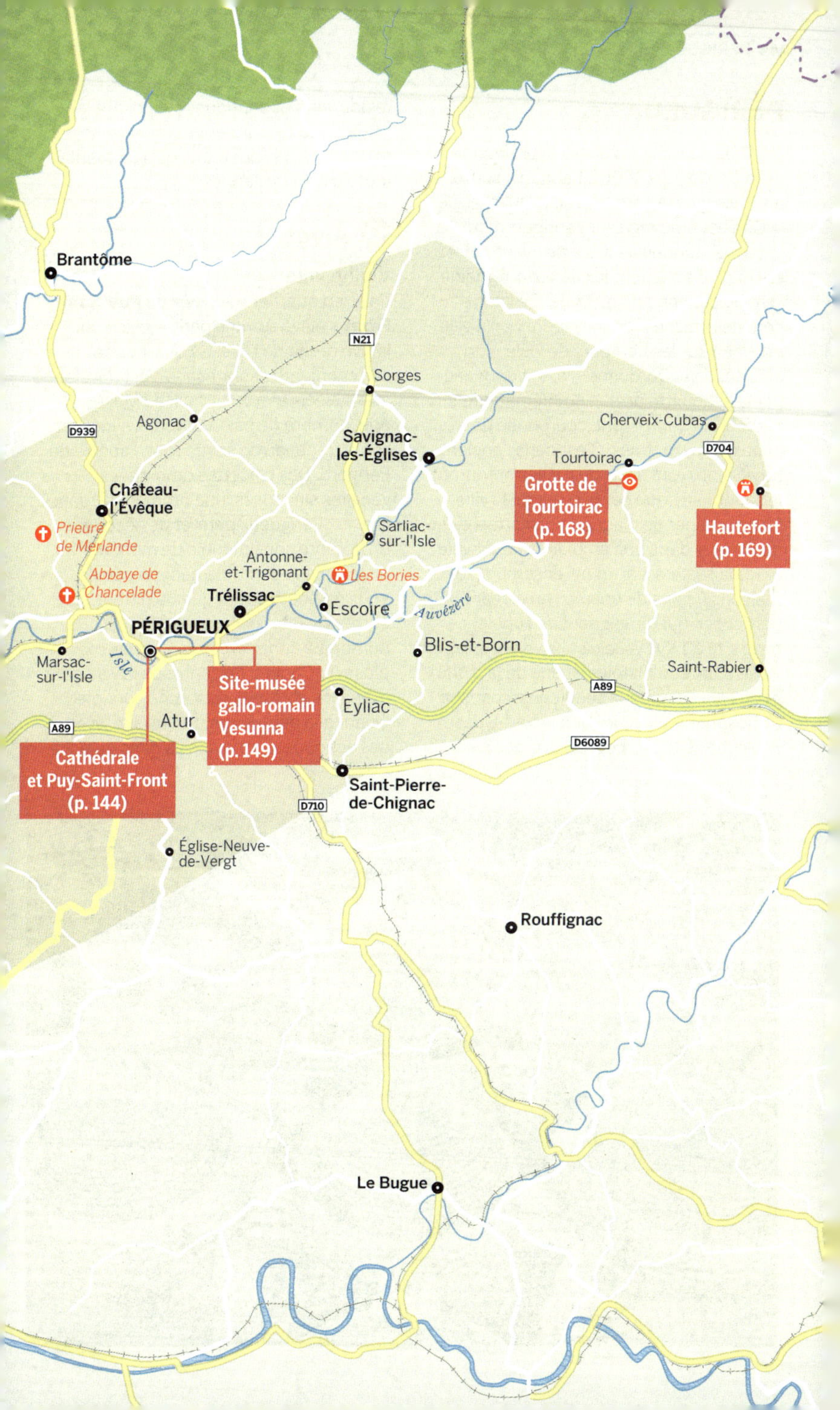

Brantôme
N21
Sorges
Agonac
D939
Savignac-
les-Églises
Cherveix-Cubas
D704
Tourtoirac
Grotte de
Tourtoirac
(p. 168)
Hautefort
(p. 169)
Château-
l'Évêque
Prieuré
de Merlande
Sarliac-
sur-l'Isle
Antonne-
et-Trigonant
Les Bories
Abbaye de
Chancelade
Trélissac
Escoire
Auvézère
PÉRIGUEUX
Blis-et-Born
Marsac-
sur-l'Isle
Isle
Saint-Rabier
Site-musée
gallo-romain
Vesunna
(p. 149)
Eyliac
A89
A89
Atur
D6089
Cathédrale
et Puy-Saint-Front
(p. 144)
Saint-Pierre-
de-Chignac
D710
Église-Neuve-
de-Vergt
Rouffignac
Le Bugue

PÉRIGUEUX

Capitale du Périgord blanc, la préfecture de la Dordogne (31 000 habitants) offre deux visages. Au sud-ouest, le quartier de la Cité est aménagé sur l'antique Vesunna (Vésone), fondée au Ier siècle avant notre ère et probablement la cité gallo-romaine la mieux connue d'Aquitaine. De l'autre côté de la place Francheville, la vieille ville est bâtie sur les hauteurs de l'Isle – un affluent de la Dordogne – et est dominée par la silhouette de son emblématique cathédrale Saint-Front, couronnée de coupoles byzantines. C'est dans l'ancien Puy-Saint-Front, lacis de ruelles entourant le sanctuaire, que bat le cœur de la ville. S'y promener de places en placettes, c'est se plonger dans une ambiance médiévale et Renaissance. Là, un bel ensemble de maisons à pans de bois, ici, un élégant hôtel particulier, qui témoignent de l'opulence de la cité au XVIe siècle et lui valent le label "Ville d'art et d'histoire". Reine de la truffe et de l'oie, Périgueux séduit aussi par son atmosphère qui fleure bon le Sud-Ouest. Elle est prisée des gourmets grâce à ses restaurants et boutiques proposant le meilleur du terroir périgourdin et à ses marchés de producteurs, qui l'animent tout au long de l'année.

À voir

Vieille ville

L'ancien quartier médiéval du **Puy-Saint-Front** s'élève sur une petite colline sur la rive droite de l'Isle. Ce quartier de commerçants et d'artisans s'est développé au XIe siècle et a vu passer, au Moyen Âge, nombre de pèlerins venus s'incliner sur le tombeau de saint Front, l'apôtre du Périgord. Des placettes ombragées aux venelles sinueuses, une promenade dans le vieux Périgueux permet de découvrir un nombre considérable de monuments historiques admirablement préservés. Vous ne pourrez manquer la pittoresque et très vivante rue Limogeanne, aux nombreux commerces, qui file vers la place du Coderc, épicentre de la ville dont les halles abritent un marché quotidien. Quant à la pentue rue du Calvaire, avec ses échoppes et maisons à pans de bois,

Les coupoles de la cathédrale Saint-Front

elle mène jusqu'à la place de la Clautre, au pied de la cathédrale Saint-Front. Ce secteur sauvegardé offre aussi un grand plongeon dans la Renaissance, avec ses hôtels particuliers qui rivalisent d'élégance : tourelles à échauguette, fenêtres à meneaux, tympans armoriés, sculptures finement ciselées...

Cathédrale Saint-Front Patrimoine religieux

(pl. de la Clautre ; tlj 9h à 18h, 19h en été). Symbole à elle seule de la ville, la cathédrale surplombe avec majesté la vallée de l'Isle. L'origine du sanctuaire remonte au VIe siècle, lorsqu'une chapelle fut élevée à l'emplacement du tombeau de saint Front, l'évangélisateur du Périgord. Une abbaye y vit bientôt le jour, mais elle fut détruite durant les invasions normandes. Au XIe siècle, une église est à nouveau élevée sur un plan en croix latine, puis ravagée par un incendie en 1120. Un nouvel édifice est bâti au XIIe siècle, jouxtant l'ancien. En forme de croix grecque, le sanctuaire, avec ses cinq coupoles sur pendentifs et son haut clocher carré étagé (62 m), s'inspire de l'église byzantine des Saints-Apôtres de Constantinople (aujourd'hui disparue) et de la basilique Saint-Marc de Venise. L'église, endommagée durant les guerres de Religion (après quoi elle acquit son statut de cathédrale, en 1669), a été fortement remaniée, dans la seconde moitié du XIXe siècle, par l'architecte Paul Abadie (voir l'encadré), qui l'a couronnée de clochetons, renforçant encore son allure byzantine. Une exubérance atténuée par la sobriété de la nef. À l'intérieur, on remarque, entre autres, un monumental retable en bois de style baroque, finement ciselé, ou encore cinq lustres en bronze doré. On peut accéder au **cloître** (1,50 €) : mêlant les styles gothique et roman, ce havre de paix s'organise autour de quatre galeries à arcades sans fioritures décoratives. L'**Association des amis de la cathédrale Saint-Front de Périgueux** (06 78 27 50 07 ; www.amiscathedralesaintfront.fr) propose toute l'année des **visites commentées** (téléphonez pour organiser un rendez-vous) et l'office du tourisme organise une passionnante visite des toits. Pour admirer ce singulier vaisseau de pierre dans son ensemble, le mieux est de se poster sur le pont des Barris le matin, lorsque la cathédrale est sous le soleil.

Paul Abadie, radical restaurateur de sanctuaires

Né à Paris, l'architecte Paul Abadie (1812-1884) travailla, sous la direction de Viollet-le-Duc et de Lassus, à la restauration de la cathédrale Notre-Dame de Paris, avant d'être nommé architecte pour les diocèses de Périgueux, Cahors et Angoulême. On lui doit la restauration d'innombrables sanctuaires dans le Sud-Ouest (cathédrales d'Angoulême et de Cahors, églises romanes charentaises...) et notamment la restauration – ou "reconstruction" selon certains – de la cathédrale Saint-Front de Périgueux. En 1852, l'édifice, qui avait souffert des guerres de Religion, puis de la Révolution, était presque une ruine. Paul Abadie décida de conserver le clocher du XIIe siècle, le plan en croix grecque, mais supprima des chapelles, rehaussa les coupoles et les surmonta de clochetons décorés de motifs en forme de "pomme de pin". Une transformation radicale très controversée à l'époque. En 1873, l'architecte remporta le concours pour la construction d'une basilique sur la butte Montmartre à Paris : le Sacré-Cœur. Une de ses inspirations ? La cathédrale de Périgueux ! Un temps dénigrée pour son architecture orientalisante détonant dans le Périgord, Saint-Front est aujourd'hui l'un des emblèmes de la ville. Elle est inscrite depuis 1998 au patrimoine mondial de l'Unesco au titre des Chemins de Compostelle.

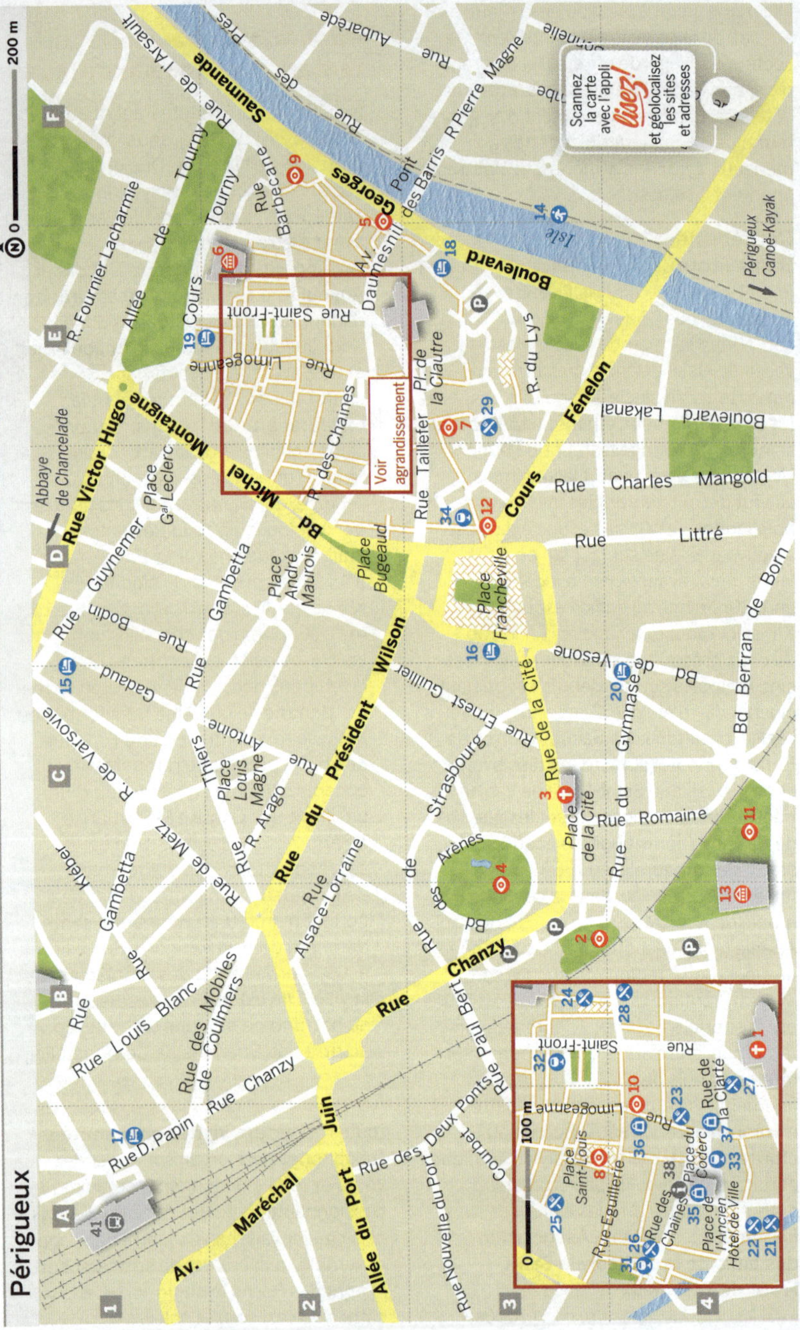
Périgueux
0
200 m
0
100 m
Voir agrandissement
Scannez la carte avec l'appli lisez! et géolocalisez les sites et adresses
Boulevard Georges Saumande
Cours Fénelon
Bd Michel Montaigne
Rue Victor Hugo
Rue du Président Wilson
Rue Chanzy
Av. Maréchal Juin
Allée du Port
Rue de la Cité
Cours Tourny
Allée de Tourny
R. Fournier Lacharmie
Rue Saint-Front
Rue Limogeanne
R. des Chaines
Rue Taillefer
Pl. de la Clautre
Av. Daumesnil
Rue Barbecane
Pont des Barris
R Pierre Magne
R. du Lys
Boulevard Lakanal
Rue Charles Mangold
Rue Littré
Place Francheville
Place Bugeaud
Place André Maurois
Place Gal Leclerc
Rue Gambetta
Rue Guynemer
Rue Bodin
Rue Gadaud
R. de Varsovie
Rue de Metz
Kleber
Rue Thiers
Place Louis Magne
R. Arago
Rue Antoine
Rue Alsace-Lorraine
Rue Ernest Guillier
Rue de Strasbourg
Bd des Arènes
Place de la Cité
Rue Romaine
Rue du Gymnase
Bd de Vesone
Bd Bertran de Born
Rue Louis Blanc
Rue des Mobiles de Coulmiers
Rue Chanzy
Rue D. Papin
Rue des Deux Ponts
Rue Nouvelle du Port
Rue Paul Bert
Courbet
Rue de l'Arsault
Rue des Prés
Rue Aubarède
Isle
Abbaye de Chancelade
Périgueux Canoë-Kayak
Place Saint-Louis
Rue Eguillerie
Rue des Chaines
Place du Coderc
Rue de la Clarté
Place de l'Ancien Hôtel de Ville
A
B
C
D
E
F
1
2
3
4

Périgueux

À voir

1	Cathédrale Saint-Front	B4
2	Château Barrière	B3
3	Église Saint-Étienne-de-la-Cité	C3
4	Jardin des Arènes	B3
5	Maisons des Quais	F2
6	Musée d'Art et d'Archéologie du Périgord	E2
7	Musée militaire du Périgord	E3
8	Place Saint-Louis	A3
9	Rue de l'Abreuvoir	F2
10	Rue Limogeanne	A3
11	Temple de Vésone	C4
12	Tour Mataguerre	D3
13	Vesunna (site-musée gallo-romain)	B4

Activités

	Véloc Café - Un Vélo pour Tous	(voir 31)
14	Voie verte des berges de l'Isle	F3

Où se loger

15	Bristol Hôtel	D1
16	Hôtel Mercure	D3
17	Hôtel Régina	A1
18	Ibis Hôtel	E3
19	La Petite Cour	E2
20	Villa Vésone	C4

Où se restaurer

21	Au Temps de Vivre	A4
22	Café Louise	A4
23	Chez Manija	A4
24	Chez Nico	B3
25	L'Atelier	A3
26	L'Espace du Sixième Sens	A4
27	L'Essentiel	A4
28	Le Troquet	B4
29	Izba	E3
30	Véloc Café	B4

Où prendre un verre

31	L'Auberge espagnole	A4
32	Café de la Place	B3
33	Café de la Truffe	A4
34	Heilan Coo	D3

Achats

35	Halles du Coderc	A4
36	La Ferme Périgourdine	A4
37	La Gaveuse d'Oie	A4

Renseignements

38	Office du tourisme	A4

Transports

39	Gare ferroviaire	A1

Tour Mataguerre — Ouvrage fortifié

(rue de la Bride ; tarif plein/-6 ans 2 €/gratuit ; lun-sam juil-août 10h30-13h et 14h-17h). Cette puissante tour ronde du XVe siècle, dotée de mâchicoulis et d'archères, constitue l'unique vestige des 28 tours qui gardaient le Périgueux médiéval. L'accès au chemin de ronde et à sa table d'orientation réserve une belle vue sur les toits de tuiles et sur le clocher de la cathédrale Saint-Front.

Non loin, remarquez la **maison des Dames de la Foi** (4-6 rue des Farges), qui passe pour être la plus ancienne de la ville (XIIe siècle), ainsi que l'imposant **hôtel d'Abzac de Ladouze** (16 rue Aubergerie), un hôtel particulier bâti et fortifié au XVe siècle pour un riche marchand. À voir également : l'**hôtel Lagrange-Chancel**, place de l'Ancien-Hôtel-de-Ville. Cet hôtel particulier des XVIIe et XVIIIe siècles, d'une élégante sobriété, abritait encore récemment la mairie.

Rue Limogeanne — Rue médiévale

Parmi les axes principaux du vieux Périgueux, cette étroite rue piétonne et commerçante mène de la place du Coderc, où s'élèvent les halles ainsi que le superbe **hôtel particulier de la Joubertie** (XVIe siècle). Aux nos 3 et 5, ne manquez pas la **maison Estignard** (aussi appelée hôtel Fayard), une belle demeure Renaissance du XVIe siècle qui a conservé ses baies à meneaux et le décor sculpté de sa façade. De la rue Limogeanne, vous pourrez vous engouffrer dans la **galerie Daumesnil**, un labyrinthe de courettes reliées par des venelles, où l'on admire un bel ensemble de maisons Renaissance bien restaurées. Vous pourrez en sortir par la rue de la Miséricorde. La rue Limogeanne compte également d'autres demeures Renaissance qui méritent le coup d'œil, telles que l'**hôtel Mérédieu**, au n°12 ou la **maison Lapeyre**, au n°1.

Place Saint-Louis Patrimoine

Cette place vaut le coup d'œil pour sa **maison du Pâtissier** (ou **maison Tenant**), une élégante demeure fortifiée du XIVe siècle, avec tourelle en encorbellement. À son angle fut ajoutée au XVIe siècle une remarquable porte Renaissance, très travaillée, avec tympan armorié, et encadrée de pilastres. Il est agréable de s'attarder en terrasse sur cette place qui accueille chaque hiver un **marché au gras** (nov-mars mer et sam matin 8h-13h) renommé où l'on achète foie gras, magrets, abats et, bien sûr, truffes.

Musée d'Art et d'Archéologie du Périgord (MaaP) Musée de référence

(☎05 53 06 40 70 ; www.perigueux-maap.fr ; 22 cours Tourny ; tarif plein/réduit 5,50/3,50 €, gratuit -6 ans, gratuit oct-mai jeu 12h-14h ; ⏲avr-sept lun et mer-ven 10h30-17h30, sam-dim 13h-18h, oct-mars lun et mer-ven 10h-17h, sam-dim 13h-18h). Fondé en 1835 et installé dans un ancien couvent du XVIIe siècle, le "Maap" est le musée de référence pour l'archéologie et l'histoire du Périgord. On pourrait y passer des heures tant ses collections sont vastes et variées. L'étage présente l'une des plus importantes sections préhistoriques de France. Vous y découvrirez notamment "l'homme de Regourdou" (la plus ancienne sépulture fossile connue d'un Néandertalien, découverte près de Lascaux, voir p. 90), la sépulture de "l'homme de Chancelade" (un *Homo sapiens* datant de 12 000 ans avant notre ère), une collection d'outils, ou encore des peintures pariétales issues de sites préhistoriques (Sergeac, Les Eyzies...). Le rez-de-chaussée abrite des pièces rapportées d'Afrique et d'Océanie au XIXe siècle par des explorateurs périgourdins, et l'aile droite est dédiée aux beaux-arts. Notre coup de cœur : le cloître envahi par la végétation, un délicieux capharnaüm lapidaire où l'on trouve, pêle-mêle, des vestiges gallo-romains, des chapiteaux sculptés issus de la cathédrale Saint-Front ou des œuvres plus contemporaines. Installez-vous sur les chaises de jardin et contemplez !

Rue de l'Abreuvoir et maisons des Quais Côté Isle

Rue de l'Abreuvoir, un pittoresque escalier dégringolant vers l'Isle permet d'avoir un bel aperçu de l'**hôtel de Fayolle**, l'une des plus belles demeures Renaissance de Périgueux, édifiée au XVIIe siècle à l'emplacement des remparts médiévaux, puis modifiée au XIXe siècle. Sur les quais, à l'angle du **pont des Barris**, un bel ensemble Renaissance (XVe et XVIIe siècle) se reflète dans l'eau : les maisons des Quais. Elles se composent notamment de la **maison Brogliodie** (XVe siècle, connue aussi sous le nom de "maison des Consuls" et reconnaissable à ses mâchicoulis et ses lucarnes ouvragées) et de la **maison Lambert**, du XVIe siècle également, qui se distingue par ses galeries de bois supportées par de fines colonnes. En longeant les quais, face à l'hôtel Ibis, vous tomberez sur l'insolite **eschif de Creyssac** (9 bd Georges-Saumande), une ancienne loge de guet du XIVe siècle à colombages et encorbellement, qui semble suspendue en équilibre sur un bloc de remparts.

Musée militaire du Périgord Histoire et uniformes

(☎05 53 53 47 36 ; www.museemilitaire-perigord.fr ; 32 rue des Farges ; tarif plein/réduit 5/3 €, gratuit -12 ans ; ⏲tlj 14h-18h sauf dim et jours fériés). Niché dans une ruelle de la vieille ville, cet insolite musée associatif présente sur trois niveaux une collection de quelque 15 000 pièces retraçant le quotidien des soldats, du Moyen Âge à nos jours. Créé en 1911 à l'initiative de vétérans périgourdins, il se veut plus historique que prosélyte. Sa boutique propose notamment des petites figurines de soldats.

Quartier de la Cité

Le quartier de la Cité, au sud-ouest de la vieille ville, est bâti à l'emplacement de l'antique Vesunna, la ville gallo-romaine la mieux connue d'Aquitaine, fondée sous le règne d'Auguste au Ier siècle avant notre ère. Ses vestiges archéologiques sont très

© NICOLAS THIBAUT / PHOTONONSTOP

À NE PAS MANQUER

Vesunna

Inauguré en 2003, ce splendide site-musée a pris forme sur les vestiges archéologiques d'une grande (4 000 m² !) demeure gallo-romaine, occupée du Ier au IIIe siècle de notre ère et découverte lors de fouilles en 1959. Son emplacement au cœur de la cité et le raffinement de ses décorations laissent supposer que cette *domus* appartenait à l'une des plus riches familles de l'aristocratie locale. Les ruines ont pour écrin un bâtiment lumineux conçu par l'architecte Jean Nouvel, qui a su mettre en valeur ce monument majeur de l'antique Vésone, tout en le protégeant. On y découvre, entre autres, les vestiges de mosaïques et d'exceptionnelles peintures murales, bien conservées, telle la "fresque aux poissons". On peut admirer les colonnes romaines de cette maison qui s'organisait autour d'un péristyle et d'un jardin. La *domus* fut démontée au IVe siècle, lors du repli de la ville à l'intérieur de ses remparts pour se protéger des invasions barbares. Sculptures, statues, stèles funéraires, bijoux, céramiques... Une multitude d'objets archéologiques, d'œuvres d'art, ainsi que des panneaux explicatifs et des films permettent de comprendre la vie quotidienne des Pétrocores, un peuple gaulois qui avait adopté le mode de vie des Romains, sans renier leur culture. Plusieurs maquettes matérialisent l'ampleur de cette cité gallo-romaine, qui occupait 80 ha dans un méandre de la rive droite de l'Isle.

Infos pratiques

Site-musée (05 53 53 00 92 ; www.perigueux-vesunna.fr ; 20 rue du 26e-R.I. ; tarif plein/réduit/-18 ans 6/4/gratuit ; tlj juil-août 10h-19h, avr-juin et sept mar-ven 9h30-17h30, sam-dim et jours fériés 10h-12h30 et 14h30-18h, oct-mars mar-ven 9h30-12h30 et 13h30-17h, sam-dim 10h-12h30 et 14h30-18h ; audioguide 1 € ; visites guidées vacances scolaires 1 €)

riches, avec le site-musée gallo-romain Vesunna (voir p. 149) en point d'orgue.

Temple de Vésone Vestiges antiques
(parc de Vésone ; tlj avr-sept 7h30-21h, oct-mars 7h30-18h30). GRATUIT L'un des joyaux de l'antique Vesunna parvenu jusqu'à nous. Haute de 24,50 m, cette tour ronde de brique et de pierre, détruite sur un côté, constituait la partie sacrée (la *cella*) d'un temple élevé au IIe siècle. On y vénérait la déesse gauloise de l'Eau, Tutela Vesunna, qui a donné son nom à la ville antique. Seuls les prêtres pouvaient y accéder. Ce saisissant vestige jouxte le musée Vesunna.

Jardin des Arènes Parc archéologique
(bd des Arènes ; tlj avr-sept 7h30-21h, oct-mars 7h30-18h30). GRATUIT Égayé par une fontaine, ce jardin public a été aménagé au XIXe siècle sur les vestiges d'un amphithéâtre romain, édifié au Ier siècle sur le modèle du Colisée. Ces arènes pouvaient accueillir 20 000 spectateurs, soit presque autant que celles de Nîmes ou d'Arles. Le lieu est un havre de paix où il fait bon flâner, à l'ombre des tilleuls, des buis et des épicéas.

Château Barrière Ruines romantiques
(rue Albert-Tomey). GRATUIT Ce château fort, incendié en 1575 durant les guerres de Religion, est resté en ruine. Construit au XIIe siècle pour protéger la ville, il a conservé une porte de style gothique flamboyant finement travaillée ainsi qu'une tourelle d'escalier Renaissance, et impressionne avec ses hauts murs de pierre. Au pied du château se découvrent des vestiges de **murailles gallo-romaines** ainsi que la **porte normande**, mini-arc de triomphe de pierre du IIIe siècle, qui gardait les enceintes de la ville. Elle doit vraisemblablement son nom aux invasions vikings du IXe siècle contre lesquelles elle eut aussi un rôle protecteur. On voit également la **Maison romane**, une demeure du XIIe siècle bâtie sur les remparts gallo-romains.

Église Saint-Étienne-de-la-Cité Roman périgourdin
(pl. de la Cité ; lun-sam 9h-18h). GRATUIT Élevée à partir du XIe siècle à l'emplacement d'un temple antique dédié à Mars, cette église (le premier édifice chrétien de la ville) fut jusqu'en 1669 la cathédrale de Périgueux.

L'eschif de Creyssac (p. 148), Périgueux

Son architecture garde les séquelles des attaques protestantes durant les guerres de Religion, mais elle a tout de même conservé sa coupole occidentale sur pendentifs, considérée comme la quintessence du style roman périgourdin. L'intérieur renferme un remarquable retable en chêne et noyer du XVIIe siècle.

Activités

Voie verte des berges de l'Isle — Balade

Aménagée depuis 2004 et intégrée à une véloroute (voir l'encadré p. 160 et le cahier vélo), la voie verte des berges de l'Isle est facilement accessible depuis les abords du pont des Barris. Que vous soyez à pied, à vélo, à rollers ou en fauteuil roulant, cet itinéraire permet de traverser Périgueux et de longer la rivière sur près de 23 km, entre Trélissac et Annesse-et-Beaulieu. Parfaitement aménagé, ce parcours tranquille, au relief plat, offre par endroits des points de vue saisissants sur la cathédrale Saint-Front et la vieille ville.

Véloc Café – Un Vélo pour Tous — Vélos électriques

(06 33 48 22 89 ; 7 av. Daumesnil ; location 2/4 heures/journée 15/20/30 € ; toute l'année). Quasiment en face de la cathédrale, à deux pas de la voie verte, le Véloc Café (voir aussi p. 153) propose à la location des vélos électriques de qualité.

Périgueux Canoë-Kayak — Activités nautiques

(05 53 04 24 08 ; www.perigueuxcanoe.org ; moulin de Sainte-Claire ; location libre 1 heure adulte/enfant 8/4 €, 2 heures 14/7 € ; mar-sam 10h-19h mai-sept et selon conditions météo). Ce club de canoë-kayak très actif assure différentes activités nautiques pour découvrir la ville d'un autre œil, au fil de l'Isle. Paddle, canoë, kayak, rabaska (canot), en solo ou encadré par des guides professionnels. En été, descente de la rivière aux flambeaux (10 km, 3 heures, adulte/enfant 16/8 €), avec pause à la guinguette de Barnabé (www.guinguette-barnabe.fr). Départ de la base nautique située au pied du pont sud, au moulin de Sainte-Claire (à pied, descendez sur les

De gauche à droite : tour de Vésone ; pont des Barris (p. 148)

quais face à l'hôtel Ibis et continuez vers l'aval sur 500 m).

Où se loger

Hôtel Régina Côté gare €€
(05 53 08 40 44 ; www.choicehotels.com/fr-fr ; 14 rue Denis-Papin ; d/tr/qua 66-74/71-84/86-90 € ;). Logé près de la gare dans un beau bâtiment de 1919, cet établissement franchisé de la chaîne "Comfort Hotel" compte une quarantaine de chambres confortables quoique assez impersonnelles. Si le rapport qualité/prix est très correct, le quartier reste excentré.

La Petite Cour Chambres d'hôtes €€
(06 76 41 64 06 ; www.lapetitecour.house ; 9 rue Roletrou ; d avec petit-déj à partir de 75 € ;). Difficile de faire plus central que cette maison d'hôtes située dans une venelle, au cœur du quartier piétonnier (parking public non loin). Ouverte sur une courette, elle propose deux chambres accueillantes, dont une au rez-de-chaussée. Les petits-déjeuners et l'accueil du maître des lieux sont appréciés.

Ibis Hôtel Central €€
(05 53 53 64 58 ; www.ibis.com ; 8 bd Georges-Saumande ; d 68-100 € selon période ;). Dans un bâtiment impersonnel, cet hôtel de chaîne de plus de 80 chambres est l'un des mieux situés de Périgueux, sur les quais de l'Isle, à 5 minutes à peine du centre-ville. Certaines chambres sont peu spacieuses, mais toutes sont modernes et confortables. Celles aux numéros pairs ont vue sur la cathédrale. Accueil professionnel. Parking au pied de l'hôtel. Les meilleurs tarifs sont obtenus par prépaiement en ligne.

À noter qu'il existe également un **Ibis Budget** (08 92 68 32 37 ; 33 rue du Président-Wilson), moins bien situé mais plus économique.

Bristol Hôtel Familial €€
(05 53 08 75 90 ; www.bristolfrance.com ; 39 rue Antoine-Gadaud ; d 65-100 € environ ; P). À 5 minutes à pied du centre-ville, le Bristol se présente à première vue comme un bloc de béton assez tristounet. L'établissement, affilié au réseau Citotel, a cependant gardé son

Abbaye de Chancelade

VAUT LE DÉTOUR

L'abbaye de Chancelade et le prieuré de Merlande

En pleine agglomération de Périgueux, à 5 km au nord-ouest du centre-ville, l'**abbaye Notre-Dame de Chancelade** (05 53 09 51 30 ; www.abbaye-chancelade.com, rte des Carrières, Chancelade ; tlj 8h-20h hors offices religieux), autrefois puissante, est demeurée un havre de paix. Elle fut fondée au XIe siècle par un moine-ermite du nom de Foucault, rejoint ensuite par d'autres moines qui adoptèrent la règle augustinienne. Le lieu accueille toujours une communauté religieuse de l'ordre régulier de Saint-Augustin. La chapelle Saint-Jean, ancienne église paroissiale consacrée en 1147, est l'un des chefs-d'œuvre d'architecture religieuse du Périgord, notamment pour son portail roman à voussures. Quant à la grande église abbatiale, endommagée durant les guerres de Religion puis modifiée au XVIIe siècle, elle a conservé son harmonie : dominée par un clocher carré, elle se distingue par sa très belle façade occidentale dotée d'un portail en arc brisé surmonté de quatre arcatures.

Rapidement accessible en voiture, ou en 1 heure de marche, le **prieuré de Merlande** (La Chapelle-Gonaguet ; 9h-12h et 16h30-17h30 lun-jeu, 9h-12h ven-sam ; gratuit), 6 km plus loin, fut créé par les moines de Chancelade au XIIe siècle. Ce sanctuaire isolé séduit par son aspect romantique, perdu dans un vallon verdoyant cerné par la forêt. Situé juste au nord-est du village de La Chapelle-Gonaguet, l'ensemble prieural a conservé une austère petite chapelle fortifiée, dotée d'un portail en arc brisé et, dans sa nef, des arcatures avec une dizaine de chapiteaux finement sculptés. Peu fréquenté, le site, hors du temps, ravira les passionnés d'architecture romane.

côté familial et propose une vingtaine de chambres calmes et confortables, qui en font une alternative bénéficiant de l'un des meilleurs rapports qualité/prix de la ville. Quelques places de parking gratuites devant l'hôtel.

Villa Vésone Chambres d'hôtes **€€€**
(06 16 14 06 73 ; www.villavesone.fr ; 31 bd de Vesone ; d /tr 140-170 € environ ; mai-sept ; P). À mi-chemin du centre-ville et du quartier antique, cette maison bourgeoise posée au milieu d'un jardin avec piscine possède de nombreux atouts. Les quatre chambres spacieuses, avec salle de bains indépendante, sont confortables et très élégantes. Plusieurs salons (coin lecture, billard...) et une salle de sport bien équipée au sous-sol permettent de se sentir comme chez soi. Tarif réduit à partir de 3 nuits.

Hôtel Mercure Quatre-étoiles **€€€**
(05 53 06 65 00 ; www.mercure.com ; 7 pl. Francheville ; d 97-182 € selon confort et saison ;). À mi-chemin entre la vieille ville et le quartier de la Cité, l'hôtel le plus chic de Périgueux dispose d'une soixantaine de chambres, spacieuses et de tout confort, ornées de tableaux sur le thème de Lascaux. Ambiance feutrée dans le hall. Promotions en ligne à certaines périodes.

Où se restaurer

Véloc Café Déjeuners et pause douceur **€**
(06 33 48 22 89 ; 7 av. Daumesnil ; plats du jour 12 €, pâtisseries maison 3,90 € ; lun-sam 7h30-20h30, dim 7h30-13h30). Cette adresse sympathique vous attend quasiment en face de la cathédrale. Christophe Constantin, un Corrézien tombé amoureux de la région, vous accueille dans son café chaleureux aux airs de brocante. Il propose des boissons, de bonnes pâtisseries maison et, à l'heure du déjeuner, des assiettes de fromages, soupes maison et plats du jour de terroir. On peut également y louer des vélos électriques (voir p. 151).

Nord, à la sauce écossaise). Concerts réguliers, ambiance conviviale et personnel dynamique.

L'auberge espagnole Bar à tapas
(05 24 13 45 60 ; pl. Saint-Silain ; mar-dim 11h-1h). Parmi les bars de cette jolie place ombragée, on retient cette auberge pour son accueil chaleureux et son service sympathique, ses tapas savoureuses et sa belle sélection de vins au verre.

Café de la Truffe Brasserie centrale
(05 53 07 89 26 ; 4 pl. du Coderc ; tlj 6h-minuit). Un bistrot où les habitués des halles du Coderc viennent dès l'aube prendre un petit noir au zinc ou, en fin d'après-midi, savourer un apéro qui s'éternise en terrasse. L'endroit s'anime surtout les mercredis et samedis matin. Possibilité de se restaurer (menu du jour à 16 €).

Achats

Avec leurs boutiques d'artisanat, de créateurs et de bouche, les rues de la vieille ville se prêtent agréablement au shopping

Halles du Coderc Rendez-vous gourmand
(pl. du Coderc ; tlj 6h-13h30). Boucherie, triperie, fromagerie, fruits et légumes… Ce marché couvert, au sein de halles du XIXe siècle, est le rendez-vous incontournable des gourmets (et des restaurateurs) qui viennent y faire leurs emplettes dès le petit matin. Le marché se prolonge dans les rues et places voisines le mercredi et le samedi matin.

La Ferme Périgourdine Fromagerie
(05 53 08 41 22 ; 9 rue Limogeanne ; mar-sam 8h-12h30 et 15h-19h). Nichée dans l'une des rues les plus attrayantes de Périgueux, cette enseigne alléchante – qui dispose de ses propres caves d'affinage – présente sur ses étals une grande variété de fromages fermiers. Préférez les productions régionales : cabécou, rocamadour et trappe d'Échourgnac.

La Gaveuse d'Oie Spécialités locales
(05 53 02 92 63 ; lagaveusedoie.fr ; 6 rue Salinière ; été lun-sam 8h-19h et dim 8h-13h, hors saison 8h-18h30 fermé dim-lun). Outre les

Écluse de la vallée de l'Isle

foies gras, truffes, confitures et huiles de noix, cette boutique bien achalandée mais assez touristique propose la spécialité de la maison : les folkloriques "coucounettes". Ces petites boules de blocs de foie gras de canard se dégustent à toutes les saveurs possibles (figue, pomme, abricot, cèpe, oignon...).

Renseignements

Office du tourisme de Périgueux (05 53 53 10 63 ; www.tourisme-grandperigueux.fr ; 9 bis pl. du Coderc). En face des Halles du Coderc, il propose de nombreuses brochures et organise régulièrement des visites thématiques.

Depuis/vers Périgueux

Bus Périgueux est relié par le bus à de nombreuses villes de la région, comme Bergerac, Sarlat, Tourtoirac, Brantôme ou Ribérac. En été, des liaisons sont ouvertes vers les étangs de la Jemaye, Lascaux IV, les vallées de la Dordogne et de la Vézère et l'étang de Gurson. Horaires détaillés sur le site transports.nouvelle-aquitaine.fr.

Train La **gare SNCF de Périgueux** (08 92 35 35 35 ou 3635 ; www.oui.sncf ; 11 rue Denis-Papin) est à 15 minutes à pied du centre historique. Elle est desservie par les TER des lignes 31 (Bordeaux-Périgueux), 32 (Bordeaux-Brive) et 34 (Sarlat-Agen).

LA VALLÉE DE L'ISLE, DE PÉRIGUEUX À MONTPON-MÉNESTÉROL

Quittant Périgueux vers l'ouest, l'Isle élargit son cours et s'écoule tout en douceur vers Montpon-Ménestérol, comme un trait d'union entre Périgord et Gironde. Longer la rivière, à pied, à vélo ou en voiture, c'est découvrir un paysage champêtre et quelques villages et villes souvent ignorés des circuits touristiques. Ce ruban d'eau douce, jalonné de châteaux et de moulins, est bordé, au nord, par la vaste forêt de la Double, et, au sud, par la forêt du Landais, qui marque l'entrée dans le Périgord pourpre et le vignoble bergeracois (p. 119).

SI VOUS AIMEZ... Les visites gourmandes

Pour prolonger votre découverte de la vallée de l'Isle (p. 157), faites une halte gourmande dans l'une des nombreuses entreprises où l'on fabrique artisanalement des produits renommés.

Moulin de La Veyssière Depuis 1857, soit sept générations, la famille Élias concocte des huiles de noix et de noisette dans ce beau moulin du XVIe siècle, situé sur le ruisseau du Vern à Neuvic-sur-l'Isle. Les fruits sont encore broyés à l'ancienne avec une immense meule en silex de 500 kg. Plusieurs visités guidées chaque jour en été, mais aussi un espace muséographique et une boutique. (06 32 96 17 89 ; www.moulindelaveyssiere.fr ; La Petite Veyssière, Neuvic-sur-l'Isle ; visite gratuite ; juil-août lun-sam 9h-12h et 14h-18h30, reste de l'année lun-ven 10h-12h et 14h-18h, sam 14h-18h).

La Chanteracoise Installée dans un bâtiment moderne, la dernière biscotterie artisanale de France se trouve à 7 km au nord de Saint-Astier. Les visites commentées vous permettront de découvrir les secrets de fabrication de ce pain de mie travaillé durant de longues heures avant d'obtenir tout son croustillant. (05 53 80 51 17 ; www.la-chanteracoise.fr ; Le Pont, Saint-Germain-du-Salembre ; visite commentée et dégustation gratuite ; lun-ven 8h-12h et 13h30-18h).

Brasserie de Marsac Depuis 2014, un couple amoureux du houblon, formé au Québec, confectionne une gamme de savoureuses bières artisanales. La visite de la brasserie (installée dans une zone d'activité sans charme aux portes de Périgueux), vous permettra de comprendre l'élaboration du breuvage. (06 34 21 41 40 ; www.bam-brasserie.fr ; av. Louis-Suder, Marsac-sur-l'Isle ; boutique mar-ven 14h-18h, sam 10h-12h et 14h-18h, visites sur rdv).

Château de Neuvic

Saint-Astier et ses environs

Dominée par le haut clocher carré de son église fortifiée, la petite cité de Saint-Astier (5 500 habitants) doit son charme à ses maisons aux toits de tuiles blotties harmonieusement sur la rive droite de la rivière. Si le cœur du bourg a conservé quelques belles demeures Renaissance à tourelles, Saint-Astier est surtout célèbre, depuis le milieu du XIXe siècle, pour ses usines à chaux. Il est possible de découvrir ces profondes carrières souterraines encore en activité lors d'une visite guidée (☎05 53 54 13 85). Alentour, vous découvrirez le château de Puyferrat, une pépite Renaissance, et les beautés méconnues de la vallée de l'Isle, comme le charmant village d'Annesse-et-Beaulieu, ou encore le magnifique château de Neuvic.

À voir

Annesse-et-Beaulieu Village champêtre

À 5 km au nord de Saint-Astier, ce village de caractère s'enorgueillit d'une belle église du XIIe siècle, dédiée à saint Blaise, ayant conservé un portail roman aux chapiteaux sculptés. Rien de spectaculaire, mais les ruelles qui bordent l'Isle sont un vrai bonheur à arpenter, que l'on soit à pied ou à vélo. On y découvre notamment l'imposant **moulin de Taillepetit**, recouvert de vigne vierge. Plus imposant, le **château de Lalande** est un élégant édifice des XVIIIe et XIXe siècles, abritant aujourd'hui un très chic hôtel-restaurant (voir p. 160).

Château de Puyferrat Renaissance

(☎06 83 47 53 98 ; Saint-Astier ; visite 5 € ; juil-sept mar-ven 10h-12h et 14h-18h, reste de l'année sur rdv). À 2 km à l'ouest du cœur de Saint-Astier, ce joyau du patrimoine périgourdin se cache derrière un rideau d'arbres. Au sein d'un vaste parc offrant une belle vue sur la campagne environnante, le château de Puyferrat a été édifié sur une colline au XVIe siècle dans un style Renaissance encore marqué par le Moyen Âge, avec ses deux grosses tourelles, ses échauguettes et son chemin de ronde à mâchicoulis. Points d'orgue de la visite, la charpente en carène, visible sous les combles, les cuisines voûtées et, dans le parc, une chapelle restaurée au début du XIXe siècle tapissée de fresques d'inspiration byzantine. Le château abrite également 5 chambres d'hôtes (voir p. 160).

Château de Neuvic — Renaissance

(06 36 83 85 52 ; 09 74 56 53 09 ; fondation-isle.e-monsite.com ; Neuvic-sur-l'Isle ; visite château et parc adulte/8-16 ans 6/3 €, visite parc juil-août adulte/8-16 ans 4/2 €, gratuit le reste de l'année, visites gratuites -8 ans ; visites guidées château juil-août, lun-ven à 15h30 et 17h, parc botanique en visite libre avril-mai et sept-oct lun-ven 10h-12h et 14h-18h, juil-août lun-ven 10h-12h et 14h-19h). Datant du XVIe siècle, cette petite merveille de style Renaissance subjugue par ses tourelles et ses mâchicoulis décoratifs et les innombrables lucarnes ornant sa toiture de tuiles brunes. D'un grand raffinement, l'édifice, en forme d'équerre, domine de toute sa puissance un **parc botanique** de 6 ha, bordant l'Isle, riche de milliers d'espèces végétales et site refuge de la LPO (Ligue pour la protection des oiseaux). La visite de l'intérieur révèle de belles peintures murales, des salles voûtées ou un grand salon du XVIIe siècle. Les anciens propriétaires ont fait don du château à une fondation aidant les enfants et adolescents en difficulté, notamment au travers de son excellent restaurant (voir p. 161).

Château et poterie du Fratteau — Château et artisanat

(06 68 41 89 21, 06 66 24 26 36 ; Fratteau, Neuvic ; château adulte/enfant 5/2,50 € ; atelier tlj 10h-12h et 14h-18h, fermé mar nov-Pâques). Il y a près de 40 ans, Daniel Piron faisait l'acquisition ce repaire noble du XIIe siècle, alors en ruine. Mur après mur, l'édifice fut relevé, redécoré et il finit par retrouver son âme. Heureux hasard : le propriétaire, spécialiste de la céramique médiévale, a découvert sur le site les vestiges d'un **atelier de potier du XIXe siècle**, qu'il a restauré. Sa visite, qu'il guide, est gratuite, et l'on peut déambuler dans le parc jusqu'à la motte féodale.

Le caviar de l'Isle

Depuis 2011, Laurent Deverlanges remet au goût du jour une tradition du Sud-Ouest. Cet entrepreneur a créé, en bordure de l'Isle, une vaste ferme piscicole dédiée à l'élevage d'esturgeons. Il élabore un caviar d'excellence qui n'a pas tardé à être renommé. Les esturgeons sibériens "baeri" passent au minimum sept ans dans les bassins alimentés directement dans l'eau puisée dans l'Isle, avant de produire les œufs si recherchés. Le **domaine Caviar de Neuvic** (05 53 80 89 57 ; www.caviardeneuvic.com ; La Grande Veyssière, Neuvic-sur-l'Isle ; à partir de 19 € la visite commentée avec dégustation ; lun ven 9h30-12h30 et 13h30-17h30 sur réservation) est situé au sein d'un parc de 20 ha parsemé de bois, de plans d'eau et de prairies peuplées de moutons. La visite, sur réservation, vous en apprendra beaucoup sur la confection du "caviar de l'Isle".

La **visite du château** (mer ou sur rdv) fait découvrir les pièces aux cheminées monumentale, le très beau mobilier périgourdin (XVe au XVIIIe siècle), les salles d'exposition consacrées à la céramique et le cluzeau, un type de souterrain-refuge unique en Périgord.

Sourzac — Village

À 10 minutes au sud de Neuvic par la D6089, ce site au bord de l'Isle vaut un arrêt. D'un côté de la route, la falaise abrite une **fontaine pétrifiante** où s'élève un sanctuaire dédié à la Vierge. De l'autre, l'**église Saint-Pierre-et-Saint-Paul** (05 53 81 01 06 ; mi-juin à sept 14h-18h30, le reste de l'année sur rdv), construite sur les dépôts calcaires des eaux de la fontaine, surplombe la rivière. Détruite par les Normands puis par les Anglais durant la guerre de Cent Ans, elle fut reconstruite au XVe siècle. Sur le parvis, des arcs en

La véloroute de la vallée de l'Isle

Continuité de la voie verte des berges de l'Isle (voir p. 151), qui s'étend sur 23 km de part et d'autre de Périgueux, la véloroute de la vallée de l'Isle (www.tourisme-isleperigord.com) emprunte des routes secondaires en épousant le cours de la rivière. Principalement destinée aux cyclistes (voir aussi le cahier vélo), et, dans une moindre mesure, aux marcheurs, elle s'étend sur une centaine de kilomètres jusqu'aux portes de la Gironde, en passant notamment aux abords d'Annesse-et-Beaulieu et de Saint-Astier (p. 158), de la base de loisirs de Neuvic (p. 160), de Mussidan et du moulin de Duéllas (p. 164).

Une carte est téléchargeable sur www.ccivs.fr/publications/tourisme.

plein cintre, vestiges de la période romane, précèdent le portail gothique. On accède aussi à l'enceinte de l'**ancien prieuré**, d'où la vue est superbe, et au pigeonnier où sont organisées des expositions d'art. Des tables de pique-nique sont installées au bord de l'eau.

Château de Château-l'Évêque Château

(☎06 21 55 23 06 ; www.chateau-de-chateauleveque.com/fr ; rue du Château ; château adulte/enfant/-10ans 7/3 €/gratuit, parc 3 € ; ⌚juil-sept jeu-mar 13h-19h, avr-juin et oct dim 13h-19h). Ce remarquable château a eu plusieurs vies : forteresse au XIe siècle, il fut reconstruit puis agrandi entre les XIVe et XVIe siècles, période à laquelle il devint la résidence des évêques de Périgueux, jusqu'à la Révolution. Propriété de la couturière Jenny Sacerdote au début du XXe siècle, il fut encore un lieu de fête fréquenté par le monde du show-biz dans les années 1970. Puis l'immense vaisseau de pierre fut laissé à la dérive, dissimulé par la verdure de ses 17 ha de parc et de bois. On peut désormais découvrir ce lieu chargé d'histoire et de poésie. Et rêver, au côté du (fantasque) propriétaire qui mène avec enthousiasme les visites, aux vies futures du lieu. La renaissance sera longue, mais on peut mesurer les avancées accomplies en logeant dans la belle **suite Saint-Vincent** (140-200 € selon saison).

Activités

Base de loisirs de Neuvic Sport en famille

(☎07 81 22 59 87 ; av. de Planèze, Neuvic-sur-l'Isle ; ⌚tlj mi-juin à mi-sept 10h-20h). GRATUIT Sur les rives de l'Isle, cette base de loisirs propose toute une palette d'activités ludiques, en famille ou entre amis, dont certaines gratuites (trampoline, tyrolienne...). Mini-golf et bowling (adulte/enfant 5/3 €) et location de bateaux électriques sans permis (1 heure, 18 € pour 2 pers, 1 €/pers supp)... Possibilité de restauration sur place.

Où se loger et se restaurer

Château de Puyferrat Chambres d'hôtes **€€**

(☎06 83 47 53 98 ; Saint-Astier ; d 80-100 € ; P). Ce superbe petit château Renaissance (p. 158), flanqué de deux grosses tourelles, abrite des chambres d'hôtes qui gardent un côté rustique campagnard. Ici, pas de clavecin ni de portraits d'ancêtre à perruque poudrée : on préfère la simplicité des parquets massifs de chêne et des salles de bains dans le plus pur style... des années 1970. Ouvert à l'année. Suites possibles (base ch double, 40 €/pers. suppl.).

Château de Lalande Hôtel-restaurant de charme **€€€**

(☎05 53 54 52 30 ; www.chateau-lalande-perigord.com ; 57 rte de Saint-Astier, Annesse-et-Beaulieu ; d 129-259 € selon confort et saison ; menus 44, 62 € ; P). Envie de faire étape dans un joli château des XVIIIe et XIXe siècles, estampillé 4-étoiles ? Lalande est un bon choix. Outre son ambiance classique et raffinée, les points forts de cette luxueuse adresse sont l'accueil convivial de Catherine et Yves, le restaurant réputé, le parc, la piscine et les 17 chambres confortables, tendues de toile de Jouy.

Restaurant du château de Neuvic

Repas au château €€

(09 74 56 53 09 ; www.chateau-mariage-dordogne.com ; menus 20-35 € ; dim-jeu midi, ven et sam soir, fermé fév). Le château de Neuvic offre l'occasion d'un repas à prix raisonnable dans le cadre élégant de cet édifice Renaissance, tout en contribuant à l'apprentissage des jeunes en insertion qui travaillent en cuisine. Mieux vaut toujours téléphoner avant votre venue car il arrive que les lieux soient privatisés pour une réception ou un mariage. Le château loue également 3 chambres (d 85-95 €).

Renseignements

Office du tourisme de Saint-Astier (05 53 54 13 85 ; www.tourisme-isleperigord.com ; 1 rue de la Fontaine ; Saint-Astier). Visites guidées de la ville, qui permettent notamment d'accéder au sommet du clocher de l'église Saint-Astier. Une **antenne touristique** (05 53 81 52 11 ; 2 pl. de la Mairie) existe également à Neuvic-sur-l'Isle.

Forêt de la Double

Aux confins ouest du département de la Dordogne, cette vaste région forestière s'étend sur quelque 50 000 ha, entre l'Isle et la Rizonne, un affluent de la Dronne. Au fil de routes départementales quasi désertes, elle déroule un paysage vallonné où les forêts de pins, de chênes et de châtaigniers alternent avec plus de 500 étangs. La forêt de la Double, parfois surnommée la "Petite Sologne", constitue un paradis pour les amateurs de pleine nature. On a aujourd'hui peine à croire que ce territoire était au XIXe siècle, après son déboisement, une terre de marécages insalubres, qualifiée de "royaume des fièvres" par l'écrivain Eugène Le Roy ! Si l'endroit est peu peuplé, on y découvre malgré tout, disséminés çà et là, quelques anciennes fermes et des bourgs pittoresques tels **Saint-Laurent-des-Hommes** et le lieu-dit **Gamanson**, qui ont conservé leurs habitations traditionnelles,

La forêt de la Double, traversée par la Via Lemovicensis (chemin de Compostelle)

Musée André-Voulgre (p. 163)

faites de pans de bois et de torchis, ou encore **Saint-Martin-l'Astier**, village de 140 habitants dont l'église romane millénaire est dotée d'un puissant clocher-tour octogonal. À l'extrémité nord de la forêt, on peut prolonger la découverte jusqu'à **Saint-Aulaye**, à la frontière avec les Charentes et le Ribéracois (p. 190), peut-être la bastide la plus septentrionale de France, fondée en 1288. Elle accueille chaque année, fin avril, la séculaire **foire de la Latière**, l'un des rendez-vous agricoles les plus importants – et festifs – de la Dordogne. Le lieu le plus visité de la Double demeure cependant **Échourgnac**, célèbre pour son abbaye Notre-Dame-de-Bonne-Espérance, où les religieuses produisent depuis le XIXe siècle un fromage renommé, le trappe d'Échourgnac.

À voir

Abbaye Notre-Dame-de-Bonne-Espérance — Monastère

(05 53 80 82 50 ; www.abbaye-echourgnac.org ; Échourgnac). Dominé par le haut clocher de l'église abbatiale, cet ensemble monacal surgit au milieu des prairies, à 1 km du bourg d'Échourgnac. Le monastère Notre-Dame-de-Bonne-Espérance a été fondé par des moines de Port-du-Salut (Mayenne) en 1868, qui s'y établirent notamment afin d'assainir les marécages de la Double. Fermé en 1910, il accueillit une nouvelle communauté de moniales cisterciennes en 1923. L'abbaye ne se visite pas mais on accède librement à l'église, sobrement rénovée en 2018, ainsi qu'à la **boutique** (mar-sam 10h-18h, dim et lun 12h-18h) qui vend les produits confectionnés par la trentaine de religieuses (confitures, pâtes de fruits, etc.) et d'autres communautés monastiques de France. Les habitants de la région viennent avant tout pour s'y procurer le trappe d'Échourgnac, un fromage rond affiné sur place qui se décline en version affinée à la liqueur de noix. Il est possible de se joindre aux prières, qui ont lieu sept fois par jour, et d'effectuer une retraite à l'abbaye (05 53 80 82 59 ; lun-sam 10h-11h30 et 15h-17h).

Ferme du Parcot Patrimoine rural

(05 53 81 99 28 ; www.parcot.org ; Le Parcot, Échourgnac ; juil-août mar-dim 10h30-12h30 et 14h30-18h30, mai, juin et sept sam-dim 14h-18h30, visites guidées mai, juin et sept sam-dim à 15h et 17h, juil-août mar-dim à 11h, 15h et 17h, fermé 20 déc-10 jan). GRATUIT Niché en pleine forêt, cet ensemble classé, propriété du conseil général de la Dordogne, offre un beau résumé de la Double telle qu'elle était au XIXe siècle. La ferme est restée dans son jus, avec ossature de bois, moellons au rez-de-chaussée, torchis au niveau du grenier, et sa galerie traditionnelle (le "balet") soutenue par des poteaux de bois. Autour, la grange et le four ont été bien restaurés. À l'intérieur, vous pourrez découvrir d'anciens outils agricoles ou encore des objets du quotidien des paysans. Un beau sentier de découverte de 2,5 km, à travers bois, prairies et étangs, permet de découvrir l'environnement protégé du site du Parcot, par ailleurs site refuge de la LPO. Un chemin balisé en vert offre la possibilité de rejoindre le grand étang de la Jemaye (ci-après), 6,5 km plus loin.

Étang de la Jemaye Site naturel

(La Jemaye ; toute l'année). GRATUIT Avec une trentaine d'hectares, cet étang est le plus vaste des plans d'eau qui parsèment la forêt de la Double. Aménagé par les moines lors de l'assainissement des lieux, c'est aujourd'hui un site naturel protégé. Ses rives boisées abriteraient la (rare) tortue cistude. Un sentier d'environ 5 km permet d'en faire le tour à pied. Aux beaux jours, il prend des airs balnéaires, avec sa plage de sable surveillée agrémentée de transats, ses palmiers, sa petite pinède et ses activités nautiques (baignade, pêche, planche à voile...). En saison, des cabanes vendent paninis, burgers et salades, mais pour un repas à base de bons produits régionaux dans un cadre magique, dirigez-vous vers le Bistrot de la Jemaye (07 57 77 30 05 ; plats 10-20 € ; juin-15 sept midi et soir, 15 sept-15 déc ven soir, sam midi et soir, dim midi), à l'extrémité de la plage, non loin du **Camping du Lac** (05 53 90 59 04 ; www.campingdulac-dordogne.com ; avr-oct). L'été, la ligne de bus 2B rallie l'étang depuis Mussidan.

Où se restaurer

Auberge de la Double Traditionnel **€-€€**

(05 53 80 06 65 ; Échourgnac ; menus 14-33 € ; lun-jeu midi, sam midi et soir, dim midi). Au pied de l'église d'Échourgnac, village posé en pleine forêt de la Double, cette belle auberge traditionnelle restaurée, avec poutres apparentes et cheminée, sert une cuisine régionale très honorable – feuilleté de ris de veau, tournedos de canard grillé – et quelques spécialités plus audacieuses, comme le foie gras au trappe d'Échourgnac. Les "petits" menus sont d'un excellent rapport qualité/prix.

De Mussidan à Montpon-Ménestérol

Au fil de l'Isle, on découvre l'intéressant musée André-Voulgre, point fort de la ville de Mussidan, et le moulin de Duellas, joli site proposant balades et sorties en gabarre. Quelques kilomètres plus loin, la petite cité de Montpon-Ménestérol (5 500 habitants) se révèle commerçante, notamment le mercredi matin, jour de marché. La ville est considérée comme la "capitale de l'orgue en Aquitaine" car elle n'abrite pas moins de dix instruments répartis sur cinq sites, restaurés ou installés par un passionné. L'un des plus beaux est celui de l'église romane de Ménestérol (rive droite de l'Isle), où des concerts se déroulent régulièrement de mai à septembre.

À voir

Musée André-Voulgre Traditions populaires

(05 53 81 23 55 ; museevoulgre.fr ; 2 rue Raoul-Grassin, Mussidan ; tarif plein/réduit/enfant -6 ans 5/2,50 €/gratuit ; juin-sept tlj 9h-12h et 14h-18h, oct-mars lun-ven 9h-12h et 14h-17h, avr-mai lun-ven 9h-12h et 14h-18h). S'il faut faire une halte à Mussidan, c'est

VAUT LE DÉTOUR
Villamblard

Des routes sinuant à travers les bois de châtaigniers et de pins, d'où émergent çà et là des hameaux charmants, mènent à cette agréable bourgade à l'écart des routes touristiques. Jusqu'à la fin du XVIIIe siècle, elle fut une étape importante à mi-chemin sur la route de Bergerac à Périgueux. On atteint naturellement la place où se tient la **grande halle**, reconstruite au XIXe siècle, et le **château de Barrière** (gratuit ; tlj 10h-18h), qui se visite librement (il suffit d'en pousser la lourde porte). Une vidéo intéressante retrace l'histoire de cette forteresse bâtie aux Xe et XIe siècle, plusieurs fois agrandie avant sa destruction à la Révolution, et son sauvetage récent par une association. En suivant la rue Gabriel-Reymond, on atteint la boutique de la **distillerie Clovis Reymond** (05 53 81 90 01 ; www.clovisreymond.com ; mar-ven 8h30-12h et 14h-18h, sam 9h30-12h et 14h-18h) où le savoir-faire et les recettes d'eau-de-vie, de liqueurs et sirops se transmettent d'une génération à l'autre depuis 185 ans. Il est possible de visiter la distillerie où fonctionnent encore les alambics en cuivre datant du début de l'entreprise (une autre boutique existe à Saint-Jean-de-Côle ; p. 184).

avant tout pour son musée, installé en plein centre-ville dans une chartreuse (un mot qui désigne dans le Sud-Ouest une maison de campagne souvent longue et basse) du XVIIIe siècle, léguée en 1970 à la ville par le médecin André Voulgre. Cet amoureux des arts et traditions populaires avait collecté d'innombrables objets liés à la vie quotidienne et aux métiers de jadis du Périgord. La scénographie, entièrement repensée en 2021, est axée sur la modernisation de la vie périgourdine depuis le XIXe siècle. Vous découvrirez aussi des poteries paysannes, un nombre incroyable d'outils agricoles et même une splendide locomotive à vapeur des années 1920. Dans l'agréable parc public jouxtant le musée, on peut voir un ensemble de bâtiments typiques de la Double.

Château de Montréal Renaissance
(05 53 81 11 03 ; Issac ; tarif plein/8-12 ans/-8 ans 6,50/4,50 €/gratuit ; juil-août tlj 10h-12h et 14h30-18h30). Dominant la vallée de la Crempse à 7 km au sud de Mussidan, et protégé par les vestiges de sa double enceinte, ce château Renaissance privé a été ravagé durant la guerre de Cent Ans avant de prendre son aspect actuel au XVIe siècle. L'édifice se laisse peu apercevoir depuis ses abords, mais la visite (possible en juillet et en août seulement, sauf pour les groupes) révèle des salons à la décoration et au mobilier raffinés des XVIIe et XVIIIe siècles, avec des tapisseries d'Aubusson, des souterrains et des caves voûtées du XIIe siècle, ainsi que de beaux jardins qui renferment une chapelle du XVIe siècle. Ne confondez pas cette belle demeure avec un château homonyme, à l'architecture défensive, situé en Ardèche.

Activités

Moulin du Duellas Balades en gabarre
(06 84 17 64 63 ; www.moulin-duellas.fr ; Les Duellas, Saint-Martial-d'Artenset). Bien indiqué peu avant Montpon-Ménestérol, ce joli site en bordure de l'Isle propose plusieurs activités. En saison, on peut visiter le **moulin** (visite guidée/libre 3 €/gratuite ; juil-août mar-dim 14h-18h, mai-juin et sept mar-ven, dim et jours fériés 14h-18h), construit au XIXe siècle et resté en activité jusqu'en 1963, où les gabarres chargeaient jadis la farine. Des expositions d'art y sont régulièrement organisées. À côté, une association d'éducation à l'environnement propose des **balades en gabarre** (adulte/6-12 ans/-6 ans 6/4 €/gratuit ; juil-août mar-dim 15h et 16h30, juin et sept dim et jours fériés 15h ; réservation conseillée) de 1 heure 30 sur le cours d'eau, avec passage d'une écluse manuelle et explications sur la flore, la faune et le paysage bucolique de

la vallée de l'Isle. Possibilité de croisières à la journée ou à la carte. On peut aussi louer **des canoës et des kayaks à Montpon Canoë** (06 15 19 11 18 ; daviddessaigne.wixsite.com/montponcanoe ; tlj 15 juin-15 sept, sur réservation le reste de l'année) pour des parcours libres autour du moulin (canoë/kayak 6,50 €/8,50 €/pers/heure) ou des parcours de 1 heure 30 à la journée (12-18 €). Le site, en bordure de la véloroute (p. 160), se prête aussi à la balade à pied et comporte un potager bio et un restaurant.

Base de loisirs de Chandos — Activités nautiques

(05 53 82 23 77 ; Montpon-Ménestérol ; toute l'année). GRATUIT En bordure de l'Isle, ce parc de loisirs de 11 ha est doté d'un vaste plan d'eau. Baignades surveillées en été et large choix d'activités nautiques aux beaux jours (canoë, kayak, pédalo, bateau électrique sans permis, pêche...), complété par un minigolf, un skate-park, une aire de jeux pour enfants et des tables de pique-nique. Stand de restauration en saison.

Où se loger et se restaurer

Glace Javerzac — Glaces à la ferme €

(06 69 91 00 91 ; www.glaces-javerzac.fr, Ferrachat, Saint-Martial-d'Artenset ; juil-août tlj 14h-19h, reste de l'année mer et sam 15h-19h). Cette ferme sympathique est spécialisée dans l'élevage de vaches laitières et la production de glaces artisanales depuis 2010. Les familles de la région s'y pressent aux beaux jours, allèchées par les parfums des glaces et des sorbets, mais aussi pour profiter des animations gratuites à disposition : un labyrinthe végétal dans un champ de maïs, un circuit de kartings à pédales, un parcours de footgolf, des toboggans... On peut aussi rendre visite aux vaches et aux veaux de la ferme et assister à la traite à 18h.

Le Caldero — Hôtel-restaurant €

(05 53 82 45 82 ; www.hotelcalderomontpon.com ; 52 av. Georges-Pompidou, Montpon-Ménestérol ; plats 10-20 € ; menu 28 € ; s/d 56/64 €, lit supp 14 € ; restaurant lun soir-sam midi ; P). Seul hôtel de Montpon, à la sortie de la ville, ce bâtiment sans charme particulier compte quatre chambres fonctionnelles et très propres. Côté restaurant, l'ambiance est animée, et la cuisine simple et bonne, avec des

---

INSOLITE !

Le Périgourdin devenu roi d'Araucanie

Né en 1825 dans une famille de paysans aisés de Chourgnac, Antoine de Tounens, juriste farfelu (qui réussit à ajouter une particule à son nom), est persuadé que son destin est... d'être roi. En consultant compulsivement cartes et livres de géographie, il repère, en Amérique du Sud, des territoires échappant encore à l'autorité du Chili et de l'Argentine. En 1858, l'obstiné Français s'aventure au bout du monde et obtient l'appui des Mapuche pour être leur chef et protéger leurs territoires face aux Chiliens. Les Amérindiens locaux, pourtant peu enclins à se laisser dominer, l'accueillent comme un sauveur : "Orélie-Antoine Ier" est proclamé roi d'Araucanie et de Patagonie en 1860. Sa Constitution est adoptée. Interné en hôpital psychiatrique puis expulsé en France par les autorités chiliennes, l'insolite monarque n'aura de cesse de reconquérir son royaume perdu. En vain. Après plusieurs tentatives et emprisonnements, Antoine de Tounens meurt en 1878 à Tourtoirac, où il est enterré. Depuis, sept princes se sont succédé à la tête du petit royaume symbolique. La **galerie du Roi d'Araucanie** (Tourtoirac ; adulte/12-16 ans 4/1,50 € ; lun-sam juil-août 10h-13h et 14h15-18h45), un petit musée aménagé dans un bâtiment de l'ancienne abbaye de Tourtoirac, présente des pièces de monnaie à l'effigie du premier souverain, sa couronne ou encore la partition de l'hymne national de son royaume !

spécialités de poissons grillés et de viandes à la plancha. Accueil d'une grande gentillesse.

La Gatinoise Petites faims €

(05 53 81 21 95 ; lagatinoise.com ; 1 pl. de Metz, Montpon-Ménestérol ; formules midi 10-12 € environ ; mar-ven 10h-19h, sam 10h-18h). En plein cœur du bourg, près de la mairie, cette épicerie fine dispose d'un coin restauration. Choix limité mais bons produits maison : tartes salées, galettes de sarrasin et pâtisseries. Aux beaux jours, on y savoure des glaces et sorbets artisanaux.

Ô Petit Gavroche Restaurant €€

(05 53 80 04 01 ; 10 rue du Maréchal-Foch, Montpon-Ménestérol ; formules midi 12-14 €, menus 19-23 € ; jeu-lun midi et soir). À deux pas de la mairie, ce "petit gavroche", ouvert en 2018 par un jeune couple originaire des Landes, est la bonne surprise de Montpon-Ménestérol. Dans une belle salle avec cheminée et poutres apparentes, on y sert une cuisine joliment réalisée à prix très raisonnables : panna cotta coco-thaï, cochon en croûte méditerranéenne, dos d'esturgeon aux noisettes... Un bon choix.

Le Duellas Bord de l'Isle €€

(05 53 82 59 81 ; Les Duellas, Saint-Martial-d'Artenset ; formule midi 14 €, menus 19-24 € ; jeu-lun midi et soir). Située dans le parc du moulin du Duellas (voir p. 164), cette adresse ouverte en 2018 a pour premier atout son cadre bucolique, en bordure de l'Isle et de la véloroute. La carte est alléchante – ballottine de volaille chèvre-épinard, brochette de la mer aux épices douces... – et la salle et la terrasse sont résolument relaxantes.

Renseignements

Office du tourisme du pays Montponnais
(05 53 82 23 77 ; www.tourisme-isleperigord.com ; pl. Clemenceau, Montpon)

Office du tourisme de Mussidan-Villamblard
(05 53 81 73 87 ; www.tourisme-isleperigord.com ; 11 place de la République, Mussidan). Ces deux offices du tourisme organisent des visites et proposent de la documentation.

Le diamant noir du Périgord

L'EST DU PÉRIGORD BLANC

De l'est de Périgueux, on remonte avec délectation les méandres de l'Isle et de l'Auvézère jusqu'aux confins de la Corrèze, en direction du château de Hautefort. Superbement campé sur une colline à l'intersection du Périgord blanc, du Périgord noir et du Périgord vert, c'est l'une des rares demeures "Grand Siècle" de la Dordogne. En route, les gourmets feront une halte à Sorges, royaume du *Tuber melanosporum*, tout particulièrement l'hiver, lors de son marché aux truffes très renommé. Quant aux amateurs de cavités géologiques, ils ne manqueront pas la grotte de Tourtoirac.

De Périgueux à Hautefort

Antonne-et-Trigonant, Tourtoirac et Sorges, "capitale de la truffe noire", sont les points forts de cet itinéraire d'une cinquantaine de kilomètres.

À voir et à faire

Château des Bories Bijou Renaissance

(☎06 20 42 97 14 ; lesbories.monsite-orange.fr ; Antonne-et-Trigonant ; tarif plein/réduit/5,50/4 € ; ⌚juil-août visites guidées 13h-19h lun-sam). Comme un château de la Loire égaré en Dordogne, le château des Bories se découvre au bout d'une longue allée bordée d'arbres qui bifurque depuis la route nationale au niveau d'Antonne-et-Trigonant. Bâti au bord de l'Isle, dans un style Renaissance, à la fin du XVe siècle pour la puissante famille Saint-Astier, il n'a presque jamais été modifié depuis. Il en impose encore avec ses deux tourelles rondes et sa puissante tour carrée. Cette propriété privée, appartenant à la même famille depuis 1902, se découvre principalement l'été. Les visites guidées vous permettront d'admirer les cuisines aux voûtes d'ogives en palmier, le monumental escalier Renaissance, ou encore la grande galerie ornée de tableaux et de tapisseries.

Le diamant noir du Périgord

La truffe noire, aussi appelée truffe du Périgord ou *Tuber melanosporum*, son nom scientifique, germe sur un champignon hypogé, c'est-à-dire qui se développe sous terre. Ce dernier vit en symbiose avec un arbre-hôte – souvent un chêne ou un noisetier – et vit en se nourrissant de végétaux en décomposition. Après plusieurs mois de maturation et de grossissement sous la terre, la truffe est ramassée entre fin novembre et début mars. *Tuber melanosporum* étant dissimulé quelques centimètres sous la surface, on a recours à l'odorat de cochons ou de chiens dits "truffiers". Le Périgord est la principale région de production mondiale de cette variété de truffe connue depuis l'Antiquité et considérée comme la meilleure et la plus aromatique.

Sorges Village et musée

Autoproclamée "capitale de la truffe noire", Sorges accueille en hiver un célèbre **marché aux truffes** (galerie Louis-Pradel, rue Paul-Carreau ; ⌚déc-fin jan dim matin). Vous saurez tout sur le précieux *Tuber melanosporum en visitant* l'**écomusée de la Truffe** (☎05 53 05 90 11 ; www.sorges-perigord.com ; RN21, rte de Limoges, Sorges ; adulte/11-16 ans/-11 ans 5/2,50 €/gratuit ; ⌚juin et sept tlj 10h-12h30 et 14h30-18h30, juil-août lun-ven 10h-18h30, sam-dim 10h-12h30 et 14h30-18h30, oct-mai mar-sam 10h-12h et 14h-17h, dim 10h-12h30). Panneaux explicatifs, vidéos et bornes interactives présentent le champignon de son histoire à sa récolte en passant par les légendes qui lui sont associées. Vous pouvez prolonger la visite en empruntant le **sentier balisé des truffières**, qui chemine sur 3 km à travers le causse de Sorges, sur les sols argilo-calcaires où s'épanouit le "diamant noir du Périgord". Des panneaux explicatifs décrivent les différents types de truffières

Meurtre au château !

Dans la nuit du 24 au 25 octobre 1941, un homme, sa sœur et leur bonne sont sauvagement tués à coups de serpe au **château d'Escoire**. Au matin, Henri Girard, fils du châtelain assassiné, donne l'alerte. Les soupçons se portent sur le jeune homme, à la vie dissolue et dont le comportement intrigue – n'était-il pas en train de jouer *Tristesse* de Chopin au piano lorsque les gendarmes sont arrivés sur place ? Mais le fils est acquitté et le crime, jamais résolu. Henri Girard partit en Amérique du Sud, dilapida sa fortune et, sous le nom de Georges Arnaud, publia un best-seller : *Le Salaire de la peur* (adapté au cinéma en 1953 par Henri-George Clouzot) – une histoire relatée dans le roman haletant *La Serpe* (Julliard, 2017), de Philippe Jaenada.

croisées sur le chemin. Vous y découvrirez aussi des **bories**, ces petites cabanes traditionnelles en pierre sèche qui servaient d'abris aux paysans.

Dans le petit bourg, l'**église Saint-Germain-d'Auxerre** a été élevée au XIIe siècle et remaniée au XVIe siècle. La façade occidentale juxtapose, sous un même pignon, la partie romane et la partie Renaissance. Sur le tympan gothique figure le rare monogramme IHS, abréviation en grec de Jésus. Pour une pause-café ou pour déguster une glace artisanale, le café-brocante **Chez Cécile** (☎ 06 85 50 26 44) vous attend sur l'agréable place du village.

Grottede Tourtoirac — Stalagmites

(☎ 05 53 50 24 77 ; www.grotte-de-tourtoirac.fr ; Les Combes, Tourtoirac ; adulte/6-14 ans/-6ans 8,50/5,80 €/gratuit ; ⏲ juil-août tlj 9h30-19h30, mai-juin et sept tlj 10h-12h et 14h-18h, avr et oct tlj 14h-18h, mars et nov sam-dim 14h-18h). Parcourue par une petite rivière souterraine (la Clautre), cette grotte fascine par son décor féerique de stalactites et de stalagmites, merveilleusement mises en lumière. Plus on avance, plus les formations géologiques, modelées par le calcaire au fil des millénaires, sont complexes : cascade laiteuse, caverne aux formes fantastiques, fistuleuses suspendues aux parois de la grotte, cristaux de calcite… Cette perle géologique, ouverte depuis 2010 seulement, a été découverte dans des circonstances dramatiques par des spéléologues en 1995 – deux d'entre eux s'y sont noyés lors de la deuxième exploration. À noter : un ascenseur permet aux personnes à mobilité réduite de profiter du spectacle. Dernière visite 1 heure avant la fermeture. La grotte, à environ 1 km du centre du bourg, est bien indiquée.

Abbaye de Tourtoirac — Art roman et musée

(www.abbayedetourtoirac.org ; ⏲ juil-août tlj 10h-12h30 et 14h-18h). Fondée au tout début du XIe siècle au bord de l'Auvézère, l'ancienne abbaye Saint-Pierre-ès-Liens fut l'une des plus prestigieuses de Dordogne, rayonnant jusqu'au XIVe siècle sur une vingtaine de paroisses. Le monastère bénédictin connut le déclin avec les guerres de Religion. Bien que remaniées, l'église abbatiale et la chapelle prieurale sont encore bien visibles, au cœur du village, cernées par les vestiges des remparts de l'enclos monastique. Point d'orgue, les chapiteaux sculptés de la salle capitulaire, bijoux d'art roman redécouverts en 1959, animés de scènes cocasses (deux moines se tenant la barbe, par exemple). Le site abrite un petit musée consacré au roi d'Araucanie (voir l'encadré p. 165).

Activités

Vert'Auvézère — Activités sportives

(☎ 06 15 45 55 19 ; www.vert-auvezere.fr ; Le Bourg, Cherveix-Cubas ; location canoë/kayak 6/8 €/heure, activités encadrées à partir de 16€/pers ; ⏲ juil-août tlj 9h-17h, reste de l'année sur rdv). Amoureux de la région et prestataire reconnu en kayak, escalade et spéléologie, Jean-François Aublanc propose une large gamme d'activités à pratiquer dans la vallée de l'Auvézère, autour de Tourtoirac. On peut louer en solo un canoë, un kayak, ou s'initier à l'escalade ou à la spéléologie en sa compagnie.

Où se loger et se restaurer

Hostellerie La Charmille — Hôtel-restaurant €€

(05 53 06 00 45 ; www.lacharmille.fr ; 118 rte de Limoges, Antonne-et-Trigonant ; d/f 72/105 €, menus 23-29 € ;). Une adresse d'étape aux tarifs raisonnables, bâtie en bord de route mais bien insonorisée. Les chambres de style campagnard sont simples mais très correctes, l'ambiance est chaleureuse et les menus du terroir sont sans surprise, mais bien cuisinés.

Huttopia Lanmary — Camping nature €€

(05 53 45 88 63 ; europe.huttopia.com ; RD69, Antonne-et-Trigonnant ; tente basique 55-90 €/nuit, tentes toile et bois 89-153 €/nuit, cabanes 165-248 €/nuit ; mi-juil à mi-sept). Ce village forestier géré en partenariat avec l'O.N.F. est fondé sur l'écologie et le développement durable. Parfaitement équipées, les cabanes et les tentes en toiles et bois sont douillettes (lits confortables, cuisines équipées, sanitaires), mais on peut aussi louer des tentes plus rudimentaires ou installer son propre matériel. Outre le farniente au bord des deux piscines, on profite d'activités variées (tir à l'arc, balades, yoga, taille de silex) organisées par l'équipe d'animation. Restauration et épicerie sur place. Ressourçant !

Le Grand Coderc — Ferme-auberge €€

(05 53 50 64 61 ; www.ferme-auberge-du-grand-coderc.fr , Le Grand Coderc, Saint-Rabier ; menus 14,50-35 € ; d avec petit-déj 55 € ; mar midi-dim midi, sur réservation ;). Envie d'authenticité à la ferme ? Cette exploitation où l'on élève des canards vous attend en pleine campagne à Saint-Rabier, une douzaine de kilomètres au sud de Hautefort. Le premier abord, rustique, ne paye pas de mine mais l'atmosphère est chaleureuse grâce à la forte personnalité des maîtres des lieux. Quant à la cuisine, aussi délicieuse que pantagruélique, elle met bien sûr le canard à l'honneur avec des foies gras et des magrets produits sur place. Réservation obligatoire.

Auberge de la Truffe — Hôtel-restaurant €€€

(05 53 05 02 05 ; www.auberge-de-la-truffe.com ; 14 rue Chateaureynaud, Sorges ; d/suite 72-94/121-140 €, formule déj en semaine 14,50-19,50 €, menus 36-116 € ; restaurant fermé lun et mer midi, dim soir nov-mars ;). Une valeur sûre en plein cœur de Sorges. Les chambres du bâtiment principal sont confortables, spacieuses et modernes, et l'hôtel dispose d'une annexe, un peu impersonnelle, du côté de l'église. L'adresse se distingue cependant en premier lieu pour son restaurant, où l'on sert une cuisine de terroir gastronomique. Les gourmets pourront se laisser tenter par le "menu truffe" à 116 €, qui met le petit champignon noir à l'honneur de l'entrée au dessert ! Accueil soigné et très beaux accords mets-vins.

Hautefort

Si elle demeure avant tout connue pour son superbe château qui la coiffe de son imposante stature et figure sans conteste parmi les plus beaux de Dordogne, Hautefort mérite également que l'on s'attarde dans ses paisibles ruelles, où quelques restaurants invitent à s'attabler. La localité, entre Périgord noir et Périgord blanc, abrite par ailleurs un intéressant musée d'Histoire de la médecine.

Si Hautefort fait partie du Périgord noir depuis une quinzaine d'années, son emplacement rapproche pourtant la ville du Périgord blanc – c'est pourquoi nous avons choisi de le traiter ici.

La commune est rattachée à Saint-Agnan, où l'on peut trouver un distributeur de billets – le seul à des kilomètres à la ronde !

À voir

Charmantes et fleuries, les ruelles du village accueillent 42 statues de bronze –

© OLIVIER CIRENDINI

À NE PAS MANQUER

Le château de Hautefort

Perché sur une colline, le "Versailles périgourdin" domine le village de Hautefort et les verdoyantes vallées de la Beuze et de la Lourde. Fondée au Xe siècle, la forteresse passa entre les mains, au XIIe siècle, de la famille de Born, illustre grâce au seigneur troubadour Bertran de Born. Mais c'est le marquis Jacques-François de Hautefort, un proche de la cour de Louis XIII puis de Louis XIV, qui lui donna son élégance actuelle. Enrichi grâce à ses fonderies du pays d'Ans, le marquis a transformé l'ancienne place forte en un château d'agrément d'un grand classicisme. En 1968, un incendie a dévasté le logis principal, restauré à l'identique par la baronne de Bastard, qui a légué l'édifice à une fondation. Protégée par d'élégantes tourelles et un pont-levis, cette pépite architecturale subjugue aujourd'hui par ses quatre dômes à lanternon, sa vaste galerie d'honneur et ses sublimes jardins à la française, constamment réaménagés depuis le XVIIe siècle, qui sont un chef-d'œuvre de l'art topiaire. La visite de l'intérieur est une immersion dans l'ambiance Grand Siècle, avec une dizaine de salles et d'appartements meublés d'époque, décorés de tapisseries d'Aubusson, de porcelaine de Saxe ou de bustes italiens en marbre du XVIIe siècle. Ne manquez pas de grimper au sommet de la tour de Bretagne, où une charpente complexe en bois, réalisée à la fin du XVIIe siècle, soutient spectaculairement les combles. Les souterrains voûtés mènent, eux, aux cuisines. Sans conteste, cette visite sera l'un des points forts de votre séjour dans la région !

Infos pratiques

Château (05 53 50 51 23 ; www.chateau-hautefort.com ; Hautefort ; adulte/7-14 ans/-7 ans 10/5,5 €/gratuit ; juin-août tlj 9h30-19h, sept tlj 10h-18h, oct tlj 14h-18h, mars et 1er-11 nov 14h-18h, avr-mai tlj 10h-12h30 et 14h-18h30, fermé du 12 nov à fin fév)

souvent des nus de femmes – œuvres de l'artiste périgourdine Yvonne Clergerie (née en 1942).

Musée d'Histoire de la médecine — Histoire médicale

(05 53 50 40 27 ; www.musee-hautefort.fr ; pl. du Marquis-Jacques-François-de-Hautefort ; tarif plein/réduit/-12 ans 7/5 €/gratuit, audioguide 1 € ; tlj, mi-mars à mai et oct à mi-nov 10h-12h et 14h-18h, juin-sept 10h-18h). Cet intéressant musée est installé dans l'hôtel-Dieu de Hautefort, ancien hôpital fondé par le marquis de Hautefort au XVIIe siècle et dont on admirera la jolie chapelle à coupole. Outre son impressionnante collection de 6 500 objets, qui permettent de retracer l'évolution des techniques médicales, la reconstitution de la salle des malades, qui ouvre l'exposition, est saisissante. On peut y voir notamment une tour d'abandon, sorte de tourniquet où les mères pouvaient anonymement déposer leur enfant. La présentation des cabinets dentaires entre 1910 et 1970 est édifiante, tout comme celle dédiée à l'obstétrique... Une exposition temporaire en lien avec la médecine est présentée chaque année : celle de 2021 était consacrée aux découvertes de Louis Pasteur.

Où se loger et se restaurer

Auberge du Parc — Restaurant €€

(05 53 50 88 98 ; www.aubergeduparc-hautefort.fr ; parc René-Lavaud ; formule déj 17,90 €, menus 22,50-37 € ; mars à mi-déc, fermé dim soir et mer). Au pied du château, cette adresse est une valeur sûre pour déguster des plats du terroir cuisinés avec d'excellents produits régionaux. En témoigne la présence constante de clients locaux qui viennent s'ouvrir l'appétit avec un tourin bien aillé ou une savoureuse terrine, avant de passer aux choses sérieuses avec un magret de canard en croûte de noix, un tournedos Rossini ou un enchaud périgourdin. Aux estomacs plus timides, nous conseillons l'omelette aux cèpes, imbattable ! En été, la terrasse fleurie est très convoitée : réservez.

Au Périgord Noir — Hôtel €

(05 53 42 77 50 ; hotel-perigord-noir.fr ; D704, lieu-dit La Genèbre ; s et d/tr/qua/f 50-55/55-60/60-65/65-75 € selon saison ; fermé jan ; P). Cet établissement moderne aux allures de motel est situé le long de la D704, aux portes de Hautefort. Les chambres, sans fioritures, sont climatisées, bien équipées et d'une propreté irréprochable. Le parc et sa piscine offrent une vue apaisante sur la campagne périgourdine et le château de Hautefort.

Domaine du Cerneau — Chambres d'hôtes €

(06 75 13 70 94 ; domaineducerneau.fr ; Les Escures, Nailhac ; d/f 59-65/80-85 € ; avr-nov). Posée sur une hauteur au milieu des champs de noyers, cette ancienne grange aménagée, où vivent les propriétaires et leurs jeunes enfants, offre trois chambres cosy (avec salle de bains privative), dont une familiale avec accès indépendant. Outre la piscine chauffée, l'agréable jardin, les balançoires et animaux de la ferme, on profite sur place des produits du potager et des conserves réalisées par la maîtresse de maison (repas sur réservation).

Renseignements

Office du tourisme du pays de Hautefort

(05 53 50 40 27 ; www.vezere-perigord.fr ; pl. du Marquis-Jacques-François-de-Hautefort). Au rez-de-chaussée de l'hôtel-Dieu, qui accueille aussi le musée d'Histoire de la médecine.

BRANTÔME ET LE PÉRIGORD VERT

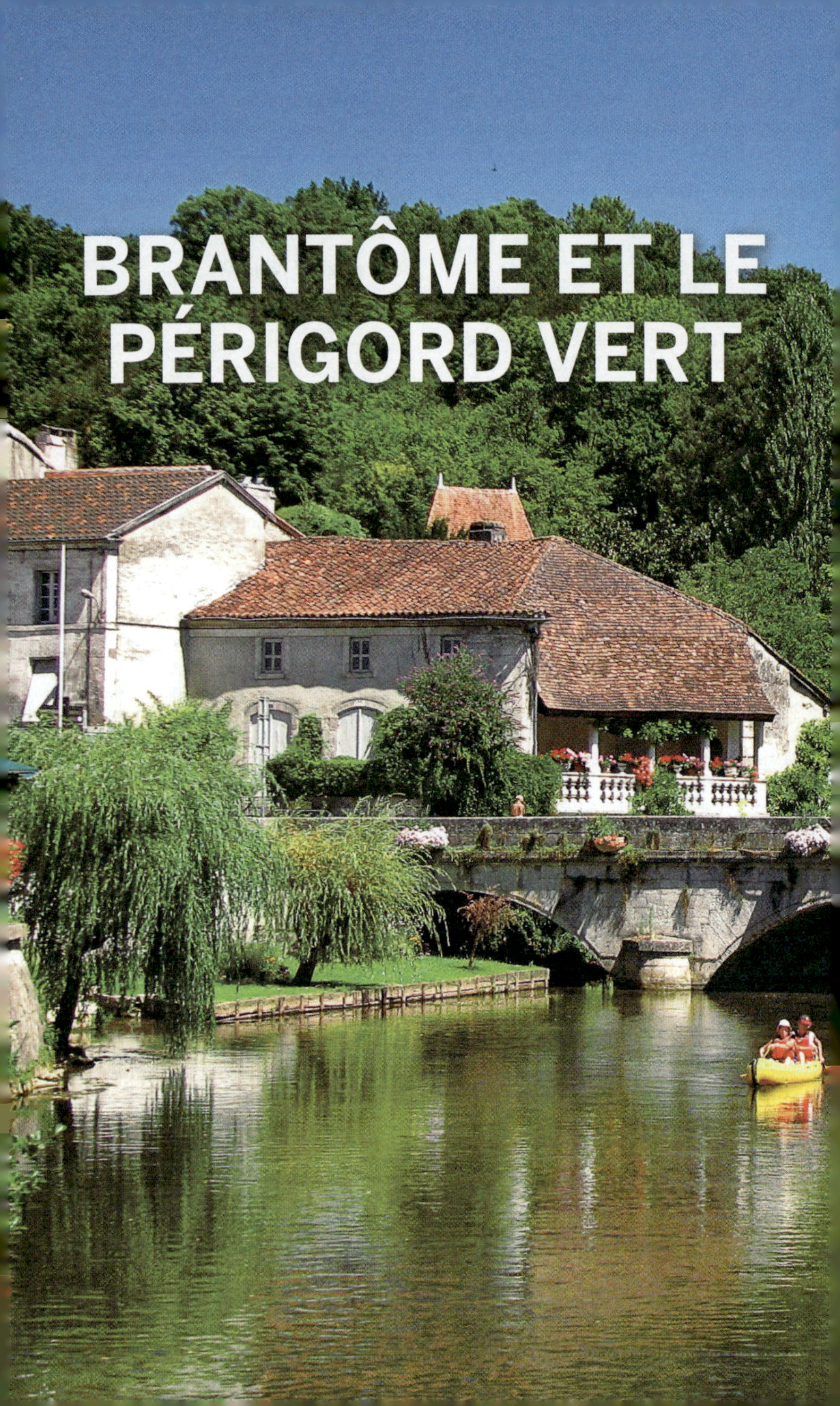

Région la plus septentrionale de la Dordogne, le Périgord vert offre plusieurs visages, du Ribéracois qui regarde vers les Charentes aux grasses prairies du Nontronnais, tournées vers le Limousin, en passant par les gorges de l'Auvézère évoquant le Massif central. Plus intimiste que le reste du Périgord, ce territoire parsemé de nombreux étangs et cours d'eau ravira les amoureux de nature et de tourisme vert. Encerclée telle une île par les eaux de la Dronne, aux portes du parc naturel régional Périgord-Limousin, Brantôme, surnommée la "Venise du Périgord", charme le visiteur. Plus au nord, Nontron constitue l'autre pôle urbain de ce territoire. Fière de ses couteliers, la cité reste l'ambassadrice des savoir-faire d'une région qui a su conserver ses traditions. Autour de ces deux villes se découvre un paysage de bocage, de bois de châtaigniers, de douces collines, de tourbières ou encore de chaos granitiques.

Balade en canoë dans le Périgord vert

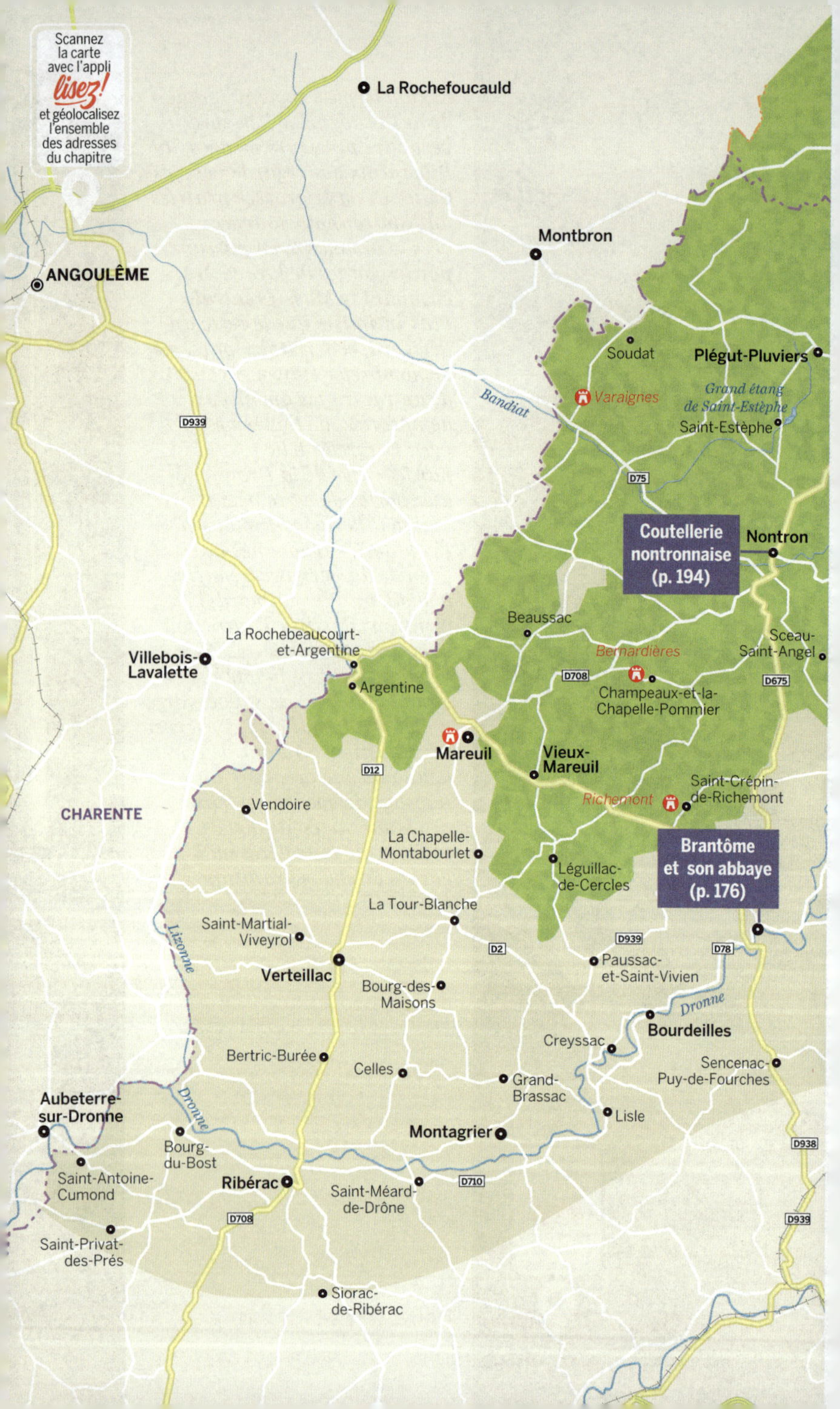

Scannez la carte avec l'appli lisez! et géolocalisez l'ensemble des adresses du chapitre
La Rochefoucauld
Montbron
ANGOULÊME
Soudat
Plégut-Pluviers
Bandiat
Varaignes
Grand étang de Saint-Estèphe
Saint-Estèphe
D939
D75
Coutellerie nontronnaise (p. 194)
Nontron
Beaussac
La Rochebeaucourt-et-Argentine
Villebois-Lavalette
Sceau-Saint-Angel
Bernardières
D708
Argentine
Champeaux-et-la-Chapelle-Pommier
D675
Mareuil
Vieux-Mareuil
D12
Saint-Crépin-de-Richemont
Richemont
Vendoire
CHARENTE
La Chapelle-Montabourlet
Brantôme et son abbaye (p. 176)
Léguillac-de-Cercles
La Tour-Blanche
Saint-Martial-Viveyrol
Lizonne
D939
D2
D78
Paussac-et-Saint-Vivien
Verteillac
Bourg-des-Maisons
Dronne
Bourdeilles
Creyssac
Bertric-Burée
Sencenac-Puy-de-Fourches
Celles
Grand-Brassac
Aubeterre-sur-Dronne
Dronne
Lisle
Montagrier
D938
Bourg-du-Bost
Saint-Antoine-Cumond
Ribérac
Saint-Méard-de-Drône
D710
D708
D939
Saint-Privat-des-Prés
Siorac-de-Ribérac

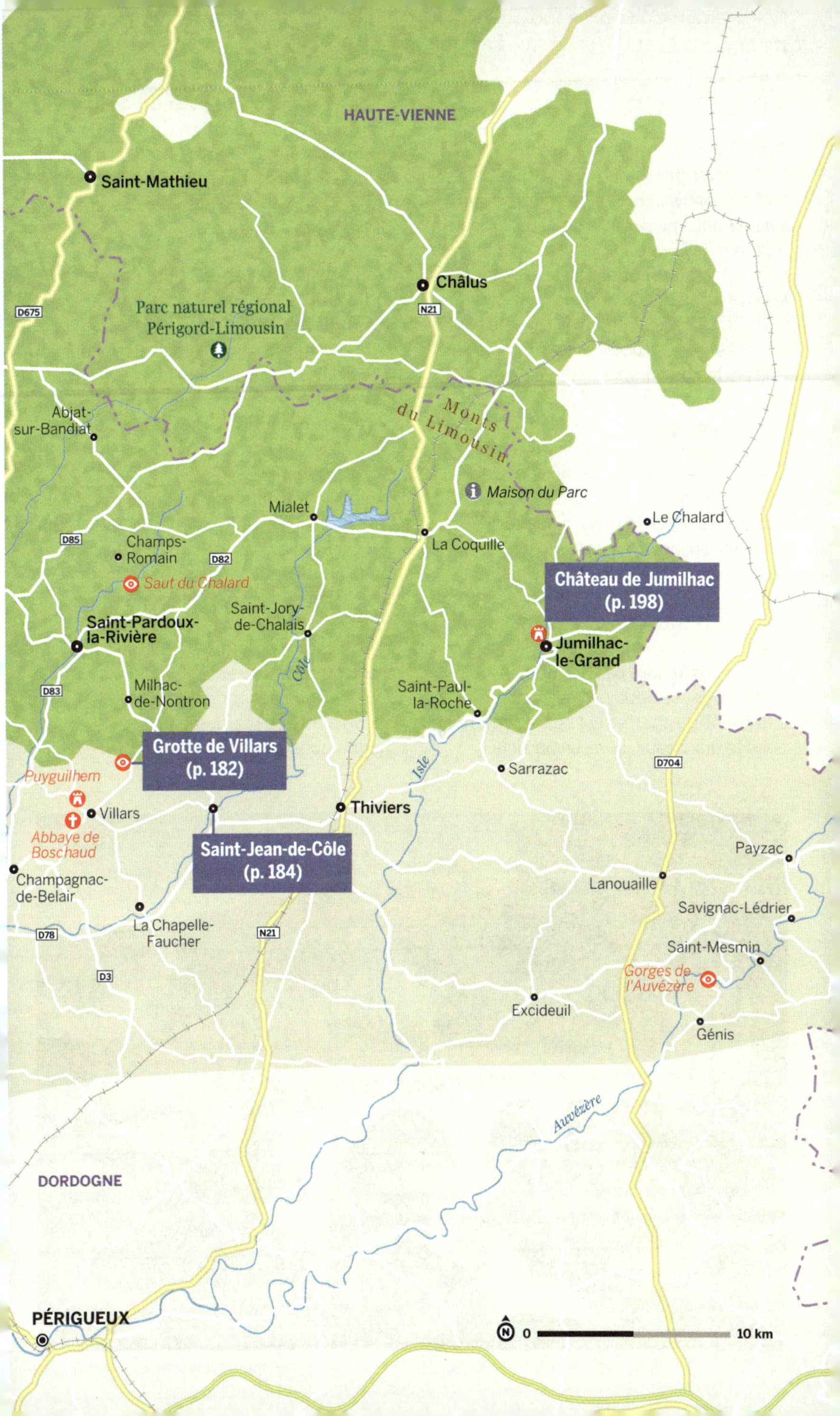

HAUTE-VIENNE
Saint-Mathieu
Châlus
N21
D675
Parc naturel régional
Périgord-Limousin
Monts du Limousin
Abjat-sur-Bandiat
Maison du Parc
Mialet
Le Chalard
La Coquille
D85
Champs-Romain
D82
Saut du Chalard
Château de Jumilhac (p. 198)
Saint-Jory-de-Chalais
Saint-Pardoux-la-Rivière
Jumilhac-le-Grand
Côle
D83
Milhac-de-Nontron
Saint-Paul-la-Roche
Grotte de Villars (p. 182)
Isle
Sarrazac
D704
Puyguilhem
Villars
Thiviers
Abbaye de Boschaud
Saint-Jean-de-Côle (p. 184)
Payzac
Champagnac-de-Belair
Lanouaille
Savignac-Lédrier
La Chapelle-Faucher
D78
N21
Saint-Mesmin
Gorges de l'Auvézère
D3
Excideuil
Génis
Auvézère
DORDOGNE
PÉRIGUEUX
0
10 km

BRANTÔME

Elle est certes petite, avec ses 2 200 habitants, mais il n'empêche : s'il fallait désigner une capitale du "Périgord vert", Brantôme serait la candidate idéale. À 30 km de Périgueux, la ville se distingue par sa position centrale, sa proximité avec les sites majeurs du nord de la Dordogne et, surtout, la fascination qu'elle exerce sur les visiteurs – en particulier les Britanniques. Aux portes du parc naturel régional Périgord-Limousin, Brantôme surprend d'abord par sa géographie singulière, encerclée par les eaux de la Dronne telle une île. Il n'en fallait pas plus pour qu'on l'affuble du titre de "Venise du Périgord" – l'expression est attribuée au président de la République Raymond Poincaré, en 1913. Peu peuplée mais grande par son patrimoine, Brantôme est aussi, et surtout, une ville à la riche histoire, liée au seigneur et écrivain Pierre de Bourdeille – mieux connu sous le nom de "Brantôme" – et à sa prestigieuse abbaye bénédictine. Cette cité pleine de charme est également très animée aux beaux jours, en particulier grâce à ses marchés (surtout le "marché séculaire", celui du vendredi matin), et à ses folkloriques joutes nautiques, un grand rendez-vous estival, chaque vendredi soir.

À voir

Il faudrait être un oiseau pour se rendre compte de la configuration singulière de Brantôme. Lovée dans une boucle de la Dronne, la ville s'est développée face à l'abbaye, sur ce qui était autrefois la rive gauche. Depuis que les moines bénédictins ont détourné un bras de la rivière au XVIe siècle pour construire un canal, elle est enserrée par les eaux et reliée à la "terre ferme" par cinq ponts ou passerelles. Le centre commerçant séduit le visiteur avec ses maisons à galerie les pieds dans l'eau, ainsi que ses jardins et ses ruelles souvent piétonnes qui ont conservé de belles demeures médiévales et Renaissance, comme la **Maison des marchands vénitiens**, au n°7 de la rue Joussen, une échoppe du XIVe siècle qui présente au rez-de-chaussée de magnifiques arcades.

Brantôme : le pont coudé et l'abbaye

Abbaye Saint-Pierre Patrimoine

(voir p. 178). Monument majeur de la ville, l'ancienne abbaye de Brantôme s'étire, immense, le long de la Dronne, adossée à une falaise abrupte, face au centre-ville. La légende raconte qu'elle fut fondée par Charlemagne, qui choisit d'y déposer les reliques de saint Sicaire. Détruite par les Normands au IXe siècle, l'abbaye bénédictine que l'on peut découvrir aujourd'hui, construite au XIe siècle, a été fortement remaniée au fil du temps, en particulier au XIXe siècle par l'architecte Paul Abadie (voir p. 145). Elle connut son heure de gloire au XVIe siècle grâce à Pierre de Mareuil, puis à Pierre de Bourdeille, dit "Brantôme", qui en furent abbés commendataires. L'abbaye est aujourd'hui sécularisée, les bâtiments conventuels étant désormais occupés en partie par la mairie et par un petit musée consacré à Fernand Desmoulin (1853-1914), peintre symboliste resté célèbre pour avoir travaillé, gagné par la mode du spiritisme, sous influence médiumnique. À découvrir également, la galerie ouest du cloître Renaissance et ses voûtes sur croisée d'ogives, ou encore l'ancien dortoir des moines sous une charpente en carène. L'église abbatiale est dominée par un campanile planté sur un rocher. Élevé au XIe siècle, il serait l'un des plus anciens de France. Il compte quatre niveaux et se termine par une toiture pyramidale.

La visite du **parcours troglodytique** (voir p. 178) est incontournable.

Pont coudé Ouvrage d'art

Cet ouvrage en pierre, protégé du courant par des avant-becs, est l'un des plus beaux ponts du Périgord. Il doit son originalité au fait qu'il forme un angle droit, afin d'enjamber à la fois la Dronne et son bief. Pierre de Mareuil, abbé de Brantôme de 1538 à 1556, le fit construire pour rejoindre ses jardins depuis l'abbaye. À l'entrée du pont, côté abbaye, un élégant **pavillon Renaissance**, aux armoiries de Pierre de Mareuil, accueille aujourd'hui des expositions temporaires. Jadis cerné de murs, le **jardin des Moines**, donnant sur la Dronne, était au XVIe siècle le jardin privé de l'abbé. Très romantique, ce parc désormais public, qui compte des espèces séculaires, tel un peuplier noir de 400 ans, a conservé ses reposoirs (chapelles) inspirés par la Renaissance italienne. Du pont, on jouit d'une très belle vue sur lemoulin de l'abbaye, qui abrite aujourd'hui un luxueux hôtel-restaurant.

Pierre de Bourdeille, dit Brantôme

Pierre de Bourdeille est né à Bourdeilles, vers 1540, dans une famille de la haute noblesse périgourdine. Abbé commendataire (séculier) de l'abbaye de Brantôme et militaire de carrière, il participe à des batailles et aux guerres de Religion, sans toutefois en retirer un grand panache. Après avoir pris part au siège de La Rochelle, il met fin à sa carrière militaire et s'attache à la cour. Il se lie à la famille de Guise, le clan des fervents catholiques, et voyage beaucoup, tout en restant très attaché à sa province natale. Immobilisé par une chute de cheval et convaincu de sa mort imminente, il entreprend l'écriture de ses *Mémoires*. Il restera trente ans isolé sur ses terres, partagé entre Bourdeilles, le château de Richemont (p. 183) et l'abbaye de Brantôme, qu'il a réussi, de manière pacifique, à sauver de la destruction pendant les guerres de Religion. Conteur plus qu'écrivain, témoin plus que héros, chroniqueur plus qu'historien, il raconte, dans un style compilatoire, l'Histoire à travers ses histoires, n'hésitant pas à se donner le beau rôle. C'est plutôt dans les chroniques légères et mordantes de la vie de la Cour et des courtisans qu'il s'illustre. Son écrit le plus connu reste *Vies des dames galantes* (Livre de Poche, 2012). Il meurt en 1614, laissant derrière lui poèmes, chroniques, récits de voyages et biographies, publiés après sa mort.

©ALEXANDRE LENOIR

À NE PAS MANQUER

Le parcours troglodytique de l'abbaye de Brantôme

Les cavités creusées dans les falaises abruptes au pied desquelles se blottit l'abbaye de Brantôme furent très tôt occupées par des ermites. Au VIIIe siècle, les Bénédictins y établirent un premier monastère. Même une fois l'abbaye construite, ils s'y réfugièrent au fil des siècles, quand elle fut l'objet d'attaques. Un parcours balisé vous guide à travers cet univers troglodytique mystérieux comprenant, notamment, un pigeonnier, des vestiges d'habitations, un lavoir et une "fontaine du rocher" dédiée à saint Sicaire, dont l'eau posséderait des vertus thérapeutiques. Mais le lieu le plus saisissant demeure la grotte dite du Jugement dernier (photo ci-dessus), dans laquelle sont sculptés deux bas-reliefs monumentaux. Si celui qui occupe la paroi de droite est facilement identifiable – une Crucifixion qui daterait du XVIIe siècle –, celui du mur central, haut de 5 m, demeure une énigme pour les chercheurs. Sous un personnage grossièrement esquissé (un Christ en Majesté ?) se dresse la Mort, encadrée d'anges jouant de la trompette, une iconographie qui évoque un *Triomphe de la Mort*. Sans doute inachevé, le bas-relief aurait été exécuté au XVe ou au XVIe siècle.

Infos pratiques

Abbaye (office du tourisme ✆ 05 53 05 80 63 ; perigord-dronne-belle.fr ; bd Charlemagne ; adulte/enfant 6,50/4,50 € pour les grottes, 10/6,50 € avec l'église et le clocher (visite guidée) ; ⏲ juil-août tlj 10h-19h, juin et sept tlj 10h-18h, avr-mai tlj 10h-13h et 14h-18h, mi-fév à mars et oct-déc mer-lun 10h-12h et 14h-17h, fermé jan à mi-fév. Horaires variables en fonction des offices religieux). Le billet d'entrée donne accès au musée Fernand-Desmoulin.

Jardin et grottes du château de la Hierce Architecture civile
(✆ 06 06 66 56 61 ; 7 € ; ⏲ visite guidée sur rdv). Depuis le centre-ville, il suffit de traverser la passerelle Eiffel, qui enjambe la Dronne, pour découvrir ce bijou Renaissance construit dans la première moitié du XVIe siècle. De cette propriété privée quasi

invisible de la rue, seuls les extérieurs se visitent. On peut admirer ses tourelles en encorbellement, ses élégantes fenêtres à meneaux, son portail sculpté… Des grottes lui servent de fondation, ce qui est une de ses particularités. Le site inclut un vaste parc en bordure de la Dronne avec jardin botanique, une grotte préhistorique ornée de gravures du paléolithique et un petit musée des Arts et Traditions populaires, également installé dans une grotte.

Jardins Tranquilles Jardin d'agrément
(☎05 53 05 95 24 ; lesjardinstranquilles.com ; lieu-dit Chambon ; adulte/enfant 7/5 € ; ⏲av-oct tlj 12h-19h, sur rdv le reste de l'année). À 2 km de Brantôme, ce parc arboré qui s'étend sur 3 ha dans un méandre de la Dronne ravira surtout les passionnés de botanique. Romantique, ce site enchanteur, créé par un jardinier passionné il y a une vingtaine d'années, est aujourd'hui la propriété d'un couple d'Anglais. S'y déploient une multitude d'ambiances végétales, du jardin japonais au jardin à l'italienne, sans compter les "chambres de verdure".

Activités

Les Croisières de Brantôme Au fil de la Dronne
(☎05 53 04 74 71 ; www.brantomecroisieres.com ; 2 rue Pierre-de-Bourdeille ; adulte/2-12 ans/-2 ans 9/6 €/gratuit ; ⏲avr-oct plusieurs départs tlj). Au départ du pont Coudé, au pied de l'abbaye, il est possible d'effectuer une croisière aller-retour de 50 minutes au fil de la Dronne. L'avantage est que le bateau électrique *Le Drona* (qui peut accueillir 50 passagers) s'éloigne du centre de la ville et permet d'approcher les îlots sauvages disséminés au fil de la rivière. Commentaires passionnants.

Allo Canoës Activités nautiques
(☎05 53 06 31 85 ; www.allocanoes24.com ; Le Bas Châtenet, Les Prés ; location d'un kayak 1 heure/3 heures 12/25 €, canoë 2 places 1 heure/3 heures 16/44 € ; ⏲avr-sept tlj 9h30-13h30 et 14h30-18h30, sur rdv le reste de l'année). Une base située au bord de la Dronne, juste à la sortie de la ville, route de Bourdeilles, et dirigée par un professionnel, Jean-Claude Roullet, 26 fois champion de France de kayak. Location de canoës (2 ou 3 places) et de kayaks. La descente jusqu'à Bourdeilles s'étend sur 18 km. Possibilité de partir en amont de Brantôme également. Navettes pour le retour.

Où se loger

Charbonnel Hôtel-restaurant **€€**
(☎05 53 05 70 15 ; www.lesfrerescharbonnel.com ; 57 rue Gambetta ; d/qua 85-125/100-150 € selon saison ; petit-déj 15 € ; ⏲fermé fév ; wifi). Impossible de rater ce beau bâtiment au cœur de la ville, au débouché du pont des Barris. Installé de longue date, il dispose d'une vingtaine de chambres classiques et douillettes, tout confort et élégamment décorées. Les plus convoitées sont celles du 1er étage, disposant d'un balcon donnant sur la rivière. Restaurant gastronomique.

Le Coligny Hôtel-restaurant **€€**
(☎05 53 05 71 42 ; www.hotel-coligny.fr ; 8 pl. Charles-de-Gaulle ; d/f 69-71/71-89 € selon saison ; wifi, clim). Excellent rapport qualité/prix pour cet hôtel avec vue sur la Dronne. Chaleureux, sans chichis, le patron est aux petits soins. Les chambres sont spacieuses, impeccables et, cerise sur le gâteau, le Wi-Fi est de bonne qualité !

Le restaurant de type bistrot bénéficie d'une belle terrasse et est à recommander plutôt pour l'apéro, ou bien au petit-déjeuner pour se mélanger aux Brantômais qui viennent y boire un café.

Le Jardin des Chouchoux Hôtel de charme **€€**
(☎05 53 05 88 16 ; www.lesjardinsdebrantom ; 33 rue Pierre-de-Mareuil ; d avec petit-déj 110-190 € selon confort et saison ; plats 16-20 € ⏲toute l'année ; wifi, clim, piscine). Cette adresse de charme de Brantôme se niche à quelques minutes à pied du centre-ville. Dans une maison en pierre pleine de cachet, elle dissimule plusieurs chambres impeccables déclinant une ambiance zen, sobre et contemporaine

Joutes de Brantôme, un rendez-vous estival

et réparties dans plusieurs corps de bâtiments. Les jardins en terrasse baignés de silence, la piscine et les patios intimes en font un cadre idéal pour se ressourcer.

Où se restaurer

Côté Rivière Bistrot **€€**

(05 53 46 60 30 ; 13 bd Coligny ; plats 12-25 € environ ; juil-août tlj midi et soir, reste de l'année tlj sauf mer, fermé mi-oct à avr). Dans la partie la plus touristique de Brantôme, au pied de l'abbaye, Côté Rivière doit autant son succès à sa cuisine de bistrot axée sur les produits et spécialités régionales (avec quelques incursions, ici et là, vers des horizons plus lointains) qu'à sa très agréable terrasse suspendue au bord de la Dronne, très convoitées aux beaux jours. Pensez à réserver ! Accueil sympathique.

Au Fil de l'Eau Terre et mer **€€**

(05 53 05 73 65 ; www.fildeleau.com ; 21 quai Bertin ; menus 25-31 € ; mai-sept tlj sauf mer et jeu). Lié au très chic hôtel Le Moulin de l'Abbaye, cette adresse ouverte en saison, qui se définit comme un "bistrot de pêcheurs", sert en fait une cuisine au carrefour des produits de la mer (poisson du jour, moules marinières, friture d'ablettes) et de la terre (confit de canard). Le cadre au bord de l'eau remporte les suffrages mais la cuisine est plus attendue.

La Récré Gourmande Bistrot **€€**

(05 53 45 77 04 ; Domaine de la Roseraie, lieu-dit les Courrières, rue Jacquette-de-Montbron ; plats 17,50-24,50 € ; en saison mar-dim midi et soir, hors saison mar-jeu midi, ven midi et soir, sam soir et dim midi). Cette adresse conviviale et réputée dans la région est tenue par un jeune couple dynamique, qui s'attardera peut-être à table pour discuter avec vous. Dans la jolie salle en pierre ou le jardin arboré, Yann sert les plats que Colette prépare en cuisine à base de produits frais : burgers déclinés à la mode périgourdine (au canard ou encore au trappe d'Échourgnac), copieuses salades, gambas aux épices douces, magret de canard... Des concerts y sont parfois organisés.

La Table d'Émilie Branché €€

(☎ 09 52 83 53 35 ; latabledemilie.restaurant ; 28 rue Victor-Hugo ; plats 17,50-20 € ; ⏲ fermé lun). Ici, la clientèle est majoritairement jeune et locale et les enfants sont les bienvenus. Les burgers sont créatifs, le Ronald Duck en tête avec son steak de canard bien assaisonné, qui est une bonne surprise. Pour les végétariens, l'excellent burger de lentilles au curry, avec son pain croustillant, n'a rien à envier aux autres. Beaucoup de goût dans l'assiette et accueil charmant. Mentions spéciales aux bières de la brasserie artisanale de Marsac.

Charbonnel Tradition chic €€€

(☎ 05 53 05 70 15 ; www.lesfrerescharbonnel.com ; 57 rue Gambetta ; menus 56-95 € ; plats 28-36 € ; ⏲ toute l'année, fermé lun). Dans une salle aussi belle que très classique par sa décoration, au bord de la Dronne, on sert ici une cuisine à vocation gastronomique misant sur la tradition : foie gras aux figues, quasi de veau cuit à basse température, échine de cochon, ou encore pavé d'autruche (une entorse à la tradition ?)... sauce Périgueux (ouf !). Produits sélectionnés et addition salée.

Où prendre un verre

Bookstop Librairie-salon de thé

(☎ 09 51 45 57 49 ; 19 rue Victor-Hugo ; ⏲ mar-sam 9h30-12h30 et 14h-18h30, dim 14h-18h30). Howard McCann, sympathique Anglais tombé amoureux du Périgord, a ouvert en 2015, en plein centre-ville, cette belle librairie d'occasion franco-britannique qui fait également salon de thé. Idéal pour un café le matin ou une pause thé l'après-midi dans le jardin donnant sur la Dronne.

Achats

Maison Carteaud Produits de terroir

(☎ 05 53 05 70 27 ; www.maisoncarteaud.com ; 22-24 rue Victor-Hugo ; ⏲ mar-sam 7h30-12h30 et 15h-19h, dim 10h-12h30 et 15h-19h). Cette belle boucherie-charcuterie-conserverie, dans la même famille depuis sa fondation en 1932, est parfaite pour faire le plein de souvenirs gourmands du Périgord : foies gras, pâtés, jambons secs frottés au cognac, confitures de noix, liqueurs artisanales et choix de conserves...

Bouffier et fils Produits de terroir

(☎ 05 53 05 70 31 ; www.bouffier-traiteur-dordogne.fr ; 12-14 rue Puyjoli ; ⏲ lun-sam 7h-13h et 15h-19h30, dim 7h-13h). Un traiteur familial prisé des habitants, pour ses conserves de canard bien sûr, mais aussi pour ses plats cuisinés (quiches, friands, salades), idéals à emporter pour déguster au bord de la Dronne.

Renseignements

Office du tourisme (☎ 05 53 05 80 63 ; www.perigord-dronne-belle.fr ; 2 rue Puyjoli-de-Meyjounissas). Documentation sur les grands sites du Périgord vert. Visites commentées de la ville en saison. Office situé face à l'abbaye.

LES ENVIRONS DE BRANTÔME

Dans un rayon de 20 km autour de Brantôme se trouvent plusieurs des sites les plus remarquables du Périgord vert. Comment résister à la splendeur Renaissance des châteaux de Richemont et de Puyguilhem, à l'ambiance féerique de la grotte de Villars, l'une des perles géologiques et préhistoriques de la Dordogne, au romantisme des ruines de l'abbaye cistercienne de Boschaud, ou encore au charme de Saint-Jean-de-Côle, qui compte au nombre des "Plus beaux villages de France" ?

À voir et à faire

Château de Puyguilhem Renaissance

(☎ 05 53 54 82 18 ; chateau-puyguilhem.fr ; Villars ; adulte/-18 ans 6 €/gratuit ; ⏲ juil-août tlj 10h-12h30 et 14h-18h30, avr-juin et sept mar-dim 10h-12h30 et 14h-17h, oct-mars mer-dim 10h30-12h30 et 14h-17h30). La silhouette harmonieuse de ce bijou Renaissance se dresse, monumentale, dans un écrin de

VAUT LE DÉTOUR

Thiviers

Sur le chemin de Compostelle, **Thiviers** attire pour ses vieilles ruelles, ses marchés animés (toute l'année sam matin, juin-sept sam et mar matin, marché au gras nov-mars sam matin) et surtout pour sa situation privilégiée, aux portes du parc naturel régional Périgord-Limousin. Pour l'anecdote, sachez que Thiviers fut aussi le village d'enfance de Jean-Paul Sartre qui, bien que né à Paris, y passa les 6 premières années de sa vie, rue du Thon. Il y revint ensuite régulièrement pour les vacances scolaires.

À l'attention des marcheurs et cyclistes, un tronçon de voie verte boisé, ombragé et qui ne croise ni villages, ni routes, part de Thiviers jusqu'à St Pardoux-La Rivière (16 km). Pour choisir un tronçon plus court, vous pouvez vous aider d'un guide que vous trouverez à l'**office du tourisme** (05 53 55 12 50 ; office-de-tourisme-perigord-limousin.jimdosite.com). Au sud de Thiviers, le **Vélorail du Périgord vert** (05 53 52 42 93 ; www.velorail24.com ; Corgnac ; vélorail/6 pers. 40 € ; réservation obligatoire par téléphone), initiative de réhabilitation des anciennes voies ferrées de France, ravira les ferrovipathes comme les férus de nature (attention, sans l'assistance électrique, c'est tout de même assez sportif !). S'il vous prend soudain comme une folle envie de pédaler, la piste **Flow Vélo** (www.laflowvelo.com) part de Thiviers pour se terminer les pieds dans l'eau, en Charente. Elle traverse le parc naturel Périgord-Limousin, en passant par Nontron.

Un petit club d'astronomie, **Le Regulus** (06 86 60 15 84 ; clubregulus.free.fr ; juil-août ven 21h-21h30), propose des veillées sous les étoiles ouvertes à tous pour s'initier à l'observation du ciel et des constellations, avec visite de l'observatoire du Haut-Périgord, équipé d'un télescope Newton de 450 mm.

Enfin, pour une simple étape gourmande, **L'Escapade des Sens** (05 53 62 19 23 ; www.lescapade-des-sens.com ; 51 rue du Général-Lamy ; formules midi semaine 16-21 €, menus 30-48 € tlj 12h-14h et 19h30-21h sauf lun, dim soir et jeu soir) est une excellente adresse où tout est fait maison et où l'assiette semble avoir été pensée pour offrir une saveur différente à chaque bouchée. Fait assez rare pour le souligner, les plats sont aussi inventifs que les entrées et les desserts.

végétation. Le château de Puyguilhem a été construit au tout début du XVIe siècle pour Mondot de La Marthonie, un noble périgourdin proche de la cour de François Ier, ce qui explique ses allures de "château de la Loire". Propriété de l'État depuis 1939, il est composé d'un corps de logis protégé par une grosse tour ronde adossée à une tourelle d'escalier. La façade principale, aux belles lucarnes surmontées de pinacles et de fenêtres à meneaux, est dominée par une cheminée richement ornée. L'intérieur mérite la visite pour son mobilier raffiné (meubles de style, tapisseries d'Aubusson) et ses cheminées, en particulier celle de la grande salle, sculptée de bas-reliefs représentant six des travaux d'Hercule, ainsi que pour la charpente complexe en chêne au-dessus des combles.

Grotte de Villars

Perle géologique et préhistorique

(05 53 54 82 36 ; www.grotte-villars.com ; Le Cluzeau, Villars ; adulte/étudiant/5-15 ans 9,80/8/6,50 € ; tlj, juil-août 10h-19h, avr-juin et sept 10h-12h et 14h-19h, oct-nov 14h-18h, dernière entrée 30 min avant la fermeture). Découverte en 1953 par le spéléo-club de Périgueux, cette grotte superbement mise en lumière permet d'admirer une grande variété de concrétions naturelles (stalactites, stalagmites, colonnes,

draperies, gours), ainsi que des peintures rupestres préhistoriques. Avec une dizaine de kilomètres de galeries identifiées, c'est le plus vaste réseau souterrain de Dordogne. La visite guidée et commentée de 45 minutes n'en couvre que 600 m, mais donne un bon aperçu de ce décor féerique, avec des coulées de calcite qui semblent, pour certaines, saupoudrées de neige fraîche. Les salles traversées sont plus magiques les unes que les autres et la visite est ponctuée, à 45 m de profondeur, par un spectacle son et lumière bien fait. Les peintures, datées entre 18 000 et 23 000 ans, ont été découvertes en 1958. Réalisées avec de l'oxyde de manganèse et de la graisse animale, elles sont en partie voilées par la calcite, ce qui leur donne une couleur bleutée, mais elles n'en sont pas moins émouvantes. On peut notamment voir le "petit cheval bleu" et la représentation d'un homme (chose rarissime) faisant face, les bras levés, à un bison. Photos et vidéo interdites dans la grotte. Le site se double d'un jardin de découverte sur le thème de la préhistoire.

Abbaye de Boschaud — Ruines romantiques

(111 La Combe du Cirey, Villars). GRATUIT De passage à Villars, on peut faire un détour (fléché) de 3 km pour voir les ruines de cette abbaye fondée au milieu du XIIe siècle, puis rattachée quelques décennies plus tard aux cisterciens de Notre-Dame-de-Ré, sur l'île éponyme. Elle a été en partie détruite durant les guerres de Religion, mais il demeure aujourd'hui une partie du cloître et de l'église, exceptionnelle pour la file de coupoles qui couvrait la nef et la croisée du transept (trait local et non cistercien). Nichés au creux d'un vallon boisé (Boschaud veut dire "bois creux"), cernés par les champs et enveloppés de silence, ces vestiges sont très évocateurs.

Château de Richemont — Édifice historique

(05 53 05 72 81 ; Saint-Crépin-de-Richemont ; adulte/enfant 5/3 € ; mi-juil à fin août 10h-18h). Principalement ouvert à la visite durant quelques semaines d'été, ce château privé bâti sur les hauteurs de Saint-Crépin-de-Richemont se laisse peu apercevoir depuis l'extérieur. La visite révèle deux corps de

Château de Puyguilhem

À NE PAS MANQUER

Saint-Jean-de-Côle

Seul village du Périgord vert à faire partie du club des "Plus beaux villages de France", Saint-Jean-de-Côle, à 20 km à l'ouest de Brantôme, charme le visiteur par ses ruelles pavées de galets et ses maisons à colombages ou à galerie de bois, dont les volets bleu lavande tranchent avec l'orangé des tuiles. Ce bourg de carte postale, comme posé au milieu des champs, ne compte que 360 habitants, mais il offre un concentré de superbes monuments autour de sa place centrale. L'**église Saint-Jean-Baptiste** est un robuste édifice en granit de style romano-byzantin, bâti aux XIe et XIIe siècles. La **halle** adossée à sa façade présente une superbe charpente : il s'agit d'un caquetoire, une petite halle sous laquelle les fidèles discutaient à la sortie de l'office. Le **château de la Marthonie** (05 53 62 14 15 visite sur rdv), où séjourne parfois la reine d'Angleterre, borde l'ensemble. L'édifice a subi maints remaniements entre le XIVe et le XVIIe siècle ; les mâchicoulis des tours, évocateurs du Moyen Âge, voisinent ainsi avec une galerie à arcades Renaissance. Derrière l'église, le **prieuré** a été créé pour des chanoines augustiniens au XIe siècle. Fortement modifié après la guerre de Cent Ans, il a conservé une partie de son cloître, gothique au premier niveau, Renaissance au second. Enfin, impossible de manquer le **Vieux Pont** médiéval à avant-becs qui enjambe la Côle et révèle un joli point de vue.

Infos pratiques

Bureau touristique (05 53 62 14 15 ; www.tourismeperigordvert.com ; 19 rue du Château). Visites commentées en saison.

logis en équerre reliés par une tour carrée, construits dans la seconde moitié du XVIe siècle pour Pierre de Bourdeille (1538-1614), plus connu sous le pseudonyme de Brantôme (voir p. 177). Obligé de renoncer à sa carrière militaire à la suite d'une chute de cheval, ce noble périgourdin s'y retira et y écrivit, loin des tracas de la cour, les *Vies des dames galantes* et des chroniques acides sur les mœurs du pouvoir. Il est enterré dans la chapelle du château. Ses héritiers (aujourd'hui la seizième génération !) habitent toujours l'édifice, bel exemple de la manière dont l'architecture d'apparat de la Renaissance s'est substituée aux dispositifs défensifs du Moyen Âge. Au 1er étage, la chambre de l'illustre ancêtre et son cabinet d'écriture, tout en boiseries, sont ouverts lors des visites (guidées uniquement).

Sentier des Meulières Patrimoine industriel
(www.meulieres-de-saint-crepin.eu ; Les Brageaux, Saint-Crépin-de-Richemont ; visites guidées possibles avec l'office du tourisme Périgord Dronne Belle toute l'année). GRATUIT Au départ du lieu-dit Les Brageaux, un circuit balisé de 2,8 km (comptez 1 heure 30 à 2 heures) vous mène au cœur d'un paysage insolite, modelé par les hommes. Pendant des siècles, on a extrait et taillé ici des meules dans des roches riches en silice, parmi lesquelles l'arkose. Cette industrie, très active déjà dans l'Antiquité, a connu son âge d'or aux XIIe et XIIIe siècles avec le développement des moulins à eau (les meules servant en particulier à moudre le grain). Abandonnée à la fin du XVIIIe siècle, elle a laissé des carrières spectaculaires encore jonchées de meules de plusieurs tonnes. Tout au long du parcours boisé, des panneaux vous expliquent les étapes de l'extraction et l'histoire du "peuple de l'arkose".

Où se loger et se restaurer

Château de Villars Chambres d'hôtes au château **€€€**
(05 53 03 41 58 ; www.chateaudevillars.com ; rue du Moulin, Villars ; d 180-380 € avec petit-déj ; mai-sept ; P). Au cœur de Villars, ce très joli castelet du XIXe siècle "abrite 5 chambres d'hôtes impeccables et très confortables, à la décoration classique sans être chargée. Cette adresse de charme, qui comporte un salon ouvert aux hôtes, est bordée d'un joli jardin avec piscine. Deux nuits au minimum.

La Perla Café Café-restaurant **€€**
(05 53 52 38 11 ; pl. du Château, Saint-Jean-de-Côle ; menus 17-23 €, plats 7,50-17,50 € ; juil-août tlj midi et soir, avril-juin et sept mer-dim midi et soir). Impossible de rater ce café-restaurant sur la place principale, juste en face de l'église et du château de la Marthonie. En salle ou en terrasse, on peut y manger de belles salades ou prendre le temps d'un menu plus élaboré : salade de gésiers, confit de canard fermier, gambas flambées, camembert rôti... Il est aussi possible d'y manger végétarien ou d'y faire une pause pour déguster les réputées glaces de Jaunac, proposées à la carte de cette adresse qui privilégie les produits frais et locaux.

Le Saint-Jean Tradition **€€**
(05 53 52 23 20 ; www.le-stjean.fr ; Saint-Jean-de-Côle ; menus 19,50-36 €, plats 12,50-24 € ; mar-sam 11h30-14h et 18h30-22h). Cette belle auberge de campagne, au cadre un brin désuet mais non dénué de charme, a l'avantage d'être ouverte toute l'année. La cuisine joue une partition traditionnelle et généreuse, avec des plats classiques bien exécutés : foie gras de canard maison, ris de veau, magrets et confits. Mention spéciale à l'excellente omelette aux cèpes.

Chez Robert Table et chambres d'hôtes **€€**
(05 53 52 53 09 ; 14 pl. de l'Église, Saint-Jean-de-Côle ; menus 32-50 € ; d avec petit-déj 83 € ; toute l'année, sur réservation ; 2 nuits minimum, 4 en basse saison ;). Dans une belle maison ancienne restaurée, en bordure de la place principale, ce restaurant et maison d'hôtes de deux chambres, sobres mais coquettes, est tenu par un ancien chef cuisinier anglais,

Randonnée sur le plateau d'Argentine

Intégré au **parc naturel régional Périgord-Limousin** et au réseau européen Natura 2000, le plateau calcaire d'Argentine s'étend sur environ 200 ha. Il présente un paysage de pelouses sèches qui détonne dans cette région de prairies verdoyantes. Au départ de La Rochebeaucourt, à l'ouest de Mareuil, un sentier de découverte de 6 km, jalonné de panneaux explicatifs, traverse ses grands espaces tapissés de graminées et d'arbustes épineux à 140 m d'altitude. Cette zone de causses renferme une flore et une faune très riches. On y trouve des espèces végétales rares et protégées – une vingtaine de variétés d'orchidées, des tulipes sauvages, des sablines des chaumes –, mais aussi le lézard ocellé, d'ordinaire plus habitué à la douceur méditerranéenne. L'accès en voiture jusqu'au parking du plateau est signalé depuis La Rochebeaucourt. Plusieurs itinéraires sont indiqués depuis les abords du parking. Le sentier de découverte part sur un chemin empierré en longeant un petit terrain d'aviation. Jalonné de quelques bornes explicatives, il fait demi-tour environ 2 km plus loin, au niveau d'un pont de pierre, pour revenir de l'autre côté de ce terrain d'aviation gazonné jusqu'au hameau d'Argentine, dominé par le clocher carré d'une église romane. Comptez 2 heures 30 de marche (niveau facile). Parking au départ du sentier, en boucle. Livret explicatif disponible gratuitement au PNR Périgord-Limousin (www.pnr-perigord-limousin.fr) et à l'office du tourisme Dronne Belle.

Robert. Les menus, sur réservation, offrent un choix restreint mais alléchant : salade d'écrevisse ou de homard, épaule d'agneau, soufflé de turbot aux coquilles Saint-Jacques, gratin au citron et crème anglaise...

Ô Bois Dormant Habitats insolites **€€**
(06 20 48 63 23 ; www.o-bois-dormant.voyage ; lieu-dit Bosvert, Lempzours ; 30-120 € selon hébergement, plats 7,50-11 € ; toilettes sèches ; toute l'année ; P à l'accueil). Charmantes cabanes dans les arbres, yourtes, *tiny houses*, tentes avec vue sur les cimes, voici tout un univers conçu par un passionné d'habitats forestiers et écologiques (qui, en plus, livre le petit-déjeuner le matin). Quand les températures montent, la forêt garde un peu de fraîcheur. Des bocaux traiteur constituent un repas champêtre, les coquillettes à la truffe sont, sans rire, mémorables.

Et si c'est complet, vous pouvez vous rabattre sur son grand-frère, **Le Moulin de la Jarousse** (05 53 52 37 91 ; www.location-en-dordogne.com ; Moulin de la Jarousse, 24270 Angoisse ; prix selon hébergement, voir sur le site Web ; toilettes sèches ; toute l'année) à Angoisse (à 40 km, par la D707).

Achats

Maison Clovis Reymond Liqueurs, eaux de vie, sirops
(05 53 81 90 01 ; www.clovisreymond.com ; Saint-Jean-de-Côle; mai-sept mar-ven 8h30-12h et 14h-18h, sam 9h30-12h et 14h-18h). Originaire de Villamblard, au sud de Périgueux, la Maison Clovis Reymond, fondée en 1834, est une entreprise familiale depuis six générations. En saison, elle ouvre une boutique proposant liqueurs, fruits à la liqueur, eaux-de-vie et sirops juste derrière le café-restaurant La Perla.

MAREUIL

Certainement la baronnie la moins connue du Périgord, Mareuil occupait pourtant une position stratégique au Moyen Âge, entre Périgueux et Angoulême. En commençant au pied du château, on peut se promener à pied dans le vieux Mareuil, un village entre Brantôme et Mareuil-sur-Belle. En arpentant les anciennes places commerçantes de ses deux rues principales, du boulevard Bouteiller à la place du Marché en passant par la rue de Fontaine, vous croiserez moulins, gargouilles, lavoirs, façades atypiques et architectures symboliques. Au sud, Saint-Pardoux-de-Mareuil vaut le détour pour son église au beau clocher roman, ses sarcophages monolithiques mérovingiens et ses cluzeaux (habitats troglodytiques) du haut Moyen Âge.

À voir et à faire

Château de Mareuil Forteresse

(05 53 60 46 18 ; Mareuil-sur-Belle ; tarif plein/étudiant/8-18 ans 7/3,50/2,50 € ; juil-15 sept lun et mer-sam 10h30-12h et 14h30-18h, mar 10h30-12h, dim 14h30-18h, variables hors saison). Située à l'entrée de Mareuil-sur-Belle, le long de la D939, cette forteresse de plaine juchée sur une motte féodale était le siège de l'une des quatre baronnies du Périgord. Le château actuel fut édifié par Geoffroy de Mareuil au XVe siècle, dans un style gothique flamboyant, sur les ruines d'une ancienne place forte détruite durant la guerre de Cent Ans. À la fois résidence de plaisance et site défensif, il fut incendié durant les guerres de Religion, mais peu à peu restauré. L'accès au logis principal – deux corps de logis en équerre reliés par une tour rectangulaire – est gardé par une tour-porte puis par un porche monumental encadré de deux puissantes tours rondes. Le château en lui-même mérite une visite, ne serait-ce que pour sa chapelle, de style gothique flamboyant. Une salle revient sur la vie du maréchal d'Empire Jean Lannes, compagnon d'armes de Napoléon et duc de Montebello (1769-1809), dont descendent les propriétaires actuels.

Les Promenades d'Alex Visites guidées

(06 66 24 66 60 ; www.promdalex.com ; tarif plein/10-18 ans/-10 ans 6/3 €/gratuit ; mars-oct, départs 9h, 10h15, 11h30, 13h, 14h15, 15h15, 16h45, sur réservation). Passionné de théâtre et de patrimoine, Alex met brillamment en œuvre sa devise, "chaque pierre a une histoire", pour conter les villages du Périgord vert (Brantôme, Saint-Jean-de-Côle, Bourdeilles et Mareuil) lors de visites guidées mémorables. Chaque promenade

Duel au château de Mareuil

est différente car, suivant les échanges et questions, il est toujours possible de faire un détour ou de répondre à une invitation locale. À Mareuil, où l'infrastructure touristique est encore peu développée, une visite guidée permet de donner vie à l'histoire, des querelles des baronnies du Périgord au Xe siècle jusqu'aux anecdotes de la vie du village d'aujourd'hui.

Où se loger

Les Deux Abbesses en Vert Chambres d'hôtes de charme **€€€**
(06 76 82 85 10 ; www.lesdeuxabbessesenvert.fr ; Malignac ; ch 150-200 € avec petit-déj, gîte sur demande, 3 nuits minimum en haute saison ; toute l'année ;). Le domaine de Laurence Perceval est un petit paradis boisé où paissent des chevaux bédouins. La grande maison périgourdine contient des chambres d'hôtes luxueusement décorées, inspirées des légendes équines du monde. Petit-déjeuner bio et activités possibles, comme le "Goûter Grattouilles" avec les chevaux, ateliers de cuisine végétale ou encore séances de médiation animale. Végétariens bienvenus.

Achats

Cav' Epicerie Vins et spiritueux
(05 53 60 90 10 ; www.lacavepicerie.com ; 13 bd Bouteiller ; lun-sam 9h-12h30 et 14h30-19h, dim 9h-12h30, fermé lun et dim en basse saison). Sur le bien nommé boulevard Bouteiller, cette cave fondée en 1937 est une institution à Mareuil. La boutique est si complète qu'elle s'apparente à un petit musée, où l'on peut se renseigner sur un petit vin bio ou découvrir une liqueur exotique. Dans l'arrière-boutique, on peut remplir sa bouteille ou même son tonnelet (ou barricou, comme on dit en Périgord) avec l'un des vins en vrac.

Renseignements

Office du tourisme (05 53 05 62 41 ; www.perigord-dronne-belle.fr ; 12 rue Pierre-Degail)

LA VALLÉE DE LA DRONNE

Depuis Brantôme, la Dronne, qui prend sa source en Haute-Vienne, s'écoule en douceur vers l'ouest et les collines de Charente et de l'Angoumois. Longer la rivière à pied, à vélo ou en voiture, c'est sillonner d'abord des coteaux calcaires, puis parcourir un paisible paysage de bocage verdoyant. Tout du long s'égrènent églises romanes et villages de caractère. Vous pourrez faire une halte à Lisle, jolie bastide médiévale, à Saint-Méard-de-Drône, et surtout à Bourdeilles, qui peut s'enorgueillir de deux châteaux d'exception.

Bourdeilles

Arrosée par la Dronne, cette paisible commune de 800 habitants, ancienne baronnie du Périgord, offre un charmant tableau : un vieux pont médiéval à avant-becs enjambant la rivière, un moulin du XVIIe siècle sur une île, de belles maisons aux toits de tuiles et aux volets bleus cernées par la végétation... L'ensemble est dominé par le donjon d'une forteresse à l'histoire tourmentée, près de laquelle a été bâtie une élégante demeure Renaissance.

À voir et à faire

Château de Bourdeilles Patrimoine
(05 53 03 73 36 ; www.chateau-bourdeilles.fr ; pl. de la Halle ; adulte/5-12 ans/-5 ans 8,90/5,90 €/gratuit, avec jeu d'évasion 20 €, audioguide 3 € ; 19 mai-6 juil 10h-13h et 14h-18h, 7 juil-25 août 10h-19h30, 26 août-31 oct 10h-13h et 14h-18h25). Avec Beynac, Mareuil et Biron, Bourdeilles fut l'une des quatre baronnies du Périgord établies au Xe siècle. Cette place forte, au cœur des luttes entre les rois de France et d'Angleterre, fut ainsi très convoitée durant la guerre de Cent Ans. Le premier château – un haut donjon ceinturé de murailles – a été construit au XIIIe siècle. Il passa successivement aux mains des Anglais et des Français durant le XIVe siècle, ces derniers le récupérant définitivement en 1377 grâce à Du Guesclin. À la fin du XVIe siècle,

un logis Renaissance lui fut adjoint, édifié à l'initiative de Jacquette de Montbron, femme du gouverneur et sénéchal de Bourdeilles, dans le but, notamment, d'accueillir Catherine de Médicis (qui ne vint jamais). Ces deux édifices constituent aujourd'hui le "château de Bourdeilles". L'un des points forts du premier est son donjon haut de 35 m, qui offre un beau panorama sur le village et le val de Dronne (il était fermé lors de notre dernière visite mais aura rouvert lorsque vous vous y rendrez). Visitez le second pour son "salon doré", avec son plafond en bois peint et ses tapisseries, ou la chambre dite "de Charles Quint", avec son lit doré, sa cheminée monumentale et son mobilier raffiné. Beaux jardins à la française. Dans l'une des salles du château, un *escape game* en réalité virtuelle, a été installé en complément de la visite (réservation obligatoire). Accessible à tous en termes de difficulté, il offre une immersion historique amusante.

Canoës Bourdeilles Loisirs Au fil de l'eau

(☎ 06 18 73 06 60 ; www.canoesbourdeilleloisirs.fr ; Le Nouveau Pont, Bourdeilles ; kayak 1 pers/canoë 2 pers à partir de 14/25 € pour 2 heures ; 🕐 juil-août tlj 10h30-15h30, sur réservation reste de l'année). Au départ du Nouveau Pont de Bourdeilles, à deux pas du centre-ville, ce prestataire loue des canoës et des kayaks pour découvrir au fil de l'eau le val de Dronne en toute liberté. Les départs ont lieu de Bourdeilles ou d'autres points sur le cours d'eau, avec acheminement en voiture. En une demi-journée, on peut descendre de Brantôme à Bourdeilles et, en une journée, pagayer jusqu'à Creyssac. Le club dispose également de canoës pouvant accueillir 2 adultes et 1 enfant jusqu'à 10 ans.

Où se loger et se restaurer

L'Ambroisie Chambres d'hôtes **€€**

(☎ 05 53 04 24 51 ; Grand-Rue ; d/qua avec petit-déj 89-94/146 € selon saison ; 📶). Mention spéciale à cette belle et accueillante adresse, située au cœur du village, à deux pas du château. Cette maison du XVIIIe siècle rénovée dans un style cosy et chaleureux, avec beaux parquets et décoration à base d'objets chinés ici et là, qui lui donnent une vraie personnalité, abrite quatre chambres

Bourdeilles

d'hôtes confortables. L'excellent accueil, le jardinet fleuri et l'ouverture toute l'année sont des atouts supplémentaires. Un conseil : réservez par téléphone si vous comptez rester plusieurs jours.

Hostellerie Les Griffons Hôtel de charme **€€**
(05 53 45 45 35 ; www.griffons.fr ; d 100-135 € selon saison, petit déj 13 € ; fermé nov-mars ;). Au pied du pont de Bourdeilles, ce magnifique hôtel, situé dans une maison du XVIe siècle très bien préservée, offre un cadre parfait pour un séjour romantique. Les 10 chambres, confortables, sont pleines de charme avec leurs poutres apparentes, leurs murs de pierre ou leur cheminée Renaissance. Frédérique et Jacques Dauba tiennent leur établissement de façon très professionnelle. Terrasse donnant sur la Dronne. Piscine. Bar.

Le Café de La Halle Snack **€**
(05 53 03 75 45 ; pl. de la Halle ; en-cas et plats 4,50-15 € environ ; lun-sam 10h-22h, dim 11h-19h). Ce petit café sur la place de Bourdeilles ne paye pas de mine, pourtant, il propose de sympathiques assiettes de fromage et de bonnes frites croustillantes à qui sait les attendre. La renommée de cette adresse familiale tient surtout à ses "apéro trad" qui animent la place du village les lundis soir dès 19h30, à grand renfort de musiciens, de cuisine traditionnelle et de vin local.

Château de La Côte Hôtel-restaurant **€€**
(05 53 03 70 11 ; www.chateau-hotel-dordogne.fr ; lieu-dit La Côte, 24310 Biras ; d/f 110-230/130-225 €, menus 29-59 € ; P). Enchanteur ! Tour et toitures en poivrières coiffent ce beau château Renaissance, largement remanié au XIXe siècle, qui jouit d'un cadre incomparable à un quart d'heure de Bourdeilles. Vous profiterez de grandes chambres chaleureuses, de vues embrassant la campagne, d'une vaste piscine – et des conseils de l'accueillant propriétaire pour profiter au mieux des lieux et des attraits de la région. Quelques chambres, moins chères, sont installées dans le relais. Grâce au talent du chef et à la paisible terrasse, le restaurant est aussi la promesse d'un très joli moment.

Renseignements

Office du tourisme (05 53 05 62 43 ; www.perigord-dronne-belle.fr ; pl. de la Mairie)

Ribérac et ses environs

Aux confins de la Charente et au nord de la forêt de la Double (voir p. 161), Ribérac, qui compte aujourd'hui 4 000 habitants, est depuis des siècles le gros bourg commerçant de l'ouest de la Dordogne. Son marché du vendredi matin, tout comme son marché fermier aux beaux jours, son marché aux truffes en hiver et son marché aux noix, en automne, en font un rendez-vous incontournable des gourmets et une ville animée toute l'année, à 35 km seulement de Périgueux. Ses alentours – de douces collines verdoyantes – sont parsemés d'innombrables églises en calcaire blanc dont les coupoles et les peintures murales raviront les amateurs d'architecture romane. La ville reste également célèbre pour son troubadour médiéval Arnaut Daniel, né au château fort de Ribérac (aujourd'hui disparu) au milieu du XIIe siècle, inventeur de la sextine et considéré comme précurseur de la poésie médiévale.

À voir

Collégiale Notre-Dame de Ribérac Église romane
(selon les expositions). Sur les hauteurs du centre-ville, quelques centaines de mètres au-dessus de l'église Notre-Dame-de-la-Paix – elle-même bâtie dans les années 1930 –, cette église d'aspect sévère a été construite au XIe siècle comme chapelle du château de Ribérac. Rasée à la Révolution, devenue collégiale au XVIe siècle et magnifiquement restaurée à la fin des années 1980, elle accueille aujourd'hui – après avoir servi un temps de hangar ! – des expositions et des concerts, et constitue le cœur du "quartier des arts".

SI VOUS AIMEZ...

Les églises romanes à coupoles

Le Ribéracois possède une extraordinaire densité d'églises romanes à coupoles, pour la plupart édifiées aux XIe et XIIe siècles. Un circuit de quelque 200 km à travers la campagne verdoyante relie une quarantaine d'édifices souvent éclairés et sonorisés. Vous trouverez un dépliant notamment à l'office du tourisme de Ribérac.

Grand-Brassac L'une des églises romanes les plus splendides de la région, à découvrir dans un village de caractère à l'est de Ribérac. Saint-Pierre-et-Saint-Paul fut en effet fortifiée au XIIIe siècle (créneaux, chemin de ronde, clocher carré massif et hauts murs quasi aveugles) pour servir d'abri aux habitants durant la guerre de Cent Ans. La nef est couverte de trois coupoles sur pendentifs. Le portail nord est particulièrement intéressant avec son tympan sculpté d'une *Adoration des mages* qui a conservé des traces de polychromie ; il est surmonté de cinq grandes statues du XVIe siècle.

Saint-Privat-des-Prés Fortifiée durant la guerre de Cent Ans, l'église dédiée à saint Privat, vestige d'un ancien prieuré bénédictin fondé au XIIe siècle, présente un imposant portail de style roman saintongeais dans sa façade occidentale, restaurée. À l'intérieur, trois coupoles, deux retables sculptés du XVIIe siècle et un monumental baptistère roman. À 12 km à l'ouest de Ribérac.

Siorac-de-Ribérac Unique vestige d'un prieuré fondé au XIIe siècle par l'évêque de Périgueux, l'église Saint-Pierre-ès-Liens, dont la tour-clocher domine le village, a été fortifiée au XIVe siècle. Elle abrite un retable du XVIIIe siècle. À 7 km au sud de Ribérac.

Bourg-du-Bost Élevée au XIIe siècle, fortifiée au XVIe, cette église dédiée à Notre-Dame-de-l'Assomption est dominée par une tour-clocher carrée. Elle vaut le détour pour sa coupole, ovale, et ses fresques : anges sur les pendentifs, saints dans l'abside, Crucifixion dans la nef, entre autres. À 7 km au nord-ouest de Ribérac.

Marquée à la croisée du transept par une coupole sur pendentifs, et dominée par son clocher carré, elle est l'un des plus beaux sanctuaires romans du Ribéracois et abrite de belles peintures murales du XVIIIe siècle, ainsi que des vitraux contemporains.

Tourbières de Vendoire — Site naturel

(Le Petit Lyon, Vendoire ; toute l'année). GRATUIT

À 20 km au nord de Ribérac, au creux de la vallée de la Lizonne (un affluent de la Dronne), s'étend sur une trentaine d'hectares une vaste tourbière qui fut exploitée jusque dans les années 1950 (la tourbe servait de combustible). Ce site est protégé car il constitue l'un des rares espaces naturels de la région n'ayant pratiquement pas été modifié par l'agriculture. Prairies, étangs, marécages, roselières, landes, chênaies... Un sentier d'interprétation permet de découvrir la mosaïque de milieux qui composent ce paysage singulier. L'**écomusée de la Maison des tourbières** (05 53 90 79 56 ; juil-août mer-lun 10h-17h) GRATUIT permet à certaines saisons de compléter la visite libre en donnant des éclairages sur la géologie de cette zone humide, ainsi que sur sa flore et sa faune, qui inclut une centaine d'espèces de papillons et de libellules, la tortue cistude, la loutre d'Europe ou encore le grand butor. L'écomusée partage ses locaux avec un restaurant.

Où se restaurer

Café des Colonnes — Belle brasserie €

(05 53 90 01 39 ; 17 pl. du Général-de-Gaulle ; en-cas et plats 5-20 € ; tlj 8h-23h en saison, 8h-20h hors saison). Institution locale fondée au XIXe siècle, cette belle brasserie "à la parisienne", avec serveurs en costume

et déco rétro, ne manque pas de cachet. La terrasse, sur la place ombragée de tilleuls, est prise d'assaut aux beaux jours et notamment le vendredi matin, jour de marché, tandis que la courette, sur l'arrière, est agréable. La cuisine très standard n'est cependant pas à la hauteur des lieux. Préférez les plats simples ou contentez-vous de boire un verre.

Le Chabrot Valeur sûre **€€**
(05 53 91 28 59 ; www.lechabrot.fr ; 8 rue Gambetta ; menus 24,50-44 € ; fermé lun, mar soir et sam midi). Derrière une jolie devanture en bois en plein centre-ville, juste à côté du Café des Colonnes, Le Chabrot doit sa bonne réputation à sa cuisine traditionnelle sans esbroufe et bien maîtrisée. La carte fait la part belle aux produits de saison et locaux : consommé de canard, foie gras maison, risotto à la truffe, pavlova à la fraise du Périgord... Salle cosy et choix de vins judicieux.

Le Citronnier Tradition revisitée **€€**
(05 53 90 22 72 ; 3 pl. Nationale ; formule midi 18 €, menu 28-32 € ; mar-sam). Le Citronnier vous accueille non loin, dans une salle d'une pimpante couleur jaune. La carte ajoute un zeste d'originalité aux produits locaux : clafoutis aux cèpes, canard confit à l'orange maison, filet mignon aux épices... L'adresse recueille plutôt de bons échos.

Achats

La Bélaudie Produits locaux
(05 53 90 08 39 ; www.labelaudie.com ; 10 pl. Nationale, Ribérac ; mar-sam 9h-12h30 et 15h-19h, dim 9h-12h). Plusieurs fois primés pour ses foies gras et autres conserves de canard et d'oie, ce producteur installé à Vanxains a ouvert en 2018 une boutique en plein centre de Ribérac. Outre ses foies gras, pâtés et confits, on y trouve également du rougail saucisses et une sélection de vins de Bergerac, Pécharmant et Bordeaux.

Renseignements

Office du tourisme du Pays ribéracois
(05 53 90 03 10 ; www.riberac-tourisme.com ; pl. du Général-de-Gaulle)

Paysage du Périgord vert

VAUT LE DÉTOUR

Aubeterre-sur-Dronne

Situé en Charente, aux portes du Périgord, ce célèbre bourg de 410 habitants comptant au nombre des "Plus beaux villages de France" mérite absolument un détour depuis Ribérac (à 16 km). S'étageant dans un méandre de la Dronne, ce petit bijou d'une grande homogénéité architecturale est superbement préservé. C'est un plaisir d'arpenter son lacis de ruelles animées et d'escaliers qui dégringolent vers la rivière, bordés de belles maisons en pierre calcaire et aux toits de tuiles, ainsi que de nombreuses boutiques d'artisans. Point d'orgue de la visite du village, sa fascinante **église souterraine Saint-Jean** (05 45 98 65 06 ; www.aubeterresurdronne.com ; rue Saint-Jean ; tarif plein/réduit 6/2-3 €, gratuit -8 ans ; juil-août tlj 9h30-18h30, reste de l'année tlj 9h30-12h30 et 14h-18h). Un premier sanctuaire, sans doute taillé dans la falaise à partir du VIIIe siècle, fut agrandi au XIIe siècle par des moines bénédictins à la demande de Pierre de Castillon, seigneur d'Aubeterre, pour abriter des reliques qu'il avait rapportées de Jérusalem. L'église a été réalisée en évidant la roche. Elle est ainsi constituée d'un seul bloc de pierre, d'où son qualificatif de "monolithe", tout comme le reliquaire de l'abside, haut de 6 m et évoquant le Saint-Sépulcre. Le site compte une autre église dotée d'une crypte et une nécropole abritant des centaines de sarcophages. Autre sanctuaire à ne pas manquer, l'église Saint-Jacques, sur les hauteurs, et son exceptionnel portail roman sculpté sur la façade occidentale.

Infos pratiques

Office du tourisme du Sud-Charente (05 45 98 57 18 ; www.sudcharentetourisme.fr ; 8 pl. du Champ-de-Foire)

Aubeterre compte de nombreux restaurants et un bon hôtel (05 45 98 50 46 ; www.hostellerie-perigord.com)

NONTRON ET LE NONTRONNAIS

Au nord de Brantôme, le Nontronnais a toujours davantage tourné ses regards vers le Limousin que vers le sud de la Dordogne. Intimistes et apaisants, ses paysages verdoyants de grasses prairies où paissent des vaches limousines, de collines boisées et de forêts de châtaigniers raviront les amateurs de tourisme vert. Mais c'est aussi un territoire d'exploitation et de transformation des matières premières depuis des millénaires, grâce à ses nombreux cours d'eau et à ses sols riches en minerais. Capitale du haut Périgord, la cité de Nontron est d'ailleurs célèbre depuis le XVIIe siècle pour sa tradition coutelière, encore bien vivante.

Nontron

Cette sous-préfecture de 3 000 habitants est l'une des principales localités du **parc naturel régional Périgord-Limousin** (voir p. 186 et p. 318) créé en 1998. Elle s'est imposée comme la capitale du haut Périgord. La ville haute, étirée au bord d'une falaise et dominée par le clocher néogothique de **Notre-Dame-des-Ronces**, surplombe de manière spectaculaire la vallée encaissée du Bandiat. C'est depuis la place Paul-Bert et le jardin des Arts que vous profiterez de la plus belle vue sur la vallée. La ville basse, plus populaire, a conservé son cachet médiéval avec ses ruelles resserrées et pentues et ses étroites maisons à colombages coiffées de tuiles, visibles notamment autour de la **place du Canton**. Nontron reste cependant avant tout célèbre pour sa tradition coutelière, qui a pris son envol au XVIIe siècle. Labellisée "Ville et Métiers d'art" depuis 2006, la cité, qui accueille également une manufacture Hermès, fleuron du luxe français, mise sur ses artisans d'exception pour se distinguer.

À voir

Coutellerie nontronnaise Manufacture

(05 53 56 01 55 ; coutellerie-nontronnaise.com ; pl. Paul-Bert ; toute l'année lun-ven 9h-12h et 13h30-18h30). GRATUIT Un peu dissimulée en contrebas de l'extrémité de la rue principale, à 200 m de l'office du tourisme, la Coutellerie nontronnaise, créée en 1653, est labellisée "Entreprise du patrimoine vivant". Elle est installée dans un bâtiment moderne en bois, aluminium et verre, qui domine la ville basse et a été conçue par l'architecte Luc Arsène-Henry, disciple de Philippe Starck. Une galerie d'une dizaine de mètres de long permet de voir, derrière une vitre en contrebas, la douzaine d'artisans qui travaillent à la main, à l'ancienne. Chaque coutelier assemble un couteau en environ 25 minutes. Les lames sont dorénavant forgées à Laguiole, mais les autres opérations – sciage du buis pour les manches, affûtage, pose de la virole tournante, finitions, etc. – sont effectuées sur place. L'atelier produit environ 60 000 couteaux par an. La coutellerie dispose d'une **boutique** sur place et d'une autre, très belle, dans la rue principale (33 rue Carnot).

Pôle expérimental des métiers d'art Artisanat & création

(05 53 60 74 17 ; metiersdartperigord.fr ; av. du Général-Leclerc ; toute l'année). Ce pôle dédié aux métiers d'art de la région vise à faire découvrir la pépinière de talents du Périgord vert et à transmettre ses traditions. Le PEMA accueille des expositions d'artisans ou de designers (mosaïstes, céramistes, ébénistes, graveurs, etc.) et organise toute l'année des stages et animations sur le thème de la création artistique, dans ses ateliers avenue du Général-Leclerc ou à travers la région, comme lors des balades "Métiers d'art et nature". Si le château de Nontron abritait jusqu'alors les expositions du PEMA,

Le savoir-faire coutelier de Nontron

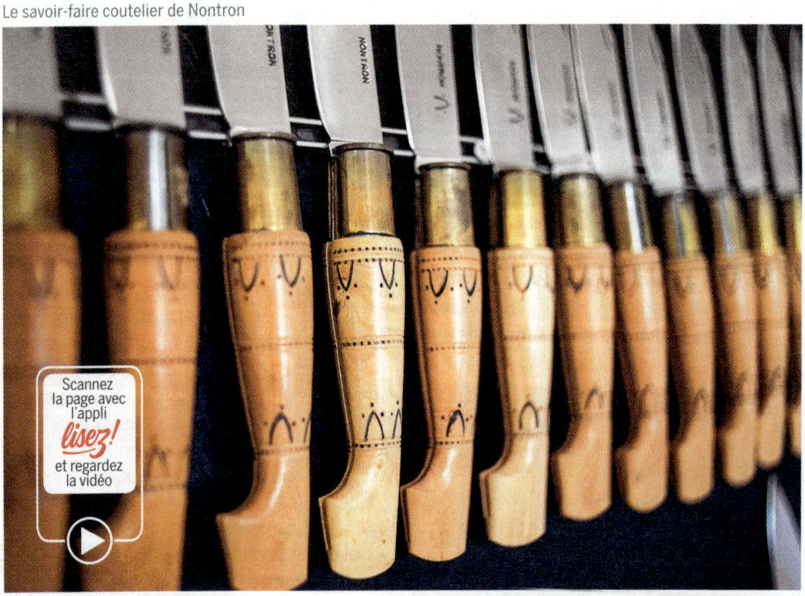

il est désormais fermé pour rénovation jusqu'en 2023.

Où se loger et se restaurer

L'Atelier des Sens Terroir revisité **€€** (05 53 56 10 42 ; latelier-des-sens-81.webself.net ; 20 rue Carnot ; menus 17,50-25 €, carte 19-27 € ; lun-sam midi, jeu-sam midi et soir). Dans une jolie salle à l'ambiance moderne, le chef mitonne une cuisine raffinée, inventive et dans l'air du temps, à base de produits périgourdins de saison. Du choix des ingrédients et des producteurs jusqu'aux vins, majoritairement bio, la démarche écologique est omniprésente. Les intitulés des plats suffisent à mettre l'eau à la bouche : bar en croûte d'herbes au bouillon acidulé, soufflé chaud au chocolat et sa limonade maison...

La Quinta Chambres d'hôtes de charme **€€** (05 53 60 38 50 ; www.laquinta.fr ; 27-29 rue du 11-novembre ; ch 70-130 € ; demi-pension 100-200 € ; repas 19 € sur réservation 24h à l'avance ; toute l'année ;). La Quinta, c'est une rencontre avant tout. Françoise, l'hôtesse, vous fait visiter la magnifique demeure des années 1920 entièrement restaurée, comme si vous étiez un ami et s'assoit à table avec vous. Luiz Filipe, ancien maître d'hôtel, est aux fourneaux (et aux histoires). Les salles communes sont grandioses, les chambres spacieuses et impeccables. Expérience atypique avec des hôtes passionnants.

Le couteau de Nontron

Rustique et élégant à la fois, le couteau nontronnais, dont l'origine remonterait au XVe siècle, passe pour être le plus ancien couteau de France. C'est au milieu du XVIIe siècle que cet artisanat prit son essor dans la région – riche en minerai de fer, en bois et en rivières pour les forges – grâce à l'implantation à Nontron d'un maître coutelier venu de Paris, Guillaume Legrand. La coutellerie connaîtra son âge d'or au XIXe siècle, époque où l'on dénombre pas moins d'une trentaine de coutelleries dans la région. La société a été rachetée en 1992 par Les Forges de Laguiole, en Aubrac, où sont dorénavant forgées les lames utilisées à Nontron, mais la maison mère a laissé la **Coutellerie nontronnaise** (voir ci-contre) perpétuer son savoir-faire ancestral, tout en développant de nouveaux modèles dessinés par des designers renommés. Le couteau de poche traditionnel, pliable, se distingue par son manche en buis sur lequel sont pyrogravés plusieurs "v" énigmatiques accompagnés de trois points, et une lame en acier inoxydable. Le manche se termine en sabot, en virole ou encore en "queue de carpe".

Achats

Coutellerie Le Périgord Artisanat (05 53 56 62 78 ; www.couteau-leperigord.com ; 23 pl. Alfred-Agard ; 10h30-12h30 et 14h-18h30). Sur la place principale, cet atelier-boutique propose une très belle gamme de couteaux traditionnels de Nontron et d'ailleurs, dans un large choix d'essences de bois (chêne, ébène, gaïac, bois de violette...). Possibilité de personnaliser la lame.

Boutique Métiers d'art Artisanat (05 53 60 50 77 ; metiersdartperigord.fr ; 5 rue Carnot ; toute l'année 10h-13h et 14h-18h sauf dimanche et jours fériés). Ce bel espace appartenant au Pôle expérimental des métiers d'art propose à la vente les créations contemporaines d'artisans et d'artistes de la région. Accessoires de mode, bijoux, luminaires, objets décoratifs, arts de la table...

Renseignements

Office du tourisme du Périgord vert nontronnais (05 53 56 25 50 ; www.tourisme-nontron.fr ; Le Château, 3 av. du Général-Leclerc)

LE NORD DU PÉRIGORD VERT

La partie septentrionale du département semble bien loin de la très touristique vallée de la Dordogne, au sud. Moins spectaculaire en apparence, cette région qui s'étend à la périphérie du Massif central flirte indiscutablement plus avec le Limousin qu'avec le Sud-Ouest. Un brin secret, le nord du Périgord ne manque pas d'attraits, pour peu que l'on prenne le temps de le découvrir, de musarder au fil de ses départementales buissonnières qui serpentent de village en village. Les amoureux de nature trouveront leur compte dans ce territoire intégré pour une large part au parc naturel régional Périgord-Limousin, créé en 1998 pour valoriser ses atouts.

À voir et à faire

Grand étang de Saint-Estèphe Site naturel et balade
(point info juil-août 05 53 56 73 66, reste de l'année office du tourisme ; toute l'année, baignade surveillée juil-août 11h-19h). À 8 km au nord de Nontron, cet étang d'une trentaine d'hectares est l'un des plus beaux plans d'eau du département et un lieu de promenade apprécié dès qu'un rayon de soleil pointe le bout de son nez. Creusé au Moyen Âge par les moines de l'abbaye de Badeix (dont on peut voir les vestiges au nord de Saint-Estèphe), le plan d'eau dispose d'aménagements qui ne dénaturent pas le site et d'une base de loisirs proposant en saison des activités nautiques (baignade surveillée sur une plage de sable, canoë, pêche, etc.). Un agréable chemin de 3,2 km permet d'en faire le tour, en empruntant à un endroit un "transporteur manuel" (un bac que l'on actionne à la force des bras). À proximité de l'étang, un sentier d'interprétation balisé mène en 20 minutes jusqu'au Roc Branlant. Ce bloc de granit de trois mètres sur trois posé en équilibre sur une table rocheuse bouge, mais ne tombe pas ! Il est caché au milieu d'un site naturel protégé, mêlant landes sèches et bois, parcouru par une rivière (la Doue). Quelques pas plus loin, vous découvrirez le "Chapelet du Diable" – un chaos granitique –, et le menhir de Fixard, un beau mégalithe haut de 2,5 m. Le site bénéficie du label Handiplage. Camping sur place.

Saut du Chalard Cascade et balade
Depuis les abords du hameau de Champs-Romain, un court sentier balisé mène à travers prairies et sous-bois à cette cascade qui s'écoule dans le cadre verdoyant de la vallée de la Dronne. Des sculptures métalliques réalisées par un artiste périgourdin sont disséminées tout le long du parcours. Une balade agréable et sans difficulté majeure pour se dégourdir les jambes. Comptez environ 1 heure aller-retour. Départ à environ 500 m du hameau de Champs-Romain (fléché).

Tour de Piégut Architecture médiévale
(toute l'année). GRATUIT Sur une ancienne motte féodale au cœur du village de Piégut, cette tour ronde de 23 m de haut, couronnée de mâchicoulis, est le principal vestige d'un château fort du XIIe siècle construit pour les comtes de Limoges. Le château a subi les assauts de Richard Cœur de Lion, puis ceux des troupes des guerres de Religion et des croquants, mais son impressionnant donjon est toujours dressé dans le ciel.

Moulin de Lapeyre Traditions
(05 53 05 35 82 ; www.couteau-leperigord.com ; adulte/4-12 ans 7/3 € ; juil-août lun-sam 14-19h, variable le reste de l'année). Dans un domaine verdoyant et familial, ce site permet de découvrir des savoir-faire artisanaux en action, à la forge, au moulin ou au four à pain (en fonction du jour). À l'atelier de coutellerie, on peut voir travailler des artisans couteliers et leur poser des questions, ce qui plaira beaucoup aux plus jeunes. Une grange abrite un bric-à-brac de vieilles machines et d'anciens objets agricoles, parfois insolites comme les chaussures à déboguer les châtaignes.

Où se loger et se restaurer

Le Périgord Vert Hôtel-restaurant €
(☎ 05 53 56 96 61 ; leperigordvert.com ; 53 rue de la Libération, Piégut-Pluviers ; s/d 38/48 € ; menus midi/soir 16/26 € ; wifi). Une adresse d'étape qui a le mérite d'exister dans cette région où les options sont rares. Le cadre est assez vieillot et minimaliste mais les tarifs sont en conséquence. L'adresse mise plus sur sa cuisine, classique, que sur ses chambres basiques. Accueil sympathique.

Le Petit Baigneur Bistrot-brocante €
(☎ 05 53 60 36 48 ; Saint-Estèphe ; repas dim midi 20-25 € environ ; ⏲ mar-jeu 10h-19h, ven 10h-2h, sam-dim 10h-20h). Au cœur de Saint-Estèphe, à deux pas du grand étang, cette brocante est également un bistrot labellisé "Café de pays". Au milieu d'une décoration soignée fourmillant de vieux objets, on peut y déguster –le dimanche midi uniquement – de bons petits plats faits maison, concoctés avec les produits de saison : soupe de potiron aux châtaignes, rôti de poulet farci aux abricots et pruneaux... Plats à emporter le vendredi soir. Très bon rapport qualité/prix. Concerts régulièrement proposés. Ambiance sympathique et patronne souriante. Un de nos coups de cœur !

Le Moulin du Grand Étang Semi-gastronomique €€
(☎ 05 53 60 41 69 ; www.moulindugrandetang.com ; Le Grand Étang, Saint-Estèphe ; plats 21-31 € ; ⏲ fermé mar). Idéalement située en bordure de l'étang de Saint-Estèphe, cette belle adresse s'est rapidement fait sa place dans la région. Dans une jolie salle lumineuse, face au plan d'eau, on y propose une cuisine traditionnelle revisitée et remise au goût du jour, à vocation semi-gastronomique : œuf croustillant, foie gras mi-cuit aux citrons confits, mousseline de truite, filet mignon cuit à basse température, poissons du moment et poêlée d'encornets...

Où prendre un verre

Entente Cordiale Pub anglo-périgourdin
(☎ 05 53 56 81 01 ; www.ententecordiale.net ; Abjat-sur-Bandiat ; ⏲ juil-août mar-jeu

Grand étang de Saint-Estèphe

8h30-13h45 et 16h15-21h, ven jusqu'à 2 h, sam 10h-13h45 et 16h15-22h, dim 10h-21h, reste de l'année fermé dim et lun). Le nom de l'établissement, qui fait référence à des accords signés en 1833, 1904 et 1998 entre la France et la Grande-Bretagne, ne doit rien au hasard : cette adresse qui tient autant du pub britannique que du café de village périgourdin est en effet le rendez-vous préféré des (nombreux) Britanniques installés dans les environs pour boire une pinte de bière, tout en discutant ou en regardant un match de foot ou de rugby. Créée il y a une trentaine d'années par un Anglais, cette adresse à la bonne franquette est maintenant gérée par le chaleureux Joël, natif d'Angoulême. En saison, soirée tapas le vendredi soir et concerts certains samedis.

L'EST DU PÉRIGORD VERT

La frange orientale du Périgord vert a déjà des accents de Corrèze. Le paysage est toujours aussi vert, mais le relief est plus mouvementé, en particulier dans les gorges profondes et sauvages de l'Auvézère. Deuxième commune la plus étendue de Dordogne, Jumilhac-le-Grand mérite le détour pour son château, qui domine admirablement la vallée encaissée de l'Isle.

Jumilhac-le-Grand

À deux pas de la Haute-Vienne, cette commune de 1 300 habitants s'étend dans un paysage vallonné et verdoyant d'une grande douceur. En son cœur s'élève l'un des châteaux les plus emblématiques du Périgord vert, dont le caractère monumental a valu à Jumilhac son qualificatif de "Grand". De cette forteresse, le regard porte jusqu'aux gorges de l'Isle.

À voir

Château de Jumilhac Architecture civile
(06 82 09 65 83 ; chateaudejumilhac.com ; pl. du Château ; adulte/12-17 ans/5-11 ans/-5 ans 9,50/7,50/5,50 €/gratuit ; juin-sept tlj 10h-19h, avril-mai et oct-15 nov tlj 14h-18h, 16 nov-mars sam-dim 14h-18h). Véritable cœur du bourg, cet édifice imposant a des allures de château de conte de fées avec ses tours et tourelles surmontées de toits pointus en ardoise, hérissés d'épis de faîtage aux motifs allégoriques en plomb. Cette forteresse de schiste construite au XIIIe siècle fut remaniée à la Renaissance, alors que l'édifice était la propriété d'un certain Antoine Chapelle, riche maître de forges nommé comte de Jumilhac par Henri IV en 1597. Deux ailes furent ajoutées au corps principal au XVIIe siècle. Après avoir franchi le porche d'entrée, vous découvrirez le château dans toute sa splendeur, ainsi que ses magnifiques jardins à la française en terrasses, offrant une vue incomparable sur les environs. La visite guidée est passionnante. L'intérieur réserve de belles surprises, entre le grand salon lambrissé du XVIIe siècle avec sa cheminée de style Louis XIII, l'escalier d'honneur, les cuisines voûtées et, point d'orgue, la "chambre de la fileuse", dans la tour, ornée de fresques. La légende raconte que Louise de Hautefort y fut enfermée durant vingt ans, punie par son mari jaloux, et qu'elle filait toute la journée, en cachant dans ses ouvrages des mots doux destinés à son amant berger. Ne ratez pas le jardin, avec son labyrinthe et un tilleul absolument superbe. Des visites nocturnes (à 21h30) des jardins et du château sont organisées les mardis de juin à septembre et les jeudis en juillet et août (10 €).

Église Saint-Pierre-ès-Liens Édifice religieux
(pl. du Château ; juil-aout sam-dim, hors saison, se renseigner). GRATUIT Comparée à la masse du château qu'elle jouxte, cette église de schiste au clocher octogonal typiquement limousin, pourtant imposante, paraît presque petite. Ancienne chapelle castrale, elle comporte une nef et un transept romans (sans doute de la seconde moitié du XIe siècle) et un chœur gothique du XIVe siècle. Elle mérite le coup d'œil pour ses sculptures et une peinture murale du XVIIe siècle dans le bras nord du transept, représentant les instruments de la Passion.

Château de Jumilhac

Où se restaurer

Lou Boueiradour Traditionnel €€

(05 53 52 50 47 ; www.boueiradour.com ; 5 pl. du Château ; plat du jour 8 €, formule midi en semaine 15 €, menus 22-30 €, plats 15-20 € ; juil-août tlj midi et soir, sept-juin fermé mer). Idéalement située face au château, cette adresse qui doit son nom au poêle servant à griller les châtaignes joue la carte de la cuisine traditionnelle et des produits régionaux (salade périgourdine, foie gras, confit de canard), mais on y savoure aussi un joli choix de poissons. Salle au décor classique et terrasse agréable en été. Parking sur la place du Château.

Où sortir

La Rhue Concerts

(06 73 97 63 28 ; www.larhue.fr ; La Rhue ; concerts toute l'année). Un lieu improbable ouvert par Tessa et Bas, un couple de Wallons. En pleine campagne à quelques encablures de Jumilhac, ce camping-gîte on ne peut plus champêtre, au sein d'une ferme du XVIIe siècle, dispose d'une salle de concerts réputée dans la région, aménagée dans une ancienne grange. Des concerts de blues, de rock ou de jazz y sont proposés chaque samedi, avec un repas. Vous y passerez assurément une bonne soirée dans une ambiance conviviale !

Renseignements

Office du tourisme du pays de Jumilhac

(05 53 52 55 43 ; office-de-tourisme-perigord-limousin.jimdosite.com ; pl. du Château). L'office se double d'une belle salle d'exposition dédiée à l'orpaillage et peut organiser des séances d'initiation avec un orpailleur (voir l'encadré p. 200).

Les gorges de l'Auvézère

Au sud du bourg de Lanouaille se découvre l'un des sites les plus spectaculaires du Périgord vert. L'Auvézère, affluent de l'Isle, qui prend sa source sur le plateau de Millevaches, a creusé dans le calcaire des gorges pouvant atteindre 100 m

INSOLITE !

La ruée vers l'or du Périgord

Riches en minerais, les sols des pays de Jumilhac et de Saint-Yrieix-la-Perche, au sud de la Haute-Vienne, ont été exploités dès l'époque gallo-romaine. La région était encore un haut lieu de l'extraction aurifère en France il y a une dizaine d'années. Philippe Roubinet, orpailleur professionnel et ancien mineur des mines du Bourneix, au Chalard, exploitées à partir de 1982 (40 tonnes d'or y ont été extraites jusqu'à leur fermeture en 2002), propose des **stages d'orpaillage** (05 55 00 83 59 ; lechercheurdor.org ; ou inscription via les offices du tourisme de Jumilhac 05 53 52 55 43, ou d'Excideuil 05 53 52 29 79 ; 16-20 € ; mai-sept). Les pieds dans l'eau des rivières périgourdines ou limousines, il est fort probable que vous dénichiez au fond de votre batée quelques paillettes du précieux métal ! Dans les locaux de l'office du tourisme de Jumilhac, la **Galerie de l'Or** (05 53 52 55 43 ; 3 €) offre, dans une muséographie moderne et réussie évoquant une galerie de mine, un beau résumé de l'histoire de l'extraction aurifère dans la région, ainsi qu'une poignante évocation de la vie des hommes attirés par l'or et les légendes associées au métal précieux.

de profondeur entre les communes de Génis et de Savignac-Lédrier. Alternant eaux vives et eaux calmes, la rivière est appréciée des amateurs de canoë-kayak de tous niveaux, séduits par l'aspect sauvage et boisé des paysages traversés. Les gorges, qui font partie du parc naturel régional du Limousin-Périgord, se prêtent également à la randonnée, au long du GR®646 qui serpente au plus près de l'eau. En chemin, vous croiserez peut-être un hôte insolite, car habitué à des terrains plus montagneux : le mouflon. Près de Savignac-Lédrier, vous aurez un bel aperçu de cette vaste zone tourmentée depuis le **Puy des Âges**, l'un des points culminants du Périgord vert, sur un plateau tapissé de bruyère à 413 m d'altitude. Et du côté du village perché de **Saint-Mesmin**, partant de l'église, un sentier escarpé permet d'accéder en 30 minutes au **Saut Ruban**, l'une des plus belles cascades qui émaillent la rivière. Deux passerelles enjambant l'Auvézère viennent d'y être installées, par hélicoptère. À l'est, la petite ville médiévale d'Excideuil est un autre point d'entrée pour le tourisme vert, très actif dans les gorges. Les eaux de l'Auvézère rejoignent celles de l'Isle non loin de Périgueux.

À voir et à faire

Papeterie de Vaux Écomusée
(05 53 62 50 06, 05 53 52 75 59 ; ecomuseesdelauvezere.fr ; Payzac ; adulte/7-15 ans/-7 ans 7/3 €/gratuit ; juil-août lun-sam 10h-12h30 et 14h-18h30, dim 14h30-18h30, juin mar-ven 10h-12h30 et 14h30-18h30, sam et dim 14h30-18h30, autres mois sur rdv). Au bord du ruisseau des Belles Dames, un affluent de l'Auvézère, cette forge fondée au XVIIe siècle fut convertie en 1861 en usine fabriquant du papier à partir de paille de seigle ; elle a fonctionné grâce à l'énergie hydraulique jusqu'en 1968, produisant principalement du papier alimentaire destiné à la boucherie. Propriété de la commune de Payzac depuis 1994, cette "usine à la campagne", classée Monument historique, est remarquablement préservée : la chaîne de fabrication est intacte, tout comme les bâtiments couverts de tuiles, les roues à augets et la cheminée en briques de l'ancien haut-fourneau. Des activités et expositions sont organisées en saison.

Forges de Savignac Patrimoine industriel
(05 53 62 50 06, 05 53 52 75 59 ; ecomuseesdelauvezere.fr ; Savignac-Lédrier ; adulte/8-15 ans/-8 ans 6/4 €/gratuit ; juil-août lun-sam 14h-16h). Les forges de Savignac-Lédrier ont été construites au début du XVIe siècle dans un vallon boisé au bord

Les anciennes forges de Savignac alimentées par l'Auvézère

de l'Auvézère et ont produit de la fonte et du fer jusqu'en 1930, alimentées par le charbon de bois. Ce précieux témoignage du patrimoine industriel rural périgourdin est encore extrêmement bien préservé avec son haut-fourneau, ses logements ouvriers, ses différents bâtiments en pierre coiffés de tuiles brunes et son écluse. Spectaculaire, le site, propriété du département de la Dordogne, est surplombé par le château Renaissance du maître des forges (ne se visite pas). Les visites guidées, en saison à 14h, 15h et 16h, vous permettront de tout comprendre de l'histoire des lieux. Depuis les forges, un agréable sentier de découverte permet de longer la rivière.

Où se restaurer

Jardin d'Helys-Œuvre Insolite

(05 53 52 78 78 ; www.lejardindhelys-oeuvre.fr ; Saint-Médard-d'Excideuil ; GRATUIT ; tlj 15-19h).
Unique en son genre, ce domaine héberge une bâtisse familiale (qui comprend des chambres d'hôtes), un gîte, un parc de 12 ha labellisé "Jardin remarquable" et beaucoup, beaucoup de créativité. Ouvert aux artistes de tous bords, ce lieu excentrique nous invite à l'ouverture d'esprit. S'il est disponible, vous serez accueilli par Alain Piot Di Massimo qui vous fera visiter une partie de la maison, qualifiée d'"art habitable". L'intérieur fourmille d'objets et d'œuvres, comme autant de fenêtres sur l'imaginaire des habitants des lieux (peut-être un peu impressionnant pour les petits).

Renseignements

Office du tourisme du pays de Lanouaille (05 53 62 17 82 ; www.naturellementperigord.fr ; 4 pl. Robert-Bugeaud, Lanouaille)

Office du tourisme d'Excideuil (05 53 52 29 79 ; www.naturellementperigord.fr ; pl. du Château, Excideuil). Cartes de randonnée gratuites à disposition et sélection d'activités dans le cadre du programme été actif, en lien avec les offices du tourisme (environ une activité par jour, à réserver, comme par exemple orpaillage, canoë nocturne, équitation, kayak en eaux vives, VTT électrique, escalade...).

FIGEAC ET LE HAUT QUERCY

Depuis le XIIe siècle, les pèlerins en route vers Compostelle inscrivent Rocamadour sur leur carnet de route. La foi n'explique pas tout : équilibre parfait entre la nature et les constructions humaines, le site est tout simplement l'un des plus magiques qui soient. Les habitants du haut Quercy ont su depuis le Moyen Âge s'adapter à leur environnement, mettant à profit les pierres et le relief pour façonner leur habitat. Tout ne fut pas simple dans cette région aux premières loges de la guerre de Cent Ans et des guerres de Religion. Mais le résultat est là : le haut Quercy peut se féliciter d'un cadre de vie préservé où les forêts et les causses abritent des merveilles de l'art roman et gothique. Sans oublier son autre visage : cachées sous la surface, ses grottes polissent depuis la nuit des temps leurs stalactites de calcaire.

Rocamadour (p. 220)

Scannez la carte avec l'appli lisez! et géolocalisez l'ensemble des adresses du chapitre
Gouffre de la F
Turenne
D820
CAUSSE DE MARTEL
D840
Martel (p. 231)
Les Eyzies-de-Tayac
Sarlat-la-Canéda
Souillac
A20
Grottes de Lacave
Grotte des Carbonnières
La Roque-Gageac
Dordogne
DORDOGNE
Payrac
D704
Rocamadour (p. 220)
Grottes de Cougnac
D710
D820
Gourdon
D801
BOURIANE
D660
Salviac
Labastide-Murat
Cazals
LOT-ET-GARONNE
Les Arques
Lauzès
A20
D660
Catus
Grotte du Pech Merle (p. 216)
D811
D820
Fumel
D811
Lot
Saint-Géry
CAHORS
0
10 km

age
Meyssac
D940
Collonges-la-Rouge (p. 239)
CORRÈZE
Beaulieu-sur-Dordogne
Abbatiale Saint-Pierre
Vayrac
Cère
Carennac
Dordogne
Bretenoux
Archéosite des Fieux
Castelnau-Bretenoux
Loubressac
Autoire
Saint-Céré
Sousceyrac
Gouffre de Padirac (p. 225)
Montal
Grottes de Presque
LIMARGUE
CANTAL
Latronquière
D940
Gramat
D807
Lacapelle-Marival
CAUSSE DE GRAMAT
LOT
Assier
Cardaillac
D802
D840
N122
Livernon
Parc naturel régional des Causses du Quercy
Espédaillac
Prieuré
D802
Figeac (p. 206)
Célé
Espagnac Sainte-Eulalie
D653
Abbaye
Faycelles
Capdenac
Marcilhac-sur-Célé
Lot
Grotte de Foissac
Sauliac-sur-Célé
Montbrun
Foissac
Cabrerets
Larnagol
Cajarc
D922
Saint-Cirq-Lapopie
Calvignac
AVEYRON

FIGEAC

Traversée par les eaux du Célé, cette ville d'environ 10 000 habitants s'est bâtie à partir du IXe siècle autour d'une abbaye bénédictine dont l'église Saint-Sauveur est le seul vestige. Centre commercial important au Moyen Âge, Figeac se dota à cette époque d'une série de places et de demeures auxquelles elle doit son titre de "Ville d'art et d'histoire". C'est ici que naquit son enfant le plus illustre, Jean-François Champollion, l'égyptologue qui déchiffra les hiéroglyphes. En été, les marchés nocturnes de Figeac remportent un franc succès.

À voir

L'Espace patrimoine — Patrimoine

(05 65 50 05 40 ; 5 rue Colomb ; juil-sept tlj 10h-12h30 et 14h-18h ; avr-juin et oct mar-dim 14h-18h). GRATUIT L'exposition permanente qui se tient dans l'**hôtel de Colomb**, lequel abrite aussi la mairie, constitue une bonne introduction avant la découverte de la ville. Également des expositions temporaires.

Places du centre-ville — Patrimoine

Elles sont le cœur de l'activité de la ville. Occupée pour une large part par une belle halle métallique qui accueille le marché du samedi matin, la **place Carnot** est bordée de demeures anciennes dont certaines présentent des *soleilhos*, ces greniers ouverts sous les toits qui servaient jadis à faire sécher le linge et les aliments. L'édifice le plus célèbre de la place est la maison à tourelle d'angle du n°18, qui date du XVIIe siècle. La triangulaire **place Champollion** s'ouvre à deux pas. Outre le musée dédié à l'égyptologue, elle permet d'admirer, au-dessus des terrasses de cafés-restaurants, la très délicate façade sculptée d'une demeure du XIVe siècle. De l'autre côté de la place, la **maison du Griffon**, aux fenêtres murées encadrées de sculptures romanes, est considérée comme la plus vieille demeure de Figeac (XIIe siècle). Un court passage mène à la **place des Écritures**, une petite cour du XIIIe siècle réaménagée en 1990 par l'artiste américain Joseph Kossuth (né en 1945) ; il fit placer sur son sol une immense réplique de la pierre de Rosette qui permit à Champollion de déchiffrer les hiéroglyphes.

Place Champollion (ci-dessus)

Figeac

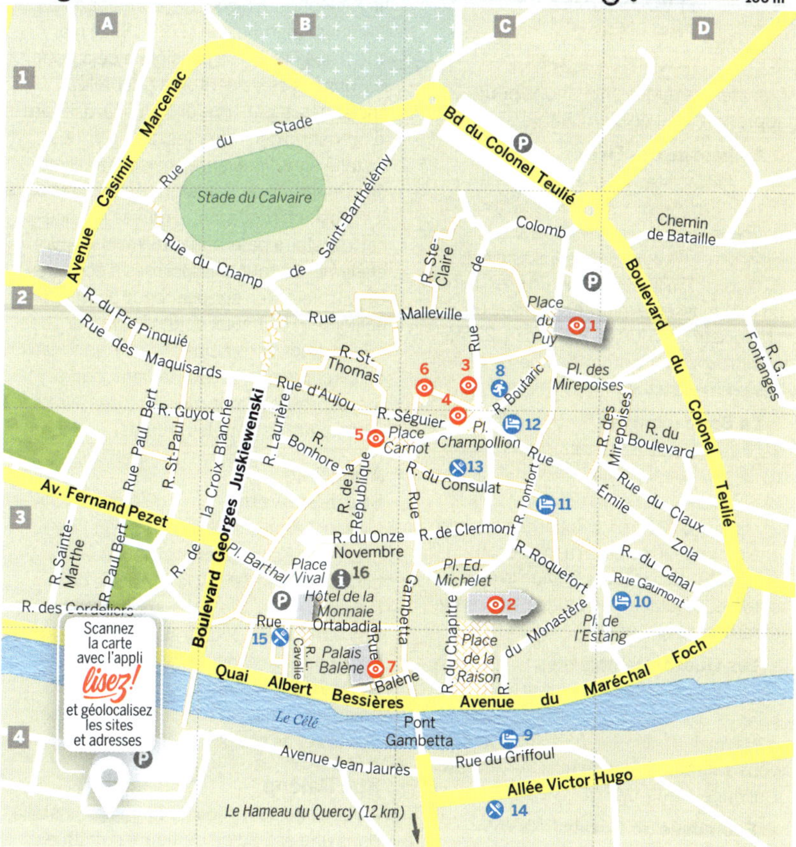

Figeac

À voir

1 Église Notre-Dame-du-Puy....................C2
2 Abbatiale Saint-Sauveur........................C3
3 Espace patrimoine..............................C2
4 Musée Champollion.............................C2
5 Place Carnot.......................................B3
Place Champollion.........................(voir 3)
6 Place des Écritures..............................C2
7 Rue Balène...B4

Activités

8 Quercy Aventure..................................C2

Où se loger

9 Hôtel des Bains...................................C4
10 Le Quatorze.......................................D3
11 Le Soleilho..C3
12 Le Viguier du Roy...............................C3

Où se restaurer

La Dînée du Viguier.......................(voir 12)
13 La Racine et la Moelle.........................C3
14 La Table de Marinette..........................C4
15 Mémé du Quercy.................................B3

Renseignements

16 Office du tourisme...............................B3

SI VOUS AIMEZ...
Les sites pédagogiques

Des ateliers et des animations pour apprendre tout en s'amusant.

- **Archéosite des Fieux** (06 16 26 74 35 ; www.archeositedesfieux.com ; tarif plein/4-11 ans/-4 ans 9/7 €/gratuit ; juil-août tlj 10h-19h, avr-juin, sept mer dim et jours fériés 13h30-18h00, vacances printemps et Toussaint tlj 13h30-18h). Tailler un silex, faire du feu, chasser le mammouth avec un propulseur... À 5 km de Padirac (p. 225), on retrouve avec enthousiasme les gestes des premiers habitants du Quercy.
- **La Borie d'Imbert** (05 65 33 20 37 ; www.laboriedimbert.com ; avr-sept tlj 10h-19h, oct lun-ven 10h-18h, nov-mars lun-ven 10h-12h et 14h-17h, ouvert sam-dim vacances février). GRATUIT À 2 km de Rocamadour, une grande ferme ouverte au public avec, l'été, atelier traite manuelle des chèvres, moulage du fromage, descente et remontée à la pâture.
- **Les Quatre Demoiselles** (05 55 22 70 62 ; www.4demoiselles.fr ; tarif plein/6-14 ans/-6 ans 5/3 €/gratuit ; mi-jan à mi-déc mar-dim 9h-19h). Tout, tout, tout, vous saurez tout sur la noix. À 4 km de Collonges-la-Rouge (p. 239).
- **Écomusée de Cuzals** (05 65 31 36 43 ; musees.lot.fr/ecomusée-de-cuzals ; tarif plein/12-26 ans/-12 ans 5/2,50 €/gratuit ; juil-août tlj 10h-18h, juin et sept mer-dim 14h-18h). Tisser un panier, faire du pain... 20 ha entièrement dédiés à la culture et aux traditions rurales du Lot, à Sauliac-sur-Célé (voir p. 218).

Musée Champollion Écritures du monde

(05 65 50 31 08 ; www.musee-champollion.com ; pl. Champollion ; tarif plein/réduit/-12 ans 5/2,50 €/gratuit ; juil-août tlj 10h30-18h30, avr-juin et sept-oct mar-dim 10h30-12h30 et 14h-18h, nov-mars mar-dim 14h-17h30). 1799. La campagne d'Égypte de Bonaparte bat son plein, rapportant en Europe les premiers documents gravés de hiéroglyphes. À Figeac, le jeune Jean-François Champollion (1790-1832) n'a que 9 ans, mais il se passionne déjà pour les langues et les écritures orientales anciennes. Vingt-trois ans plus tard, il sera le premier à déchiffrer les hiéroglyphes. Installé dans l'ancienne maison familiale des Champollion, transformée en un espace d'exposition moderne, le musée retrace cette histoire passionnante, mais s'ouvre également à toutes les formes d'écritures. On y trouve bien sûr beaucoup à lire, mais également de beaux objets à admirer : bas-reliefs grecs et romains, momie, panneaux de sarcophages, sceaux indiens, codex maya, presse à imprimer. Il y a des livrets pédagogiques pour les enfants.

Abbatiale Saint-Sauveur Patrimoine religieux

(pl. de la Raison ; entrée libre ; tlj 9h-19h). Seul édifice subsistant de l'abbaye bénédictine du XIe siècle à l'origine de la fondation de la ville, cette imposante église, très remaniée, a pour principal attrait son ancienne salle capitulaire transformée en chapelle, dite Notre-Dame-de-Pitié, qui présente un décor recherché de boiseries peintes et de sculptures, illustrant la Passion.

Rue Balène Demeures médiévales

À deux pas de l'office du tourisme (installé dans une splendide demeure gothique à arcades du XIIIe siècle, l'**hôtel de la Monnaie**), la rue Balène compte deux beaux exemples d'architecture civile. Le délicat et impressionnant **palais Balène**, au n°7, était la demeure d'un riche marchand au XIVe siècle. L'édifice, de style gothique, compta parmi les plus vastes demeures de Figeac avant la guerre de Cent Ans. L'**hôtel d'Auglanat**, au n°1, se distingue par sa porte sculptée du XIVe siècle.

Église Notre-Dame-du-Puy Patrimoine religieux

(pl. du Puy ; entrée libre). Cette église baroque construite à partir du XIIIe siècle dut à sa position, au-dessus de la vieille ville, d'être utilisée comme bastion de guet par les protestants durant les guerres de Religion. Elle abrite un imposant retable en noyer dédié à la Vierge. De son parvis, un joli panorama sur la ville s'offre au visiteur.

Activités

Quercy Aventure — Spéléologie

(06 86 13 45 07 ; quercy.aventure.pagesperso-orange.fr ; 5, rue Boutaric). Différentes formules, à partir de 8 ans, à la journée ou demi-journée, mais également du canyoning et de l'escalade.

Où se loger

Hôtel des Bains — Hôtel €€

(05 65 34 10 89 ; www.hoteldesbains.fr ; 1 rue du Griffoul ; d/quin 58-71-89 € ;). Installé dans d'anciens bains publics face au centre-ville, de l'autre côté de la rivière, ce deux-étoiles sans prétention est une adresse pratique et accueillante. Il propose des chambres agréables à la décoration sobre. Préférez celles du 1er étage côté rivière, les plus agréables.

Le Soleilho — Chambres d'hôtes €€

(05 65 38 42 62, 06 75 89 96 53 ; www.chambres-hotes-figeac.com ; 8 rue Prat ; d/tr/qua avec petit-déj 75-85/105/120 € ;). En plein centre-ville, cette chaleureuse maison d'hôtes doit son nom aux anciens greniers ouverts des maisons de Figeac. Les propriétaires y ont aménagé la plus jolie de leurs chambres, avec baignoire d'angle et vue panoramique. Les trois autres, aux différents niveaux de cette belle demeure, sont accessibles séparément par un escalier en pierre. Le salon avec cheminée est laissé à la disposition des hôtes. Gîte d'étape également disponible (17 €/nuit).

Le Quatorze — Hôtel €€

(05 65 14 08 92 ; www.le-quatorze.fr ; 14 pl. de l'Estang ; d basse/haute saison 70-81-91-101/80-91-101-111 € ;). Les 14 chambres de cet hôtel sont divisées en quatre catégories selon leur taille et leur orientation. Un peu impersonnelles, elles sont toutefois claires, confortables et bien équipées. Le petit-déjeuner (13 €) 100% local est un excellent moyen de goûter aux spécialités charcutières et fromagères du Quercy.

Au musée Champollion

VAUT LE DÉTOUR
La grotte de Foissac

On salue aujourd'hui l'incident qui a obturé cette grotte il y a 5 000 ans : les traces de la tribu préhistorique qui fréquentait les lieux ont été figées sur place, comme si elle était partie hier. Des empreintes de pieds d'enfant, des outils, des poteries quasi intactes... Une statuette sculptée dans un os de bison y a même été découverte en 2014. S'étendant sur plus de 8 km en bordure du causse du Quercy, cette **grotte préhistorique** (05 65 64 60 52, 06 19 12 98 28 ; grotte-de-foissac.fr ; Le Cap de Tête ; tarif plein/3-12 ans/-3 ans 11/7,50 €/gratuit ; juil-août tlj 10h-18h, juin et sept tlj 10h-11h30 et 14h-18h, avr-mai et oct 14h-17h fermé sam), découverte en 1965, était utilisée par les hommes du chalcolithique (au début de l'âge du cuivre, il y a 5 000 ans), qui y récoltaient l'argile qu'elle renfermait afin de fabriquer des récipients servant à entreposer de la nourriture. Mais elle était également un lieu de sépulture, comme en témoignent des squelettes retrouvés dans des positions significatives. Les visites, assurées en petits groupes par des guides passionnés, explorent une partie longue d'environ 400 m concentrant les principaux points d'intérêt, dont certaines concrétions étonnantes, comme ces jolies bulles de calcaire. Équipez-vous d'un pull et de chaussures fermées : la température dans les galeries est de 13°C en toutes saisons. À l'extérieur, un **musée** retrace l'histoire de la découverte de la grotte et présente les trésors que continuent à découvrir les spéléologues qui gèrent et explorent le lieu. La grotte, bien indiquée, se situe à 18 km au sud de Figeac.

Le Viguier du Roy Luxe et gastronomie **€€€**
(05 65 50 05 05 ; www.cite-hotels.com ; 52 rue Émile-Zola ; d/qua/suite 129-159-229 €, plats 27-34 €, menus 39-69 €, formule midi 23,50 € ; fermé dim soir, lun). L'établissement le plus réputé de Figeac est installé dans une magnifique demeure du XIVe siècle, à deux pas de la place Champollion. Autour de cours, patios et terrasses, se déploient de grandes chambres alliant tradition et modernité.

Au restaurant La Dinée le jeune chef Anthony Carballo met à l'honneur les meilleurs produits de la région – foie gras, agneau, truite, fraises – pour réaliser une cuisine délicate.

Où se restaurer

Mémé du Quercy Producteurs locaux **€-€€**
(09 83 55 06 07 ; www.memeduquercy.com ; 1 pl. Vival ; plats 12-21 € ; mer-lun 9h-19h). Inutile de chercher une vieille dame à fichu concoctant d'antiques recettes dans l'arrière-salle : Mémé du Quercy est le nom d'une association de producteurs qui proposent leurs produits dans cette boutique et table d'hôtes. On y sert au déjeuner des salades (magret fumé, saucisse de canard, foie gras, rillettes, cabécou) et des plats traditionnels comme le confit ou le cassoulet. C'est bon (sans être exceptionnel) et 100% local.

La Table de Marinette Traditionnel **€€**
(09 70 35 31 72 ; www.restaurant-table-marinette.fr ; 51 allée Victor-Hugo ; plats 16-20 €, menus 15/25/34 € ; fermé jeu-ven). Si le décor de cet établissement situé de l'autre côté de la rivière semble un peu suranné, avec son style 1930 et ses lourdes tentures, la chaleur de l'accueil compense cette première impression. L'autre bonne nouvelle est dans l'assiette : terrine de jarret de porc au foie gras, feuilleté de ris d'agneau au safran ou confit de canard... Nul doute : ici on sait manger. Un menu végétarien est également (et étonnamment) disponible.

La Racine et la Moelle Bistronomie **€€-€€€**
(09 83 53 81 58 ; 6 rue du Consulat ; plats 19-24 € ; mar-sam sf mer soir). Dans une petite rue cachée, après un passage couvert,

apparaît une jolie terrasse avec sa tonnelle couverte de vigne vierge. Là, ou dans la petite salle façon bistrot, se déguste une cuisine qui réinvente les classiques, à l'image de cette tête de veau snackée à la plancha ou de ce thon rouge et freekeh (ancienne variété de blé vert) au maïs doux, sans compter la poire pochée glace pain-café. Le tout accompagné d'une belle sélection de vins.

Renseignements

Office du tourisme (05 65 34 06 25 ; www.tourisme-figeac.com ; pl. Vival). Dans le bel hôtel de la Monnaie.

Comment circuler

Le centre de Figeac se découvre aisément à pied. Garez votre voiture place du Foirail (parking gratuit), à deux pas de Notre-Dame-du-Puy.

Depuis/vers Figeac

Bus Les lignes de bus du Lot sont recensées sur le site régional liO (05 65 53 43 91 ; mestrajets.lio.laregion.fr ; 2 €). La ligne n°889 relie Figeac à Cahors tous les jours via Cajarc et Saint-Cirq-Lapopie notamment.

Train De Paris, il existe un train de nuit direct pour Figeac, sinon correspondance à Brive-la-Gaillarde (entre 6 et 9 heures de trajet). Les TER entre Figeac et Brive passent par Assier, Gramat et Rocamadour (environ 1 heure 15).

Voiture Figeac est à 6 heures (570 km) de Paris via l'A20, à 3 heures 30 (240 km) de Montpellier via Millau et Rodez, à 2 heures 30 (185 km) de Toulouse via l'A20, à 3 heures 30 (300 km) de Bordeaux via l'A89.

LES ENVIRONS DE FIGEAC

Plusieurs sites aux environs de Figeac méritent la visite. À 10 km au nord, **Cardaillac** doit son élection parmi les "Plus beaux villages de France" à son fort médiéval très bien préservé. En son centre, la terrasse de la **tour de Sagnes** (9h-20h en été, 9h-17h en basse saison) offre un très beau panorama sur le village et sa campagne.

Le patio de l'hôtel Viguier du Roy

Le safran : trois stigmates d'or rouge

Rapporté par les croisés ou introduit par les Arabes via l'Espagne, le safran commença à être cultivé au XIe siècle dans le Quercy, où il se développa à grande échelle. Il fut cependant abandonné à partir du XVIIIe siècle au profit de cultures moins demandeuses de main-d'œuvre. Son renouveau dans la région remonte à 1997, lorsqu'un groupe de passionnés décida d'en reprendre la production. L'association de producteurs Les Safraniers du Quercy fut créée dans la foulée. Elle compte à ce jour près de 80 membres, qui produisent entre 6 et 8 kg de safran par an. Pourquoi un chiffre si bas ? Parce que le safran n'est pas une production agricole comme les autres, loin s'en faut. L'épice se résume en effet aux stigmates de la fleur d'une variété de crocus, le *Crocus sativus L*. Non seulement la fleur a une période de floraison très courte – trois semaines en octobre –, mais elle ne vit pas plus de 48 heures. Les safraniers doivent donc se tenir sur le qui-vive pour extraire à temps les trois longs stigmates rouge vif qui jaillissent de cette belle corolle mauve. Un travail de fourmi : il faut 200 fleurs pour produire 1 g de safran (lequel, en contrepartie, est vendu environ 30 €), d'où le prix si élevé de cette épice. Il est possible de visiter des safranières autour de Cajarc vers la mi-octobre. La ville accueille par ailleurs une **fête du Safran** le dernier samedi d'octobre. Renseignez-vous à l'**office du tourisme** (05 65 40 72 89) ou auprès de l'association **Les Safraniers du Quercy** (05 65 23 22 11 ; www.safran-du-quercy.com).

À moins de 10 km au sud de Figeac, deux autres villages remarquables valent le détour. La cité médiévale de **Capdenac-le-Haut** possède un donjon du XIIIe siècle et une fontaine troglodytique, dite des Anglais, qui aurait été creusée à l'époque romaine (ticket commun à l'office du tourisme ; 2,50 €). Le joli bourg perché de **Faycelles** ouvre quant à lui un très beau parcours le long de la vallée du Lot (p. 213 ; voir aussi p. 322). Non loin se trouve la grotte de Foissac (p. 210).

CAJARC ET LA VALLÉE DU LOT

Cajarc pourrait être un paisible village du Quercy comme il y en a des dizaines. Mais le destin en a décidé autrement, en associant son nom à Françoise Sagan (née ici, elle venait régulièrement dans la maison familiale), Georges Pompidou (qui en fut conseiller municipal) et enfin Coluche. C'est en effet ici que l'humoriste, qui avait une maison dans la région, situa son sketch *Le Schmilblick*, en 1976.

Si tout cela a laissé relativement peu de traces dans le village, Cajarc mérite en revanche la visite pour son petit centre ancien et, à l'automne, pour les safranières de ses environs. Le bourg est en effet considéré comme la "capitale" du safran du Quercy car c'est ici que s'est initié le renouveau de la filière, à la fin des années 1990. La **fête du Safran du Quercy** y a lieu le dernier samedi d'octobre.

À voir

Bourg médiéval Patrimoine

Actif au Moyen Âge grâce au commerce sur le Lot, Cajarc garde des traces de cette richesse passée : on peut voir les vestiges de demeures des XIVe et XVe siècles le long des rues menant à l'**église Saint-Étienne** (qui possède un bel orgue). Le boulevard du Tour-de-Ville délimite le village médiéval. Au n° 43 se trouve la **maison Quoirez**, belle demeure bourgeoise du XIXe siècle où Françoise Sagan vit le jour.

Maison des Arts Georges et Claude Pompidou Art contemporain

(05 65 40 78 19 ; www.magcp.fr ; horaires variables selon les expositions). GRATUIT Créée en

hommage à Georges et Claude Pompidou, la Maison des arts présente des expositions temporaires de référence pour les spécialistes. L'été, elle est à l'origine d'un parcours d'une vingtaine d'œuvres d'art exposées à ciel ouvert dans la vallée du Lot. Renseignez-vous sur le programme d'expositions en cours.

Vallée du Lot

Itinéraire

La vallée du Lot est particulièrement belle aux alentours de Cajarc. À l'est, un joli itinéraire mène au **château de Larroque-Toirac** (06 12 37 48 39 ; www.chateautoirac.com ; juil-sept 10h30-12h et 14h-18h30, mer et sam 14h-18h30, mai, juin et oct dim et jours fériés 14h-18h ; tarif plein/-12 ans 8/4 €. Visite nocturne aux chandelles ; juil-août mar 20h30 ; tarif plein/-12 ans 10/5 €) adossé à la falaise et doté de son système défensif. Plus loin, l'**église fortifiée romane de Saint-Pierre-Toirac** présente 53 chapiteaux du XIIe siècle particulièrement bien conservés. De l'autre côté du Lot, à 4 km de Cajarc, grimpez au **saut de la Mounine** pour jouir d'un panorama impressionnant sur un méandre de la rivière. Vers l'ouest, une très belle route au-dessus du Lot passe par les villages authentiques de **Calvignac**, doté d'un beau belvédère naturel en haut du bourg, et de **Larnagol**, en direction de Saint-Cirq-Lapopie (p. 259).

Reportez-vous aussi au cahier vélo pour un itinéraire de 180 km au départ de Cahors, à la découverte des vallées du Lot et du Célé.

Activités

Lot & Bike

Location de vélos

(06 23 11 62 50 ; www.location-velo-cajarc.com ; 1 bd du Tour-de-Ville) Dans le centre de Cajarc. Loue VTC, tandems, vélos enfant, VTT et VTC à assistance électrique, à la demi-journée ou à la journée. Des parcours sur mesure sont également proposés, adaptés au niveau de chacun.

Où se loger et se restaurer

Le Jeu de Quilles

Bistronomie €€

(05 65 33 71 40 ; 7 bd du Tour-de-Ville ; menus midi 18-22 €, soir 30 € ; mar-sam).

Cajarc

INSOLITE !
Le musée de l'Insolite

Une boule de pétanque à roulettes, une machine à tester si un colis est vraiment fragile (il le sera !), une peau de voiture tannée à l'indienne… Au pied de la falaise surplombant le Célé, ce "**musée**" (05 65 30 21 01 ; www.museedelinsolite.com ; entre Sauliac-sur-Célé et Cabrerets ; tarif plein/réduit 3/2 € ; juil-août 9h-20h, avr-juin et sept-oct 9h-19h) ressemble à première vue à un capharnaüm d'objets que d'autres mettraient au rebut, mais que Bertrand, diplômé hirsute de l'École du bizarre (ou du bazar) collectionne et recompose depuis 30 ans pour créer cet univers personnel et décalé. Indéniablement original, souvent drôle (mais pas toujours très fin, humour franchouillard oblige !), le lieu se parcourt comme on visiterait une brocante d'artiste où les objets ne sont pas à vendre.

Dans une salle tout en longueur décorée d'affiches vintage ou sous la tonnelle de la terrasse, vous savourerez des assiettes qui font la part belle aux produits régionaux assaisonnées d'une touche de modernité. Cuissons parfaites, accompagnements variés et belle carte des vins. Excellent rapport qualité/prix.

L'Allée des Vignes Gastronomie €€-€€€

(05 65 11 61 87 ; www.alleedesvignes.com ; 32 bd du Tour-de-Ville ; menus midi 42-59 €, soir 74-107 € ; jeu-sam soir et sam-dim midi haute saison, ven-sam soir et dim midi mi-saison). Des produits frais, locaux et de saison, quelques émulsions, quelques créations, un zeste de produits venus d'autres horizons, cette Allée des Vignes séduit avec une vraie cuisine de chef, mitonnée avec passion et servie avec le sourire. Jolie salle contemporaine, patio avec son puits en pierre et belle sélection de vins.

Cajarc Blue Hotel Hôtel-restaurant €€

(05 65 40 65 35 ; 380 av. François-Mitterrand ; www.cajarcbluehotel.fr ; d/tr/qua 62/89/97 ; menus 24-29 € restaurant tlj soir et dim midi ;). Très joliment rénové de bleu et de bois, cet hôtel années 1970 poursuit l'héritage pompidolien local. Les chambres, standard, sont confortables ; certaines sont dotées d'un balcon et ont vue sur la grande piscine. Espace fitness et spa.

Le restaurant, agréable avec ses plantes et ses grandes baies vitrées, sert une cuisine généreuse.

Renseignements

Office du tourisme (05 65 40 72 89 ; pl. Françoise-Sagan). Installé dans une ancienne chapelle, en bordure de la place principale.

MARCILHAC-SUR-CÉLÉ ET LA VALLÉE DU CÉLÉ

Aussi actif en juillet-août que déserté hors saison, ce joli village de 200 âmes vit autour des vestiges de son abbaye, qui rayonnait au XIe siècle sur toute la région, y compris Rocamadour. La vallée du Célé est l'occasion d'un bel itinéraire.

À voir

Abbaye de Marcilhac Patrimoine religieux

(07 69 46 07 79 ; www.abbayedemarcilhac.com). GRATUIT Au XIe siècle, l'abbaye de Marcilhac-sur-Célé affichait un prestige qui y attirait les pèlerins en route vers Compostelle. Elle possédait même l'église de Rocamadour, qu'elle délaissa. L'essor de cette dernière et la rivalité entre les deux sites, suivis des dégradations de la guerre de Cent Ans, des guerres de Religion et de la Révolution, sonnèrent son glas. Aujourd'hui, l'abbaye présente deux visages. D'une part la **partie romane** du XIe siècle, d'une part sous forme de vestiges à ciel ouvert, où l'on peut admirer le très beau tympan sculpté du portail sud représentant le Jugement

dernier ; d'autre part l'**église gothique** du XVe siècle, couverte et encore utilisée, avec ses boiseries et ses fresques des XVe et XVIe siècles, et prolongée d'une **salle capitulaire** en ogives. Des visites guidées sont organisées en saison.

Vallée du Célé Itinéraire

Au pied de falaises beige et ocre, la vallée du Célé, située entre Figeac et Saint-Cirq-Lapopie (p. 259), permet de découvrir un itinéraire aussi beau que tranquille, le long d'une route qui sinue entre les falaises. Vers Figeac, ne passez pas à côté du **prieuré de Val Paradis d'Espagnac Sainte-Eulalie** (05 81 48 06 57, visite guidée 2 € ; dim-ven 11h-12h et 16h-18h, mai-oct), avec son surprenant clocher à colombages et au toit de lauze. Vers Saint-Cirq-Lapopie, **Sauliac-sur-Célé**, avec l'écomusée de Cuzals (p. 208), est dominé par les ruines du vieux village semi-troglodytique, abandonné à la fin du XIXe siècle. En levant les yeux, on aperçoit plusieurs "**châteaux des Anglais**", ces refuges nichés dans la falaise utilisés pour se protéger durant les nombreuses guerres qui ont secoué la région au Moyen Âge. Après Cabrerets (p. 217), place à Bouziès (p. 263), où le Célé se jette dans le Lot.

Nous vous proposons aussi un itinéraire de 180 km au départ de Cahors, à la découverte des vallées du Lot et du Célé (voir le cahier vélo).

Activités

Nature et Loisirs Canoë-kayak

(05 65 30 25 69 ; www.nature-et-loisirs.com ; Sauliac-sur-Célé). Le Célé se prête à merveille à la pratique du canoë et du kayak. Classé en 1re catégorie, c'est une rivière calme qui permet des balades au fil de l'eau, en famille. Ce prestataire assure location de matériel et transport, tout comme **Passion aventure** (06 10 73 73 12 ; www.location-canoe-cele.com) à Marcilhac-sur-Célé.

Où se loger et se restaurer

Ô Pieds dans l'eau Bar-restaurant €

(06 20 78 27 67 ; pont de Marcilhac ; 9,5-25 € ; juil-août). Avant ou après la descente

Marcilhac-sur-Célé

À NE PAS MANQUER

La grotte du Pech Merle

Il aura fallu l'intrépidité de trois adolescents, qui rampèrent sur 140 m dans un étroit boyau, en 1922, pour que le monde découvre les peintures préhistoriques du Pech Merle. Aujourd'hui, cette grotte ornée est considérée comme l'un des sites majeurs de l'art paléolithique en Europe. Creusée par une rivière souterraine, la cavité, longue d'environ 2 km, présente en effet d'exceptionnels exemples de peintures pariétales, particulièrement bien préservées car l'entrée fut comblée par un éboulis à la fin de l'ère glaciaire, il y a environ 12 000 ans.

On découvre ainsi des **traces de présence animale** – ossements, griffures d'ours –, l'étonnante racine d'un chêne et de très belles **concrétions**, notamment d'insolites

du Célé en canoë, ce cabanon au bord de la rivière est idéal pour une pause : grillades à la plancha, spécialités régionales, salades, glaces.

Aux Lodges du Mas de Nadal

Tentes-lodges-restaurant €-€€

(☎ 05 65 31 20 51 ; www.masdenadal.com ; Mas de Nadal ; tentes simples avec literie sdb ext. d 58-64 €, tentes-lodges confort avec sdb 2/4 pers 99-107/139-155 € selon saison ; ⏲ mai-sept ; 🏊 📶 🅿). Étonnante adresse que ce camp "à l'africaine" au cœur du Quercy ! Ouverts en 2015 en pleine nature, au-dessus de Sauliac-sur-Célé, ces lodges se déclinent en une série de tentes safari impeccables et bien équipées, qui oscillent de la version "aventure" à l'option presque luxueuse. La piscine à débordement donnant sur les frondaisons contribue au chic naturel des lieux. Calme et dépaysement garantis et restaurant dans le même esprit. On peut louer un emplacement pour planter sa tente.

disques de pierre et les stupéfiantes "perles de caverne", des pierres arrondies par le ruissellement des eaux au fil des millénaires jusqu'à devenir parfaitement rondes et brillantes. Les concrétions naturelles de la dernière salle, la plus vaste, offrent un paysage souterrain exceptionnel.

Ce sont cependant les **traces de présence humaine** qui rendent cette grotte particulièrement remarquable. Outre les empreintes de pas laissées il y a 12 000 ans, probablement par un adolescent, elle renferme des dizaines de dessins, peintures et gravures. La très belle **frise noire**, réalisée avec du charbon de bois il y a environ 16 000 ans, représente une série de bisons, aurochs, chevaux et mammouths. Parfois appelée "Chapelle des Mammouths", elle est large de plusieurs mètres et ne fait pas mentir le terme d'art pariétal, tant la représentation est esthétique et précise. La fresque des **chevaux ponctués** est l'autre représentation majeure de la grotte. Occupant un panneau large de 3,60 m, elle représente deux grands chevaux, mais aussi un poisson, et se distingue par sa couleur ocre due à l'utilisation d'oxydes de manganèse et de baryum, en plus du charbon de bois. De grands points ocre complètent l'œuvre, ainsi que des **mains négatives** réalisées selon la technique du pochoir et qui comptent parmi les représentations les plus émouvantes de la visite. Ces motifs sont devenus le symbole du parc naturel des Causses du Quercy.

La visite inclut un **film** de 25 minutes et un petit **musée** présentant des objets préhistoriques et des informations sur la grotte, ainsi que sur l'abbé Amédée Lemozi, qui fut le premier à s'y intéresser, dans les années 1920.

Infos pratiques

Grotte (05 65 31 27 05 ; www.pechmerle.com ; Cabrerets ; tarif plein/5-14 ans/-5 ans 14/8,50 €/3,50 ; juil-août tlj 9h-17h, mai-juin et sept-oct tlj 9h30-12h et 13h30-17h, fév à mi-mars sam-lun et mer 14h-16h, mi-mars à fin mars sam-lun 14h-16h). D'avril à début novembre, le musée de la Préhistoire ferme une heure plus tard que la grotte.

Accès L'accès par une entrée artificielle, l'environnement relativement sec et les bons aménagements rendent la visite accessible à tous. Les photos et vidéos sont strictement interdites, même sans flash. Prévoyez un vêtement chaud, car il règne dans les grottes une température constante de 12,5°C.

Réservation Afin de protéger les peintures, les entrées sont limitées à 700 visiteurs par jour, par groupes de 25 personnes toutes les demi-heures, dans le cadre de visites guidées d'environ 1 heure (dont 45 minutes dans la grotte). Il est fortement conseillé de réserver sa visite trois jours auparavant, par téléphone ou sur le site Web, à plus forte raison en juillet-août.

Renseignements

Office du tourisme (05 65 34 06 25 ; maison du Roy). Permanence en saison uniquement.

CABRERETS

Au bord du Lot, sur lequel veille le château des Gontaut-Biron, ce village doit sa notoriété à la grotte du Pech Merle (ci-dessus). Le site, l'un des plus visités de la région, appartient à la commune, qui en gère les visites.

Où se loger et se restaurer

Hôtel-restaurant des Grottes Hôtel-restaurant **€-€€**
(05 65 31 27 02 ; Le Bourg, Cabrerets ; www.hoteldesgrottes.com ; d/tr/qua 55-95/90-115/95-135 € ; menus 16-19 € ; mi avr à début oct ;). Devenu une quasi-institution au fil du temps, cet hôtel-restaurant familial ouvert en 1929 présente deux atouts : sa jolie piscine et sa cuisine simple et goûteuse, servie dans une salle à manger

Le triangle noir du Quercy

L'isolement a du bon. Au cœur des causses, le triangle noir du Quercy désigne l'une des régions de l'Hexagone les moins exposées à la pollution lumineuse des villes, routes et autres équipements. Entre **Sauliac-sur-Célé**, **Labastide-Murat** et **Livernon**, ce périmètre offre ainsi un cadre privilégié pour l'observation des étoiles. L'association **Olterra** (☎ 06 41 51 49 58 ; www.olterra.fr ; Marcilhac-sur-Célé) organise des soirées d'observation des planètes (sur réservation).

très claire, prolongée par une terrasse surplombant le Célé. Les neuf chambres donnant sur la rivière ont été rénovées dans un style tendance. Les six autres, plus basiques, sont aussi moins chères.

Atypique Chambres d'hôtes €€€

(☎ 05 65 21 48 97, 06 80 42 46 47 ; Le Bout du Lieu ; www.chambresdhoteatypique.com ; d avec petit-déj 140-200 € ; P ; wifi). Voilà une adresse qui ne manque pas de personnalité !
À la sortie de Cabrerets, en direction de Marcilhac-sur-Célé, Atypique propose une série d'hébergements aussi originaux que confortables : une cabane avec bain nordique, une bulle, deux tipis en toile et trois très belles chambres à la décoration soignée et zen, certaines avec lits ronds suspendus, ou en partie creusées dans la roche. À découvrir ! Tarifs dégressifs dès la deuxième nuit.

Activités

Ferme équestre du Pech-Merle Équitation

(☎ 06 11 93 25 23 ; www.pechmerle.fr). Située juste au-dessus de la grotte du Pech Merle (p. 216), elle propose des promenades en attelage, des balades à la demi-journée ou à la journée, ainsi que des randonnées plus longues (3 à 6 jours).

DE FIGEAC À ROCAMADOUR

Plutôt que la route directe (D840), une série de routes secondaires permet de parcourir la quarantaine de kilomètres qui sépare Figeac de Rocamadour, en passant par les beaux paysages sauvages du cœur du parc naturel des Causses du Quercy.
Il est possible de rejoindre cet itinéraire depuis la grotte du Pech Merle, Marcilhac-sur-Célé (p. 214) ou Saint-Cirq-Lapopie (p. 259).

À voir

Château d'Assier Renaissance

(☎ 05 65 40 40 99 ; www.chateau-assier.fr ; tarif plein/réduit 4 €/gratuit ; ⏲ mi-mai-août mer-lun 10h-12h30 et 14h-18h30). Ce petit château dont il ne reste qu'une aile a été bâti au début du XVIe siècle par Jacques Ricard de Genouillac (1465-1546, dit "Galiot de Genouillac"), écuyer de Charles VIII puis "grand écuyer de France" sous François Ier. Pour célébrer une réussite qui le remplissait de fierté, ce fils de la moyenne noblesse quercynoise devenu proche de la Couronne fit construire l'édifice à l'emplacement de la demeure où il était né. Le château est intéressant pour ses façades extérieures Renaissance, mais aussi pour les sculptures et bas-reliefs exposés à l'intérieur, et pour son bel escalier. Vendu par les descendants de Jacques de Genouillac en 1768, laissé à l'abandon, le château a été sauvé de la démolition complète, classé Monument historique en 1901 et racheté par l'État en 1934. Galiot de Genouillac participa également à la construction de l'intéressante **église** du village, à 100 m, dont l'extérieur est orné d'une frise qui présente ses exploits guerriers.

Château de Lacapelle-Marival Moyen Âge

(☎ 07 87 14 71 36 ; www.ap-chateau-lacapelle-marival.fr ; visite guidée tarif plein/- 18 ans 5 €/gratuit ; ⏲ juil-août tlj 10h30-12h30 et 14h-18h30). Cet imposant château fut la résidence de la famille de Cardaillac durant quatre siècles. Le bâtiment d'origine, un donjon haut de 30 m, qui date du XVe siècle, fut remanié puis agrandi à de nombreuses reprises. La visite guidée permet en particulier d'accéder au chemin de ronde et d'admirer les charpentes et les toitures en lauze. Parmi les pièces du château, l'une recèle un beau plafond à la française orné de reproductions d'estampes hollandaises.

Gramat — Bourg et causse

Centre régional assez actif, le bourg de Gramat peut servir de base pour explorer les environs, notamment le causse du même nom qui s'étend au sud jusqu'au beau village d'**Espédaillac** et au-delà. Fondée au XIe siècle, la ville est réputée pour ses foires depuis le XIXe siècle et perpétue cette tradition les 2e et 4e jeudis de chaque mois. Au hasard de ses ruelles, vous pourrez admirer la **tour de l'Horloge** du XVIe siècle, l'**église Saint-Pierre** et la belle **halle** du XIXe siècle.

Où se loger et se restaurer

Assier

L'Assiérois — Restaurant €€

(05 65 40 56 27 ; lassierois.com ; pl. de l'Église ; plats 19-23 €, menu 36 € ; fermé dim soir, mer soir et lun en saison, mar soir, mer soir, dim soir et lun hors saison). On est étonné de trouver cette belle salle de restaurant, moderne et claire, dans ce modeste village. Les atouts des lieux ne se limitent cependant pas là, L'Assiérois proposant une cuisine soignée, au carrefour des produits locaux et d'influences plus exotiques.

Espédaillac

Auberge Beauville — Traditionnel €-€€

(05 65 40 55 62 ; formule midi 14,5 €, menus 25-27 € ; juil-août fermé dim soir et lun, hors saison ouvert tous les midis). Au cœur de ce très joli village du causse, l'auberge Beauville joue avec brio la carte de la tradition avec une cuisine familiale à base de produits locaux : foie gras, confit, agneau du causse, coq au vin. Le bon accueil et le pastis maison (une tourtière

Rocamadour, mode d'emploi

Il n'est pas facile pour le nouveau venu de s'orienter à Rocamadour (p. 220). Non seulement parce que le village est réservé aux piétons (tant mieux), mais aussi parce qu'il est "éclaté" en plusieurs sites, tant sur la longueur que sur la hauteur. Le site se divise en effet en trois "étages" : en bas se trouve la **cité médiévale**, avec ses habitations et la rue principale commerçante ; à mi-hauteur la **cité religieuse** et ses sanctuaires ; et, au sommet, le **château** (fermé à la visite), relié à la cité médiévale par un **chemin de croix**.

L'ensemble, escarpé, peut se parcourir à pied. Il est également possible d'avoir recours à deux **ascenseurs** : l'un (aller simple/aller-retour 2,10/3,10 € ; lun-sam 9h-19h, dim 9h-19h30) relie les sanctuaires depuis la rue principale de la cité médiévale ; l'autre (aller simple/aller-retour 2,70/4,30 €, visite guidée adulte 8,80 € ; fév-mars et nov-déc 10h-12h30 et 14h-17h30, avr et oct 9h-18h, mai-juin et sept 9h-19h, juil-août 9h-21h), incliné comme un funiculaire, fait la liaison entre les sanctuaires et le château. Il existe aussi un billet combiné (aller simple/aller-retour 4,20/6,20 €).

La circulation automobile étant strictement réglementée, vous devrez vous garer à **L'Hospitalet**, la partie du site où sont concentrés de nombreux commerces, hôtels, services et parkings. De là, la "**voie sainte**", pavée, descend vers la cité médiévale. Un parking se trouve également près du **château** (situé à la même altitude que L'Hospitalet), d'où il est possible de descendre vers la cité médiévale et les sanctuaires par le chemin de croix ou les ascenseurs. Enfin un dernier parking se situe dans la **vallée**, d'où l'on parvient à la cité par une montée raide. Les parkings sont au même tarif (forfait jour/semaine 6 €).

Saint Amadour

Doté d'un simple oratoire dédié à la Vierge dans les premières années du XIIe siècle, le site de Rocamadour prit son envergure religieuse en 1166 lorsque ses habitants, souhaitant inhumer l'un d'entre eux, découvrirent un corps intact près de la chapelle. Qui avait été enterré là ? Le mystère n'a jamais été levé. Selon les sources, saint Amadour serait un proche de Jésus, un ermite ou un collecteur d'impôts (le Zachée du Nouveau Testament), venu s'établir ici à la mort de sa femme. Toujours est-il que plusieurs miracles furent recensés à la suite de cette découverte. En 1172, un moine local en dénombrait 126 dans le *Livre des miracles de Notre-Dame*. La renommée du site se répandit dès lors dans toute l'Europe, des foules de pèlerins s'y rendant pour demander guérison et pardon à la Vierge noire. Ils furent bientôt rejoints par de nombreux fidèles effectuant le pèlerinage de Saint-Jacques-de-Compostelle, dont beaucoup faisaient le détour par Rocamadour. La renommée du site culmina au XIIIe siècle. Vint ensuite une longue période de déclin avec la guerre de Cent Ans et les guerres de Religion, durant lesquelles la cité religieuse fut saccagée par les protestants. Le site en ruine fut finalement restauré au XIXe siècle, à l'initiative des évêques de Cahors, et bénéficie depuis du tourisme et du renouveau du pèlerinage de Saint-Jacques.

aux pommes à pâte fine, traditionnelle du Sud-Ouest) ont laissé à beaucoup des souvenirs émus.

Gramat

Le Lion d'Or Hôtel-restaurant €-€€

(☎ 05 65 10 46 10 ; www.hotel-leliondor-gramat.fr ; 8 pl. de la République ; plats 13,5-20 €, menus 19-25 € ; d/tr 75/90 € ; P ❄ wifi).

Au centre de Gramat, dans une belle demeure dotée d'une terrasse sous une pergola, l'établissement sert une cuisine du terroir classique : rocamadour, foie gras, magret, gâteau aux noix, le tout servi avec gentillesse. À l'étage, 15 chambres confortables et bien équipées.

ROCAMADOUR

Une falaise dominant de 150 m les gorges de l'Alzou, un lieu de pèlerinage depuis le XIIe siècle, une cité médiévale spectaculairement accrochée à la roche, un château coiffant l'ensemble… Rocamadour, merveille incontournable, est tout cela à la fois. Nul doute que ce bourg de 650 habitants restera comme l'un des temps forts de votre visite dans le Quercy. Lieu saint pour les uns, site naturel et culturel d'exception pour les autres, Rocamadour est aussi un village très touristique, où ceux qui connaissent le Mont-Saint-Michel ne seront pas (trop) dépaysés. Aussi bondé en haute saison que vide dès les premiers frimas, le bourg voit les marchands du Temple s'aligner dans sa rue principale où l'on vend de tout… sauf les fromages qui doivent leur nom aux lieux (voir l'encadré page suivante). La ville est particulièrement animée durant les **Montgolfiades** (p. 43), en septembre.

L'encadré de la p. 219 peut vous aider à organiser votre visite.

À voir

Cité médiévale Rue commerçante

Elle se limite à la **rue de la Couronnerie**, piétonne et commerçante. Bordée de maisons d'habitation anciennes, elle relie la **porte du Figuier** (XIIIe siècle) à la **porte Basse** en passant par la superbe **porte Salmon**, rehaussée d'une tour à colombages. L'escalier des pèlerins, aussi appelé **Grand Escalier**, en face de l'hôtel-restaurant Le Terminus des Pèlerins, permet de monter aux sanctuaires. L'**ascenseur** qui fait le même trajet se trouve près du restaurant Jehan de Valon.

Rocamadour

Sanctuaires — Lieux de pèlerinage

(05 65 14 10 59 ; www.sanctuairerocamadour.com ; juil-août 7h-22h, sept 8h-21h30, oct et avr-juin 8h-20h, nov-avr 8h30-18h30 ; visite guidée spirituelle et historique fév-nov lun-ven à 10h30 et 14h30). GRATUIT Également appelé place Saint-Amadour, le parvis de la cité religieuse abrite sept églises et chapelles blotties dans un mouchoir de poche au pied de la falaise. L'édifice le plus massif est la **basilique Saint-Sauveur**, érigée au début du XIIIe siècle et constituée de deux nefs – l'une était réservée aux pèlerins, l'autre aux religieux – séparées par des piliers. Les **chapelles Saint-Jean-Baptiste**, **Sainte-Anne** et **Saint-Blaise** se serrent sur sa droite quand on arrive par l'escalier. Quelques marches permettent de descendre à la **crypte Saint-Amadour**, de style roman très sobre, où l'on présentait autrefois le corps du saint aux pèlerins.

Côté falaise, on remarque les fresques de style romano-byzantin qui ornent l'extérieur de la petite **chapelle Saint-Michel**. Réalisées au XIIe siècle, elles ont pour thème l'Annonciation et la Visitation. À l'intérieur, une peinture murale du XIIIe siècle illustre une scène du Jugement dernier.

La **chapelle Notre-Dame**, but ultime des pèlerins, s'appuie contre la paroi juste à côté, derrière un portail gothique

L'autre rocamadour

Ici, on l'appelle simplement le cabécou. Mais son véritable nom est le rocamadour depuis la définition d'une AOP, en 1996, pour le fromage de chèvre des Causses du Quercy. De Cahors au nord de Martel et de Gourdon aux portes de Figeac, une trentaine de producteurs fermiers perpétuent la tradition de ce délicat petit fromage rond, apprécié pour son onctuosité et son léger goût de noisette. Vous trouverez la liste de tous les producteurs sur **www.aop-rocamadour.com**.

Grottes de Lacave

flamboyant. Cœur spirituel de la cité religieuse, cette chapelle du XVe siècle parfois appelée "chapelle des Miracles" abrite la **Vierge noire**, statue en bois du XIIe siècle considérée comme miraculeuse. À gauche de l'entrée de la chapelle, un emplacement dans la roche signale l'endroit où aurait été découvert le corps de saint Amadour.

Chemin de croix — Pèlerinage

(accès libre). Créé au XIXe siècle, il monte en serpentant sous les arbres entre la cité religieuse et le château, jalonné de chapelles présentant les stations du calvaire du Christ. Après une petite grotte, il s'achève par la croix de Jérusalem, rapportée par des pèlerins.

Château et remparts — Point de vue

(accès aux remparts 9h-19h ; 2 €). Surplombant le village et ses sanctuaires, le château de Rocamadour fut élevé au XIVe siècle pour protéger la cité religieuse des attaques venant du plateau. Ravagé avec l'ensemble de la cité durant les guerres de Religion, il fut reconstruit au XIXe siècle dans un style néogothique. Il ne se visite pas, mais un portillon automatique payant permet de découvrir le panorama (limité) qui s'ouvre depuis ses remparts.

Grotte des Merveilles — Préhistoire

(05 65 33 67 92 ; www.grottedesmerveilles.com ; L'Hospitalet ; tarif plein/5-11 ans/-5 ans 8/5 €/gratuit ; horaires selon saison, voir le site Web, visite de 45 min toutes les heures). Cette grotte aux dimensions très réduites permet d'avoir un modeste aperçu de l'art paléolithique dans le Quercy. Découverte en 1920, elle est l'occasion de voir six représentations de mains réalisées au pochoir et autant de chevaux. Si vous n'avez pas le temps d'aller à la grotte du Pech Merle...

Où se loger

Le Terminus des Pèlerins — Hôtel-restaurant €€

(05 65 33 62 14 ; www.terminus-des-pelerins.fr ; pl. Carretta, cité médiévale ; s/d/tr/qua 63-79/69-89/96/103 € ; plats 13,50-20 €,

VAUT LE DÉTOUR

Les grottes de Lacave et des Carbonnières

À 10 km de Rocamadour, dans la vallée de la Dordogne, les **grottes de Lacave** (05 65 37 87 03 ; www.grottes-de-lacave.fr ; Lacave ; tarif plein/14-20 ans/4-13 ans/-4 ans 12/10/7,50 €/gratuit ; fév-mars, oct à mi-nov et fin déc tlj 10h-12h et 14h-17h, avr-juin et fin août-sept tlj 9h30-12h et 14h-17h30, juil tlj 9h30-12h30 et 13h30-18h, 1er-25 août tlj 9h30-18h) doivent à leurs exceptionnelles concrétions de compter parmi les plus visitées de la région. Découvertes accidentellement en 1905 par le savant et spéléologue Armand Viré – il cherchait en fait à atteindre un gouffre voisin –, les grottes de Lacave ont été ouvertes au public dès l'année suivante. En 1961, un premier train souterrain fut installé afin de rapprocher les visiteurs de l'entrée des grottes. Aujourd'hui encore, c'est par un **train électrique** moderne que l'on pénètre dans la falaise jusqu'à l'entrée des cavités souterraines, longues de plusieurs kilomètres. La **visite guidée** (1 heure 15 environ ; en saison toutes les 15 minutes, toutes les 25 minutes hors saison ; pas de réservation) parcourt 1,5 km de galeries, révélant au passage ses superbes **concrétions** de calcaire – magnifiques stalactites ressemblant à des racines pétrifiées, cascades de calcite figées et autres fantasmagories minérales –, façonnées par des millénaires de ruissellement. On retiendra notamment celles de la **salle du Grand Dôme**, haute de 60 m, et l'étonnant paysage des **plans d'eau souterrains** reflétant en miroir les formations de calcaire. La **salle des Merveilles** est un autre point d'orgue de la visite : d'une superficie de plus de 2 000 m², elle est équipée d'un éclairage ultraviolet qui permet de voir les concrétions en train de se former, les gouttes d'eau perlant sur la roche (et l'alimentant en calcite) brillant comme des lucioles au bout des stalactites.

Entre Lacave et Rocamadour, la **grotte des Carbonnières** (05 65 32 28 28 ; www.grottedescarbonnieres.com ; Lacave ; tarif plein/5-13 ans/-5 ans 8,90/4,90 €/gratuit ; mi-mai à mi-nov, mi-mai à sept tlj 10h-18h30, oct à mi-nov tlj 10h-18h) est la dernière découverte géologique majeure en France. Ouverte en 2018, elle présente de belles formations minérales très variées (colonnes, draperies, disques, fistuleuses...) et joliment mises en valeur jusqu'à un son et lumière dans la dernière salle. De taille plus modeste que celles de Lacave, la grotte présente l'intérêt d'être accessible à tous : le parcours se fait le long d'une galerie de 350 m, sans escalier. Le site se trouve par ailleurs au sein du **Préhisto-Dino Parc** (05 65 32 28 28 ; www.prehistodino.com ; Lacave ; tarif plein/5-13 ans/-5 ans 8,90/4,90 €/gratuit, billet jumelé parc/grotte 14,50/8/gratuit ; mi-mai à mi-nov, mi-mai à juin et sept tlj 10h-19h, juil-août 10h-20h, oct à mi-nov tlj 10h-18h) où les enfants peuvent découvrir des reproductions grandeur nature d'animaux préhistoriques, dont plusieurs en mouvement, ainsi que la reconstitution d'un village néolithique.

menus 20-39 € ; avr-oct tlj midi et soir ;). Presque au pied du Grand Escalier, ce deux-étoiles familial est installé de longue date dans une belle maison en pierre au charme d'auberge à l'ancienne. Vous y trouverez 12 chambres à la décoration assez standard mais fraîches et bien tenues. La plupart ont vue sur la vallée ; les plus chères disposent d'une terrasse.

Côté restaurant, on sert une cuisine de tradition bien préparée et à prix raisonnables, à déguster sur la belle terrasse avec vue sur la vallée ou dans la salle aux murs de pierre.

Le Belvédère Hôtel-restaurant €€

(05 65 33 63 25 ; www.hotel-le-belvedere.fr ; L'Hospitalet ; d vue vallée/vue site 58-63/74-84 € selon saison ; plats 15-23 €, menus 19-26 € P).

L'un des meilleurs emplacements à L'Hospitalet avec vue sur le site de Rocamadour depuis le restaurant et la plupart des chambres. Rénovées et bien équipées, ces dernières sont agrémentées de teintes chaudes et modernes. Les clients peuvent profiter d'une piscine située à 300 m de l'établissement.

À la carte du restaurant, le canard occupe une place de choix : foie gras mi-cuit ou poêlé, magret et confit, sans oublier le rocamadour local.

Beau Site Adresse de charme **€€-€€€**
(05 65 33 63 08 ; www.beausite-rocamadour.com ; cité médiévale ; d classique/sup/privilège 85-105/95-125/125-165, familiale 105-135 € selon saison ;). Dans la belle maison de pierre avec son escalier en bois, ou dans son annexe de l'autre côté de la rue principale de Rocamadour, les chambres de cet établissement allient luxe et modernité. Rénovées pour la plupart, elles offrent des prestations de qualité avec des configurations et des vues différentes : sur la vallée (et même avec balcon), sur les sanctuaires ou sur la rue. À l'arrière, une terrasse intérieure donne également sur le site. Promotions en ligne.

Les Esclargies Hôtel et parc **€€€**
(05 65 38 73 23, 06 13 03 47 23 ; www.esclargies.com ; 1, impasse des Esclargies, L'Hospitalet ; d standard/sup 80-122/112-165 €, tr 130-160 € selon saison ;). Un bâtiment à l'architecture moderne et lumineuse aux grandes baies vitrées ouvertes sur un parc planté de chênes au cœur de L'Hospitalet, des chambres confortables dont la déco aux teintes douces mise sur le naturel (boiseries, jonc de mer), une belle piscine, un accueil tout en gentillesse : difficile de ne pas être séduit par cette bulle de quiétude. Les chambres standard sont un peu petites.

Où se restaurer

Les trois adresses ci-après sont distantes de quelques centaines de mètres, dans la rue principale de la cité médiévale.

Envies de Terroir Brasserie de terroir **€-€€**
(05 65 33 67 38 ; rue de la Couronnerie ; plats 10,50-32 €, formule casse-croûte 12,50 €, menu 28,50 € ; juil-août tlj midi et soir, jeu-mar midi seulement hors saison). Omelette aux cèpes ou aux truffes noires, confit et cassoulet... la carte est sans grande surprise mais les produits sélectionnés et le cadre, aéré et moderne, changent un peu des adresses habituelles.

La Table du Curé Bistrot **€€**
(05 65 33 65 81 ; www.latableducure-rocamadour.com ; rue de la Couronnerie ; menus midi 18,90-23,90 €, soir 34,50 €, plats 16,90-22,50 € ; juil-août tlj, ven-mer hors saison). Belle ambiance de bistrot, notamment dans la très jolie salle du 1er étage, et agréable terrasse. La carte joue parfaitement la tradition avec un marbré de pintade et foie gras, un excellent cassoulet du chef ou encore un baba à la vieille prune de Souillac et glace à la noix du Périgord.

Le Jehan de Valon Gastronomie **€€€**
(05 65 33 63 08 ; www.beausite-rocamadour.com ; cité médiévale ; menu midi 21 €, soir 36 €, plats 16-45 € ; mi-fév-oct). Un sans-faute pour cette table, sans conteste la meilleure de Rocamadour. Dans la salle aux grandes baies vitrées ou sur la terrasse sous les tilleuls, la vue sur la vallée y est toujours reposante. Les plats sont travaillés et parfaitement réalisés, avec une pointe de sophistication à l'image des émulsions citron basilic ou cresson accompagnant poulet et cabillaud. Mais la tradition n'est pas en reste avec le gigot d'agneau du Quercy (découpé en salle) et ses haricots blancs. Et, cerise sur le gâteau, le service est agréable et efficace. L'établissement fait également bar le soir, côté rue.

Achats

La Maison des Abeilles Miel
(05 65 33 66 98 ; L'Hospitalet ; avr-sept 10h-12h et 14h-19h). Abeilles (derrière une baie vitrée), ruches, film explicatif, animations : la petite exposition présentée

© OLIVIER CIRENDINI

À NE PAS MANQUER

Le gouffre de Padirac

Immense cavité naturelle formée par l'effondrement de la voûte d'une ancienne grotte, le gouffre de Padirac est l'un des sites les plus impressionnants de la région. D'autant plus qu'il ne se limite pas à son gouffre : à 103 m sous terre, une rivière souterraine mène à de superbes grottes tapissées de concrétions de calcaire aux formes extravagantes. "Ici commence la vraie merveille", s'écria Édouard-Alfred Martel en l'explorant pour la première fois, le 9 juillet 1889. On ne peut que lui donner raison.

La visite débute par la **descente dans le fond du gouffre**, soit en ascenseur, soit par un escalier métallique. On pénètre ensuite dans les galeries menant aux grottes pour rejoindre l'embarcadère des barques, maniées à la perche et pouvant accueillir dix passagers. L'expérience d'une dizaine de minutes de **balade en barque sur la rivière souterraine**, durant laquelle on découvre la **Grande Pendeloque**, majestueuse stalactite de 60 m de haut pendue au-dessus du lac de la Pluie, est étonnante. Durant la demi-heure de **visite des grottes** qui suit, on longe le lac des Gours avant de pénétrer dans la **salle du Grand Dôme**. Haute de 90 m et bordée de dentelles de calcaire se reflétant dans les eaux souterraines, c'est l'une des plus majestueuses du site. Elle est cependant concurrencée par la vision du **lac Supérieur**, avec ses bénitiers de calcaire et sa surprenante formation appelée la "pile d'assiettes". Prenez de quoi vous couvrir, les grottes affichant en permanence une température de 13 °C.

Infos pratiques

Gouffre (☎05 65 33 64 56 ; www.gouffre-de-padirac.com ; Padirac ; tarif plein/4-12 ans/-4 ans 18,50/14 €/gratuit ; ⏲tlj fin mars-11 nov ; tlj sauf ven en basse saison ; horaires très fluctuants, consultez le site Web). Lors de "soirées explorateurs", il est possible de visiter le gouffre plongé dans le noir à la lueur d'une lanterne. Renseignements sur le site.

Accès et réservation En saison, excepté pour les visites en fin de journée, réservez 4 à 5 jours à l'avance. Prévoyez de l'attente à l'embarcadère des barques. La visite est accessible à tous. Le gouffre, très bien indiqué, est situé à 16 km au nord-est de Rocamadour, par la D673.

Où se restaurer Plusieurs cafés-restaurants touristiques, dont L'Auberge du Gouffre de Padirac, permettent de se restaurer aux abords du site.

ici permet d'en savoir plus sur cet insecte, aujourd'hui fragilisé... avant de profiter des multiples produits de l'apiculture. Et le choix est vaste : miel, pollens, pain d'épice, boissons aromatisées mais aussi savons, crèmes de beauté et produits de santé.

La Ferme des Alix — Lavande

(06 47 07 69 94 ; www.fermedesalix.fr ; Les Alix ; juil-août 10h30-13h et 14h-18h30, avr-juin et sept 14h-18h ; visite guidée juil-août ma-ven 17h ; jeu de piste 19 €/2 pers). La lavande est de retour dans le Quercy et cette exploitation-distillerie met en avant sa production dont les usages se retrouvent dans la pharmacie, la cosmétique ou la cuisine. Au choix : film, visite guidée ou un jeu de piste muni d'une tablette numérique. La boutique propose les produits de la ferme : savons, huiles essentielles, gâteaux, chocolats...

Renseignements

Office du tourisme (05 65 33 22 00 ; www.vallee-dordogne.com ; juil-août 9h30-19h, jan-mars et nov-déc 10h-12h30 et 14h-17h, mars-juin et sept-oct 10h-12h30 et 14h-18h). Deux bureaux : l'un dans la rue principale de la cité médiévale et l'autre à L'Hospitalet.

Depuis/vers Rocamadour

Des **TER** relient chaque jour Rocamadour à Figeac (35 min) et à Brive-la-Gaillarde (40 min). La gare est située à 4 km de L'Hospitalet. Vous pouvez prendre un taxi pour vous y emmener (06 07 14 72 36 ou 07 61 89 26 08 ; 25-30 € ; sur résa).

SAINT-CÉRÉ ET SES ENVIRONS

Fondée dans la foulée de la place forte médiévale de **Saint-Laurent-les-Tours**, Saint-Céré révèle son charme au fil des ruelles qui bordent sa place du Mercadial. Si elle ne parvient pas à retenir longtemps les visiteurs – hormis durant son festival d'art lyrique, début août –, la ville est en revanche entourée de plusieurs lieux qui méritent la visite, au premier rang desquels l'atelier-musée Jean-Lurçat, à Saint-Laurent-les-Tours. Les villages d'Autoire, de Loubressac, les châteaux de Montal et de Castelnau-Bretenoux, ainsi que les grottes de Presque figurent également parmi les attraits de ses environs.

On est ici à un carrefour. D'un côté le Massif central, dont on voit en saison les sommets enneigés si on prend de la hauteur en pénétrant le territoire du Ségala, de l'autre les causses du Lot, et au pied du village, la vallée de la Dordogne.

À voir

Vieille ville — Patrimoine

Elle est centrée autour de la belle **place du Mercadial**, où l'on peut admirer la **maison des Consuls**, de style Renaissance. Non loin, rue du Mazel, on remarquera l'**hôtel Ambert**, qui se distingue par sa haute tourelle d'angle du XVe siècle, tout comme l'**hôtel de Miramon**, rue Saint-Cyr. L'**église Sainte-Spérie**, d'origine romane, n'a eu de cesse d'être modifiée au cours du temps. Elle est dédiée à cette sainte qui, selon la croyance, alla laver sa tête coupée dans l'eau claire, après avoir été décapitée car elle refusait d'épouser un seigneur local.

Atelier-musée Jean-Lurçat — Château et tapisserie contemporaine

(05 65 38 28 21 ; musees.lot.fr/atelier-muse-jean-lur-0 ; Saint-Laurent-les-Tours ; tarif plein/12-26 ans/-12 ans 4/2 €/gratuit ; avr-sept mar-dim 10h30-12h30 et 14h30-18h30). Le musée est en lui-même une bonne raison d'inscrire les abords de Saint-Céré sur son carnet de route. Juché au-dessus de la ville, le **château Saint-Laurent-les-Tours** est intimement lié à l'œuvre de l'artiste Jean Lurçat (1892-1966), créateur de tapisseries contemporaines aussi éclatantes qu'inspirées. Ce Vosgien pacifiste commença par s'orienter vers la peinture avant de découvrir la tapisserie murale, à laquelle il a donné une dimension nouvelle. Grand voyageur,

Lurçat exposa aux côtés de Matisse et de Picasso. "Je crois à la fin de la stupidité", disait cet artiste profondément marqué par les guerres, qui participa à la Résistance dans le Quercy. C'est à cette époque qu'il vit pour la première fois le château de Saint-Laurent-les-Tours, qu'il acheta en 1945 et transforma en atelier. Le site, offert au département par sa veuve, est resté tel que l'artiste l'a laissé. On peut y voir une belle collection de ses œuvres. À lui seul, le jardin, avec sa vue à 360° sur les environs, vaut le déplacement.

Château de Montal — Renaissance

(05 65 38 13 72 ; www.chateau-montal.fr ; Saint-Jean-Lespinasse ; tarif plein/-25 ans, 8 €/gratuit ; billet jumelé avec Castelnau-Bretenoux 12 € ; juil-août tlj 10h-12h30 et 14h00-18h30, mi-mai à juin mer-lun 10h-12h30 et 14h00-18h30, sept-avr mer-lun 10h-12h30 et 14h30-17h30). Aux portes de Saint-Céré, ce château, érigé au début du XVIe siècle sur le site d'un ancien édifice féodal, est remarquable pour le décor sculpté de sa façade intérieure Renaissance, où fenêtres à meneaux et bustes des membres de la famille de Montal côtoient une frise sculptée de plus de 30 m. Finement sculpté dans la pierre calcaire de Carennac, le dessous des marches de l'escalier monumental, où dauphins et motifs floraux s'entremêlent, surprend par son incroyable délicatesse. Ces ornementations sont le fruit des efforts de Jeanne de Balsac d'Entraygues, qui fit venir, pour les réaliser, les meilleurs artisans de la Loire. Au XIXe siècle, le château fut racheté par un marchand de biens qui fit démonter 120 tonnes de sculptures et de décorations et les vendit aux enchères dans le monde entier. Le château doit son salut à l'industriel Maurice Fenaille qui le racheta en 1908 et le restaura à grands frais en acquérant ou en faisant copier les originaux dispersés dans des musées et chez des collectionneurs, avant de céder le tout à l'État. Montal, par la suite, eut une visiteuse de choix : *La Joconde* y fut cachée entre 1943 et 1945.

Grottes de Presque — Concrétions

(05 65 40 32 01, 06 70 53 82 87 ; www.grottesdepresque.com ; Saint-Médard-de-Presque ; tarif plein/réduit/-6 ans 8,50/5 €/gratuit ; juil-août tlj 9h30-18h30, mars et oct tlj 10h-12h et 14h-17h, avr-juin et sept tlj 9h30-11h30 et 14h-18h). Découvertes en 1825 et ouvertes au public presque un siècle plus tard, les grottes de Presque sont situées à 5 km de Saint-Céré en direction de Padirac. Elles présentent de très belles concrétions de calcaire, notamment de fines stalagmites en piliers, atteignant jusqu'à 10 m de hauteur et appelées les "cierges". Les visites guidées en petits groupes, d'environ 45 minutes, sont faciles d'accès : on parvient aux grottes en seulement 14 marches.

Autoire — Village et cirque

Au pied du causse de Gramat, à 8 km à l'ouest de Saint-Céré, ce charmant hameau qui émarge à la liste des "Plus beaux villages de France" est également célèbre pour son cirque, qui abrite la seule cascade du département. Dépassez le village et ses jolies maisons et continuez jusqu'à un parking, d'où part un sentier pierreux. Une boucle de 2,5 km environ permet d'aller à la cascade et de revenir par le village.

Loubressac — Village et panorama

À 5 km au nord d'Autoire, le village perché de Loubressac, aux maisons impeccablement restaurées, est lui aussi classé parmi les "Plus beaux villages de France". Coiffant une hauteur, il permet de découvrir un large panorama sur les vallées de la Dordogne et de la Bave. Une agréable balade de 2 heures 30 intitulée "Nos plus beaux villages" (balisage jaune) relie Loubressac à Autoire en passant par le cirque d'Autoire. Pour les amateurs de petites randonnées, le GR®652 relie Loubressac au gouffre de Padirac (voir p. 225) en 1 heure 30 de marche.

Où se loger et se restaurer

L'Instant T — Terrasse €€

(05 65 10 66 82 ; 3 pl. du Mercadial, Saint-Céré ; plats 21,50-24 €, formule midi 14,50 €,

VAUT LE DÉTOUR

Le château de Castelnau-Bretenoux

Impossible de rater le **château de Castelnau-Bretenoux** (05 65 10 98 00 ; www.castelnau-bretenoux.fr ; Prudhomat ; tarif plein/-25 ans 8/gratuit, billet jumelé avec le château de Montal 12 € ; juil-août tlj 10h-19h, mi-mai à juin mer-lun 10h-12h30 et 14h-18h30, sept-avr mer-lun 10h-12h30 et 14h-17h30), tant cet édifice massif posé sur un éperon rocheux, au-dessus des vallées de la Cère et de la Dordogne, attire l'œil à des kilomètres à la ronde. Protégé d'un côté par des fossés et de l'autre par des lices gazonnées séparant ses enceintes concentriques, ce château fort triangulaire a été bâti entre le XIIIe et le XVIIe siècle par les puissants barons de Castelnau, autour d'un **donjon** du XIIIe siècle préexistant. Le résultat est un très bel exemple d'architecture militaire médiévale, préservée d'un aspect trop martial par la délicate couleur rosée de ses pierres. Bordé de bastions et hérissé de trois tours – dont celle, massive, dite d'artillerie, à la terrasse accessible –, Castelnau-Bretenoux a connu durant la Révolution un destin identique à beaucoup d'autres symboles de la noblesse. Abîmé puis laissé à l'abandon, le château fut finalement racheté en 1896 par le chanteur lyrique Jean Mouliérat (1853-1932), natif de Vers, près de Cahors, qui le fit restaurer avant d'en faire don à l'État. C'est à lui que l'on doit de pouvoir visiter les appartements intérieurs (juillet et août uniquement), remeublés par ses soins dans un style éclectique.

Le château se situe entre Saint-Céré (8,5 km) et Carennac (10 km). Un parking payant (3 €) est situé en contrebas du village. Au pied du château, le restaurant **Les Remparts** (05 65 38 52 88 ; formules midi 14,50/16,50 €, menu 27 €, plats 10-25 € ; avr-août mer-lun midi et soir, sept-oct mer-dim midi et soir) propose une cuisine au bon rapport qualité/prix.

menu 34 € ; juil-sept lun-sam midi et soir, oct-juin lun-sam midi, jeu-sam soir). Cette terrasse est idéale pour s'attabler aux beaux jours. La carte se fait volontiers gastronomique : œuf cocotte au foie gras ou dos de cabillaud à l'huile safranée, ou plus simple avec les suggestions du jour. Deux salles en pierre vous accueillent si le soleil se cache.

Trois Soleils

Hôtel-restaurants de luxe €€€

(05 65 10 16 16 ; www.3soleils.fr ; Saint-Jean-Lespinasse ; d/suite 95-118/190-218 € ; restaurant Trois Soleils menus 38/62/92 € ; fermé dim soir et lun midi ; restaurant L'Informel formule midi 22 €, menus 27/34 € ; fermé lun midi, ven et sam midi ; P). Dans un vaste parc, en face du château de Montal, l'hôtel offre de grandes chambres et suites, aux couleurs chaudes, avec terrasse privée.

Son restaurant étoilé est renommé pour la finesse de sa cuisine – et à juste titre. Le chef, Frédérik Bizat, sait sublimer les produits nobles à la carte (foie gras, pigeonneau, homard, langoustines) par des bouillons, émulsions, jus ou sorbets délicats. L'établissement dispose également d'un deuxième restaurant, au bord de la piscine, plus simple (L'Informel, donc !) mais d'excellente facture lui aussi.

Auberge de la Fontaine

Hôtel-restaurant rustique €-€€

(05 65 10 85 40 ; www.auberge-de-la-fontaine.com ; Le Bourg, Autoire ; d/tr/qua 80,50-104/85,50-110/103-130 € selon saison ; formule midi 12,50/14,50 €, menus 20/22/26,50 € ; mar-dim ; P). Les neuf chambres, dont certaines avec balcon, de cette belle bâtisse au cœur du village sont simples et bien tenues et offrent une jolie vue sur le cirque d'Autoire.

Dans la salle basse du restaurant ou sur la terrasse, le service se fait efficace au profit d'une cuisine rustique. La carte propose deux spécialités à tester : le tourin quercynois (une soupe à l'oignon, aillée, tomatée, trempée au pain) et le Malakoff (une île flottante dont les blancs en neige ont été cuits dans un caramel bouillant).

Château de Castelnau-Bretenoux

Le Cantou 354

Hôtel-restaurant branché **€€**

(☎ 05 65 38 20 58 ; www.hotel-lecantou354.com ; 5 pl. du Foirail, Loubressac ; d/qua 69-90/74-100/148-190 € selon saison ; plats 18-25 €, formule midi 17 €, menu 34 € ; ven-mer ;). Repris récemment, l'établissement entend promouvoir "l'esprit rétro-chic et pop culture". Et le résultat est plutôt réussi. Côté hôtel, de petites chambres rénovées aux couleurs acidulées. Côté restaurant, la salle moderne s'ouvre sur la vallée et la carte s'autorise des pas de côté bienvenus tels le ris d'agneau déglacé à la menthe fraîche et panure cacahuète ou le tournedos de lapin et ses artichauts tournés. L'accueil est, qui plus est, prévenant.

Le Relais de Castelnau

Hôtel-restaurant avec vue **€€-€€€**

(☎ 05 65 10 80 90 ; www.relaisdecastelnau.com ; route de Padirac, Loubressac ; d/tr 80-110/105-130 € selon confort et saison, menus 25-36 € ; mi-avr à mi-oct ; P). À la sortie de Loubressac, cet hôtel confortable offre des prestations assez standardisées mais ne fait pas mentir ses trois étoiles. On apprécie particulièrement sa belle piscine, et surtout l'exceptionnel panorama sur la vallée, depuis la terrasse. Promotions régulières sur le site

Renseignements

Office du tourisme (☎ 05 65 33 22 00 ; www.vallee-dordogne.com ; 13 av. François-de-Maynard).

CARENNAC

Paisible village des rives de la Dordogne, Carennac a su préserver le charme de ses vieilles pierres, de son petit pont et de son château-église, tout en offrant diverses options pour l'hébergement et la restauration. Passé un porche de pierre, on se retrouve face au portail sculpté de l'église Saint-Pierre, derrière laquelle se dissimule un cloître tout en finesse. Le bourg vit dans la mémoire de Fénelon (1651-1715), théologien et écrivain qui y séjourna à de nombreuses reprises et y aurait en partie écrit son chef-d'œuvre, *Les Aventures de Télémaque* (1699, disponible en Folio, 1995), critique implicite du règne de Louis XIV.

© FRANÇOIS CAPELANI

Abbatiale Saint-Pierre, Beaulieu-sur-Dordogne

À voir

Église Saint-Pierre Patrimoine religieux

Elle accueille le visiteur dans le cœur du village ancien avec son superbe portail du XIIe siècle, appuyé sur huit colonnes. On peut voir sur son tympan, sculptés dans la pierre claire, le Christ entouré des symboles des évangélistes – l'ange de Matthieu, le lion de Marc, le taureau de Luc et l'aigle de Jean – et des apôtres. Une merveille !

Château des Doyens – Espace patrimoine Patrimoine

(☎05 65 33 81 36 ; ⏲avr-oct mer-ven 10h30-13h et 14h-17h30, we et jours fériés 14h-17h30). GRATUIT

Imbriqué dans l'église, le château date du XVIe siècle et était destiné à servir de logement au doyen à la tête du prieuré clunisien de Carennac. Aujourd'hui il accueille l'Espace patrimoine qui présente les paysages et le Pays d'art et d'histoire Causses et Vallée de la Dordogne. À l'étage, la salle d'apparat du château est ornée d'un plafond à la française peint.

Cloître Roman et gothique

(☎05 65 33 22 00 ; tarif 3 €/gratuit ; ⏲juil-août tlj 9h30-13h et 14h-19h, reste de l'année lun-sam 10h-12h et 14h-18h, dim 14h-18h). Caché derrière l'église, ce très joli cloître qui invite à la méditation se compose d'une belle galerie romane (XIIe siècle), sur le côté de l'église, et de trois galeries postérieures (XVe siècle) de style gothique flamboyant. Un escalier permet de monter à l'étage pour apprécier l'ensemble. Ne ratez pas l'étonnante *Mise au tombeau* (XVe siècle), dans la salle capitulaire. L'accès est tributaire des horaires de l'office du tourisme, à 20 m, qui vend les jetons permettant d'entrer dans le cloître par un portillon automatique.

Où se loger et se restaurer

Château Lakmé Chambres d'hôtes

(☎06 85 12 86 71 ; www.comptoirdelanoix.fr ; cour du Prieuré ; d/studio/qua 85/95/95 €). Au cœur du prieuré, un escalier à vis du XIIe siècle conduit aux chambres, rénovées avec goût. L'une d'elles fait face

VAUT LE DÉTOUR
Beaulieu-sur-Dordogne

Située en Corrèze, à une quinzaine de kilomètres de Carennac et de Saint-Céré, Beaulieu-sur-Dordogne a été fondée en 855 par l'archevêque Rodolphe de Turenne qui, séduit par les lieux, décida d'y fonder une abbaye. Devenue clunisienne, reconstruite au XIIe siècle, l'**abbatiale Saint-Pierre** (pl. du Marché ; 9h-18h), de style roman, possède un portail méridional de toute beauté : son tympan sculpté présente sur trois registres l'enfer, la terre et le ciel. Y domine un Christ en majesté dont le retour est annoncé par des anges sonnant de la trompe. À l'intérieur de l'église, dans la partie nord de l'ample transept, est exposé le trésor renfermant une Vierge à l'enfant du XIIe siècle ainsi que des reliquaires. Autour de l'abbatiale se déploie, tout en rond, une jolie ville médiévale, au bord de la Dordogne. Surnommée la "Riviera limousine" du fait d'un microclimat, elle offre au visiteur un dédale de petites rues pavées bordées de maisons à colombages et encorbellements, à découvrir le long du **Circuit du Patrimoine** disponible à l'office du tourisme (05 55 91 09 94 ; www.vallee-dordogne.com ; pl Marbot ; 1 €). Gagnant les quais, après avoir dépassé la chapelle des Pénitents et son beau clocher-mur du XIIe siècle, où sont organisées des expositions en saison, on atteint l'ancien port haut. La **gabarre L'Adèle-et-Clarisse**, construite selon les méthodes anciennes et baptisée du nom des dernières "passeuses de bac" de Beaulieu, y est amarrée, prête à embarquer pour une agréable balade sur l'eau (quai Faugères ; mai-oct ; tarif plein/réduit 7,50/6 € ; 1 heure 15 ; réservation à l'office du tourisme).

Beaulieu-sur-Dordogne offre de multiples possibilités de restauration, autour de la place Marbot ou près du port, au bord de la Dordogne.

au tympan de l'église Saint-Pierre pour un spectacle inoubliable au réveil ! Le studio, avec canapé convertible, est équipé d'une cuisine et d'une cheminée. Au dernier étage, une chambre familiale dispose de couchage en mezzanine. Et les gourmands ne manqueront pas de faire un arrêt au Comptoir de la noix juste à côté, tenu par les propriétaires.

Hostellerie Fénelon Hôtel-restaurant **€-€€**
(05 65 10 96 46 ; www.hotel-fenelon.com ; d/tr/qua 54-76/82-89/95-105 € selon vue et saison, plats 13-22 €, formules midi 14-19 € menus 23-30 € ; mai-sept tlj midi et soir, oct-avr sam-dim ; P). Principale adresse du village, cette hostellerie cultive des airs d'auberge à l'ancienne, avec des chambres au mobilier en bois et aux lits recouverts d'épais édredons. L'ensemble est un peu désuet, mais présente un certain charme. Quant à la salle de restaurant avec vue sur la Dordogne, on y sert les plats locaux habituels : foie gras, cuisse de canard confite, omelette aux cèpes.

Renseignements

Office du tourisme (05 65 33 22 00 ; www.vallee-dordogne.com). Outre des informations générales, vous pourrez y acheter les jetons donnant accès au cloître, à 20 m.

MARTEL

Martel dut sa fondation, au XIIe siècle, à son emplacement au carrefour de plusieurs voies entre Paris et Toulouse, sur la route de Compostelle. Le commerce a fait le reste : enrichie grâce au négoce des toiles et du sel, la bourgade s'est rapidement parée d'un patrimoine – notamment les tours auxquelles elle doit son surnom, la "ville aux sept tours" – qui fait aujourd'hui son attrait. Plusieurs théories s'affrontent concernant le nom de la bourgade : Charles Martel aurait édifié ici une église pour commémorer une victoire contre les sarrasins et une ville aurait été créée peu après. Le nom de Martel pourrait aussi venir de "marteau", car les artisans y étaient très nombreux. Quoiqu'il en soit, Martel, qui abrite d'excellentes adresses, est l'un des plus beaux villages de la région.

À voir

Ville médiévale — Patrimoine

Deux enceintes – la première bâtie pour protéger ses richesses commerciales, la seconde pour conforter les défenses de la ville à l'approche de la guerre de Cent Ans – encerclent le bourg médiéval, dont le cœur est la **place des Consuls**. Une large part de cette dernière est occupée par une belle **halle**, bâtie en 1800, qui accueille toujours les marchés du mercredi et du samedi matin. Disséminées dans les rues adjacentes, les sept tours de Martel sont le beffroi du palais de la Raymondie, le clocher de l'église Saint-Maur, les tours de Tournemire, de Mirandol et des Cordeliers, et enfin celles de la maison Henri Court-Mantel et de l'hôtel de Briance. La **tour de Tournemire** est une ancienne tour de guet qui servit un temps de prison. L'**hôtel de Briance**, souvent appelé hôtel Vergnes de Ferron, présente une tour extérieure et un beau portail Renaissance. Quant à la **maison Fabri**, elle est également appelée maison Henri Court-Mantel car elle a été bâtie en lieu et place de la demeure où mourut le fils d'Aliénor d'Aquitaine et d'Henri II Plantagenêt, après avoir pillé Rocamadour en 1183.

Flanqué d'un beau beffroi, le **palais de la Raymondie** (XIIIe et XIVe siècle) est un joli ensemble carré qui, outre l'office du tourisme, abrite un petit **musée** (05 65 37 45 71 ; www.amismuseeraymondie.org ; juil-août mer-ven 15h30-18h30, 1er-16 sept mer-jeu 15h-18h ; tarif plein/réduit/- 12 ans 2/1 €/gratuit) intéressant sur Uxellodunum, ultime bataille de César en Gaule (un an après Alésia) et dont l'emplacement est officiellement localisé depuis 2001 au Puy d'Issolud, à quelques kilomètres de Martel (voir l'encadré p. 234).

Église Saint-Maur — Patrimoine religieux

(tlj 9h-17h hiver, 9h-20h été). Massive vue de l'extérieur, au point de présenter un aspect presque martial, cette église des XIVe-XVIe siècles révèle sa beauté dans sa nef, éclairée par un grand vitrail du XVIe siècle. Le tympan sculpté du portail extérieur est un vestige de son origine romane (XIIe siècle).

Activités

Train touristique — Nostalgie ferroviaire

(05 65 37 35 81 ; www.trainduhautquercy.info ; gare de Martel ; tarif plein/enfant/-4 ans 8,50-11/5,50-7 €/gratuit ; juil-août tlj à 11h, 14h30 et 16h, avr-juin et sept mar, jeu, ven 15h et dim 11h, 14h30 et 16h). Le trajet est certes limité – 13 km aller-retour entre Martel et Saint-Denis-lès-Martel – mais l'expérience est également un voyage dans le temps. Construite entre 1880 et 1884, la ligne reliant Bordeaux à Aurillac fut jadis utilisée pour concurrencer le trafic fluvial et acheminer les truffes sur les marchés, ce qui valut aux trains le surnom de "truffadous". Tombée en désuétude, elle fut en partie rouverte en 1997 par les membres d'une association de passionnés, sur ce petit tronçon panoramique qui s'étire à flanc de falaise au-dessus de la Dordogne. Les balades d'une heure, commentées, ont lieu soit avec une motrice Diesel, soit avec une locomotive à vapeur. C'est cette dernière qui, on s'en doute, remporte le plus de succès. Renseignez-vous sur les heures des départs auprès de l'association ou de l'office du tourisme.

Canoë — Balades fluviales

À 3 km de Martel en direction de Rocamadour, le village de Gluges fait un point de départ très apprécié pour entamer une descente tranquille et familiale de la Dordogne en canoë. Plusieurs prestataires assurent la location du matériel et aussi les remontées en navette, dont **Copeyre Canoë**

© OLIVIER CIRENDINI

Place des Consuls, Martel

(05 65 32 72 61 ; www.copeyre.com) qui dispose aussi sur sa base d'une guinguette au bord de l'eau, et **Sports Nature** (05 65 32 27 59 ; www.compagnie-sports-nature.com) qui propose en outre de l'escalade, du stand-up paddle, du canyoning et de la spéléologie. Le Pack aventure comprend une descente de 2 jours, avec 2 nuits en tente ou lodge.

Où se loger

La Devinie Chambres d'hôtes €€-€€€
(06 61 10 62 97 ; www.la-devinie.com ; rue de l'Église ; d/qua avec petit-déj 90-120/160 € ;). Simplement sublime ! En plein cœur du village médiéval, cette demeure de notable a été transformée en maison d'hôtes et décorée avec un goût très sûr, à la fois original et respectueux de l'esprit des lieux. Chacune des quatre chambres s'inspire d'un parfum célèbre et en décline l'ambiance – aérienne pour *Vol de nuit*, orientale pour *L'Heure bleue* – avec des matières nobles et une belle mise en valeur de l'espace. L'accueil charmant et le jardin avec palmiers et bassin pour se rafraîchir complètent les atouts de cette adresse proposée à un tarif très raisonnable vu l'excellence de la prestation.

Les Hauts de Magrières Chambres d'hôtes €€€
(06 76 74 25 03 ; www.lesmagrieres.fr ; Les Magrières ; d avec petit-déj 137 € ; P). Isolée à 4 km de Martel, cette superbe maison d'architecte, contemporaine, design et très confortable, est posée sur une hauteur avec vue plongeante sur la Dordogne. Outre les deux chambres, décorées de reposantes teintes grège, les très beaux volumes de la maison et la longue piscine chauffée faisant face au paysage sont les atouts maîtres des lieux. Prenez la route de Gramat, puis à droite après 2 km, en suivant le panneau "Les Magrières".

Où se restaurer

Le Petit Moulin Restaurant-bar à vins-B&B €-€€
(06 59 59 27 66 ; rue Droite ; plats 15-55 €, menu 30 € ; d/qua 77-87/114 ; tlj midi et soir en saison, fermé oct-avr). Adrien, enfant du

Astérix le Quercynois

En 51 av. J.-C., une dernière bataille permet à César d'asseoir définitivement sa domination sur la Gaule. Moins connue que celle d'Alésia, menée un an plus tôt, elle a lieu à Uxellodunum. Depuis 2001, des fouilles ont permis aux archéologues de localiser l'ultime forteresse gauloise au Puy d'Issolud, plateau situé entre Vayrac et Saint-Denis-lès-Martels. Dans le passé, d'autres lieux ont brigué le statut de village irréductible : Luzech, Murcens et surtout Capdenac-le-Haut, qui possède encore ses partisans. Au-delà des querelles de clocher, une certitude : le dernier village gaulois à avoir résisté à l'envahisseur n'était pas breton, mais bien quercynois.

pays épicurien dans l'âme, sert ici une cuisine qui laisse d'excellents souvenirs. La carte est restreinte mais tout est préparé sur place à base de produits frais et cuisiné avec justesse et passion. L'adresse fait également bar à vins (quelques belles trouvailles) et propose cinq chambres modernes. De belles dimensions, celles-ci sont lumineuses et bien équipées.

Saveurs des Halles Tradition €€-€€€

(05 65 37 35 66 ; www.restaurant-saveurs-des-halles-martel.fr ; rue Sans-Lys ; formules midi 23/25/32 €, menus 42/55 €, plats 23-39 € ; juil-août tlj, ven-mar hors saison, fermé début nov à jan). Installé dans un angle de la place des Consuls, cet établissement se distingue par une cuisine gastronomique à prix domptés. Les fricassées et les mousselines de légumes qui accompagnent le filet de bœuf et la tourte de confit de canard aux cèpes et oignons caramélisés sont particulièrement savoureuses. Pour les amateurs, le menu "Truffes" (78 €) décline le délicat champignon, de l'entrée au dessert.

Maison Sophie Restaurant-boutique €€

(05 65 27 87 34 ; pl des Consuls ; menus 21/26 €, plats 12,50-17 € ; juil-août tlj, mar-dim midi hors saison, fermé début nov à avr). Face à la belle halle, cette adresse se démarque des restaurants des alentours par une cuisine moderne aux accents d'ailleurs, sans transiger pour autant sur la sélection des producteurs locaux. Filet de maquereau mariné au jus de concombre, *pulled pork* à la cubaine, nems de conflit de canard : original et bon. La maison propose aussi de jolis objets et petits accessoires à la vente.

Achats

Au Hasard Balthazar Épicerie-restaurant €€

(05 65 37 42 01 ; www.au-hasard-balthazar.fr ; rue Tournemire ; menus 23,50/31 €, plats 18,50-27 € ; mar-dim, mar soir-dim midi hors saison). La ferme des Bouriettes, conserverie locale, propose ici ses produits (foie gras, confit, cassoulet), ainsi qu'une sélection de spécialités locales. Et si cela vous a ouvert l'appétit, direction l'étage ou la terrasse pour une assiette copieuse qui vous donnera un (plus large) aperçu de la production de qualité de la maison.

Moulin Castagné Huile de noix

(09 67 83 40 69 ; www.moulincastagne.com ; lieu-dit Les Landes ; juil-août mar-dim 9h-12h et 14h-17h30, avr-juin et sept-nov mar et jeu 10h30-12h30 et 14h-17h30, mer et ven-sam 14h-17h). Ouvert au public – fabrication en direct les mardis et jeudis après-midi en saison –, ce moulin familial a été repris par Romain, jeune trentenaire jamais avare d'explications sur son métier d'huilier. Il produit une huile de noix particulièrement goûteuse. À 3 km de Martel, en direction de Saint-Céré.

Renseignements

Office du tourisme (05 65 33 22 00 ; cour du palais de la Raymondie). Il borde la place des Consuls.

SOUILLAC

Pour beaucoup, Souillac est avant tout une ville-étape sur la route du Périgord et de Sarlat-la-Canéda, à seulement 28 km à l'ouest. La ville mérite cependant une visite, le temps d'admirer son impressionnante abbatiale et son étonnant musée de l'Automate. Souillac est bordée par les eaux de la Borrèze, dont un impressionnant viaduc franchit la vallée à sa sortie vers Martel.

À voir

Abbatiale Sainte-Marie — Patrimoine roman

(☎05 65 37 81 56 ; visite gratuite de 30 min mar et jeu à 11h en saison ; toute l'année, 9h-19h). Initialement bâtie au XIIe siècle, mais largement remaniée après avoir été saccagée au cours de la guerre de Cent Ans et des guerres de Religion, cette abbatiale étonne au premier abord par ses formes très rondes et ses larges coupoles. À l'intérieur, particulièrement lumineux, on admire notamment les chapiteaux de l'abside et les sculptures qui ornent l'entrée. Sur le tympan, un bas-relief illustre *Le Miracle de Théophile*, visité par la Vierge après avoir été pris du remords d'avoir signé un pacte avec le diable. Sur le pilier droit (le trumeau), très ouvragé, un enchevêtrement de créatures fantastiques, qui se battent et se réconcilient, symbolise la rédemption, thème central de la décoration de l'église. Encadré de deux statues impressionnantes de finesse des prophètes Isaïe et Osée, l'ensemble, datant du XIIe siècle, mais placé ici au XVIIe siècle, est considéré comme l'un des plus beaux témoignages d'art roman de la région.

Musée de l'Automate — Automates

(☎05 65 37 07 07 ; www.musee-automate.fr ; pl. de l'Abbaye ; tarif plein/scolaire et étudiant/5-12 ans/-5 ans 9/5,50/3 €/gratuit ; juil-août tlj 10h-12h30 et 14h-18h30, avr-juin et sept-oct mar-dim 14h-18h). Créée en 1988 dans une ancienne usine de tabac, cette collection nationale, dont certaines pièces datent de 1865, est unique en Europe. Du simple jouet mécanique à l'œuvre la plus sophistiquée, comme un *Rieur* surprenant de réalisme, on découvre

Abbatiale Sainte-Marie, Souillac

© OLIVIER CIRENDINI

SI VOUS AIMEZ...
Les spécialités artisanales

En matière de produits locaux, il n'y a pas que le rocamadour pour assurer la réputation du haut Quercy. Sélection de bonnes adresses :

Savonnerie buissonnière (07 81 71 88 46 ; www.savonnerie-buissonniere.fr ; rue de la Commanderie). À Capdenac-le-Haut, Nathalie, artisane savonnière, sélectionne des matières premières bio et locales (safran du Quercy, miel de l'Aveyron, lait d'ânesse) pour confectionner des savons réalisés par saponification à froid.

Moulin La Vie Contée (06 23 02 60 49 ; www.laviecontee.fr ; Ligneyrac ; 10h-12h et 14h-18h). Entre Turenne et Collonges-la-Rouge, ce moulin a repris vie grâce à des passionnés et produit désormais une huile de noix de grande qualité. Visite de l'exploitation et boutique sur place : noix, huiles, farine, chocolats.

Une Ferme en Ville (05 65 37 16 08 ; www.foies-gras-thocaven.com ; 38 bd Mainiol). À Gourdon (p. 241), cette boutique propose les magrets, gésiers et foies gras de Dominique Thocaven, éleveur traditionnel réputé, installé à quelques kilomètres, au Vigan.

Les Goûts et les Couleurs (06 46 84 74 81 ; www.goutsetcouleurs.fr ; juil-août tlj 10h-22h, avr-juin mer-dim 14h-19h, sept sam-dim 10h-21h, vac Toussaint tlj 10h-18h30). On y sert, en cornet ou dans des coupes gargantuesques, de succulentes glaces fermières bio au lait de chèvre. Sur la D36, à 3 km de Rocamadour en direction de Gramat.

dans cette belle mise en scène des pièces originales et amusantes : musiciens de 1920 qui roulent des yeux, paon faisant la roue, otaries qui dansent. Un film permet de comprendre le monde étonnant et ingénieux de ces prouesses de mécanique maintenant désuètes, mais qui étaient à leur époque considérées comme le nec plus ultra et furent dans les années 1900 utilisées pour les réclames et publicités des magasins, comme l'impressionnante scène intitulée *La Pêche sous-marine*, qui fit la vitrine des Galeries Lafayette pour Noël, en 1948.

Où se loger et se restaurer

La Vieille Auberge – Le Quercy
Hôtel-restaurant €€

(05 65 32 79 43 ; www.la-vieille-auberge.com ; 1 rue de la Recège ; s/d/tr 61/75/80 € ; formules midi 14-19 €, menus 19-27/23-35 € ; plats 14-18 € ; fermé lun-mar midi et dim midi et soir ; P). Croustillant de rocamadour, magret de canard rôti, filet de bar... on joue ici une partition traditionnelle, mais interprétée avec justesse et professionnalisme. Le cadre, également très classique, gagnerait à être remis au goût du jour. Les végétariens ne sont pas oubliés, un menu leur étant proposé.

Côté hôtel, les chambres sont confortables et silencieuses. Celles situées dans un bâtiment moderne adjacent, sans cachet particulier, disposent toutes d'un balcon donnant sur la rue ou la piscine. Les autres, au-dessus du restaurant, à la décoration plus tendance, sont plus douillettes.

Le Pavillon Saint-Martin
Hôtel €€

(05 65 32 63 45 ; www.hotel-saint-martin-souillac.com ; d/tr/qua 55-81/88-94/101-115 € ; 5 pl. Saint-Martin ;). Dans une demeure de notable en plein centre ancien, entre le beffroi et l'abbaye, Le Pavillon Saint-Martin impressionne par son bel escalier, ses hauts plafonds et sa réception avec piano à queue. Les chambres à la décoration cosy sont toutes différentes – et donc inégales, notamment par la taille – mais toutes affichent une vraie personnalité et un bon confort. Local et copieux, le petit-déjeuner (avec salade de fraises du jardin en saison !) s'apparente plus à un brunch.

La Bicileta Ravito — Bar à vélos €-€€

(06 83 73 12 96 ; www.labicicletaravito.com ; 25 av. de Sarlat ; camps 80-100-160 € selon options ; mai-sept tlj 8h30-22h). Un endroit hors du commun à Souillac. Tout à la fois café-bar avec petite restauration, pâtisseries et pique-nique à emporter, loueur de vélos (dont électriques), atelier de réparation et boutique, organisateur de sorties pour les cyclistes de tout niveau et espace d'exposition avec la petite reine en guest-star. Des hébergements sont également proposés, en particulier les Bicicleta Camps avec parcours tracé, nuit dans une cabane et repas.

Renseignements

Office du tourisme (05 65 33 22 00 ; bd Louis-Jean-Malvy). Ouvert toute l'année.

Depuis/vers Souillac

Souillac est située sur la ligne Paris-Toulouse. Depuis/vers Paris, comptez environ 5 heures ; Gourdon est à 15 minutes.

TURENNE

Il fut un temps où Turenne était un véritable État dans l'État. Au Moyen Âge, ses puissants vicomtes, dont le prestige avait grandi suite à leurs faits d'armes durant les croisades, régnaient dans une autonomie complète à l'égard de la Couronne, exemptés d'impôts. De ces grandes heures reste la silhouette magistrale du château coiffant cette ville de Corrèze. La circulation étant limitée dans le village, privilégiez les parkings publics.

À voir

Château — Forteresse médiévale

(05 55 85 90 66, 06 81 59 97 78 ; www.chateau-turenne.com ; tarif plein/10-18 ans/-10 ans 5,50/3,50 €/gratuit ; nov-mars dim 14h-17h, avr-juin et sept-oct tlj 10h-12h et 14h-18h, juil-août tlj 10h-19h). Coiffant la cité, cette forteresse bâtie entre les XIe et XIVe siècles donne à Turenne toute sa majesté. Elle fut durant des siècles la demeure des vicomtes locaux, dont l'indépendance ne prit fin qu'en 1738, lorsque le château fut vendu à Louis XV

Jardin du château de Turenne

Des grès rouges nés il y a 250 millions d'années

Composés de sables et d'argiles, les grès rouges utilisés pour bâtir la ville sont issus d'une histoire géologique qui remonte à plus de 250 millions d'années. Avant que la dérive des continents ne donne à l'Europe sa place actuelle, les montagnes du Massif central étaient situées à la latitude du Sahara. Elles culminaient à plus de 5 000 m et présentaient un paysage comparable aux grès ocre du Hoggar, en Algérie. L'alternance de journées chaudes et de nuits froides, associée à des précipitations brutales, favorisait alors l'érosion. Les grès issus de celle-ci, charriés par les rivières, s'accumulaient en aval des cours d'eau, comme dans la faille de Meyssac, d'où proviennent les pierres – à la fois faciles à tailler et résistantes – qui servirent à la construction du village.

pour rembourser les dettes de jeu du dernier vicomte. La visite débute en montant 130 marches jusqu'à la **salle des gardes**, au pied de l'ancien donjon carré, la tour de l'Horloge. Érigé au XIIIe siècle, il fut démoli au fil du temps, ramenant sa hauteur de 30 à 17 m. Vient ensuite la **cour**, avec ses deux majestueux pins parasols et son **jardin à la française** débordant en été de dahlias et autres fleurs (une chambre y est disponible à la location (voir *Où se loger*). À l'extrémité du jardin, la **tour César**, ancienne tour de guet, offre une **vue à 360°** sur le paysage environnant, avec les monts du Cantal au-delà de Collonges-la-Rouge.

Collégiale Notre-Dame-et-Saint-Pantaléon Patrimoine religieux

En contrebas du château, la belle église de Turenne a été bâtie au XVIIe siècle dans un style néoroman. La sobriété de la façade ne laisse guère deviner la beauté de l'intérieur de la nef, qui doit beaucoup à l'utilisation de deux teintes de pierre.

Gouffre de la Fage Concrétions et chauves-souris

(☎05 55 85 80 35 ; www.gouffre-de-la-fage.com ; Noailles ; tarif plein/4-12 ans/-4 ans 9/5,50 €/gratuit ; atelier pédagogique 10 € ; ⊙juil-août tlj 9h30-12h et 14h-18h, avr-juin et sept jeu-mar 14h-18h). Découvert puis exploré au début des années 1890, le grand aven plonge à 25 m sous terre débouchant sur deux galeries qui révèlent de très belles concrétions : stalactites et stalagmites, colonnes, orgues, draperies... Dans le gouffre ont également élu domicile des milliers de chauves-souris, de 14 espèces différentes. Avril est la meilleure période pour les observer, sinon vous pourrez vous rabattre sur le petit film diffusé à l'entrée. Dans la deuxième galerie, un gisement paléontologique avec des ossements d'animaux préhistoriques a été mis à jour. Le gouffre propose aux enfants plusieurs activités : petit parcours de spéléologie, fouilles ainsi qu'un atelier fossile avec relevé d'empreinte (sur réservation).

Où se loger et se restaurer

La Maison des Chanoines Hôtel-restaurant €€-€€€

(☎05 55 85 93 43 ; www.maison-des-chanoines.com ; rue Joseph-Rouveyrol ; d/tr 85-120/155 € ; plat 24 €, menu 50 € ; ⊙restaurant soir seulement, fermé mer hors vac. scol. ; wifi). Cette belle maison ancienne de la rue principale, à la façade couverte de vigne vierge et de rosiers, comporte de jolies chambres affichant une décoration très classique mais au confort moderne. Toutes différentes et de taille variable, elles disposent d'une entrée indépendante. L'une d'elles comprend un sauna et un bain nordique, une autre un coin cuisine et un balcon. Dans une ancienne cave voûtée se cache la petite salle de restaurant pour un dîner tout en intimité.

Château de Turenne B&B €€

(☎05 55 85 90 66 ; www.chateau-turenne.com ; d avec petit-déj 70-80 € selon saison ; ⊙mai-oct). Et si vous passiez la nuit dans l'ancienne place forte des vicomtes ? Une chambre à la déco campagnarde, très simple et fraîche, vous attend dans un bâtiment de la cour du château, entre donjon et jardins à la française. Du balcon, on domine le village : de quoi se sentir une âme de grand seigneur...

La Vicomté Traditionnel €€
(☎ 05 55 85 91 32 ; www.lavicomte.com ; pl. de la Halle ; formule midi 17,50 €, menus 25-32,50 €, plats 18,50-32,50 € ; ⌚ mar-dim). Le temps semble suspendu ici, entre parquet ancien, cheminée et portraits sépia aux murs. Mais la cuisine sait réveiller les sens : les noix de veau, magret et ris de veau sont parfaitement réalisés, avec une attention toute particulière pour les savoureux accompagnements. Gâteau aux noix et crumble aux pommes restent des valeurs sûres pour conclure.

Renseignements

Office du tourisme (☎ 05 55 24 08 80 ; www.brive-tourisme.com ; pl. du Général-Pierre-Crousillac). Ouvert de Pâques à fin septembre.

COLLONGES-LA-ROUGE

Rouge, elle l'est ! Difficile de ne pas s'émerveiller en découvrant ce village unique dont les constructions arborent une teinte qui vire de l'ocre au rouge orangé selon la course du soleil. Le village corrézien peut remercier les 2,4% d'oxyde de fer contenus dans les grès de ses environs, auxquels il doit toute sa personnalité et sa photogénie. Collonges – la localité ne prit le suffixe "la Rouge" qu'en 1969 – fut le premier des "Plus beaux villages de France". C'est en effet ici que fut créée en 1982 cette association, qui regroupe aujourd'hui 156 villages et dont le siège est toujours installé entre ses murs.

À voir

C'est avant tout l'atmosphère générale du village qui en fait le charme, mais certains bâtiments retiennent néanmoins particulièrement l'attention.

Maison de la Sirène Patrimoine
(☎ 06 83 32 53 25 ; www.amisdecollonges.fr ; tarif plein/-10 ans 2 €/gratuit ; ⌚ juin-oct tlj 14h-18h). On la croise sur la gauche en descendant la rue principale, non loin de la mairie et de l'office du tourisme. Cette demeure du XVIe siècle doit son nom à la sculpture située en haut à droite de sa porte en bois. Gérés par l'association Les Amis de Collonges (qui organisent aussi des visites guidées du village), les petits espaces d'exposition présentent l'histoire de Collonges, avec film, maquette et reconstitution d'intérieur.

Tours de Friac Patrimoine
L'un des bâtiments les plus emblématiques de Collonges, la **maison des Ramade de Friac**, souvent simplement désignée sous le nom de "tours de Friac" à cause de ses deux belles tours rondes, se dresse au niveau de l'hôtel Le Relais Saint-Jacques. Cette ancienne demeure d'une riche famille du village ne se visite pas.

Halle Patrimoine
Au niveau des tours de Friac, sur la gauche en descendant la rue, un passage sous un porche mène à cette ancienne halle aux grains, remarquable pour sa charpente en bois et son vieux four.

Église Saint-Pierre Tympan sculpté
Face à la halle, elle accueille le visiteur avec son superbe tympan ouvragé, en calcaire blanc des carrières de Turenne, qui tranche sur l'ocre du grès. Sculpté par des artistes toulousains vers le XIIe siècle, il représente le retour du Christ sous l'œil de la Vierge et des apôtres. L'intérieur de l'église se distingue par ses deux nefs, l'une du XIe siècle, l'autre du XVIe, lorsque l'église fut remaniée et fortifiée pour faire face aux guerres de Religion. Durant cette époque troublée, le tympan fut démonté et scellé dans le pignon ouest de l'édifice, afin de le protéger, selon certaines sources, ou de le soustraire aux yeux des protestants, selon d'autres. Il retrouva sa place initiale en 1923.

Castel de Vassinhac Patrimoine
(☎ 06 32 90 95 17 ; tarif plein/12-18 ans/-12 ans 6,50/5 €/gratuit ; ⌚ avr-oct tlj 10h-18h30 et

Collonges-la-Rouge

14h-18h). En contrebas de l'église, se dresse la demeure de l'ancien seigneur de la ville avec ses tours et tourelles. L'intérieur se compose des plusieurs pièces meublées dont une belle salle à manger avec son imposante cheminée, tandis qu'un escalier à vis dessert les caves où est projeté un film qui présente l'histoire du château et de sa récente restauration. Un petit café en terrasse permet de prolonger la visite.

Où se loger et se restaurer

Le Relais Saint-Jacques Auberge **€€**
(05 55 25 41 02 ; www.hotel-stjacques.com ; s/d/tr 64/79/99 € ; petit-déj. 10 € ; formule midi 22,90, menus 25-32,50 € ;). Entièrement restaurée, cette belle bâtisse est idéalement située au cœur du village. Côté hôtel, dix chambres à la déco blanche presque monacale, mais impeccables et lumineuses, donnant soit sur la campagne, soit sur les tours de Friac. Évitez les deux chambres contiguës au fond du couloir si vous avez le sommeil léger. Côté table, des menus travaillés. Au moment de notre passage, le chef expérimentait des options végétaliennes, véganes et sans gluten. Parking privé à quelques centaines de mètres.

Le Jardin de la Raze Chambres d'hôtes **€€**
(06 50 77 27 46 ; www.jardindelaraze.blogspot.com ; La Raze ; s/d/tr/qua/quin 44/54/64/108/118 € avec petit-déj ;). À 1 km de Collonges, face aux tours du village, cette ancienne métairie abrite cinq jolies chambres dans un magnifique jardin de 1,5 ha, alternant massifs de fleurs, arbres et arbustes, potager, pièce d'eau. Le petit-déjeuner, avec confitures maison, est servi dans l'ancienne étable tandis qu'une pièce commune au charme rustique est mise à disposition avec une kitchenette. Fait également gîte, pour quatre personnes, à la semaine.

Le Maraîcher Restaurant-potager **€€**
(07 69 99 55 80 ; www.lemaraicher.fr ; menus 22-32 € ; mer-lun midi). À côté du castel de Vassinhac, cette adresse récente entend promouvoir le circuit le plus court possible. Et pour preuve, les légumes viennent du potager qui se trouve... juste derrière le restaurant. Et pour le reste, c'est 100 km

maximum. La cuisine (carte courte), avec plat végétarien, est habilement préparée et gentiment servie en terrasse ou en salle. Un bar complète l'ensemble.

Auberge de Benges — Restaurant €€-€€€

(05 55 85 76 68 ; www.aubergedebenges.com ; plats 18-45 €, menus 30-36-43 € ; mars-nov mer-sam ; P) En bas du village et au pied du château de Benges, cette auberge est appréciée pour sa cuisine du terroir à base de produits strictement sélectionnés : croustillant de truite d'Aubazine au beurre blanc, volaille fermière du haut Quercy, magret de canard de Creysse, soufflé glacé aux noix de Meyssac. Parking.

Renseignements

Office du tourisme (05 65 33 22 00 ; www.ot-pays-de-collonges-la-rouge.fr/). Un peu caché, près de la mairie, en retrait de la rue principale.

Circulation La circulation automobile est interdite de 10h à 19h dans le bourg, bordé par deux parkings payants (3 €/jour).

GOURDON

Principale ville du pays de la Bouriane, qui s'étend à l'ouest du département, entre Quercy et Périgord, Gourdon révèle le charme de son centre ancien dès que l'on a dépassé son enveloppe moderne.

À voir

Centre médiéval — Patrimoine

Une porte en pierre du XIIIe siècle donne accès à la rue principale de la ville ancienne, la **rue du Majou**, bordée de maisons à encorbellement bâties dans une jolie pierre jaune doré. Au n°17, la **maison du Sénéchal** (05 65 27 01 10 ; juil-août mer-dim 10h-12h30 et 14h30-18h30, av-juin et sept mer-dim 15h-18h) GRATUIT abrite dans une demeure de tisserand du XVIIe siècle le Centre d'interprétation de l'architecture et du patrimoine, avec force maquette et films. Elle s'ouvre sur un joli jardin de buis taillé. Rue des Consuls, le jardin **Zig-Zag** comprend quant à lui un potager, une roseraie et une jardin des simples entouré de murs de pierre. Coiffant le village, l'**hôtel de ville**, une ancienne maison consulaire remaniée au XVIIe siècle, fait face à l'**église Saint-Pierre**. Assez massive, cette église fortifiée du XIVe siècle impressionne par sa nef lumineuse et longue de 41 m.

Esplanade du château — Panorama

Un court chemin, derrière l'église, monte à ce promontoire d'où l'on a un large panorama sur les environs, notamment vers le Périgord voisin. Une table d'orientation permet de se repérer.

Chapelle Notre-Dame-des-Neiges — Pèlerinage

Originellement bâtie au XIIe siècle, cette chapelle se dresse à 1,5 km du centre-ville de Gourdon, offrant une promenade tranquille (suivez les panneaux). Dédiée à Notre-Dame-des-Neiges, elle serait posée sur le site d'une source miraculeuse. C'est un lieu de pèlerinage depuis le XIIIe siècle. Entièrement refaite au XVIIe siècle, la chapelle a alors été dotée d'un beau retable dédié à la vie de la Vierge.

Activités

Le Bois des Elfes — Accrobranche

(07 82 30 26 95, 06 52 85 87 95 ; www.leboisdeselfes.fr ; plan d'eau Écoute s'il pleut ; juil-août tlj 9h-19h, vacances printemps et Toussaint tlj 13h-18h, mai-juin et sept mer, sam-dim 13h-18h, oct sam-dim 13h-18h). En fonction des âges, ce parc propose différents parcours d'Accrobranche avec ponts de singes, tunnels, labyrinthe, mur d'escalade et, pour les plus téméraires, une tyrolienne au-dessus du plan d'eau. Sur place également, chasse au trésor, *escape game*, course d'orientation. Location de paddles possible à la base de loisirs d'Écoute s'il pleut juste à côté.

Où se loger et se restaurer

La Promenade — Hôtel-pub restaurant €€

(05 65 41 41 44 ; www.lapromenadegourdon.fr ; 48 bd Galiot-de-Genouillac ; d/tr 70-88 € ;

formule midi 15 €, plats 8-17 € ; tlj ;). Les dix chambres de cet établissement bien placé sont plutôt une bonne surprise. La cuisine se révèle très correcte, et le pub possède un billard et un espace pour assister aux retransmissions sportives.

Delicatessens Gastronomie

(05 65 32 70 56 ; www.delicatessens.fr ; domaine du Berthiol ; formules midi 19-23 €, menu soir 35 € ; juin-sept mar-dim midi, oct-mai mer midi-dim midi). Ce tout nouveau restaurant est une vraie découverte. La salle à la belle charpente de bois blanc et la terrasse appellent à la contemplation, avec l'église de Gourdon au loin. Aux fourneaux, le jeune chef Benoît Mouly pratique une cuisine de haute volée, aux saveurs et parfums envoûtants : ceviche de daurade aux fruits de la passion et glace à l'avocat, veau basse température à la gremolata, mousses et ganache chocolat et rose. Les végétariens ne sont pas oubliés avec des plats (pour une fois) très travaillés.

Renseignements

Office du tourisme (05 65 27 52 50 ; www.tourisme-gourdon.com ; 20 bd des Martyrs). Sur le boulevard enserrant la vieille ville.

Depuis/vers Gourdon

Gourdon est située sur la ligne Paris-Toulouse. Depuis/vers Paris, comptez environ 5 heures ; entre Gourdon et Souillac, 15 minutes.

LES ENVIRONS DE GOURDON

Plusieurs sites des abords de Gourdon méritent le détour, notamment les grottes de Cougnac et leurs peintures du paléolithique, ainsi que le musée des Arques consacré à Ossip Zadkine, maître de la sculpture cubiste.

Les grottes de Cougnac

À 3 km au nord de Gourdon par la D704, ces **grottes** (05 65 41 47 54 ; www.grottesdecougnac.com ; Payrignac ; tarif plein/réduit/5-12 ans/-5 ans 9,50/8,50/6,50 €/gratuit ; mi-mai à mi-juil et fin août-sept tlj 10h-11h30 et 14h30-17h, mi juil à fin août tlj 10h-17h45, oct lun-sam 14h-16h) ont été découvertes entre 1949 et 1952 et ouvertes au public en 1954. Le site se compose de deux cavités distantes de quelques centaines de mètres, l'une présentant de délicates concrétions, l'autre ornée de peintures du paléolithique. Elles révèlent des silhouettes de mammouths, cervidés géants et bouquetins dessinés au charbon de bois il y a quelque 25 000 ans, ainsi que des représentations humaines. Les visites guidées durent environ une heure, dans une température constante de 13°C.

Les amateurs de préhistoire pourront prolonger la visite avec la **maison du Piage** (05 65 32 67 36 ; www.maisondupiage.fr ; Fajoles ; tarif plein/-7 ans 4 €/gratuit ; mai-août mer-sam 14h-17h dim 10h-12h et 14h17h), petit musée consacré aux relations entre Cro-Magnon et néandertal, situé à 5 km de Cougnac.

Les Arques

Ce joli village de pierre orangée, où des artistes en résidence sont régulièrement accueillis, mérite la visite pour son musée consacré au sculpteur Ossip Zadkine, qui y acheta une maison en 1934 et dont des œuvres ornent également l'église.

À voir

Musée Zadkine Sculpture

(05 65 22 83 37 ; musees.lot.fr/mus-e-zadkine-1 ; tarif plein /12-26 ans/-12 ans 3/1,50 €/gratuit ; avr-oct mar-dim 10h30-12h30 et 14h30-18h30, nov-déc et mars mar-dim 14h-18h). Au cœur du village, ce beau petit musée expose des sculptures d'Ossip Zadkine (1890-1967), sculpteur d'origine russe de renommée internationale considéré comme le maître de la sculpture cubiste

Grottes de Cougnac

qui, en 1934, acheta une maison aux Arques, où il effectua de nombreux séjours. Sur deux niveaux, on peut admirer une quarantaine d'œuvres en bois, pierre et bronze, notamment le magistral *Homo sapiens* (1935), sculpture en bois de près de 2 m, appartenant au Centre Georges-Pompidou à Paris et laissée en dépôt permanent au musée.

Église Saint-Laurent Œuvres de Zadkine
En face du musée, l'église du village abrite deux œuvres particulièrement saisissantes réalisées par Zadkine aux Arques : la **Pietà**, dans la crypte, et le **Grand Christ**, au-dessus de la porte, pendant de celui de l'église de Caylus, dans le Tarn-et-Garonne voisin. L'église, vestige d'un prieuré du XIe siècle, est également remarquable pour ses arcs et sa belle architecture romane. Elle fut restaurée à l'instigation de l'artiste.

Où se loger et se restaurer

La Récréation Gastronomique €€-€€€
(05 65 22 88 08 ; www.la-recreation-restaurant.com ; Le Bourg ; formule midi 28 €, menus 39-49 € ; hors saison fermé mer-jeu, juil-août fermé mer). On ne s'attend pas à trouver un restaurant gastronomique dans ce petit village. La Récréation, qui doit son nom à son emplacement dans une ancienne école, est donc une bonne surprise. Installé sous la glycine, dans la cour ou dans une belle salle lumineuse, on y déguste une cuisine raffinée – ravioles de homard, suprême de caille au foie gras, poitrine de canette – servie avec le sourire et accompagnée d'une belle sélection de vins. L'une des tables les plus attachantes de la région.

Le Clos des Buis Chambres d'hôtes €€
(06 08 47 71 48 ; www.leclosdesbuis.fr ; Montplaisir, Cazals ; d avec petit-déj 90/110 €, gîtes 1 000 €/sem selon confort et saison ; P). À 2 km des Arques, en bordure du village paisible de Cazals, cette grande maison de pierre blanche, face à un terrain gazonné, abrite trois gîtes et deux chambres confortables, lumineuses et fraîches. Salon d'été agréable, au bord de la piscine.

CAHORS ET LE BAS QUERCY

“J’ai cessé de me désirer ailleurs”, confiait André Breton après avoir découvert la région. Quel est donc le secret de ce bas Quercy qui a tant ému le surréaliste ? La silhouette à la fois gracieuse et bien charpentée du pont Valentré enjambant le Lot de ses sept foulées ? Les alignements de vignes de l’ouest de Cahors ? Les paysages minéraux des Causses du Quercy blanc sur lesquels les brebis dessinent des taches mouvantes ? Les cours paisibles du Lot et de l’Aveyron coiffés de bourgs accrochés à la roche, comme Saint-Cirq-Lapopie, où Breton acquit une maison ? De Cahors aux portes de Moissac, de Lauzerte au causse de Limogne, cette terre de campagne généreuse où le vert des forêts le dispute au calcaire des causses est tout cela à la fois. Et plus encore : le Moyen Âge lui a légué les châteaux de Cénevières et de Bonaguil, le cloître de la cathédrale de Cahors et les tapisseries de la collégiale de Montpezat, la terre lui a donné les truffes noires de Lalbenque et le malbec de Cahors. Bienvenue en bas Quercy, terre d’art et de bons vivants.

Le pont Valentré à Cahors (p. 248)

Scannez la carte avec l'appli lisez! et géolocalisez l'ensemble des adresses du chapitre
DORDOGNE
LOT
LOT-ET-GARONNE
TARN-ET-GARONNE
Château de Bonaguil (p. 269)
Cahors et son vignoble (p. 248 et 255)
Lauzerte et le Quercy Blanc (p. 274)
D710
D704
D660
D811
D656
D653
D820
D953
D813
Montcabrier
Puy-l'Évêque
Castelfranc
Cayx
Caillac
Mercuès
Fumel
Vire-sur-Lot
Leygues
Douelle
Lacapelle-Cabanac
Floressas
Cournou
Vignes
Lot
Tournon-d'Agenais
Montaigu-de-Quercy
Montcuq
Roquecor
Sainte-Alauzie
Boisse
Flaugnac
Bourg-de-Visa
Castelnau-Montratier
Brassac
Montjoi
Castelsagrat
Molières
Lafrançaise
Abbaye Saint-Pierre
Moissac
Tarn
Aveyron
Valence d'Agen
Albi

D940
D820
D807
D802
D840
D820
CAUSSE DE GRAMAT
Parc naturel régional
des Causses du Quercy
FIGEAC
D802
A20
D653
Célé
Lot
Saint-Cirq-Lapopie
(p. 259)
Saint-Géry
Bouziès
Cajarc
Chemin de halage de Ganil
Cénevières
D922
Villeneuve
CAUSSE DE LIMOGNE
AVEYRON
D911
Limogne-en-Quercy
Cieurac
Bach
Lalbenque
Cloup d'Aural
Beauregard
Villefranche-de-Rouergue
Marché aux truffes de Lalbenque
(p. 265)
Saint-Projet
Aveyron
Lacapelle-Livron
D926
Puylaroque
A20
Caylus
D922
Montpezat-de-Quercy
Najac
Espinas
Septfonds
Saint-Antonin-Noble-Val
D958
Caussade
D820
TARN
N
0
10 km

CAHORS

Il faut grimper au mont Saint-Cyr pour comprendre l'histoire d'amour qui lie Cahors et le Lot. Vu d'en haut, le fleuve semble véritablement étreindre la "capitale du Quercy" et son lacis de ruelles. Mais la ville a plus à offrir que ce panorama : au cœur de son centre historique, la cathédrale Saint-Étienne renferme à l'ombre de ses coupoles un cloître tout en grâce et en finesse, tandis que le pont Valentré, de l'autre côté de la ville, enjambe le Lot en sept foulées qui ont assuré sa notoriété. Le tout dans l'ambiance décontractée et épicurienne qui règne dans cette cité, étape très appréciée sur le chemin de Saint-Jacques-de-Compostelle, et qui a donné son nom à tout un vignoble.

À voir

Pont Valentré Ouvrage d'art médiéval

(accès libre, piétons uniquement). Véritable emblème de la ville, ce pont de pierre claire surmonté de trois hautes tours carrées franchit le Lot à l'ouest de la ville. Bâti au XIVe siècle et classé Monument historique dès 1840, il est considéré à juste titre comme l'un des plus beaux ponts médiévaux fortifiés de France. L'ouvrage, long de 172 m, a été restauré et remanié en 1879 par Paul Gout, qui en profita pour ajouter une sculpture représentant un diable sur la tour centrale, clin d'œil à la légende selon laquelle le démon aurait apporté son aide à la construction de l'édifice. De l'autre côté du pont, la **maison de l'Eau** (tlj 10h-13h et 15h-19h en saison), ancienne station de pompage du XIXe siècle, abrite une exposition gratuite sur le patrimoine historique de la ville. À pied, on rejoint le pont par un souterrain passant sous les voies de chemin de fer.

Cathédrale Saint-Étienne Patrimoine religieux

(pl. Jean-Jacques-Chapou ; entrée libre ; tlj 9h-19h). Au cœur des ruelles du vieux Cahors, cette cathédrale romane bâtie au XIIe siècle se distingue par ses deux coupoles, les plus grandes du Sud-Ouest. L'une d'elles est ornée de peintures

Vieille ville de Cahors

médiévales en bon état de conservation. Outre les coupoles, admirez le tympan du portail nord, dont les sculptures représentent l'Ascension du Christ et la vie de saint Étienne. Les vitraux, bien que récents (2012), s'intègrent parfaitement à l'ensemble et illuminent la nef et le chœur. Le suaire de Cahors, ou Sainte Coiffe du Christ, est exposé dans la chapelle d'axe de la cathédrale.

Cloître de la cathédrale Gothique flamboyant

(pl. Jean-Jacques-Chapou ; entrée libre ; tlj 9h-19h). C'est l'autre joyau de la cathédrale Saint-Étienne. À droite du chœur, une modeste porte en bois donne accès à ce petit cloître en partie bordé d'habitations, ajouté à la cathédrale au début du XVIe siècle. Outre ses sculptures – remarquez celle de la galerie nord représentant ce qui ressemble à une dispute entre deux pèlerins de Compostelle –, le cloître se distingue par ses délicates arches gothiques. Petit secret niché juste derrière, au 38 rue de la Chantrerie, ne manquez pas le jardin médiéval de l'archidiaconé et ses plantes médicinales.

Vieux Cahors Ruelles et patrimoine

Entre le Lot et le boulevard Gambetta – la principale artère commerçante de la ville –, les ruelles du vieux Cahors cultivent leurs faux airs de médina en un lacis médiéval qui invite à la déambulation. Face à la cathédrale, la **place Jean-Jacques-Chapou**, baptisée en hommage à un résistant lotois, est le cœur de la vieille ville. Elle accueille le samedi et le mercredi matin un incontournable **marché** animé de produits du terroir, devant l'ancienne boutique des parents de Léon Gambetta (1838-1882), le plus célèbre enfant de la ville (cherchez l'enseigne "Bazar génois, Gambetta Jeune et Cie"). Non loin, la **rue Daurade** compte de beaux exemples de demeures médiévales à encorbellements, baies sculptées et pans de bois. Longeant la rivière vers le sud, on atteint ensuite le quartier de l'**église Saint-Urcisse**, fermée, ce qui n'empêche pas d'admirer son portail gothique. Sur la place du même nom, une étonnante **horloge à billes**, offerte à la ville en 1997 par l'artiste contemporain Michel Zachariou, fait face au Lot. Pour remonter plus loin dans le passé de la ville, rejoignez le haut du boulevard Gambetta, où se dresse la massive **tour Jean-XXII** (vestige du palais de Pierre Duèze, frère du pape Jean XXII), puis poursuivez par la rue de la Barre jusqu'à la **tour Saint-Jean** et la **Barbacane**, imposants vestiges des anciennes fortifications de la ville.

Une importante place financière

Du XIIe au XIVe siècle, Cahors, déjà renommée depuis l'Antiquité pour son commerce florissant de drap et de vin, connaît un essor économique considérable grâce à l'établissement dans la ville de banquiers et de marchands venus de Lombardie. Leurs méthodes peu orthodoxes (prêts sur gages et "à usure") ont beau être décriées par l'Église ("cahorsin" prend même le sens d'usurier), la cité devient vite une des places financières incontournables d'Europe. Parallèlement, Jacques Duèze, fils d'une riche famille de Cahors, devient le pape Jean XXII en 1316, et impulse un nouveau souffle à la ville en y fondant une université et en améliorant la navigabilité du Lot. La guerre de Cent Ans mettra fin à cette prospérité, et les guerres de Religion dévasteront la ville, qui ne retrouva jamais son statut.

Place François-Mitterrand Esplanade

Épicentre de la ville moderne, cette vaste esplanade baptisée en l'honneur de l'ancien président de la République est néanmoins dominée par la statue monumentale d'une autre personnalité de la République, Léon Gambetta. Outre des cafés et des restaurants,

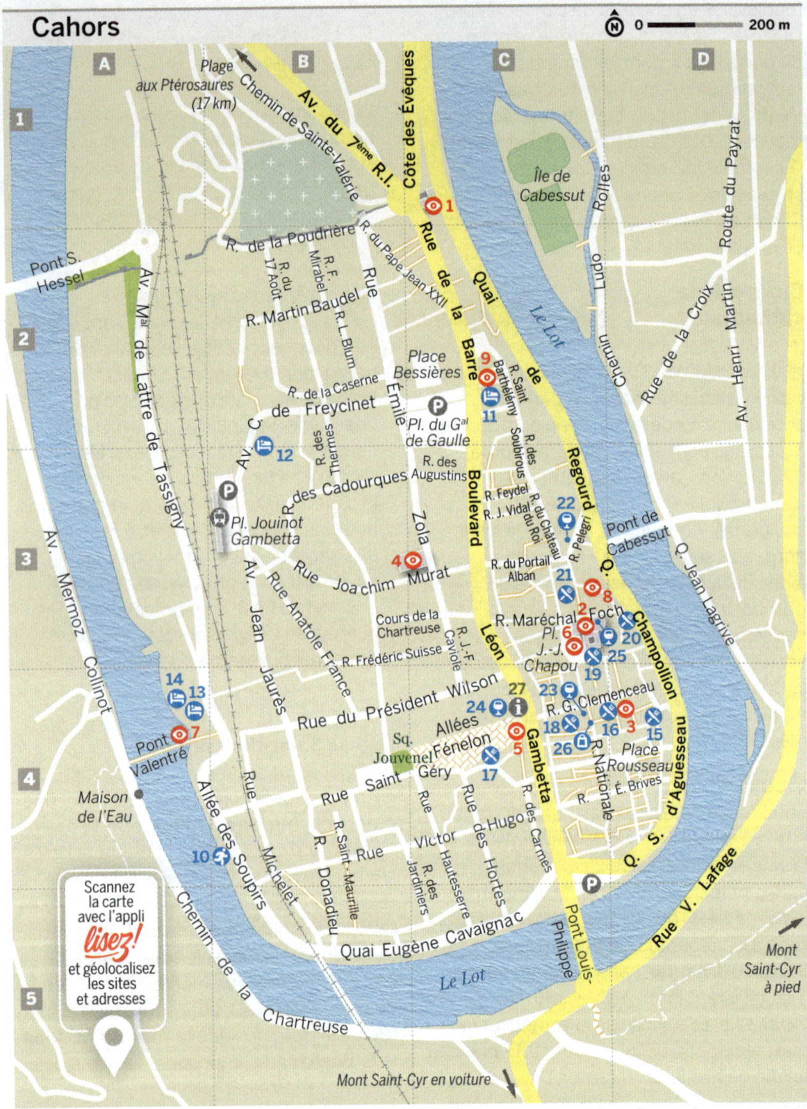

elle accueille l'office du tourisme, abrité dans la néoclassique Villa Cahors Malbec (voir p. 252), ainsi que la magnifique bibliothèque patrimoniale et ses trésors (mar-jeu 14h-18h). Derrière se dresse le beau campanile en briques (XVIIe siècle) d'un ancien collège de jésuites.

Musée de Cahors Henri-Martin Peinture

(05 65 20 88 66 ; cahorsagglo.fr/le-musee-henri-martin ; 792 rue Émile-Zola ; fermé pour rénovation). Installé dans l'austère ancien palais épiscopal, le musée présente les œuvres du peintre postimpressionniste

Cahors

À voir

1 Barbacane C1
2 Cathédrale Saint-Étienne C3
Cloître de la cathédrale Saint-Étienne .... (voir 2)
3 Église Saint-Urcisse D4
4 Musée de Cahors Henri-Martin C3
5 Place François-Mitterrand C4
6 Place Jean-Jacques-Chapou C3
7 Pont Valentré A4
8 Rue Daurade C3
9 Tour Jean-XXII C2
Tour Saint-Jean .... (voir 24)

Activités

10 Croisières Fénelon B4

Où se loger

11 Hôtel Jean-XXII C2
12 Hôtel Terminus B2
13 Le Chai A4
14 Hôtel Divona A4

Où se restaurer

15 La Petite auberge D4
16 Marie Colline D4
17 L'O à la Bouche C4
18 Le Bergougnoux C4
19 Le Marché C3
20 Auberge des Gabares D3
21 Mets Saisons C3

Où prendre un verre et sortir

22 La Poule aux potes C3
23 Le Dousil C4
24 Villa Cahors Malbec C4
25 Les Petits Producteurs D5

Achats

26 Maison Marty C4

Renseignements

27 Office du tourisme C5

Henri Martin (1860-1943), natif de Toulouse tombé amoureux du Lot, qui légua à la ville une part de son œuvre. Lors de notre visite, le musée était en rénovation et devait rouvrir au printemps 2022.

Mont Saint-Cyr — Point de vue

Une visite de la ville ne peut être complète sans monter jusqu'à ce panorama, qui embrasse toute la boucle du Lot dans laquelle elle est blottie. Pour vous y rendre en voiture, traversez le pont Louis-Philippe (dans l'axe du boulevard Gambetta), longez le fleuve sur quelques centaines de mètres sur la droite et guettez les panneaux, sur la gauche, à un rond-point. Il vous faudra dès lors monter environ 8 km jusqu'au point de vue, où une table d'orientation permet de se repérer. Il est aussi possible d'y monter à pied, en 2 heures, par un sentier balisé.

Berges du Lot — Balade à pied

À l'aurore ou au crépuscule, les berges aménagées le long du Lot, notamment entre le pont Valentré et le pont Louis-Philippe, prennent des airs enchanteurs. En été, une plage où la baignade est surveillée (11h-20h, GRATUIT) est aménagée au pied du pont Louis-Philippe. Vous y trouverez des animations, une buvette et des ateliers adaptés aux familles.

Plage aux Ptérosaures — Préhistoire

(05 65 23 32 48 ; www.plageauxpterosaures.fr ; Crayssac ; tarif plein/6-14 ans/-6 ans 9/6 €/gratuit ; Pâques-Toussaint, voir le site Web pour plus de précisions ; réservation fortement recommandée). Il y a 150 millions d'années, la région de Cahors était une vaste lagune. Miracle de la nature, les marées y ont alors déposé de minces pellicules de boue, capables d'emprisonner les empreintes de crocodiliens, tortues, et de ptérosaures (reptiles volants à quatre pattes) qui peuplaient les lieux. La visite de 1 heure 30 vous emmène à la découverte des traces mises au jour par les paléontologues, alors que le chantier de fouilles, de référence internationale, est toujours en cours. Même sans être passionné de préhistoire, on est captivé par la résurgence d'événements furtifs parvenus jusqu'à nous, à l'image de ces traces de gouttes laissées par une averse tombée il y a des millions d'années ! À 15 minutes de Cahors.

Activités

Croisières Fénelon — Au fil de l'eau

(05 65 30 16 55 ; www.bateau-cahors.com ; quai Valentré ; croisière 1 heure 20, tarif plein/5-13 ans 12,50/6 € ; mai-sept tlj 11h, 15h et 16h30, juil-août tlj 11h, 15h, 16h30 et 18h, avr et oct tlj 16h ; réservation recommandée la veille

Boire un verre de cahors à Cahors

Longtemps réputé lourd et un peu austère, le malbec (voir aussi p. 254), cépage de prédilection des vins de Cahors, réserve d'excellentes surprises lorsqu'il est bien travaillé. Deux adresses pour s'en convaincre :

- **Villa Cahors Malbec** (05 65 23 82 35 ; vindecahors.fr ; pl. François-Mitterrand ; dégustations de 6 à 16 € ; mi-juin à fin sept lun-sam 11h-19h, hors saison mar-sam 11h-13h30 et 16h-19h). Mitoyen de l'office du tourisme, ce bel espace à la décoration très contemporaine, géré par un groupement de producteurs qui en a fait la vitrine des crus de Cahors, propose des dégustations des vins locaux assorties d'explications (sans rendez-vous, compter 45 minutes).
- **Le Dousil** (05 65 53 19 67 ; ledousil.free.fr ; 124 rue Nationale ; vins au verre à partir de 2,50 €, tartines environ 4 €, carte 9,80-18,90 € ; tlj midi et soir, fermé dim-lun hors saison). À deux pas de la place Chapou, ce sympathique bar à vins propose une bonne sélection de cahors, notamment à prix doux. À consommer avec des tartines de fromage ou de charcuterie, une salade gourmande ou un plat du jour.
- **Les Petits Producteurs** (05 65 31 26 24 ; www.lespetitsproducteurs.fr ; 4 pl. Champollion ; vins au verre à partir de 3 €, carte 10-19 € ; tlj fév-déc 9h30-19h). Une association de 12 producteurs, dont 8 vignerons, gère cette cave à manger avec mise en assiette en fonction des arrivages. On goûte, on discute, on découvre, autour d'un verre 100 % malbec, d'un confit de canard ou d'une salade de fruits frais.

avant 17h). Les croisières Fénelon organisent en saison des promenades en bateau au départ des abords du pont Valentré. Outre le circuit de découverte de la ville (1 heure 20), des sorties à la journée en été vont jusqu'à Saint-Cirq-Lapopie (p. 259) et au fil du vignoble (tarif plein/3-10 ans 62/37 €, repas inclus).

Lot of Sport — Base de loisirs
(06 42 04 48 51 ; www.lotofsports.fr ; mont Saint-Cyr ; activités à partir de 8 €/h ; tlj juil-août et vacances scolaires 10h-20h, reste de l'année lun-ven 13h-19h et sam-dim 10h-19h). Au sommet du mont Saint-Cyr, cette base de loisirs multisports dynamique offre un éventail d'activités, de locations et de parcours originaux : *corde games* (l'un des quatre de ce type en France), jeux d'évasion populaires (surtout les jours de pluie) et lancer de hache qui, contre toute attente, est une activité assez méditative.

Pour découvrir les vallées du Lot et du Céré à **vélo**, reportez-vous au cahier vélo de cet ouvrage.

Où se loger

Le Chai — Auberge de jeunesse €
(05 36 04 00 80 ; www.hifrance.org ; 52 av. André Breton ; nov-avr/mai-juin et sept-oct/juil-août 26,50/27,50/28,80 € par pers avec petit-déj, tarif pèlerin 22/23/26 €, supplément chambre individuelle 5 € ; fermé mi déc-fin jan ;). Situé à 50 m du pont Valentré, ce bâtiment moderne d'un blanc éclatant ne passe pas inaperçu. Ouvert en 2017, il propose 34 chambres de deux ou trois lits, spartiates mais dotées de leurs propres salles d'eau. Bagagerie, laverie, cuisine, garage à vélos sont à disposition. Les murs en béton confèrent à l'ensemble une atmosphère austère… compensée par la terrasse du réfectoire, qui offre une vue imprenable sur le pont.

Hôtel Jean-XXII — Central €€
(05 65 35 07 66 ; hotel-jeanxxii.com ; 2 rue Edmond-Albe ; s/d/tr/qua 62/75-84,50/90,50/105 € ;). Idéalement situé entre vieille et nouvelle ville, en haut du boulevard Gambetta, au pied de la tour à laquelle il doit son nom, ce deux-étoiles familial offre un très bon rapport qualité/prix, avec des chambres simples mais

accueillantes et très bien tenues. L'accueil est tout en gentillesse et le patron donne d'excellents conseils sur la région. Parkings gratuits à proximité.

Hôtel Terminus Cossu €€

(05 65 53 32 00 ; terminus-1911.fr ; 5 av. Charles-de-Freycinet ; s/d/tr 45-100/55-100/85-100 € selon confort et saison, ste 95/130 € ;). À 100 m de la gare, cette adresse cossue est installée dans un bâtiment de style Art déco érigé en 1911. L'hôtel compte 20 chambres meublées dans un style classique, de confort et de taille variables mais toutes agréables. En cas de fortes chaleurs, évitez tout de même celles sous les toits. L'accueil est souriant et le restaurant de l'établissement, le Bistro 1911, est apprécié pour sa cuisine bistronomique. Quelques places de parking.

Hôtel Divona (Best Western) Luxe €€€

(05 65 21 18 39 ; www.divona-hotel-cahors.com ; 113 av. André-Breton ; d 129-242 € selon confort et saison ;). Plus que la piscine chauffée intérieure, la salle de remise en forme ou le mobilier design inspiré des années 1950, c'est l'emplacement de cet hôtel, inauguré en 2016, qui garantit son standing : pile face au pont Valentré. Dans certaines chambres "privilège", la disposition du lit face à de larges baies vitrées vous promet une berceuse en images devant le superbe ouvrage éclairé la nuit. Espace bien-être et bar lounge.

Où se restaurer

Le Bergougnoux Familial €€

(05 65 35 62 92 ; 77 rue du Docteur-Bergounioux ; menu midi sem uniquement/soir 14,50/21 € ; tlj sauf dim soir et lun). Rien de vraiment notable côté cadre – très passe-partout à l'exception des pierres apparentes de la salle – mais la surprise est dans l'assiette. On sert ici une cuisine du marché accordant une belle place aux légumes frais, préparée avec patience par le maître des lieux, qui quitte ses fourneaux en fin de service pour faire le tour des tables avec humour. À côté du foie gras maison,

Vieille ville vue du mont Saint-Cyr (p. 251)

Du malbec au cahors

Implantée par les Romains, la vigne a acquis ses lettres de noblesse dans la région de Cahors au XIIIe siècle grâce aux Anglais, qui furent les premiers à apprécier les vins issus du malbec. Également appelé côt, ce cépage donne des crus puissants à la robe pourpre, ce qui valut au vin rouge local le nom de "black wine". Très apprécié au XVIIIe siècle, le cahors était alors expédié sur les tables des princes et rois d'Europe, jusqu'en Russie. La crise du phylloxéra – maladie de la vigne –, à la fin du XIXe siècle, lui porta un coup qui faillit lui être fatal. Replanté au lendemain de la Seconde Guerre mondiale, le vignoble de Cahors reprit heureusement des couleurs jusqu'à obtenir l'AOC, en 1971. La qualité de la production n'a depuis eu de cesse de s'améliorer et on trouve aujourd'hui des cahors particulièrement élégants et équilibrés. Le malbec a également une autre terre d'adoption, de l'autre côté de l'Atlantique : introduit en Argentine à la fin du XIXe siècle, ce cépage, l'un des plus utilisés pour élaborer les rouges du pays, s'exprime pleinement au pied de la cordillère des Andes.

le pot-au-feu de la mer mérite le détour, tout comme les alléchants clafoutis et tartes maison qui accueillent le visiteur. Une bonne adresse à prix raisonnables.

L'Ô à la Bouche Bistrot chic **€€-€€€**

(☎05 65 35 65 69 ; www.loalabouche-restaurant.com ; 56 allée Fénelon ; formules déjeuner/dîner 21,50-45/35-48 €, plats 16-23€ ; ⏲mar-sam midi et soir). Sur la place François-Mitterrand, L'Ô à la Bouche vous accueille dans un cadre contemporain alliant avec goût des teintes de prune et de brun. L'adresse doit sa bonne réputation à sa cuisine, plutôt raffinée, qui mêle les produits locaux à des influences venues d'autres horizons – échine de cochon confit au jus, filet de poisson et mousseline d'amandes. Les amateurs de fromage ne passeront pas à côté du rocamadour pané. Bonne sélection de vins.

Le Marché Bistrot chic **€€-€€€**

(☎05 65 35 27 27 ; www.le-marche-cahors.fr ; 27 pl. Jean-Jacques-Chapou ; plats 14-24 €, formule midi 24 €, menus 36-54 € ; ⏲mar-sam midi et soir). Ris de veau braisé à la crème et aux morilles, duo de bar et encornets ou simplement pièce de bœuf du Limousin : la cuisine assez recherchée de cette adresse, qui vous accueille dans un cadre moderne et lumineux, évolue au gré du marché (juste en face) et des saisons. L'accueil est agréable, la sélection de vins au verre intéressante et les desserts légers et raffinés.

Auberge des Gabares Traditionnel **€€**

(☎05 65 53 91 47 ; 24 pl. Champollion ; formule midi 16 €, menus 22,50-40 € ; ⏲mar-sam 12h-14h et 19h-22h sauf mer et dim soir). Coup de cœur pour cette cantine au service convivial et ultra-efficace aux abords de la vieille ville. Dans la salle à manger parquetée ou sur la terrasse ombragée par une imposante glycine, en hauteur face au Lot, on déguste des plats simples (truffade, lapin à la moutarde, pot-au-feu...) mais parfaitement cuisinés.

La Petite Auberge Terroir **€€**

(☎05 65 35 06 05 ; 144 rue Saint-Urcisse ; carte 16-22 €, menus 28-36 € ; ⏲ven-lun midi et soir). Ouverte en 2021, cette jeune adresse a déjà tout d'une grande. Dans l'assiette, des classiques parfaitement exécutés (cabécous panés, daurade au beurre blanc, magret sauce acidulée), dont les saveurs sont savamment équilibrées pour éviter toute lourdeur. Pas étonnant que la clientèle anglaise s'y bouscule. Sélection de vins locaux soignée et options végétariennes. Ouverture prochaine d'un salon de thé.

Marie Colline Végétarien **€**

(☎05 65 35 59 96 ; 173 rue Georges-Clémenceau, plat du jour 9 €, menus 12,30-

19,20 € ; lun-ven midi). Dans une pièce chaleureuse aux chaises dépareillées, ce restaurant végétarien régale de plats du jour et de desserts à tomber. Au menu, tout est frais et fait maison, des poivrons farcis aux clafoutis de légumes. On prend le temps de vous accueillir, même en cas d'affluence. Côté douceurs, si vous tombez sur la panna cotta au moka, vous avez gagné le gros lot.

Mets Saisons Fait maison €
(05 65 23 08 31 ; 64 pl. de la Libération, tarte du jour 7 €, formules 13,50 € ; lun-ven midi). Populaire, cette adresse vitaminée se démarque par sa sélection de tartes du jour (poulet oignon citron, feta courgettes et menthe, figue et coppa...), fraîches et goûteuses, servies avec salade, semoule et gaspacho. L'équipe semble parfois un peu dépassée par l'affluence mais reste à votre écoute. Si l'envie vous prend d'aller manger au bord du Lot, à deux pas, le repas peut s'emporter, mais certains contenants sont consignés.

Où sortir

La Poule aux Potes Bar musical associatif
(www.facebook.com/lapouleauxpotes ; 68 rue Pélegry ; mer-ven 18h jusqu'à la fermeture). Le QG bohème et bon enfant des amateurs de petits concerts, de débats et de discussions enflammées. À deux pas de la cathédrale. L'ambiance est détendue et la bière artisanale à la pression excellente. Après la pandémie, le futur de cette adresse, tout comme sa programmation, se vit au jour le jour.

Achats

Maison Marty Crèmerie
(05 65 35 31 10 ; www.cremerie-marty.fr ; 160 rue Nationale ; mar-sam 8h-12h45 et 15h-18h). On vient de loin (parfois de Toulouse !) pour se fournir chez ce fromager qui, outre un magasin en ville, possède une boutique sous les halles ouverte le dimanche matin. Les spécialités locales (crémeux de Cajarc, tomme de Carayac, rocamadour) y côtoient des produits maison, dont le fameux brie aux truffes fraîches, disponible uniquement de novembre à mars. Les estivants peuvent se consoler avec le succulent brie aux figues et aux noix.

Renseignements

Office du tourisme (05 65 53 20 65 ; www.cahorsvalleedulot.com ; pl. François-Mitterrand ; lun-sam 9h-19h, dim 10h-18h). Dans la Villa Cahors Malbec.

Comment circuler

Le centre de Cahors se découvre aisément à pied.

Depuis/vers Cahors

Bus Toutes les lignes de bus du Lot sont recensées sur le site www.mestrajets.lio.laregion.fr. Ligne TER 910 entre Cahors et Figeac : 6 trajets en semaine, 3 le week-end. Ligne TER 913 entre Cahors et Fumel : 7 trajets en semaine, 4 le week-end.

Train Il y a 13 liaisons quotidiennes entre Paris et Cahors. Comptez entre 5 heures 45 et 7 heures de trajet. Entre Toulouse et Cahors, 10 liaisons par jour d'une durée de 1 heure 30.

Voiture Cahors est à 5 heures 40 (575 km) de Paris via l'A20, 3 heures 35 (350 km) de Montpellier via l'A61 en passant par Toulouse, 1 heure 30 (115 km) de Toulouse via l'A20 et l'A62 et 2 heures 50 (235 km) de Bordeaux via l'A62.

LE VIGNOBLE DE CAHORS

Les 4 000 ha plantés en malbec de la région sont majoritairement présents dans les Causses du Quercy, mais aussi le long de la vallée du Lot, à l'ouest de Cahors jusqu'à Puy-l'Évêque et au-delà. Plus de 70 domaines alignent leurs rangs de vignes au fil du cours d'eau. Nous en avons sélectionné ici quelques-uns, formant un itinéraire vers l'ouest au départ de Cahors.

SI VOUS AIMEZ... Les châteaux

Outre Bonaguil (p. 269) et Cénevières (p. 264), plusieurs châteaux donnent envie de replonger dans le Moyen Âge...

Château de Couanac (06 61 26 88 91 ; www.chateaudecouanac.com ; tarif plein/7-15 ans/-7 ans 5/3 €/gratuit ; juil-août lun-sam 10h-11h30 et 14h-18h, dim 14h-18h, mai-juin et sept sam-dim 10h-12 et 14h-17h, oct sur réservation). À 10 km de Limogne-en-Quercy (p. 266), cette demeure médiévale toujours habitée résume les étapes de la construction d'un château entre les XIIe et XVIe siècles. Gîtes et ferme-auberge sur réservation.

Château de Saint-Projet (05 63 65 74 85 ; www.saint-projet.com ; 5 € juin-oct tlj 14h-19h, nov sam-dim 14h30-19h). La reine Margot, première épouse d'Henri IV, s'y serait réfugiée avec son amant. On visite sa chambre et 12 pièces meublées de cet édifice du XIIIe siècle, situé entre Limogne (p. 266) et Caylus, dans le Tarn-et-Garonne. Café et restaurant sur place.

Château de Brassac (07 86 50 58 90 ; www.chateaudebrassac82.fr ; tarif plein/12-14 ans/-12 ans 4/2 €/gratuit ; horaires variables pour cause de rénovation, les contacter). Au cœur du pays de Serres (p. 273), cette forteresse flanquée de quatre tours circulaires a conservé ses salles de garde, ses escaliers et de belles voûtes du XIIIe siècle.

À voir et à faire

Château de Mercuès

Domaine viticole et château-hôtel

(05 65 20 00 01 ; www.chateaudemercues.com ; Mercuès ; chai mai-oct jeu-lun 10h30-12h30 et 13h30-19h30, visites 15/18/27 € avec dégustation 3/4/6 vins). Sentinelle perchée au-dessus du Lot, le château de Mercuès est l'un des fers de lance de l'empire Georges Vigouroux, acteur majeur du vignoble local, également propriétaire du renommé Château de Haute-Serre, au sud de Cahors. Avant le vin, on est déjà séduit par la beauté classique de l'édifice, dont le parc et les jardins à la française sont ouverts aux visiteurs. Un très beau chai, également ouvert aux visiteurs, a été aménagé en dessous. Plusieurs vins (assez chers) du domaine ont été primés en France et à l'étranger. Le château abrite également un hôtel de luxe et un restaurant (voir p. 259).

Château Lagrézette

Domaine viticole et château

(05 65 20 07 42 ; www.chateau-lagrezette.com ; Caillac ; lun-ven 10h-18h). Autre acteur majeur du vignoble de Cahors, lui aussi salué en France et à l'étranger, ce beau domaine doit son renouveau à l'homme d'affaires Alain-Dominique Perrin, qui l'a racheté en 1980, a restauré le château et lui a rendu sa vocation viticole. Le château en lui-même ne se visite pas (on le découvre de l'extérieur) mais les beaux chais de la cave méritent la visite (en autonomie ou guidée sur réservation), tout comme les bons (mais chers) vins rouges du domaine.

Clos Troteligotte

Domaine viticole bio

(06 74 81 91 26 ; clostroteligotte.com ; Le Cap Blanc, Villesèque ; lun-sam 9h-12h et 14h-18h, sam sur rdv). Ce domaine de 19 ha propose des vins bio cultivés en biodynamie (sans sulfites mais avec des levures indigènes) et permet une escapade au sud du vignoble, là où le terroir est argilo-calcaire kimméridgien et sidérolithique (riche en fer). Testez le classique K-Or (100% malbec), le populaire K-2 (vieilli dans des jarres en terre cuite) et le K-Lys (vieilli en foudre). Si vous réservez 48 heures à l'avance, le domaine propose une visite accompagnée de dégustation, le K'as-croûte. Soirées œnologiques à thème toute l'année.

Château Saint-Sernin Domaine viticole
(05 65 20 13 26 ; www.chateau-st-sernin.com ; Parnac ; lun-ven 9h-12h et 14h-19h, sam-dim sur rdv). Difficile de quitter ce domaine familial, où le couple de vignerons Anne et Heifara savent si bien recevoir ! Les origines polynésiennes d'Heifara transparaissent sur les étiquettes comme à travers certaines notes des vins, fruitées et peu tanniques. Populaire, le rouge Mana, non boisé et fruité, offre matière et rondeur. Des expositions d'artistes, des apéros hebdomadaires et des ateliers d'œnologie animent le domaine à travers les saisons.

Château de Cayx Domaine viticole princier
(05 65 20 13 22 ; www.chateau-de-cayx.com ; Cayx ; boutique juin-sept lun-sam 10h-12h30 et 14h-19h, oct-mai lun-sam 10h-12h30 et 14h-18h30). Un vrai château et un vrai prince ! En 1974, le château et le domaine de Cayx furent achetés par la reine du Danemark Marguerite II et son époux le prince consort Henri, enfant de la région né sous le nom de Henri de Laborde de Monpezat (il est décédé en 2018). Le domaine de 24 ha produit des vins rouges et blancs. En été, le château se dévoile lors de visites guidées au départ de la boutique (8 €, gratuit -12 ans ; mer et sam 15h).

Château Les Croisille Domaine viticole bio
(05 65 30 53 88 ; www.lescroisille.com ; Fages, Luzech ; lun-sam 9h-12h et 14h-19h). Un vignoble familial de 12 ha, géré par trois vignerons jeunes et motivés. Du vin de soif au vin de garde, on y trouve notamment des rouges fins, frais et accessibles. Le domaine propose des dégustations-vente sans rendez-vous. Goûtez Le Divin Croisille, leur cuvée emblématique et l'original La Pierre, vieilli en cuve de pierre calcaire.

Clos de Pougette Domaine viticole
(05 65 30 73 83, 06 22 50 51 42 ; www.closdepougette.fr ; Cournou ; téléphoner avant). Ici, pas de château, mais un joli coin de vignes et un domaine familial de 23 ha entièrement dédié au malbec. Pierre Benac y produit de bons cahors de tradition à prix raisonnables, notamment la cuvée Les Hauts de Pougette, issue d'une sélection de vieilles vignes.

Château Lagrézette

Le chemin de Compostelle en Quercy

Arrivant du Puy-en-Velay, la **Via Podiensis**, principale route du chemin de Compostelle en France, traverse le Quercy du nord-est au sud-ouest, passant par Figeac, Cajarc, Cahors, Montcuq, Lauzerte et Moissac – des variantes traversent également Saint-Cirq-Lapopie et Rocamadour. L'itinéraire, emprunté depuis le Moyen Âge par des millions de pèlerins, se poursuit ensuite jusqu'à Saint-Jean-Pied-de-Port et la frontière espagnole, où il prend le nom de Camino francés jusqu'à Saint-Jacques-de-Compostelle. L'histoire remonte au IXᵉ siècle, lorsqu'un ermite guidé par une étoile situa dans cette ville de Galice la sépulture de l'apôtre Jacques le Majeur. Chemin de foi pour les uns, le "pèlerinage" est pour d'autres un simple but de randonnée, une expérience personnelle ou un itinéraire artistique. Le chemin de Compostelle est en effet jalonné de merveilles de l'art roman (voir p. 301). Pour randonner sur le chemin, voir aussi p. 322.

Château Pineraie Domaine viticole

(05 65 30 82 07 ; www.chateaupineraie.com ; Leygues ; téléphoner avant). Plusieurs fois primés, notamment lors du concours général agricole de Paris, les malbecs produits par la famille Burc allient tradition, élégance et prix raisonnables. Leur malbec pur, l'Authentique, est une valeur sûre.

Clos Triguedina Domaine viticole

(05 65 21 30 81 ; jlbaldes.com ; lieu-dit Les Poujols, Vire-sur-Lot ; toute l'année lun-sam). À 5 km de Puy-L'Evêque, ce prestigieux domaine familial est un intournable du vignoble et un digne représentant de l'AOC Cahors. Aux commandes depuis 1830, la famille Baldès a acquis une réputation en France et à l'international, notamment grâce au New Black Wine, primé. Salle de dégustation, visite des caves et musée sur place.

Château du Cèdre Domaine viticole bio

(05 65 36 53 87 ; www.chateauducedre.com ; Vire-sur-Lot ; lun-sam 9h-12h et 14h-18h). Les frères Verhaeghe élaborent avec passion un cahors certifié "agriculture biologique" depuis 2012, après 20 ans de réflexion et d'efforts dans ce domaine. Ils produisent un vin plus souple que les cahors habituels, et salué par plusieurs guides spécialisés.

Château Haut-Monplaisir Domaine viticole bio

(05 65 24 64 78 ; www.chateau-haut-monplaisir.com ; Lacapelle-Cabanac ; juil-août lun-ven 9h-12h30 et 13h30-18h30, sam 9h30-12h30 et 14h-18h, sept-déc et jan-juin lun-ven 9h-12h et 14h-18h, sam-dim sur rdv hors saison ; visites guidées sur réservation). Certifié bio depuis ses millésimes 2012, ce domaine, dont les méthodes se sont inspirées de celles du château du Cèdre, se distingue par des vins équilibrés et élégants, produits sur 30 ha plantés de malbec mais aussi de cabernet franc, merlot, chardonnay et viognier.

Château de Chambert Domaine viticole bio

(05 65 31 95 75 ; www.chambert.com ; Floressas ; juil-août tlj 10h-19h, sept et juin lun-sam 10h-19h, oct-mai lun-ven 9h-17h, visite guidée 10h30 et 15h30 lun-sam en juil-août, 12 €). On peut exister depuis la fin du XVIIᵉ siècle et se tenir au goût du jour : le château de Chambert est en effet l'un des acteurs majeurs de la biodynamie dans le vignoble de Cahors, avec 65 ha entièrement travaillés dans cette approche. Outre des vins à prix raisonnables, on trouve sur place un bistrot-bar à vins ouvert à l'année et des possibilités de visites guidées sur le thème de la biodynamie en été.

Où se restaurer

Auberge du Vieux Douelle – Chez Malique Auberge €€

(05 65 20 02 03 ; www.chezmalique.com ; 19 rue des Tonneliers, Douelle ; formule midi 11 €,

plats 14-24 €, menus 22,50-42,50 € ; tlj midi et soir, fermé sam midi et dim soir oct-avr). Sur les berges du Lot, au cœur du village de Douelle, cette auberge chaleureuse est une halte tout à fait bienvenue durant un tour du vignoble. Il n'y a rien de vraiment exceptionnel dans l'assiette – c'est la carte de spécialités locales habituelle – mais la terrasse est agréable et le service rapide.

Château de Mercuès Gastronomique **€€-€€€**

(05 65 20 00 01 ; www.chateaudemercues.com ; Mercuès ; plats 44-53 €, menus 89/125/155/195 € ; mai-oct, restau mar-sam soir, bistrot tlj midi et dim-lun soir). Foie gras poêlé, selle d'agneau du Quercy, truffe noire, ris de veau : tous les meilleurs produits de la région se déclinent à la carte du luxueux restaurant du domaine de Mercuès, Le Duèze, qui accueille ses hôtes dans la très élégante salle à manger de ce Relais & Châteaux estampillé quatre-étoiles. Le bistrot du château, qui est plus économique, permet de déjeuner sur la terrasse à des prix raisonnable (formules 39/54 €).

SAINT-CIRQ-LAPOPIE

Toisant le cours d'eau de plus de 100 m depuis son promontoire rocheux, Saint-Cirq-Lapopie est l'un des villages les plus emblématiques de la vallée du Lot. Avec son site d'exception, ses ruelles pentues et ses antiques demeures de pierre blonde, cet ancien chef-lieu médiéval qui séduisit André Breton dans les années 1950 mérite amplement de figurer sur la liste des "Plus beaux villages de France". Ces atouts ne sont naturellement pas restés secrets : Saint-Cirq, qui a fait du tourisme sa raison d'être estivale, voit en été des flots de visiteurs arpenter ses ruelles où s'alignent marchands de bijoux, de peintures ou de savons au lait de chèvre. Notez qu'à la différence de Montcuq (p. 271), on prononce ici "saint-cir", le "q" restant muet...

À voir

Vestiges du fort seigneurial Point de vue

Perpétuant la règle non écrite selon laquelle une visite doit toujours commencer par

Saint-Cirq-Lapopie

Ancienne auberge des Mariniers

le point le plus haut, c'est souvent ici que les pas du visiteur le guident en premier. Coiffant le village, les vestiges du fort des seigneurs de La Popie, bâti à partir du Xe siècle puis agrandi deux siècles plus tard, permettent d'embrasser un large panorama sur les ruelles et les toits de tuiles de Saint-Cirq-Lapopie.

Bourg médiéval
Balade

Les ruelles de Saint-Cirq appellent à une jolie balade, en descendant depuis la **place du Sombral**, centre névralgique du village, bordée de belles maisons à arcades des XIIIe et XIVe siècles. On croise ainsi la **maison de la Fourdonne**, reconnaissable à sa tour d'escalier à vis, puis les **maisons Daura**, habitations médiévales aux fenêtres à meneaux et arcs ouvragés des XIIIe et XIVe siècles, réhabilitées par le peintre espagnol Pierre Daura (1896-1976 ; voir aussi p. 308), tombé amoureux du village. En contrebas de l'église, la **place du Carol** abrite l'ancienne **auberge des Mariniers**, plus vieille maison du bourg, dominée par une tour du XIIe siècle, qui fut la résidence d'été du surréaliste André Breton dans les années 1950. Descendant ensuite par la **rue de la Pélissaria**, on peut admirer de remarquables maisons des XVIe et XVIIe siècles avant d'atteindre la **porte de la Pélissaria** d'où l'on a, en se retournant, l'une des plus belles vues sur le village.

Église
Patrimoine religieux

Le village doit une large part de sa photogénie à la puissante silhouette de son église, édifiée dans le style gothique, adossée à une chapelle romane durant la première moitié du XVIe siècle. Posée au bord de l'impressionnante falaise dominant le Lot, elle présente un intérieur assez dépouillé. Remarquez le petit autel dédié à sainte Catherine, patronne des tourneurs sur bois, activité pour laquelle le village fut longtemps réputé.

Maison Rignault
Collection d'art

(☎ 05 65 31 23 22 ; Le Bourg ; entrée libre ; 🕒 Pâques-Toussaint tlj sauf mardi). Acquise et restaurée en 1922 par Émile-Joseph Rignault (1874-1962 ; voir aussi p 308), peintre montmartrois et collectionneur d'art séduit par le village, cette belle demeure du XVe siècle au bord de la falaise, face au Lot invite à un voyage artistique. Rignault légua en 1959 au département du Lot sa maison et les œuvres qu'elle contenait. Mobilier et œuvres d'art venues des quatre coins du monde côtoient des objets médiévaux. Des expositions temporaires y sont organisées par l'association La Rose Impossible, qui s'occupe de la maison André Breton (06 30 87 70 58 ; www.maisonandrebreton.fr). La maison est bordée de deux beaux petits jardins.

Activités

Kalapca Canoë-kayak

(05 65 24 21 01 ; www.kalapca.com ; Conduché-Bouziès). De l'autre côté du Lot, au début de la route menant à la grotte du Pech Merle (p. 216), cette structure bien organisée propose des circuits en kayak ou en canoë sur le Lot ou le Célé, de 1 heure à une journée (entre 13 et 29 € pour la location, 32/50 € pour des circuits d'une demi-journée/journée), ainsi que plusieurs autres activités : initiation au paddle ou au canoë-kayak sur un plan d'eau (à partir de 10 €), canyoning, escalade, via ferrata, tyrolienne, tir à l'arc, randonnée à pied et à VTT, spéléologie (initiation et perfectionnement) y compris en rivière souterraine.

Où se loger

Seule la première adresse de cette liste est située dans le village même.

Auberge du Sombral Auberge €€

(05 65 31 26 08 ; aubergelesombral.wordpress.com ; pl. du Sombral ; d/tr 60-85/95 € ;). Face à l'office du tourisme, cette auberge à l'atmosphère très classique propose huit chambres au confort simple, mais accueillantes, avec du mobilier ancien et des tableaux d'artistes locaux aux murs. On vous donnera un badge pour accéder gratuitement aux parkings publics. Accueil souriant.

Circuler à Saint-Cirq-Lapopie

Attendez-vous à marcher un peu pour visiter Saint-Cirq-Lapopie. Il est en effet impossible de se garer ou de circuler dans les ruelles en pente du village. Pas moins de 6 parkings payants (forfait à 6 € par jour, gratuit à partir de 19h) ont cependant été aménagés à ses abords proches, en dessous et au-dessus du centre du village. Le plus proche est le parking P4, qui s'atteint en voiture par un long détour, tout en haut du village après le P6. Le P1, près de la halte nautique, est gratuit.

Le Saint-Cirq Hôtel-spa €€€

(05 65 30 30 30 ; www.hotel-lesaintcirq.com ; d basse/haute saison 68-158/150-198 € selon confort et vue, ch f 138-218 €, app 2-5 pers 150-243 € ;). Face au village, de l'autre côté du Lot (point de vue garanti), l'adresse chic de Saint-Cirq décline une série de vastes chambres confortables et joliment décorées, avec enduits cirés, bois lasurés et mélange de mobilier ancien et moderne. L'adresse, qui mérite bien ses trois étoiles, propose par ailleurs une piscine intérieure chauffée de 18 m avec espace spa comprenant sauna, hammam et cabines de massages (accès à partir de 18 € + tarif du soin). Pas de restauration sur place mais navette gratuite vers les restaurants du village avec lesquels l'établissement a un partenariat. Vélos à disposition gratuitement.

Les Gabarres Hôtel €€

(05 65 30 24 57 ; www.hotellesgabarres.com ; Tour-de-Faure ; ch 82-146 € selon taille et confort ;). Au pied de Saint-Cirq-Lapopie, cet hôtel aux chambres toutes simples (mais tout confort) brille surtout par son accueil chaleureux et son personnel aux petits oignons. Restauration rapide sur place et chambres PMR disponibles. Plein sud, la piscine jouit d'une jolie vue sur le Cirque de Vènes.

Où se restaurer

Lou Bolat Café-restaurant €-€€

(☎05 65 30 29 04 ; loubolat.fr ; pl. du Balat ; plats 9,50-24,50 €, menus 21,50-28,90 € ; tlj midi et soir mi-mars à mi-nov). La carte tente de concilier tous les goûts et tous les budgets, des salades aux plats en sauce et de l'omelette au coq au vin, mais c'est surtout la jolie petite terrasse en pierre, couverte de vigne vierge et idéale pour faire une pause, qui retient l'attention. Rien d'exceptionnel dans l'assiette, mais on passe un bon moment au déjeuner. Bon accueil. Également trois **dortoirs** de 3, 4 et 8 places (43 € en demi-pension).

Le Cantou Inventif €€

(☎05 65 35 59 03 ; rue de la Pélissaria ; carte 13,80-16,50 €, menus 23-28 € ; avr-oct tlj midi et soir, fermé lun-mar en sept). Une carte qui sort des sentiers battus en revisitant avec succès la cuisine locale (panna cotta de foie gras, tartare de magret à la thaïe...). Service efficace, même quand il y a du monde. En bas du village, à côté de l'église, l'adresse, sur deux étages, possède une cour intérieure, et une terrasse. Un très bon rapport qualité/prix.

Auberge du Sombral Tradition €€

(☎05 65 31 26 08 ; aubergelesombral.wordpress.com ; pl. du Sombral ; formule midi 19-21 €, menus 23-32 € ; tlj midi sauf mer hors saison). L'accueil souriant, la salle à l'atmosphère d'auberge classique cosy et la terrasse sur l'arrière sont les atouts de cette adresse qui propose une cuisine sentant bon le terroir : chèvre frais truffé, gigot d'agneau du Quercy rôti et la spécialité de la maison, la talmouse, un feuilleté aux noix et au roquefort.

Le Gourmet Quercynois Tradition €€

(☎05 65 31 21 20 ; www.restaurant-legourmetquercynois.com ; rue de la Peyrolerie ; plats 16-22 €, formule 15,80 €, menus 22,80-28,50 € ; tlj midi et soir fév-nov). Au cœur du village, cette belle maison du XVIIe siècle abrite une salle en pierre où la cheminée brûle dès les premiers frimas. Outre les magrets et autres standards de la cuisine locale, la carte met l'accent sur des produits emblématiques comme la truffe et le foie gras, servis sur de copieuses assiettes.

Le Saint-Cirq Gourmand Tradition €€

(☎05 65 35 30 30 ; lou-pastis.fr/salon-the-saint-cirq-gourmand-pastis.html ; Grand-Route ; formules 10,80-17,80 € ; tlj avr-nov). À l'entrée du village, cette adresse Slow Food décline de délicieuses spécialités maison (tartes, quiches, terrine de foie gras, salades quercynoises...) et des desserts du coin, dont le fameux pastis (gâteau feuilleté aux pommes, typique du Lot). En terrasse, vue imprenable sur Saint-Cirq, à agrémenter d'une bière brassée dans la région si le cœur vous en dit.

Achats

Musée du Vin Produits locaux

(☎05 65 31 21 20 ; www.lemuseeduvin.com ; rue de la Peyrolerie ; toute l'année). Au milieu de la rue principale, cette belle boutique associée au restaurant Le Gourmet Quercynois regorge de foies gras, terrines et autres produits locaux, et met l'accent sur de bons vins locaux qu'une œnologue propose à la dégustation.

Renseignements

Office du tourisme (☎05 65 31 31 31 ; www.cahorsvalleedulot.com ; pl. du Sombral). Organise des visites guidées du village (tarif plein/réduit 6/4 €, dates et horaires variables selon la saison).

LES ENVIRONS DE SAINT-CIRQ-LAPOPIE

Outre l'exceptionnelle grotte du Pech Merle (p. 216), à une dizaine de kilomètres vers le nord, qui vaut absolument le détour, deux sites proches de Saint-Cirq-Lapopie méritent la visite.

Chemin de halage de Ganil

Bouziès et le chemin de halage de Ganil

Au pied des falaises bordant le Lot, qu'un joli pont enjambe face au village, le minuscule village de Bouziès est une étape très au calme à 4,5 km à l'est de Saint-Cirq-Lapopie. Point de départ de croisières sur le cours d'eau, grossi ici des eaux du Célé, le village est également connu pour son étonnant chemin de halage taillé dans le roc.

Activités

Chemin de halage de Ganil Patrimoine

Construit en 1845, le chemin de halage, qui débute à quelques centaines de mètres du village, était jadis utilisé par les chevaux de trait qui tiraient les gabarres chargées de vin et autres marchandises en route vers Bordeaux. L'originalité de cette portion du chemin, où la falaise tombe à pic dans la rivière, est d'être taillée dans le flanc de la roche sur près d'un kilomètre. Certaines portions sont par ailleurs décorées d'un bas-relief illustrant l'environnement de la rivière, sculpté en 1985 et en 2019 par l'artiste toulousain Daniel Monnier. Le chemin de halage peut également être parcouru depuis la base nautique de Saint-Cirq-Lapopie, en une randonnée de 15 km aller-retour.

Croisières de Saint-Cirq-Lapopie Au fil du Lot

(✆ 05 65 31 72 25 ; www.croisieres-saint-cirq-lapopie.com ; Bouziès ; tarif plein/3-12 ans 14/9 € ; 1 à 3 départs tlj avr-oct, une quinzaine de départs tlj juil-août). À bord du *Baron de Cardaillac* ou du *Comte de Lapopie*, deux belles gabarres de 75 places spécialement aménagées, cette société propose des croisières sur le Lot d'environ une heure, notamment aux abords de Saint-Cirq-Lapopie et le long du chemin de halage, avec possibilité de retour à pied. Les départs se font depuis le port de Bouziès. Location de gabarots (petites barques de 5 à 12 places) possible à la journée (160-220 €).

Le parc naturel des Causses du Quercy

Créé en 1999, le **parc naturel régional des Causses du Quercy** (www.parc-causses-du-quercy.fr) regroupe 102 communes de l'est de Cahors. Lalbenque, Saint-Cirq-Lapopie, Cajarc, Cabrerets et la grotte du Pech Merle, Gramat, Rocamadour, Padirac et Lacave : nombre des sites emblématiques de la région sont inclus dans ce territoire protégé de 185 500 ha dont les causses – plateaux secs et calcaires entrecoupés des vallées du Lot, du Célé et de la Dordogne – sont le signe distinctif. Loin d'être uniquement un espace naturel, le parc se conçoit également comme un cadre de vie, un espace à l'histoire humaine particulière regroupant aujourd'hui plus de 30 000 habitants. C'est pour rappeler la place de l'humain dans ce cadre naturel que le parc a choisi comme emblème la célèbre "main" de Pech Merle, dessinée il y a plus de 25 000 ans.

Où se loger et se restaurer

L'Oustalou Chambres d'hôtes **€-€€**
(05 65 31 25 70 ; www.loustalou.net ; s/d/tr 50/60-70/100 € avec petit-déj ; fermé mi-oct à avr ;). Des chambres douillettes dans des maisonnettes en pierre. La décoration est un peu chargée mais l'adresse est confortable et le petit-déjeuner copieux.

Les Falaises Hôtel-restaurant **€€**
(05 65 31 26 83 ; www.hotel-falaises-bouzies46.fr ; d/tr/qua 64-89/89-119/109-139 € ; menus 19,50-28,50 € ;). Face au Lot et à la falaise, dans un cadre très reposant, vous trouverez des chambres petites mais confortables, ainsi qu'une piscine et un restaurant climatisé. Les tarifs sont légèrement surévalués en saison mais des promotions sont proposées.

Château de Cénevières

À 7 km à l'est de Saint-Cirq-Lapopie, le **château de Cénevières** (05 65 31 27 33 ; www.chateau-cenevieres.com ; tarif plein/7-15 ans/-7 ans 9/5 €/gratuit, nocturnes 13 € ; avr-sept mar-sam 10h-11h30 et 14h-17h30, dim 14h-17h30, oct à mi-nov mar-dim 14h-17h) a été bâti entre les IXe et XIVe siècles, puis remanié dans le style Renaissance au XVIe siècle. Ce très bel édifice juché au-dessus du Lot présente ainsi un florilège de styles, du donjon du XIIIe siècle à l'étonnante et délicate galerie Renaissance reliant les deux corps de bâtiments. Habité au cours des siècles par une impressionnante liste de nobles locaux, il est ouvert dans le cadre de visites guidées (1 heure, départ toutes les 20 minutes). En été, des visites nocturnes costumées à la bougie sont organisées sur réservation.

LE CAUSSE DE LIMOGNE

Au sud du Quercy, le relief s'adoucit, la forêt reprend ses droits et les maisons en pierre se teintent de doré. Bordé à l'ouest par Lalbenque, à l'est par Limogne-en-Quercy et au sud par Puylaroque, le plateau calcaire de Limogne, autrefois dédié à la vigne et à l'élevage ovin (dont subsistent "gariottes" et "caselles", ces abris de berger que l'on aperçoit le long des chemins), a brièvement été exploité pour son minerai de phosphate (voir l'encadré p. 266) avant de se reconvertir dans la culture de la truffe, dont Lalbenque est la "capitale".

Lalbenque

Pour les amateurs, le nom de ce village aux maisons de pierre claire, aussi paisible 350 jours par an qu'il est fiévreux les quelques journées restantes, est synonyme du champignon le plus prisé des gastronomes : la truffe noire. De décembre à mars, la rue principale de Lalbenque accueille en effet, un après-midi par semaine, le marché au *Tuber melanosporum* le plus célèbre de la région. Un spectacle à ne pas manquer si vous passez par là au bon moment.

À voir

Marché aux truffes — Gastronomie

(mar à partir de 14h déc à mi-mars).
La vente débute au coup de sifflet, à 14h précises. Les vendeurs, alignés le long de la rue principale, sont face à leurs paniers, dans lesquels sont disposés les précieux champignons. Traditionnellement, les acheteurs écrivent sur un morceau de papier leur proposition de prix devant chaque lot, qui est cédé au plus offrant. Dans les faits, nombre de truffes sont souvent négociées à l'avance, la majorité des acheteurs étant des professionnels. Les cours de la truffe noire s'établissent, selon la taille et la période, entre 300 et 700 € le kilo, voire bien au-delà. L'office du tourisme propose une "**journée truffe**" (réservation 05 65 31 50 08 ; tarif plein/réduit 14 €) de 10h à 16h, incluant visite du marché et récolte au pied de chêne" truffier.

Où se loger et se restaurer

La Vayssade — Chambres d'hôtes €€

(05 65 24 31 51 ; www.lavayssade.com ; 205 chemin de La Vayssade ; d basse/haute saison 105/115 € avec petit-déj ;). Coup de cœur pour cette belle adresse installée à quelques centaines de mètres du centre du village. Sur un beau petit domaine familial, La Vayssade se décline en cinq très belles chambres à la décoration douce et chaleureuse, dans le superbe cadre d'une ancienne grange à la charpente exceptionnelle. Accueil tout en sourires, joli jardin, piscine de belle taille, spa et Jacuzzi.

L'Ermitage — Insolite €

(06 43 71 35 03 ; www.danielpasquier.fr ; 1170 chemin de Mercadier ; d 50 € dégressif en fonction de la durée ; toute l'année, réservation obligatoire ;). Dans un cadre boisé propice à la déconnexion, l'écrivain Daniel Pasquier a fait éclore trois cabanes de berger, appelées caselles ou gariottes, anciens abris traditionnels des paysans quercynois. L'accueil est chaleureux et le

Caselle à Lalbenque, parc naturel des Causses du Quercy

INSOLITE !

Les phosphatières du Cloup d'Aural

Imaginez un gouffre de 25 m de profondeur tapissé de plantes luxuriantes d'où surgissent des fossiles d'animaux préhistoriques. Il y a 170 millions d'années, la région était recouverte par une mer tropicale qui, lorsqu'elle se retira, fut remplacée par une forêt dense. L'érosion entra ensuite en scène. Résultat de ces évolutions : un écosystème particulier, à la fois souterrain et à l'air libre, riche en phosphate, un engrais naturel né de la désagrégation des matériaux organiques et des argiles. C'est à la découverte de cet environnement étonnant que nous convient les **phosphatières du Cloup d'Aural** (05 65 20 06 72 ; phosphatieres.com ; tarif plein/réduit/5-14 ans/-4 ans 9/8/6 €/gratuit ; visites Pâques-Toussaint tlj 15h et 16h30, juil-août tlj ttes les heures 10h-12h et 14h-16h, réservation conseillée), à 12 km à l'est de Lalbenque, près du village de Bach. Cette serre tropicale à ciel ouvert fut, de 1870 à 1906, l'une des 300 mines du causse de Limogne qui exploitaient le phosphate.

confort au rendez-vous, avec l'eau courante et une cuisine équipée. Pas de restauration sur place mais le petit-déjeuner est offert aux pèlerins, qui peuvent d'ailleurs être récupérés en ville.

Poudally Gîte d'étape €

(05 65 22 08 69 ; www.poudally.com ; 440 chemin de Poudally, Mas de Vers ; 17-46 € la nuit, petit-déj 6 €, repas 16 € ;). Cette ancienne ferme quercynoise sur le GR®65 est aujourd'hui un charmant gîte d'étape pouvant accueillir jusqu'à 30 personnes en dortoir, éco-*lodge* ou chambre d'hôtes. Une variété de chambres confortables de 1 à 6 lits héberge et requinque touristes, pèlerins ou randonneurs dans une démarche écoresponsable.

Le Bistronome Restaurant et bar à vins €-€€

(05 65 31 64 31 ; 89 rue du Marché-aux-Truffes ; formule midi 13,50 €, plats 10-17 € ; mer et jeu midi, ven et sam midi et soir). Vins au verre, tartines servies à toute heure, plats du jour composés avec des produits frais et locaux, omelette aux truffes fraîches en hiver. Cette chaleureuse adresse de la rue principale est aussi appréciée pour son ambiance que pour sa (bonne) cuisine à petits prix. Concerts certains soirs.

Renseignements

Office du tourisme (05 65 31 50 08 ; www.cahorsvalleedulot.com ; 38 pl. de la Bascule ; juil-août lun-ven 9h-12h30 et 14h-17h30, sam au marché 9h-12h, juin et sept lun-ven 9h30-12h30 et 14h-17h30, sam au marché 9h30-12h30, avr-mai et oct lun-sam 9h30-12h30 et sam au marché, nov-mars mar 9h-13h et 14h-17h, mer-sam 9h-13h)

Limogne-en-Quercy

Ce village de 800 âmes se distingue par son patrimoine, moins médiéval que préhistorique : il est entouré de 13 **dolmens** dont celui, impressionnant, de Pech Lapeyre, dit aussi du lac d'Aurié (c'est l'un des dolmens ponctuant un bel itinéraire de 2 heures entre Limogne et le hameau de Ferrières, dont une carte est distribuée gratuitement à l'office du tourisme). Un petit **marché aux truffes** a lieu le vendredi matin à 10h30 de décembre à mars, mais également l'été, le dimanche matin. Les truffes y sont moins goûteuses qu'en hiver... mais aussi quatre fois moins chères. Vous pouvez suivre une visite guidée du marché aux truffes de décembre à mars (10 €).

Activités

Truffes Passion Récolte truffière

(06 21 52 77 70 ; truffespassion.com ; 151 chemin du Joncas ; tarif plein/6-12 ans 6,50/4 € ; mi-juil au 23 août lun 17h, mer 18h, ven 10h30, déc-mars mar et ven 10h sur réservation, sept-nov et avr-juin ven 10h30 sur réservation).

Depuis plus de dix ans, la dynamique Marie-France accueille les visiteurs sur sa truffière pour un exposé passionné et passionnant de 1 heure 30 sur les mystères de ce champignon capricieux, devenu produit de luxe. Elle invite ensuite les gourmands chez elle pour une dégustation de truffes triées sur le volet.

Où se loger

La Hulotte Chambres d'hôtes **€€**
(05 65 31 58 51, 06 17 38 84 47 ; www.chambreslahulotte.fr ; Mas de Games ; s/d/tr/qua 65-70/70-80/90-115/120 € avec petit-déj ;). Ici, l'agencement des quatre chambres invite à se sentir comme chez soi. Décorées dans des tons fruités, elles sont disposées autour d'une cuisine-salle à manger réservée aux hôtes, indépendante de l'habitation des propriétaires. N'hésitez pas pour autant à solliciter Claudine, grande connaisseuse du patrimoine local, qui vous donnera de bons conseils pour visiter le Quercy. Le joli jardin en terrasse est l'autre atout de cette adresse à 2 km de Limogne, en direction de Cajarc.

Où se restaurer

Auberge Lou Bourdié Familial **€-€€**
(05 65 31 77 46 ; Bach ; menus 20/32/45/55 €, plats 8-9,50 € ; tlj midi sauf mer et sam). "Chez Monique", c'est ainsi que les habitants de la région nomment ce restaurant dont la renommée va bien au-delà des frontières du petit village de Bach, par ailleurs connu pour ses phosphatières (voir ci-contre). Raison du succès, d'excellentes omelettes baveuses et des plats à base de truffe (plus onéreux), servis avec délicatesse dans une salle à manger rustique qui sent bon le feu de bois.

Le Vieux Quercy Traditionnel **€€**
(05 65 31 51 17 ; route de Lugagnac ; menus midi/soir 13,50/25 €, plats 11-16 € ; tlj midi, sauf sam avr-sept et sam-dim oct-mars). Une honnête cuisine traditionnelle (cuisse de canard, magret, côtes d'agneau...), accompagnée de légumes frais. Le tout apporté avec le sourire dans un agréable jardin extérieur ombragé.

Dolmen de Ferrières, Limogne-en-Quercy

Au sud du causse de Limogne

En partie inaccessible en raison de la présence d'un camp militaire où s'entraîne un régiment de parachutistes, ce territoire agricole, aux confins du Quercy blanc, à cheval sur le Lot et le Tarn-et-Garonne, possède quelques curiosités : la halle du XVIIe siècle de Beauregard (voir p. 270), le château de la reine Margot à Saint-Projet (voir p. 256) et le village de Lacapelle-Livron. Pour un beau panorama sur la plaine toulousaine, gagnez **Puylaroque**, village assoupi sur le balcon des causses, qui compte de belles maisons médiévales le long de deux rues menant à son église Saint-Jacques, du XVe siècle.

À voir

Lacapelle-Livron Patrimoine

À 5 km de Caylus, ce village méconnu possède deux bâtiments étonnants. L'**église Saint-Sauveur**, dotée d'un clocher-donjon et de corbeaux destinés autrefois à supporter un chemin de ronde, est en réalité l'ancienne chapelle d'une commanderie de Templiers du XIIIe siècle dont il reste quelques bâtiments. Notez les beaux chapiteaux romans de l'intérieur et les impacts de balles de mousquets sur la porte blindée. Selon la légende, le convoi qui transportait le trésor des Templiers se serait réfugié ici après avoir été attaqué. Certains prétendent qu'ils auraient laissé une partie du trésor sur place... À la sortie du village, ne passez pas à côté de la petite **église Notre-Dame-de-Grâce**, posée en solitaire sur une butte toisant un magnifique paysage.

Où se restaurer

Auberge du Mas d'Aspech Cuisine familiale €€

(05 65 31 04 59 ; www.aubergedumasdaspech.com ; Mas d'Aspech ; formules semaine 14,50-21 €, formules week-end 23-38 € ; ouvert lun, mar, ven et dim midi et ven et sam soir). Cachée dans le charmant hameau du Mas d'Aspech, cette auberge met le canard à toutes les sauces, excepté le vendredi où c'est *estofi* (l'improbable brandade de morue locale). Les recettes puisées dans le carnet de recettes de grand-maman sont originales, à base de produits frais, et servies dans un cadre champêtre très reposant. Le tout à des tarifs très bas. La contrepartie ? Un peu d'attente entre les plats.

Le Mas de Monille Ferme-auberge €€

(05 63 65 76 85, 06 03 81 58 10 ; www.masdemonille.com ; Loze ; menus à partir de 25 €, gratuit -5 ans ; toute l'année sur réservation). En pleine campagne, la ferme de Benoît Leverrier est réputée pour ses excellents produits (porc noir, poules, salaisons) et sa généreuse cuisine traditionnelle (cassoulet, porcelet rôti, boudin à la viande, poule farcie, etc.). Entre Saint-Projet et Lacapelle-Livron.

PUY-L'ÉVÊQUE

Il faut franchir le pont qui lui fait face pour apprécier pleinement la vue sur Puy-l'Évêque. Depuis l'autre côté du Lot, cet ancien bourg qui connut son heure de gloire au Moyen Âge révèle la beauté de ses demeures de pierre blonde adossées au relief en surplomb du cours d'eau. Puy-l'Évêque doit son nom à Guillaume de Cardaillac, évêque de Cahors, qui annexa la ville au XIIIe siècle lors de la croisade contre les Albigeois. Aujourd'hui, ses venelles médiévales paisibles offrent au visiteur une promenade des plus charmantes.

À voir

Ville médiévale Patrimoine

La ville incite à une flânerie au fil de ses ruelles, de préférence en commençant par le haut du bourg, aux abords de la mairie. Au passage, on découvre la silhouette du **donjon** qui la coiffe, érigé au XIIIe siècle et seul vestige de l'ancien château épiscopal. Puis on admire la massive **église Saint-Sauveur** (XIVe-XVIe siècle), notamment son portail sculpté et la tour aux allures de donjon accolée à son clocher. Descendez ensuite vers le Lot à la découverte de très

© OLIVIER CIRENDINI

À NE PAS MANQUER

Le château de Bonaguil

Une succession de routes secondaires sinueuses mène à ce château qui émerge comme une apparition au-dessus de la végétation, au détour d'un virage. Véritable château fort de roman, Bonaguil a été bâti en épisodes successifs à partir du XIIIe siècle, époque où il se limitait à un simple donjon en forme d'éperon. Il fut complété entre 1480 et 1520 pour devenir une massive place forte, hérissée de tours défensives, percée de meurtrières et dotée de sept ponts-levis. Une période tardive qui en fait l'un des derniers châteaux forts bâtis en France. L'édifice néanmoins harmonieux que l'on découvre aujourd'hui est le fruit d'aménagements du XVIIIe siècle, qui le virent perdre une part de ses aspects défensifs en le dotant d'une esplanade et d'appartements seigneuriaux remis au goût du jour. L'histoire de cette forteresse qui connut les vicissitudes des guerres de Religion et des familles nobles qui s'y succédèrent n'était pas finie : le château fut pillé et en partie détruit à la Révolution, puis abandonné. Il fut finalement acquis par la commune de Fumel en 1860, classé Monument historique, en partie restauré puis ouvert à la visite. Cette dernière, qui se déroule en suivant un plan distribué à l'entrée, permet de découvrir toutes les facettes de la forteresse, à commencer par la **barbacane**, l'**entrée principale** dotée de murs de 4 m d'épaisseur, le **pigeonnier** et les différents ouvrages militaires, notamment une étonnante **chicane**, mais aussi le **donjon**. La forteresse, qui fait autant le bonheur des enfants que des parents, est très fréquentée en saison.

Infos pratiques

Château (05 53 41 90 71 ; www.chateau-bonaguil.com ; tarif plein/réduit/6-12 ans 9,50/7,50/5 € ; visites guidées 1 heure 30 ; mars et oct tlj 14h-17h30, avr-juin et sept tlj 10h-18h, juil-août tlj 10h-19h, nov-fév uniquement vac. scol. 14h-17h)

Accès Le château est situé à 15 km à l'ouest de Puy-l'Évêque. Prenez la D811 vers l'ouest puis la D68 vers Montcabrier, rejoignez la D673 puis suivez les indications. Deux parkings gratuits sont ouverts au public. Mieux vaut se garer en bas (au premier grand parking que vous croiserez) et monter au château à pied (quelques centaines de mètres).

Où se restaurer Des bars-restaurants et buvettes sont installés au pied du château.

SI VOUS AIMEZ...
Les bastides

Typiques du Sud-Ouest, ces "villes neuves" en damier, créées *ex nihilo* entre les XIIIe et XIVe siècles, recèlent souvent de très beaux monuments (voir aussi p. 300).

- **Montcabrier** De riches demeures à baies ogivales et encorbellements entourent une belle église du XIVe dotée d'un clocher-mur à six arcatures. À 4 km de Bonaguil.
- **Castelfranc** L'église de ce village possède un impressionnant clocher-mur fortifié du XIIe siècle. Sur la route entre Cahors et Puy-l'Évêque.
- **Montjoi** (p. 273). Isolée en pleine campagne, cette bastide du pays de Serres dégage un vrai charme bucolique.
- **Beauregard** Ne manquez pas la superbe halle du XVIIe siècle couverte de lauzes, située sur la place centrale de ce village du causse de Limogne.

belles bâtisses médiévales ou Renaissance, à l'image des châteaux Beauregard et Bovila (XVe-XVIe siècle).

Où se loger et se restaurer

Côté Lot Hôtel-restaurant €€

(05 65 36 06 60 ; www.hotelbellevue-puyleveque.com ; pl. de la Truffière ; d 76-96 € ; formule midi 19,50 €, menu 36 € ; restau fermé lun, dim soir et mer soir ;). En haut du village, près de la mairie, la vue de cet hôtel-restaurant est à couper le souffle. Il propose des chambres rénovées qui n'ont rien d'exceptionnel côté décoration mais qui sont accueillantes et ouvertes sur la vallée du Lot. L'établissement se distingue surtout par son restaurant, qui travaille les produits locaux avec une pointe d'originalité, à l'image de la croustade aux pommes de terre et confit de canard, sauce au foie gras et champignons.

Henry Hôtel-restaurant €

(09 70 35 17 37 ; www.hotel-restaurant-henry.fr ; 23 rue du Docteur-Rouma ; d 48-58 €, pension complète 58-66 €, petit-déjeuner 6 €, formule avec menu du jour 13,90 € ; toute l'année ;). Derrière une façade un peu vieillotte se cache une accueillante affaire tenue en famille depuis 6 générations. Les 16 chambres, dont certaines avec terrasse et vue sur le jardin, sont simples, confortables et rénovées. Côté restaurant, on déguste une cuisine quercynoise réconfortante, comme en témoigne le magret sauce à l'orange, la terrine de foie gras maison et le cassoulet local.

Le Médiéval Semi-gastronomique €€

(09 86 31 80 88 ; www.lemedieval-puyleveque.fr ; 24 Grand-Rue ; plats 18 €, menus 26-38 € ; toute l'année). Sous des voûtes de vieilles pierres, dans une ancienne boulangerie, cette institution de Puy-l'Évêque propose une cuisine savoureuse, fine et soigneusement préparée où chaque ingrédient mérite sa place dans l'assiette. L'œuf cocotte à la réduction de vin de Cahors est mémorable. Le chef semble zen en cuisine tandis que le service est adorable et réactif.

Les Dodus en Ville Fait maison €

(05 65 22 91 82 ; 11 bis rue Ernest-Marcouly ; formule 15 € ; mar-mer et ven-sam midi et soir, fermé lun, jeu et dim). Dans une petite salle intimiste, cette adresse bon marché est très prisée des habitants qui encensent la propriétaire, seule aux fourneaux et en salle depuis des années. La cuisine y est savoureuse, traditionnelle et végétarienne, le tout fait maison à base de produits frais. Les plats font la part belle aux fruits et légumes, comme le délicieux taboulé de chou-fleur à la menthe et aux fruits secs. Chapeau !

Activités

Gabare Copeyre Balade fluviale

(05 65 20 03 25 ; www.gabare-copeyre.com ; Le Pigeonnier ; balade de 1 heure tarif

Puy-L'Évêque

plein/2-12 ans 11/8 € ; tlj 9h-18h en saison). En attendant la réouverture des écluses en 2022, une balade le long du Lot sur 5-6 km aller-retour est proposée dans une gabare 100 % électrique. Une mise au vert tranquille, où l'on peut apercevoir les hérons s'envoler et les traces d'anciens chemins de halage. Outre le charisme indéniable du gabarrier, le plaisir de la balade tient surtout à l'histoire de la navigation sur le Lot qui nous est contée, au fil de ses méandres.

Renseignements

Office du tourisme Vinoltis (05 65 21 37 63 ; www.cahorsvalleedulot.com ; 2 pl. du Rampeau, juil-août lun-sam 9h30-18h30, avr-juin et sept-oct lun-sam 9h30-13h et 14h-17h30, nov-mars lun-sam 9h30-12h30 et 13h30-17h30). Ce lieu moderne organise des dégustations de vins avec des viticulteurs locaux et possède un espace interactif permettant de découvrir la viticulture, le terroir et les arts de la région. Distributeurs d'échantillons de vins gratuits, agréable jardin et terrasse panoramique.

LE QUERCY BLANC

Montcuq, Castelnau-Montratier, Lauzerte... Au sud-ouest de Cahors, les villages du Quercy blanc déclinent une ambiance paisible et se parent d'une éclatante teinte claire, presque blanche, due aux sols calcaires qui donnent son nom à la microrégion. À défaut de grands sites incontournables, ce beau terroir appelle à une découverte tranquille, pour goûter à la beauté de ses paysages doucement vallonnés et à l'atmosphère de ses villages qui ont su rester vivants sans céder trop facilement aux sirènes du tourisme.

Montcuq et ses environs

Traversé par le chemin de Compostelle, ce bourg médiéval coule des jours tranquilles à l'ombre des platanes de sa rue de la Promenade. Son nom – "qui fait souvent sourire", note l'office du tourisme – provient de deux mots latins signifiant "mont" et "sommet", le bourg étant posé sur une butte arrondie ponctuée d'une tour-donjon du XIIe siècle. Notez au passage qu'il convient de prononcer le "q" final… Son marché du dimanche matin est l'un des plus fournis… et des plus fréquentés du département.

À voir

Tour-donjon — Patrimoine médiéval

(renseignements à la mairie 05 65 31 80 05 ; www.mairie-montcuq-en-quercy-blanc.fr/fr/decouvrir/tour_donjon ; tarif plein/12-17 ans/- 12ans 5/2,50 €/gratuit ; juil-août 10h30-18h30, juin et sept certains sam et dim 10h30-13h et 15h30-18h30). Haute de 24 m, cette tour carrée érigée au XIIe siècle est la principale curiosité du village. Son existence témoigne des heures troublées du bourg durant les guerres de Religion et la guerre de Cent Ans. Restauré en 2009, l'édifice se visite l'été et abrite de petites expositions temporaires. Le reste de l'année, on peut admirer sa silhouette haute et austère veillant sur le village.

Église Saint-Pierre-de-Rouillac — Art religieux

(renseignements 05 65 22 94 04 ; toute l'année jusqu'à 18h environ). Cette église romane sur le chemin de Saint-Jacques-de-Compostelle, à 5 km de Montcuq, est remarquable pour les fragments de ses fresques illustrant la Passion, datant du XIIe siècle et qui décorent le plafond de son abside. Pour mieux les admirer, il faut actionner le système d'éclairage qui se cache dans l'armoire à droite de l'entrée.

Activités

Truffes noires de Montcuq — Récolte truffière

(06 08 76 21 10 ; www.truffesnoiresdemontcuq.com ; 121 chemin de Gounille, Lebreil ; tarif plein/6-12 ans 10/5 €, dégustation de truffes 8 € ; déc-mars mer-sam 9h-12h et 14h-18h30, avr-nov lun-sam 9h-12h et 14h-18h30). Visite d'une exploitation truffière sur un charmant terrain vallonné, avec découverte des espèces, de la culture, de la conservation et du cavage des truffes avec un chien.

Montcuq

VAUT LE DÉTOUR

Le pays de Serres en Quercy

À l'ouest du Quercy, ce territoire vallonné marque la frontière avec l'Aquitaine. Joli patchwork de champs céréaliers, de vergers et de vignes (produisant l'AOC chasselas de Moissac), le pays de Serres recèle plusieurs trésors méconnus.

À commencer par la blanche bastide de **Montjoi** qui égrène ses maisons médiévales – très bien restaurées – le long de deux rues menant à un belvédère sur la vallée de la Séoune. Face à Montjoi, la bastide de **Castelsagrat** est dotée d'une remarquable place à arcades et d'une église du XIe siècle abritant un beau retable baroque.

Plus au nord, **Roquecor**, village perché identifiable à la tour crénelée de sa mairie, dégage un vrai charme dû à ses maisons médiévales et au **roc de Noubis**, site troglodytique en contrebas du village, parsemé de petits jardins. L'endroit est idéal pour une pause pique-nique. Dans cette zone rurale, l'absence de pollution lumineuse permet d'observer les étoiles et même d'apercevoir la voie lactée.

Si la capitale quercynoise du pays de Serres, **Montaigu-de-Quercy**, ne brille pas par son patrimoine, deux églises romanes des alentours méritent le coup d'œil : **Notre-Dame-de-Gouts** et surtout l'église **Saint-Pierre de Pervillac**, qui abrite d'étonnantes peintures murales populaires datant du XVIe siècle, figurant les démons de l'enfer et le Jugement dernier.

Au cœur du pays de Serres, **Lapiade** (05 63 39 08 21 ; lapiade.com ; Touffailles ; d 88 € avec petit-déj ; table d'hôtes 26 € sur réservation), une adresse à la fois intime et conviviale, propose trois chambres douillettes et promet de bons moments. Aux commandes, un accueillant couple installé en Quercy depuis plus de 10 ans distille ses anecdotes sur la région comme du bon vin.

Où se loger

Maison d'hôtes Four

Chambres d'hôtes €€€

(06 58 34 97 57, 06 62 36 12 44 ; 4ruemontmartre.com ; 4 rue Montmartre ; d 145-185 € avec petit-déj ;). Une adresse étonnante au cœur de ce village médiéval : dans une rue parallèle à la rue principale, les propriétaires ont transformé une ancienne demeure de notable en maison d'hôtes, dans un style contemporain particulièrement chic et lumineux. Matériaux nobles, draps en lin, teintes reposantes, beau parquet, cheminée sculptée en pierre claire et petits-déjeuners à base de produits bio : tout a été pensé pour faire de cette adresse luxueuse une étape qui vous laissera un souvenir hors du commun.

Maison Saint Privat

Chambres d'hôtes €€

(06 52 39 99 38 et 09 53 52 06 90 ; maison-saint-privat-montcuq.fr ; 12 rue du Faubourg-Saint-Privat ; d avec petit-déj 89-110 € ;). Au cœur du village, une adresse à l'atmosphère chic et design, avec quatre chambres modernes à la décoration soignée. Au rez-de-chaussée de cette charmante bâtisse en pierres blanches quercynoises, la boutique de décoration et l'atelier de tapisserie des propriétaires sont gage de leur bon goût ! Joli jardin et piscine.

Où se restaurer

Café de France

Cuisine d'ici et d'ailleurs €€

(05 65 22 52 07 ; www.cafedefrance-montcuq.com ; 5-7 pl. de la République ; plats 14-24 €, menu midi 16 € ; mai-sept tlj midi et soir, fermé jan-fév et dim-lun soir hors saison ;). L'adresse qui remporte ici le plus de succès à l'heure de se mettre à table, et à juste titre ! Dans une ambiance décontractée, on déguste des classiques régionaux bien préparés, dont le magret aux pommes sarladaises,

mais aussi quelques options végétariennes et des plats venus d'horizons plus lointains, comme le filet de poulet fermier au curry vert thaï. Le tout servi avec le sourire. Que demander de plus ?

Renseignements

Office du tourisme (05 65 22 94 04 ; www.cahorsvalleedulot.com ; 3 rue du Faubourg-Saint-Privat ; juil-août lun-sam 9h-12h30 et 14h30-18h30, dim 9h30-13h30, avr-mai et oct lun-sam 9h30-12h30 et 14h-18h, dim 10h-13h, juin et sept lun-sam 9h30-12h30 et 14h30-18h, dim 10h-13h, nov-mars mar-sam 9h-13h)

Lauzerte

Posé sur une hauteur boisée, Lauzerte est l'un des plus beaux villages du Quercy blanc. Halte sur la route des pèlerins de Compostelle depuis le XIIe siècle, cette bastide fortifiée au Moyen Âge par des seigneurs locaux pour se protéger de la menace anglaise aurait été décrite par Henri IV comme "l'une des quatre clefs du pays de Quercy". De ce glorieux passé militaire et commerçant, le bourg a gardé une large place centrale flanquée d'une belle église, des traces de fortifications, et surtout une série de ruelles où s'alignent des maisons de pierre blanche et de briquettes rosées, dont certaines présentent des façades joliment sculptées.

À voir

Ville médiévale Patrimoine

La **place des Cornières**, bordée d'arcades et de maisons du XVe au XVIIIe siècle, est le cœur du village. Outre l'église Saint-Barthélemy, on peut y voir une maison à pans de bois. Les deux principales rues qui l'enserrent regroupent les plus belles demeures anciennes de Lauzerte. La **Grand-Rue** présente ainsi d'anciennes demeures de marchands médiévales en pierre blanche, avec ouvertures en ogives et chapiteaux sculptés, tandis que les habitations de la **rue de la Mairie** se distinguent par leurs apports du XVIIIe siècle.

Lauzerte

Église Saint-Barthélemy Patrimoine religieux

Dans un angle de la place des Cornières, son clocher carré surplombe des façades des XIVe et XIXe siècles. Elle abrite notamment un beau retable baroque en bois sculpté.

Où se loger et se restaurer

Hôtel du Quercy Hôtel-restaurant €-€€

(05 63 94 66 36 ; hotel-du-quercy.fr ; 11 route de Cahors ; s/d 54/62 € ; menus 20-42 €, plats 10-16 € ; hôtel sur réservation nov-mars ;). Derrière une façade qui semble inchangée depuis des décennies, cet hôtel-restaurant du bas du village abrite des chambres avant tout destinées aux pèlerins, sans grand intérêt mais bon marché. Il est surtout apprécié pour sa cuisine de produits locaux, servie en terrasse ou dans une jolie salle repeinte de couleurs vives.

La table des 3 Chevaliers Restaurant €

(05 63 95 32 69 ou 06 71 74 46 71 ; pl. des Cornières ; plats 12,50-14,50 € ; juin-sept tlj sauf jeu, sam-dim hors saison, vente à emporter certains soirs). Les copieux burgers et salades de cette adresse sympathique à la déco médiévale sont toujours à base de viande locale. La salle à manger se prolonge naturellement en terrasse, située sous les arcades de la place des Cornières. Service avenant et très pro. Réservation conseillée.

Le Belvédère Hôtel-spa €€€

(05 63 95 51 10 ; www.lebelvedere-lauzerte.com ; lieu-dit Martel ; d/ste 82-200/190-275 €, petit-déj 18 € ; menus 37-54 €, plats 24 € ; toute l'année ;). L'adresse de luxe pour une soirée étape autour de Lauzerte, avec vue imprenable sur la vallée de la Braguelonne. Les tarifs sont un peu surévalués en saison, mais il n'est pas rare d'être surclassé, notamment dans les chambres avec vue. Côté restaurant, on sert de petites assiettes de produits locaux et des desserts inventifs, dans la mouvance Slow Food. Personnel attentionné et belle piscine infinie, chauffée et ouverte 24h/24.

VAUT LE DÉTOUR

Caussade, cité du canotier

Mélange de beaux bâtiments anciens, comme son église et la tour qui lui fait face, et d'édifices modernes sans grâce, Caussade, à 11 km de Montpezat-de-Quercy (p. 278), s'est taillé un nom grâce à la chapellerie. C'est près d'ici, dans les dernières années du XVIIIe siècle, que Pétronille Cantecor tressa pour la première fois un simple chapeau de paille qui allait séduire les plus grandes stars des deux côtés de l'Atlantique : le canotier. Chapeau de paysan localement appelé *paillole*, ce couvre-chef à dessus plat devint par la suite indissociable de la silhouette de Fred Astaire ou de Maurice Chevalier. Caussade, devenue le fer de lance de la chapellerie française, élargit par la suite sa production à des modèles en toile ou en feutre. La ville est toujours le premier centre chapelier français, même si le nombre d'usines est passé de huit à deux depuis les années 1980. **Willy's Paris** (05 63 93 09 96 ; 63 avenue du Général-Leclerc ; boutique lun-jeu 9h30-12h30 et 13h30-18h, ven 9h-12h30), l'une des deux chapelleries encore en activité, se visite le jeudi à 10h30 d'avril à septembre (3 €, réservation à l'office du tourisme).

Aux Sarrazines du Faubourg Crêperie €

(05 63 32 10 10 ; 6 bis route de Moissac ; menu du jour 13 €, plats 13,50-19,50 € ; fermé le mardi). Une adresse dans l'air du temps, qui concocte des galettes 100 % blé noir garnies de produits frais. Les recettes gourmandes, comme la galette à l'andouillette sur fondue de champignons au chaource, remportent de nombreux suffrages. Quelques spécialités bistrot au canard pour ceux qui ne sont pas d'humeur galette. Petite équipe et gros succès local : attendez-vous à attendre.

Cloître de l'abbaye de Moissac

Où prendre un verre

Le Puits de Jour Café-concert
(☎05 63 94 70 59 ; pl. des Cornières ; tapas et plats 5-10,50 € ; ⌚jeu-lun 10h-minuit, fermé mar-mer hors-saison). Idéalement situé sous les arcades de la place des Cornières, ce café décontracté distille une ambiance chaleureuse et propose régulièrement des concerts.

Renseignements

Office du tourisme (☎05 63 94 61 94 ; www.quercy-sud-ouest.com ; pl. des Cornières)

Castelnau-Montratier et ses environs

Archétype de la bastide médiévale, baptisée en référence au seigneur local, Castelnau-Montratier fut longtemps réputée pour son commerce de la laine et du blé, comme en témoignent les trois moulins à vent bâtis au début du XIXe siècle au bord du village. Le bourg, aujourd'hui assez assoupi, présente de belles maisons médiévales autour de sa **place du marché** à arcades, ainsi qu'une étonnante **église Saint-Martin**, de style néobyzantin, dont les coupoles évoqueraient presque une église orthodoxe russe. Les environs du village sont l'occasion d'admirer l'église de Russac et le photogénique hameau de Flaugnac.

À voir

Église de Russac Patrimoine religieux
(renseignements à l'office du tourisme ☎05 65 21 84 39). En pleine campagne, cette émouvante petite église romane du XIIe siècle, vraisemblablement bâtie à l'emplacement d'un ancien site gallo-romain, abrite une fresque du XVIe siècle représentant saint Georges terrassant le dragon. À 3 km de la ville en direction de Molières, l'église, récemment restaurée, est généralement fermée, mais il est parfois possible d'en obtenir la clé en s'adressant à l'office du tourisme.

VAUT LE DÉTOUR

L'abbaye Saint-Pierre de Moissac

Une incursion dans le Tarn-et-Garonne s'impose ! Aux portes du Quercy, Moissac, également connue pour son raisin chasselas, est une halte de premier ordre depuis des siècles pour les pèlerins de Compostelle, aimantés par son abbaye, qui mêle les styles roman et gothique. Dominant massivement la ville, ce chef-d'œuvre d'architecture religieuse dévoile, sous un puissant clocher-porche fortifié, un portail roman du début du XIIe siècle majestueusement sculpté, illustrant l'Apocalypse. Son cloître est peut-être l'un des plus beaux au monde pour l'extraordinaire richesse iconographique de ses chapiteaux historiés. Édifiée au début du XIe siècle et rattachée à la puissante abbaye de Cluny, l'abbaye fut consacrée en 1063 et connut un véritable âge d'or. Dès le XIIe siècle, elle devint une halte majeure pour les pèlerins en route vers Compostelle. Ravagée lors de la guerre de Cent Ans, reconstruite en partie, sécularisée en 1626, vendue comme bien national à la Révolution, elle faillit, au milieu du XIXe siècle, être rasée : le tracé du chemin du fer passait à son emplacement. Des passionnés du patrimoine se mobilisèrent et réussirent à faire déplacer le tracé... de quelques dizaines de mètres !

Le portail sud Incroyablement sculpté sur le thème de l'Apocalypse selon saint Jean, le tympan roman figure un grand Christ accompagné des symboles des quatre évangélistes (le lion, le taureau, l'aigle, l'ange) et acclamé par 24 "anciens" couronnés. Les côtés font référence au Jugement dernier.

L'intérieur La vaste nef unique présente un magnifique décor mural aux teintes jaunes, orange et roses, restauré à l'identique du XVe siècle. On peut admirer un mobilier Renaissance et des sculptures en bois polychrome du XVe siècle. La chapelle haute, dans la tour-porche (accessible depuis le cloître) offre une vue d'ensemble sur la nef.

Le cloître Havre de paix propice à la méditation, il fascine par la finesse de ses 116 colonnes et 76 chapiteaux délicatement sculptés, chacun décrivant une scène différente. Au centre trône un cèdre de l'Atlas bicentenaire, labellisé "arbre remarquable".

Infos pratiques

Abbaye (office du tourisme ✆ 05 63 04 01 85 ; www.tourisme-moissac-terresdesconfluences.fr/fr ; visite libre/guidée d'une heure 6,50/9 €, tarif réduit (dont cyclistes et pèlerins) 4,50/7 €, 7-12 ans 1 €, gratuit -6 ans ; ⏲ juil-sept tlj 10h-19h, avr-juin et oct lun-ven 10h-12h et 14h-18h, nov-mars 13h30-17h)

Moulin de Boisse — Moulin à vent

(renseignements à l'office du tourisme ✆ 05 65 21 84 39). Il dresse ses grandes ailes carrées à 7 km au nord de Castelnau-Montratier, près du joli hameau de Sainte-Alauzie. Particulièrement bien conservé, l'édifice circulaire de pierre blanche, du XVIIe siècle, n'est ouvert que quelques jours par an (Journées du patrimoine, Journée des moulins et 15 août), mais se laisse admirer en permanence de l'extérieur.

Flaugnac — Village

Posé comme s'il était en équilibre sur un promontoire dominant la vallée de la Lupte, ce minuscule village médiéval aurait été un lieu de peuplement dès l'époque gallo-romaine. Les photographes, qu'ils soient amateurs ou professionnels, apprécieront vraiment le détour à Flaugnac : les silhouettes de ses maisons de pierre sont tout particulièrement emblématiques des jolis petits villages du Quercy blanc.

De gauche à droite : moulin de Boisse (p. 277) et église Saint-Martin (ci-contre), à Castelnau-Montratier

Où se loger et se restaurer

Au Petit Hameau Chambres et table d'hôtes €€
(05 81 22 42 56, 06 24 56 48 39 ; www.aupetithameau.fr ; lieu-dit Villassac, Flaugnac ; d 85 € avec petit-déj ;). Une belle adresse en contrebas de Flaugnac. Les propriétaires proposent trois chambres (pas de chambres familiales) baignant dans une jolie décoration de style rustico-chic, installées dans des maisonnettes individuelles disposées autour de la piscine. Pas de télé dans les chambres, mais le village perché de Flaugnac en ligne de mire.

Le Bardouquet Brasserie €
(05 65 21 28 14 ; 19 pl. Gambetta ; formule midi 15 €, plats 9,90-31,10 € ; dim-ven 7h30-19h). Sous les arcades de la place centrale, cette brasserie sans prétention propose des produits du terroir très corrects et de généreux burgers maison. L'accueil très souriant fait partie des bons ingrédients du repas.

Renseignements

Office du tourisme (05 65 21 84 39 ; www.cahorsvalleedulot.com ; 1 rue Blanié ; juil-août lun-sam 9h-12h30 et 14h-17h30, dim 18 juil-22 août 9h30-12h30, avr-mai et oct lun-ven 9h-12h30 et 14h-17h30, juin et sept lun-sam 9h-12h30 et 14h 17h30, fermé nov-mars)

Montpezat-de-Quercy

La haute porte fortifiée qui donne accès à la vieille ville témoigne du passé de cette bastide qui a conservé, autour de la belle place de l'hôtel de ville, une série de nobles demeures anciennes au coude à coude.
À la frontière entre le Quercy blanc et le causse de Limogne, la paisible Montpezat dispose cependant d'un autre atout pour attirer les visiteurs : sa massive collégiale du XIVe siècle renfermant une série de tapisseries des Flandres. À noter que le couvent des Ursulines – qui abrite l'école et la médiathèque – possède un beau **cloître** du XVIIe siècle, ouvert au public le week-end et lors des vacances scolaires. Ne manquez pas les **maisons de chanoines**,

de jolies petites demeures disposées en arc de cercle derrière le chevet de l'église.

À voir

Collégiale Saint-Martin Église et tapisseries

À défaut d'être très impressionnante vue de l'extérieur – l'ensemble est assez massif –, cette église bâtie à partir de 1337 et dédiée à saint Martin de Tours révèle son intérêt lorsque l'on pénètre dans la nef. Cinq superbes tapisseries des Flandres du XVIe siècle, restaurées en 2017, sont en effet disposées autour du chœur. Elles représentent la vie de saint Martin, notamment ses guérisons et l'épisode selon lequel, un soir d'hiver, il aurait coupé son manteau en deux pour en offrir la moitié à un déshérité. Les tapisseries ont été réalisées spécialement pour l'église vers 1520, à la demande de Jean des Prés, descendant du cardinal Pierre des Prés (1280-1361), richissime fondateur de la collégiale. Ce dernier, proche des papes d'Avignon, l'avait fait bâtir car il souhaitait reposer dans son village natal.

Où se restaurer

La Table du Cardinal Inventif €€

(05 63 64 47 50 ; www.latableducardinal.fr ; 13 rue de la République ; plats 19-20 €, menus 18,50/34/50 € ; mar-dim midi, jeu-sam midi et soir).

Dans la rue menant vers la collégiale, la bonne table de Montpezat sert une cuisine inventive – foie gras et confiture de cerises, daurade royale en croûte de noisettes – dans une salle cosy aux tables impeccablement dressées. Réservez si vous souhaitez l'une des cinq tables du patio.

Le Pré de Montpezat Restaurant €€

(05 63 65 94 33 ; 2455 route du Quercy blanc ; formules 14-17 € ; plats 26,50 € ; mer-sam midi et soir, fermé dim soir, lun et mar soir, oct-avr uniquement sur réservation le soir). Coup de cœur pour cette adresse qui mérite sa réputation auprès des habitants (pensez à réserver). Le menu du jour est à la fois surprenant et réconfortant, tandis que l'option "planchette" offre le meilleur du Quercy. Tout est fait maison, les assiettes sont bien servies et dressées avec goût et les recettes travaillées et gourmandes. Service avenant et rapide. Un sans-faute pour cette petite équipe.

Renseignements

Office du tourisme (05 63 02 05 55 ; www.tourisme-quercy-caussadais.fr ; 24 bd des Fossés ; juil-août lun-sam 9h30-12h30 et 14h-18h, dim 9h30-12h30 et 14h-17h, sept et juin lun-mar et jeu-sam 14h-17h30, mer 9h30-12h30, oct-mai lun-sam 9h30-12h30 et 14h-18h, dim 9h30 et 12h30 et 14h-17h)

En savoir plus

Visite à la torche de Lascaux IV (p. 88)

Troupeau d'oies dans la région de Rocamadour

La Dordogne et le Lot aujourd'hui

Peu peuplés, largement boisés, résolument agricoles, le Périgord et le Quercy sont placés sous le signe de la nature. C'est à elle que ces territoires doivent leurs principaux emblèmes : des paysages d'exception, des produits du terroir réputés, des sites culturels enracinés dans leur environnement. Il n'en fallait pas plus pour attirer les visiteurs.

La nature en héritage

On peut certes parler de Périgord noir ou pourpre, ou encore de Quercy blanc. Mais il faut se rendre à l'évidence : la couleur qui résume le mieux la région est le vert. Avec près de 45% de leur superficie recouverts de forêts, les départements de la Dordogne et du Lot se placent dans le peloton de tête des régions les plus verdoyantes de l'Hexagone. Au détriment des populations : la Dordogne compte 410 000 habitants sur 9 060 km^2, le Lot quelque 172 000 habitants pour 5 200 km^2. Soit respectivement 45 et 33 habitants au km^2, ce qui fait figurer le Lot parmi les 12 départements les moins peuplés de France – la densité moyenne nationale est de 106 habitants au km^2. Inutile, on s'en doute, de chercher

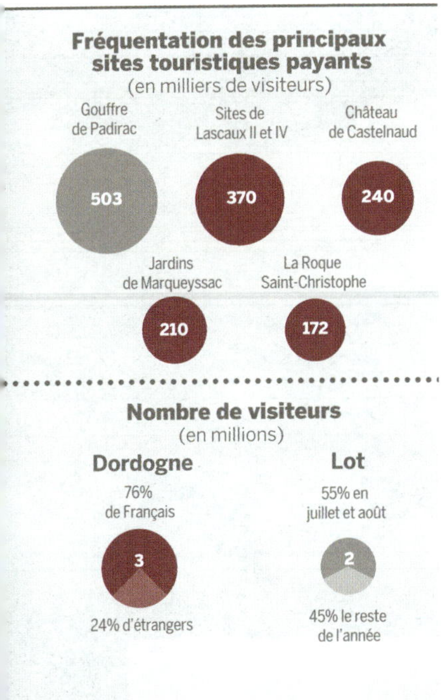

ici de trop grandes villes. Périgueux, avec ses 30 000 habitants, arrive en tête de liste, devant Bergerac (27 500) et Cahors (19 500). Le décor est planté : le Périgord et le Quercy forment toujours, en ce début de XXIe siècle, un territoire à la ruralité bien ancrée. Les néoruraux ne s'y sont pas trompés, qui viennent chercher ici un environnement à la hauteur de leurs rêves d'air pur.

Les bienfaits du terroir

L'agriculture et le tourisme sont les fers de lance de l'économie de la Dordogne et du Lot. Tous deux bénéficient d'une terre généreuse et d'une culture gastronome. L'industrie n'est certes pas ici inexistante – Périgueux est le pôle de production des timbres-poste du pays, Cahors s'illustre dans le matériel électrique, le savoir-faire de Figeac est reconnu dans les domaines de l'aéronautique et de la mécanique – mais elle vient bien après l'agriculture dans les ressources régionales. Ce dernier secteur a en effet réussi à maintenir une production reconnue pour sa qualité, saluée d'un grand nombre d'AOP, d'AOC et d'autres labels. La viticulture des vignobles de Bergerac, Monbazillac et Cahors, les truffes, les agneaux du Quercy et les canards du Périgord sont la partie la plus visible de ce banquet offert par la nature. Les noix, le safran ou encore les fruits du Périgord et du Quercy sont réputés dans toute la France et au-delà. Sans oublier le tabac – le département de la Dordogne fournit une part importante de la production nationale – et surtout la forêt, dont l'exploitation compte parmi les premières ressources de la région. Une agriculture bien vivante qui participe à l'attrait de la région avec ses faces les plus visibles : l'authenticité et l'art de vivre gastronomique.

Un succès touristique

Des agriculteurs, des artisans, des villages plutôt que des centres-villes mondialisés… les atouts de la région semblent presque appartenir à une ère révolue. Pourtant, les populations du Lot et de la Dordogne sont globalement stables, et le taux de chômage n'y est pas plus élevé qu'ailleurs en France. La qualité de vie de la région plaît. À ceux qui y habitent, certes, mais aussi aux visiteurs. Pour beaucoup, y compris un nombre croissant de touristes venus des pays européens frontaliers, le Périgord et le Quercy sont l'archétype d'une France de carte postale, généreuse, accueillante et bonne vivante. Outre une belle densité de sites touristiques de premier ordre – Lascaux, Padirac, Sarlat, Rocamadour, les vignobles et les châteaux… – et un patrimoine médiéval unique (la Dordogne, en particulier, compte d'innombrables châteaux), la région offre de belles possibilités de loisirs de pleine nature et possède une culture gastronomique qui met l'eau à la bouche. Inutile de s'étonner, donc, que le tourisme soit un secteur majeur de l'économie locale.

Grand taureau de la salle des Taureaux, Lascaux II (p. 88)

Histoire

Les départements de la Dordogne et du Lot sont des créations de la Révolution française. Le premier correspond plus ou moins à l'ancienne province du Périgord, le second à la province du Quercy amputée d'un quart de sa superficie lors de la création du département du Tarn-et-Garonne en 1808. Tous deux ont en commun une histoire secouée par les conflits anglo-français, les guerres de Religion et les révoltes paysannes. Et, bien avant cela, une préhistoire marquée par une très ancienne présence humaine dont témoignent notamment les grottes ornées.

Vers -400 000
Des hominidés (*Homo erectus* ou pré-néandertaliens ?) laissent des traces à La Micoque. Ils maîtrisent le feu.

-300 000 à -35 000
L'homme de Neandertal habite la région. Il enterre ses morts.

-40 000 à -35 000
Apparition de l'*Homo sapiens* dans la région. Disparition progressive de l'homme de Neandertal.

Préhistoire

Le Périgord et le Quercy possèdent un nombre exceptionnel de sites préhistoriques qui témoignent d'une occupation humaine continue depuis plus de 400 000 ans. Les premiers représentants du genre humain à s'installer dans la région y trouvèrent des vallées abritées et un climat favorable, même durant les périodes glaciaires. Ils établirent leurs campements à l'abri des surplombs rocheux et à l'entrée des grottes creusées par l'eau et le gel dans les massifs calcaires (voir le chapitre *Nature et environnement* p. 315). Ils purent se nourrir grâce à l'abondance du gibier et aux migrations de gros herbivores, comme en témoignent les restes de chevaux mangés par des prénéandertaliens à La Micoque (aux Eyzies), ou de rennes consommés par des hommes de Cro-Magnon à La Madeleine. Ils y ont laissé les traces de leurs civilisations dans des grottes ornées qui comptent parmi les chefs-d'œuvre de l'art préhistorique.

Neandertal et ses ancêtres

Des outils en pierre taillée (bifaces), souvent accompagnés de restes d'animaux, constituent les plus anciennes traces de présence humaine dans la région. De tels vestiges, remontant jusqu'à 400 000 ans avant notre ère, ont été retrouvés, notamment, sur le site de La Micoque ou dans l'abri Vaufrey (Cénac-et-Saint-Julien). Les artisans de ces outils étaient probablement des prénéandertaliens, mais on n'a retrouvé sur place aucun reste humain qui permette de l'affirmer.

La grande période de l'homme de Neandertal (voir aussi l'encadré p. 289) correspond au paléolithique moyen, entre 200 000 et 35 000 avant notre ère. Sa culture principale, baptisée "moustérienne" en 1869, doit son nom au site du Moustier (vallée de la Vézère) qui a livré à notre connaissance, non seulement des outils, mais aussi des squelettes néandertaliens. Longtemps considéré comme inférieur, Neandertal est aujourd'hui reconnu comme un humain à part entière, au même titre que Cro-Magnon (*Homo sapiens*), notre ancêtre direct. Trapu et musclé, doté d'un crâne volumineux avec un front fuyant et une forte mâchoire, Neandertal était un excellent chasseur au régime essentiellement carnivore. Nomade, il habitait l'entrée des grottes ou des abris sous roches, mais montait aussi des campements en plein air (on a retrouvé des traces de tentes et de huttes). À côté des outils en pierre bifaces, il a développé des outils complexes à partir d'éclats de blocs de roche (méthode Levallois). On a même retrouvé, en 2013, des outils en os néandertaliens dans les abris Peyrony et du Pech de l'Aze (Dordogne). Son anatomie laisse penser que Neandertal était capable de parler. En tout cas, il enterrait ses morts, comme en témoignent les sépultures du Regourdou, du Moustier et surtout de La Ferrassie, où ont été retrouvés sept squelettes (datés de -40 000) déposés dans des fosses.

Cro-Magnon, premier homme moderne

En 1868, aux Eyzies, cinq squelettes ont été mis au jour dans l'abri de Cro-Magnon. L'étude de ces fossiles (datant de -32 000), bientôt complétée par celle d'autres

-18 000 à -12 000
Apogée de l'art pariétal.

-20 000
Peintures de la grotte de Lascaux.

-3500 à -2000
Construction de centaines de dolmens et menhirs sur les causses du Quercy.

★ Les musées sur la préhistoire

Musée national de Préhistoire, Les Eyzies-de-Tayac (p. 102)

Centre international d'Art pariétal de Montignac-Lascaux (Lascaux IV, p. 89)

Pôle international de la Préhistoire, Les Eyzies-de-Tayac (p. 101)

Le Thot – Espace Cro-Magnon (p. 93)

Musée national de Préhistoire, aux Eyzies

squelettes découverts en Dordogne et ailleurs, a permis la définition de l'homme de Cro-Magnon. Représentant de nouvelles populations arrivées du Moyen-Orient vers l'Europe autour de -40 000, l'homme de Cro-Magnon, appelé aussi *Homo sapiens* ou homme moderne, est notre ancêtre direct. Les très nombreux sites de Dordogne et du Lot permettent de suivre son évolution à travers les outils, de plus en plus perfectionnés, l'art mobilier et les grottes ornées qu'il a laissés. Parmi les cultures les plus fécondes dans la région, le périgordien ou gravettien (du site de La Gravette), entre -31 000 et -22 000, se caractérise par l'apparition des "Vénus" (aux formes très généreuses, symbole de fécondité) et des grottes ornées (Pech-Merle, site du Poisson, Cougnac). Avec le magdalénien (du site de La Madeleine), l'art pariétal (voir aussi l'encadré p. 299) atteint son apogée autour de -13 000, avant de disparaître vers -8 000. Le Périgord et le Quercy (qui à lui seul compte 28 grottes ornées) sont des hauts lieux en Europe de cet art préhistorique, à commencer par la grotte de Lascaux, souvent qualifiée de "chapelle Sixtine de la préhistoire" (voir p. 88). Mais pourquoi ces représentations d'animaux, de scènes de chasse, ces figures d'humains ou ces mains négatives étaient-elles cachées au plus profond des grottes ? Avaient-elles un pouvoir magique, comme de garantir une chasse fructueuse ? Ou une fonction chamanique dans une grotte-sanctuaire, considérée comme lieu de passage entre le monde des humains et le monde surnaturel ? Les raisons de cet art, décoratif autant que symbolique, restent encore un mystère.

L'âge des mégalithes

À partir de 5 000-6 000 ans avant notre ère, les populations commencent à se sédentariser et à pratiquer l'agriculture et l'élevage. Pour défricher et cultiver la terre, les humains inventent de nouveaux instruments en pierre qui feront qualifier cette période de "néolithique" (nouvelle pierre). Des villages apparaissent. Les échanges se développent. Vient ensuite l'apparition de la métallurgie, bronze (vers 2000 av. J.-C.) puis fer (vers 850 av. J.-C.). Mais les témoignages retrouvés dans la région sont beaucoup moins riches que ceux du paléolithique. Les vestiges les plus spectaculaires de la fin de

Ve siècle av. J.-C.
Le peuple celte des Cadourques s'établit dans le Quercy et celui des Pétrocores dans le Périgord.

59-51 av. J.-C.
Conquête romaine. Le chef cadourque Luctère, réfugié dans son oppidum d'Uxellodunum, est le dernier à se rendre.

Ier-IIIe siècle
Paix romaine. Fondation de Vesunna (Vésonne, actuelle Périgueux) et de Divona (Cahors).

Les cultures du paléolithique en Dordogne et dans le Lot

Datation	Espèces humaines	Type de culture	Caractéristiques	Principaux sites
400 000 à 250 000 BP* (Paléolithique inférieur)	*Homo erectus, H. neandertalensis*	Acheuléen (tayacien et micoquien localement)	Maîtrise du feu. Bifaces	La Micoque
300 000/ 200 000 à 35 000 (Paléolithique moyen)	*H. neandertalensis*	Moustérien	Bifaces complexes, outils élaborés à partir d'éclats de pierre retouchés. Premières tombes. Pigments colorés.	Le Moustier, La Ferrassie, Le Regourdou, Castel-Merle
40 000 à 35 000	*H. neandertalensis*	Châtelperronien (ou périgordien ancien)	Production en série de lames, grattoirs, burins, pointes. Pièces en os (outils et parures)	Le Moustier, La Ferrassie, Combe-Capelle
40 000 à 30 000 (Paléolithique supérieur)	*Homo sapiens*	Aurignacien	Retouches sur outils en pierre. Pointes de sagaie en bois de renne, parures en os. Gravures et peintures sur blocs dans des abris.	La Ferrassie, Castel-Merle
29 000 à 22 000	*Homo sapiens*	Gravettien (ou périgordien)	Outillages et armes complexes (lames droites et allongées). Représentations de plus en plus nombreuses de femmes et d'animaux.	La Gravette, près de Bayac. Grottes ornées : Pech Merle, Cougnac, abri du Poisson
22 000 à 17 000	*Homo sapiens*	Solutréen	Taille de silex en feuilles de laurier et de saule. Invention du propulseur et de l'aiguille à chas. Reliefs sculptés.	Abri de Laugerie-Haute (près des Eyzies), Fourneau du Diable (près de Bourdeilles)
20 000 à 10 000	*Homo sapiens*	Magdalénien	Apogée de l'art pariétal, développement des outils et des armes.	Grottes ornées : Pech Merle, Cougnac, Lascaux, Font-de-Gaume, Saint-Cirq, Bara-Bahau, Bernifal, Rouffignac, Villars, Combarelles, abris de Laugerie-Haute et de Cap Blanc, Castel-Merle

*BP (Before Present ; avant le présent)

★ Les musées d'histoire

Site-musée gallo-romain Vesunna, Périgueux (p. 149)

Musée d'Art et d'Archéologie du Périgord, Périgueux (p. 148)

Musée de la Guerre au Moyen Âge, château de Castelnaud (p. 82)

Musée Champollion, Figeac (p. 208)

Musée du Tabac, Bergerac (p. 115)

Le musée Vesunna, dédié à la culture gallo-romaine

la préhistoire restent les mégalithes : les causses du Quercy en particulier comptent plus de 600 dolmens, des tombes collectives édifiées autour de 3500 et 2000 ans av. J.-C. et dont certaines renfermaient jusqu'à 100 défunts (voir p. 298).

Histoire

L'entrée dans l'Histoire

Cinq siècles avant notre ère, deux tribus celtes se sont durablement installées dans la région : les Pétrocores, qui donneront leur nom au Périgord, et les Cadourques, d'où vient le nom de Quercy. Ces populations gauloises font véritablement leur entrée dans l'Histoire au cours des derniers épisodes de la conquête romaine. En effet, 5 000 Pétrocores viennent soutenir Vercingétorix à Alésia en 52 av. J.-C., note Jules César dans sa *Guerre des Gaules*. Après la chute d'Alésia, d'irréductibles Cadourques se replient dans leur oppidum d'Uxellodunum (au Puy d'Issolud, près de Vayrac dans le Lot) pour poursuivre la résistance. La reddition de cette place forte, en 51 av. J.-C., marque la fin de la guerre des Gaules et l'entrée définitive du pays dans le monde gallo-romain.

Vers l'an 16 av. J.-C., Auguste crée la province d'Aquitaine, qui regroupe notamment les anciens territoires des Pétrocores et des Cadourques. La *Pax romana* inaugure trois siècles (Ier-IIIe siècle) de prospérité, marquée par la fondation de Vesunna (Périgueux) et de Divona (Cahors), la romanisation (langue, cultes et culture), la création de routes et d'aqueducs et le développement de la vigne. Aménagé sur les vestiges d'une grande *domus* du Ier-IIIe siècle, le site-musée gallo-romain Vesunna de Périgueux (voir p. 149) donne un bon aperçu de l'influence des Romains sur le mode de vie des Pétrocores.

Invasions et christianisation

À partir de la fin du IIIe siècle, des invasions à répétition ravagent la région : Alamans et Francs (IIIe siècle) puis Vandales et Wisigoths (Ve siècle). Vesunna et les autres cités gallo-romaines s'enferment derrière des remparts. Après la victoire de Clovis, roi des Francs, sur les Wisigoths à Vouillé (507), la région intègre le royaume franc et se retrouve ballottée

IIIe-Ve siècle
Invasions des Alamans et des Francs, puis des Vandales et des Wisigoths.

IVe siècle
Début de la christianisation.

507
Victorieux à Vouillé, Clovis, roi des Francs, chasse les Wisigoths et conquiert la Gaule.

Neandertal, un cousin disparu...

L'homme de Neandertal et l'homme de Cro-Magnon (*Homo sapiens*) se sont côtoyés pendant 5 000 à 10 000 ans, avant que le premier ne disparaisse définitivement vers 35 000 ans avant notre ère. Tous deux avaient sans doute pour ancêtre commun *Homo erectus*, mais quel était le lien exact entre ces deux groupes ? Et pourquoi Neandertal a-t-il disparu ? Des études récentes tendent à prouver que des croisements entre néandertaliens et *Homo sapiens* auraient eu lieu au Moyen-Orient il y a 80 000 ans et que les génomes des humains actuels d'Europe et d'Asie seraient composés de 1 à 4% de gènes d'origine néandertalienne. Neandertal et *sapiens* seraient donc de la même espèce ? À confirmer ! Quant aux causes de la disparition des néandertaliens, elles sont sans doute multiples : faible population et isolement, mortalité précoce, maladies importées par l'*Homo sapiens*, compétition entre les deux groupes, technologie plus avancée chez l'homme moderne... Des débats passionnés agitent les scientifiques !

au gré de l'histoire mouvementée des rois mérovingiens. Cependant, la christianisation gagne progressivement les villes et les campagnes. Les premières églises chrétiennes font leur apparition. Des ermites s'établissent dans des lieux reculés. Certains évêques jouent dès lors un rôle très important. À Périgueux, l'évêque Chronopius (506-533) fait édifier la première cathédrale et aurait initié la légende de saint Front. À Cahors, le puissant évêque Didier (saint Didier, vers 580-655), ancien trésorier royal du roi Dagobert, embellit sa cité et la protège d'une enceinte ; il fait construire treize églises dans la ville et alentour, et fonde le monastère de Saint-Amans.

Au VIIIe siècle, Charlemagne érige le Périgord et le Quercy en comtés rattachés au royaume d'Aquitaine, vassal du roi franc. Puis, en 849, le Quercy est englobé dans le comté de Toulouse. La même année, les Vikings, qui ont envahi le Périgord par la Dordogne et l'Isle, s'emparent de Périgueux. Le pays se hérisse de forts défensifs. Cependant, la ferveur religieuse fait contrepoids à l'anarchie qui règne au tournant du millénaire avec la désagrégation du royaume d'Aquitaine, les invasions normandes et les conflits incessants entre seigneurs locaux. Le IXe siècle a vu la fondation des premières abbayes, dont Brantôme. L'année 951 marque le début du pèlerinage depuis la France vers Saint-Jacques-de-Compostelle : accompagnant l'évêque du Puy-en-Velay, les pèlerins passent notamment par Figeac, Rocamadour, Cahors, Moissac pour aller se recueillir, en Espagne, sur le tombeau de saint Jacques le Majeur, proche compagnon du Christ.

Essor et renouveau du XIe au XIVe siècle

Après l'an mille s'ouvre une période d'essor qui atteindra son apogée autour du XIIIe siècle. La population s'accroît. Les défrichements et l'assèchement des marais libèrent de

VIIIe siècle
Créations probables des comtés du Périgord et du Quercy, rattachés au duché d'Aquitaine.

IXe siècle
Les Vikings (Normands) font des incursions dans les terres en remontant les cours d'eau, et pillent églises et monastères.

1154
L'Aquitaine devient anglaise à la suite du couronnement d'Henri Plantagenêt, époux en secondes noces d'Aliénor d'Aquitaine.

nouvelles terres. Les échanges économiques se développent. De puissantes familles se partagent le territoire et imposent leur pouvoir féodal : les barons de Mareuil, de Bourdeille, de Beynac et de Biron règnent dans le Périgord, dont le comté passe à la maison des Talleyrand au XIIe siècle. De même dans le Quercy, qui dépend théoriquement des comtes de Toulouse, dominent les familles Castelnau, Gourdon, Cardaillac, Turenne et Luzerch. Tous érigent des forteresses sur les hauteurs pour surveiller les voies de communication, tandis que les populations qu'ils protègent s'établissent au pied des châteaux. Le rôle de l'église ne cesse de se renforcer.

De nombreux monastères sont fondés ou prennent un nouvel essor : abbayes cisterciennes de Cadouin et de Boschaud, augustinienne de Chancelade ou bénédictine de Sarlat dans le Périgord ; abbayes de Marcilhac, Figeac ou Souillac dans le Quercy. Rocamadour devient un haut lieu de pèlerinage. Toute la région se couvre d'églises paroissiales dont beaucoup existent encore. Animé par la foi, un formidable élan bâtisseur fait triompher l'art roman. Les villages se développent : "villages castraux" à l'ombre des forteresses ou "sauvetés" sous la protection de l'Église. Les XIIIe et XIVe siècles voient aussi la fondation de très nombreuses bastides, des villes neuves au plan géométrique (voir p. 126 et p. 270). Périgueux, Bergerac, Sarlat, Figeac, Cahors... les villes et la bourgeoisie sont en plein essor. Aux XIIe et XIIIe siècles, une centaine de familles de marchands de la région, surnommés les "cahorsins" (voir aussi p. 249), font fortune en commerçant jusqu'en Angleterre. L'élection en 1316 d'un pape né à Cahors, Jean Duèze, qui prend le nom de Jean XXII, et la fondation par ce pape de l'université de Cahors en 1331 constituent le couronnement de cette période faste avant les ravages de la guerre de Cent Ans.

La guerre de Cent Ans et la croisade contre les Albigeois

Croisade contre les Albigeois (Cathares), succession d'épidémies de peste, guerre de Cent Ans marquent douloureusement la fin du Moyen Âge. Au début du XIIIe siècle, le terrible Simon de Montfort, fervent catholique à la tête de la croisade contre les hérétiques, soumet par la violence Castelnaud, Beynac, Biron et d'autres seigneurs de la région qui soutiennent le comte de Toulouse, protecteur des Cathares. Durant la guerre de Cent Ans, qui dura en réalité plus d'un siècle (de 1337 à 1453), le Périgord et le Quercy, par leur situation géographique, furent au cœur des affrontements entre les royaumes de France et d'Angleterre. À l'origine de ces rivalités : la belle et puissante Aliénor d'Aquitaine qui, en 1152, après avoir été mariée avec le très austère roi de France Louis VII, fit annuler son mariage, et reprit sa dot, le très important duché d'Aquitaine. Meilleur parti de France, elle épousa en secondes noces Henri Plantagenêt, comte d'Anjou et duc de Normandie, qui devint Henri II d'Angleterre en 1154, créant ainsi un empire très puissant à même de concurrencer largement le royaume de France. Le duché d'Aquitaine restera uni à la Couronne d'Angleterre pendant trois siècles. Trois siècles durant lesquels Périgord et Quercy, qui se trouvent sur la zone frontalière, sont écartelés entre les deux royaumes, échangés au gré des traités et ravagés par les conflits

XIIe siècle
Fondation des grandes abbayes (Cadouin, Baschaud, Rocamadour...), certaines devenant des étapes sur le chemin de Compostelle.

XIIe-XIIIe siècle
Grande époque des bastides, ou villes neuves ; la population qui s'accroît défriche les forêts et assainit les marais.

1212
Simon de Montfort mène la croisade contre les Albigeois, protégés par le comte de Toulouse.

Turenne (p. 237)

armés. Les forteresses dressées sur les rives de la Dordogne et du Lot sont tour à tour prises et reprises. Celles de Beynac et de Castelnaud-la-Chapelle, qui se font face de part et d'autre de la Dordogne, sont les exemples et les symboles mêmes de ces conflits. Redoutable place forte perchée sur la rive droite, Beynac est rattachée en 1154 à la Couronne anglaise, comme toute l'Aquitaine, tout en rendant hommage au comte de Toulouse, vassal du roi de France. En 1197, Richard Ier Cœur de Lion, fils d'Aliénor, devenu roi d'Angleterre, s'empare de la forteresse. À la mort du roi, la famille de Beynac reprend la citadelle, mais son allégeance au comte de Toulouse, qui protège les Cathares, lui vaut en 1214 une nouvelle attaque : Simon de Montfort fait raser les défenses du château. Pendant la guerre de Cent Ans, Beynac reste fidèle au roi de France, ce qui ne l'empêche pas de passer un temps aux mains des Anglais par le traité de Brétigny (1360) qui cède le Périgord à l'Angleterre. Dans le même temps, sur l'autre rive, le château de Castelnaud a également été pris par Simon de Monfort et incendié, son seigneur étant un fervent défenseur de la foi cathare. Reconstruit et modernisé, le château est souvent du côté des Anglais, mais change sept fois de camp durant la guerre de Cent Ans ! Finalement repris par Charles VII en 1442, il restera dans le camp français jusqu'à la victoire de Castillon, en 1453, qui met fin à la guerre de Cent Ans.

1453
La bataille de Castillon met fin à la guerre de Cent Ans. Le Périgord et le Quercy reviennent à la France.

Vers 1540
Les idées de la Réforme gagnent Bergerac, ainsi que certaines grandes maisons du Périgord, comme les Bourbon-Albret, et du Quercy.

1562
Massacre de protestants à Cahors, dix ans avant celui de la Saint-Barthélemy à Paris.

Renaissance et guerres de Religion

Dévastés, dépeuplés au sortir de la guerre, Périgord et Quercy renaissent grâce à un nouveau siècle de paix. La région se repeuple grâce à l'immigration venue des provinces voisines. La reprise économique s'accompagne d'un nouvel élan de construction où apparaît l'art de la Renaissance. Ce nouveau courant s'exprime aussi dans la vie intellectuelle, avec les poètes Clément Marot (1496-1544) ou Olivier de Magny (1529-1561), tous deux nés à Cahors, et les écrivains et penseurs étienne de La Boétie (1530-1563) et Michel de Montaigne (1533-1592), natifs du Périgord. Le développement des voies de communication et celui de l'imprimerie favorisent la diffusion des idées nouvelles.

C'est dans ce contexte que se diffusent les idées de la Réforme et que les tensions religieuses dégénèrent en guerre civile. Des huit épisodes des guerres de Religion qui s'étendent dans le royaume entre 1562 et 1598, aucun n'épargne la région. En 1561, un groupe de trente calvinistes est massacré à Cahors. En 1562, les troupes catholiques commandées par Monluc sèment la terreur parmi les huguenots : des pendus pour l'exemple émaillent les campagnes. À la barbarie des uns répondent les atroces représailles des autres. En 1569, l'armée protestante de l'amiral de Coligny fait brûler vifs 300 paysans qu'il a enfermés dans le château de La Chapelle-Faucher. Les traités de paix successifs n'instaurent que d'éphémères accalmies. Cahors et Périgueux soutiennent la Ligue. Bergerac et les villes alentour, comme Eymet, défendent la Réforme, comme nombre de grands seigneurs convertis au protestantisme. Le massacre de la Saint-Barthélemy (qui débute par l'assassinat des chefs protestants venus assister aux noces d'Henri de Navarre, prince du sang et chef des protestants), en 1572, déclenche la quatrième guerre de Religion. Les protestants sont plus déterminés que jamais. Geoffroy de Vivans, natif de Castelnaud, réussit à prendre Sarlat, Domme et Périgueux. En 1580, Henri de Navarre s'empare de Cahors, le dernier bastion catholique important de la région. Devenu Henri IV, en 1589, il se convertit au catholicisme quatre ans plus tard. En 1598, il promulgue l'édit de Nantes qui met fin aux guerres de Religion en assurant aux protestants la liberté de culte et des places de sûreté. La révocation de l'édit de Nantes par Louis XIV, en 1685, incitera de nombreux protestants de la région à s'expatrier.

Les révoltes des croquants

Épuisés par les guerres continuelles, les épidémies de peste, les mauvaises récoltes et les famines, les paysans ne supportent plus la lourdeur des charges fiscales et des droits féodaux. Plusieurs révoltes de "Tard-Avisés" (car ils se révoltent au moment où les guerres civiles s'apaisent), plus connus sous le nom de "croquants" (en raison des fourches qu'ils brandissent), secouent ainsi les campagnes du Sud-Ouest durant deux siècles. En 1593-1595, des milliers de paysans du Périgord, du Quercy et des provinces voisines se soulèvent contre l'augmentation de l'impôt (qui a doublé entre 1570 et 1594) et des baux à fermage ou à métayage. Armés de faux, de piques et de fourches,

1589

Henri de Navarre, devenu Henri IV, se convertit au catholicisme pour être couronné roi de France.

1593-1707

Révoltes des croquants. Épuisés par les guerres et la misère, les paysans se soulèvent contre la hausse des charges.

1598

L'édit de Nantes met fin aux guerres de Religion.

Château de Beynac

ils s'en prennent aux seigneurs (qui les écrasent de taxes sans les protéger contre les pillages), s'attaquent aux officiers de justice et aux collecteurs d'impôts. Ils s'organisent, tiennent des assemblées, rédigent des cahiers de doléances, dépêchent des députés auprès du roi ou des États du Périgord et se dotent d'une armée. Arrêtée par les troupes du sénéchal de Bourdeilles, la révolte s'apaise après l'obtention de quelques concessions fiscales.

En 1624, le pouvoir central introduit une réforme qui alourdit la charge fiscale dans le Quercy. Nouvelle révolte : les croquants s'en prennent à tous les agents du fisc. Une armée royale vient rétablir l'ordre et fait exécuter les chefs.

En 1635, l'imposition d'une taxe extraordinaire déclenche une nouvelle insurrection, à Périgueux d'abord, puis, à partir de 1637, dans les campagnes. Une armée de 8 000 croquants, avec à sa tête, un noble, La Mothe La Forêt, réussit à s'emparer de Bergerac et à tenir la ville durant trois semaines. Mais l'arrivée des troupes royales entraîne la dispersion des croquants. Certains chefs sont exécutés sans procès, comme le tisserand Buffarot, qui subit le supplice de la roue sur la place de Monpazier. Malgré la répression féroce, des révoltés se cachent dans la forêt de Vergt et continuent à mener la guérilla jusqu'en 1642.

1790
Création des départements de la Dordogne et du Lot.

1857
Inauguration de la ligne de chemin de fer Coutras-Périgueux. Le train relie Périgueux à Brive en 1860 et à Limoges en 1861.

1868
Découverte des squelettes des premiers *Homo sapiens* du Périgord dans l'abri Cro-Magnon, aux Eyzies.

Le commerce par voie fluviale

Dès le néolithique, les cours d'eau servent de voies d'échange, et au fil des siècles, Lot et Dordogne, ainsi que leurs affluents, deviennent des artères commerciales majeures. À partir du XIIe siècle, les rivières commencent à être aménagées pour faciliter la navigation et la rendre possible plus longtemps dans l'année. Digues, écluses, chemins de halage (parfois taillés dans la roche) permettent d'intensifier le trafic. Toute une flotte de gabarres (bateaux à fond plat) et autres embarcations transporte vers Bordeaux les vins de Bergerac, de Domme ou de Cahors, le bois, les noix et les châtaignes du Périgord, puis les pots de fonte ou les balles de papier produits grâce aux forges ou aux moulins (fonctionnant grâce à la force motrice de l'eau). Ceux qui remontent rapportent du sel et d'autres produits de nécessité puis, avec l'essor des colonies et la pratique du commerce triangulaire, des épices et du sucre. Tout un monde vit de la rivière : pilotes, charpentiers de bateaux, armateurs, cordiers, portefaix, marchands et colporteurs fluviaux qui s'amarrent aux quais pour vendre leur pacotille. Au milieu du XIXe siècle, la batellerie assure 60% du trafic de marchandises (dont, pour les deux tiers, du vin) entre Bergerac et Bordeaux. Mais l'arrivée du chemin de fer et l'essor du transport routier vont progressivement sonner le glas du trafic fluvial. En 1927, le Lot et la Dordogne sont juridiquement rayés de la liste des voies navigables. Aujourd'hui, les rivières retrouvent une nouvelle vie avec les activités de loisirs (canoë ou navigation de plaisance, randonnée sur les chemins de halage transformés en voies vertes).

En 1707, une révolte des Tard-Avisés embrase Périgord et Quercy, mais elle est vite réprimée. D'autres soulèvements paysans accompagneront encore la révolution de 1789. Bien plus tard, Eugène Le Roy fera entrer l'histoire des paysans révoltés dans la légende, avec son roman *Jacquou le Croquant* (1899, paru au Livre de Poche, 1974).

Une lente évolution

Les grands moments de la Révolution française ne rencontrent qu'un écho affaibli dans la région. Certes, il y a des prêtres réfractaires, des châteaux démantelés, des luttes et des dénonciations, mais cela n'a rien à voir avec les guerres de Vendée. Lors de leur création, en 1790, les départements de la Dordogne et du Lot prennent à peu près les contours des anciennes provinces du Périgord et du Quercy. Cahors devient la capitale du Lot au détriment de Montauban, capitale historique du bas Quercy. En 1808, de fait, le Lot sera amputé d'un quart de son territoire pour la création du département du Tarn-et-Garonne autour de Montauban.

Au XIXe siècle, Dordogne et Lot s'affirment comme des fiefs bonapartistes. Plusieurs maréchaux d'Empire, dont Murat, sont originaires de la région. La vie dans les

1868-1880
Crise du phylloxéra.

1940
Découverte de la grotte de Lascaux.

1940-1944
Les réseaux de résistance se développent dans ces régions rurales, surtout après l'institution du Service du travail obligatoire.

Gabarre sur la Dordogne à Bergerac

campagnes reste très dure. Dès le début du siècle, quelques notables tentent de faire évoluer le monde agricole en réunissant des assemblées (comices) pour échanger sur les expériences de chacun. Les nombreuses forges installées dans la région depuis le XVe siècle tiennent une part non négligeable dans l'économie. L'aménagement des rivières, Dordogne et Lot, diminue les risques d'inondations et facilite le trafic marchand. L'enseignement se développe. Les nouveaux châteaux fleurissent. Les premières lignes de chemin de fer arrivent dans les années 1850. Mais la région reste à l'écart de la révolution industrielle. À partir des années 1860, les forges locales, incapables de lutter contre la concurrence étrangère, voient leur production chuter de deux tiers en dix ans. Elles fermeront l'une après l'autre. Le développement du chemin de fer entraîne le déclin de la navigation fluviale, qui avait depuis toujours contribué à enrichir la région. Entre 1868 et 1880, la crise du phylloxéra détruit la totalité des vignobles de Cahors et de Bergerac. Exode rural et émigration s'accélèrent.

La Grande Guerre aggrave encore le dépeuplement. Et ceux qui restent sont souvent âgés. Entre 1870 et 1950, le Lot perd la moitié de sa population. Politiquement, la population vire plutôt à gauche, vers le radicalisme. Encore très ruraux et enclavés, les départements de la Dordogne et du Lot sont moins touchés que d'autres par la

1944
La division Das Reich, qui fait route vers la Normandie, ensanglante certaines villes de la région.

1960
Création des régions : la Dordogne est rattachée à l'Aquitaine, le Lot à Midi-Pyrénées.

1979
Les sites préhistoriques et les grottes ornées de la vallée de la Vézère sont inscrits sur la Liste du patrimoine mondial de l'Unesco.

Seconde Guerre mondiale. D'autant qu'ils sont, pour l'essentiel, au sud de la ligne de démarcation. Mais, après l'invasion de la zone sud en 1942 et l'instauration en 1943 du STO (Service du travail obligatoire en Allemagne), ils deviennent tous deux des bastions de la Résistance. Forêts, rochers, replis de terrain font des refuges idéaux pour les maquisards, qui n'en sortent que pour tendre des embuscades à l'ennemi. Nombre de paysans soutiennent leur action en les cachant et en les nourrissant. Rafles, exécutions sommaires, déportations... les représailles de la Gestapo sont terribles. À la Libération, l'épuration sera violente, et de nombreux collaborateurs exécutés sans autre forme de procès. Le pays en restera longtemps marqué et Sarlat recevra en 1947 la croix de guerre pour son action de résistance.

Après la guerre, Périgord et Quercy n'évoluent que lentement d'une polyculture en grande partie autarcique à une agriculture spécialisée. Aucune grande industrie ne s'implante, mais tout un réseau de petites entreprises se développe. Les structures ferroviaires vieillissant, il faut attendre l'arrivée de l'autoroute A20 (Vierzon-Montauban, via Cahors) dans les années 1980, pour que commence vraiment le désenclavement de la région. Il faudra encore attendre 2013 pour voir l'achèvement de l'autoroute transversale A89 (Bordeaux-Lyon, via Périgueux). La lenteur de cette évolution a cependant eu pour contrepartie bénéfique de préserver les paysages, le patrimoine et le caractère de cette région dont l'un des grands atouts est aujourd'hui le tourisme.

1998
La cathédrale de Périgueux et les chemins de Saint-Jacques-de-Compostelle en France sont inscrits au Patrimoine mondial.

2016
Ouverture de Lascaux IV, Centre international de l'art pariétal, près de Montignac.

2021
La vallée de la Vézère devient le 20e Grand Site de France.

Cloître de l'église Saint-Pierre, Carennac (p. 230)

© DANIÈLE SCHNEIDER / PHOTONONSTOP

Culture et patrimoine

Grottes ornées du paléolithique ou dolmens du néolithique, châteaux du Moyen Âge ou de la Renaissance, petites églises et cathédrales à file de coupoles inspirées de l'Orient ou abbayes aux riches sculptures influencées par l'école de Moissac... la Dordogne et le Lot recèlent un patrimoine impressionnant et très diversifié. La Dordogne, à elle seule, compte plus de 920 sites protégés au titre des Monuments historiques et le Lot presque moitié autant. Ce patrimoine monumental conserve d'autant plus de charme qu'il s'intègre dans un territoire à l'habitat vernaculaire et aux paysages particulièrement bien préservés.

Héritages de la préhistoire

Les chefs-d'œuvre de l'art paléolithique

Né il y a environ 35 000 ans avec les premiers hommes modernes, l'art du paléolithique connaît un formidable épanouissement jusque vers 12 000 ans avant notre ère. Les chasseurs-cueilleurs couvrent d'images peintes ou gravées, figuratives ou abstraites, outils, armes, objets et parois d'abris et de grottes. Le Périgord et le Quercy sont l'une des

Écoutez le fondateur de la spéléologie moderne, Édouard-Alfred Martel, vous conter le péril de la découverte du gouffre de Padirac.

Scannez la page avec l'appli *lisez!*

5 min

Extrait de Les Cévennes et la région des Causses d'Édouard-Alfred Martel (1893).

Gouffre de Padirac

régions de France et d'Europe qui comptent le plus grand nombre de ces grottes ornées. Parmi les chefs-d'œuvre figurent les compositions complexes de la grotte de Lascaux, où des centaines d'animaux sont peints avec une grande richesse de coloris et une étonnante précision et vivacité ; la monumentale frise de chevaux en haut-relief de l'abri du Cap Blanc, les peintures de bisons et de deux rennes face à face de Fond-de-Gaume, le festival de chevaux, de rennes et de félins gravés des Combarelles, les 250 figurations d'animaux disséminées dans le labyrinthe de Rouffignac, la fresque des chevaux ponctués et la frise noire de mammouths du Pech Merle et bien d'autres encore. Cet art montre un souci d'observation et une recherche dans la composition, dans l'utilisation des formes et des reliefs de la paroi rocheuse, qui lui confèrent un caractère aussi décoratif que symbolique. Un art aussi fascinant que son interprétation demeure énigmatique !

Les dolmens des causses

Quelque 604 dolmens ont été recensés sur les plateaux calcaires du Lot, sans parler d'une vingtaine de menhirs. L'une des plus grandes concentrations de mégalithes au monde ! Constructions en dalles de pierre édifiées au néolithique, entre 3500 et 2000 ans av. J.-C., ces dolmens abritaient une chambre sépulcrale regroupant en moyenne une quinzaine de défunts, entourés d'objets funéraires témoignant d'une croyance dans l'au-delà. Vers la fin du néolithique, certains ont même accueilli jusqu'à une centaine de défunts. Le plus connu, le dolmen de Pech-Laglaire (près de Gréalou) se situe en bordure du GR®25, menant à Saint-Jacques-de-Compostelle. Le plus monumental, le dolmen de la Pierre Martine (près de Livernon par la D802) est recouvert d'une dalle de plus de 7 m de long pesant quelque 22 tonnes ! Quant aux menhirs, comme celui de Bélinac (près de la D802), une pierre levée de 3,5 m de haut, il s'agissait sans doute d'objets de culte, mais l'on ignore encore leur signification exacte. Le parc naturel régional des Causses du Quercy (www.parc-causses-du-quercy.fr) édite une brochure détaillée, disponible sur Internet, très utile pour en savoir plus sur les mégalithes du Lot.

Architecture

Églises et abbayes : le triomphe du roman

Animés par la foi, par le renouveau de l'Église et par l'essor des pèlerinages, les XIe, XIIe et XIIIe siècles ont couvert le Périgord et le Quercy d'abbayes, de chapelles et d'églises où triomphe l'art roman. Extrêmement sobres, ces églises présentent souvent une nef unique, barrée ou non par un transept, et se terminant par une abside carrée ou semi-circulaire. Un haut clocher s'élève souvent au-dessus de la croisée du transept ou de l'avant-chœur. Bâti au XIe siècle, non sur l'église mais sur le rocher qui la domine, le clocher de l'abbaye de Brantôme, haut de 60 m, est l'un des plus anciens clochers romans de France.

Grottes ornées : l'art et la technique

Comment les humains du paléolithique s'y prenaient-ils pour orner les parois des grottes ? Pour graver, ils utilisaient des pointes de silex, de bois dur ou d'os. Avec des racloirs, ils pouvaient aussi faire ressortir des teintes plus claires et créer des effets sur la roche. Pour peindre, ils employaient deux pigments : noir (charbon de bois ou oxyde de manganèse) et ocre (argiles allant du rouge au brun-jaune). Ils appliquaient la couleur à l'aide de morceaux de charbon, de craies d'ocre ou bien directement au doigt. Une autre technique consistait à souffler l'ocre avec la bouche sur la paroi. C'est ainsi, en utilisant leurs mains comme pochoirs, qu'ils ont peint les fameuses "mains négatives" que l'on peut admirer dans de nombreuses grottes. Enfin, ces artistes du paléolithique ont fait preuve d'un très grand talent dans l'art d'intégrer les inégalités de la roche, ses volumes, ses fissures à leur composition, pour donner relief et mouvement aux figures et représentations.

Pour aller plus loin

Lascaux. Le Geste, l'espace et le temps, Norbert Aujoulat (Le Seuil, 2005). Un ouvrage de référence sur Lascaux.

Art pariétal. Grottes ornées du Quercy, Michel Lorblanchet (Éditions du Rouergue, 2018). Ce spécialiste de l'art pariétal dévoile toute la beauté, la richesse et la profondeur de l'art des grottes ornées du Quercy.

De Chauvet à Lascaux, Stéphane Petrognani (Errances, 2013). Une étude sur l'évolution de l'art des cavernes préhistoriques et sur celle des sociétés dont il est le reflet.

Lascaux ou la naissance de l'art, Georges Bataille, 1955. Si certains propos doivent être revus au crible des dernières découvertes scientifiques, le texte de ce grand écrivain fasciné par Lascaux emporte le lecteur par son lyrisme.

Qu'est-ce que l'art préhistorique ? Patrick Paillet (CNRS Éditions, 2018). Un fascinant tour d'horizon de ce que l'on sait aujourd'hui de l'art paléolithique.

La grande originalité de l'art roman périgourdin s'exprime surtout dans ses églises à file de coupoles (2 à 4) sur pendentifs, inspirées de l'église des Saints-Apôtres vue sans doute par les croisés à Constantinople. Outre un intérêt esthétique, cette technique permet le passage du plan carré de la travée au plan circulaire, et une meilleure répartition des charges sur les murs que la simple voûte romane en berceau. Les plus belles églises à coupoles vont de Saint-Étienne de Périgueux à la cathédrale de Cahors, en passant par Saint-Avit-Sénieur, Sainte-Marie de Souillac et une multitude de petites églises du Bergeracois. Largement remaniée au XIXe siècle par l'architecte Paul Abadie, la cathédrale Saint-Front de Périgueux l'emporte par le nombre, avec cinq coupoles ! Signalons aussi les vestiges évocateurs de l'église à coupoles de l'abbaye de Boschaud, dans le Périgord vert.

Dans le Quercy, l'influence de Moissac et de l'architecture languedocienne se fait sentir dans la richesse du décor sculpté sur les chapiteaux et sur les portails. Parmi les plus beaux : les voussures du portail de Besse, les sculptures du portail de Grand-Brassac, les tympans de Cahors, de Carennac et de Martel, et les vestiges du portail de Souillac, avec la prodigieuse figure du prophète Isaïe, chef-d'œuvre de la sculpture romane. Parmi les rares peintures romanes subsistant, les plus remarquables sont sans doute le panneau de l'Annonciation et de la Visitation sur la façade de la chapelle Saint-Michel de Rocamadour.

L'art gothique, né au XIIe siècle en Île-de-France, n'atteignit que tardivement le Périgord et le Quercy. Sa principale caractéristique, la construction de voûtes sur croisées d'ogives permettant d'ouvrir de larges fenêtres ornées de vitraux, ne commence

Écoutez l'éloge adressé à la rivière Dordogne par Étienne de La Boétie, ami de Montaigne, écrivain humaniste et auteur du *Discours de la servitude volontaire (1576).*

Scannez la page avec l'appli lisez!

1 min

Extrait de l'un des 29 sonnets enchâssés dans le Livre I des Essais de Montaigne (vers 1547-1548).

La Dordogne près de La Roque-Gageac

à se développer que dans la seconde moitié du XIIIe siècle. Le gothique flamboyant s'applique souvent davantage aux décors qu'aux structures, aux embellissements plutôt qu'aux constructions nouvelles. Témoins de cette évolution, la cathédrale de Sarlat (XVe siècle) allie roman et gothique tardif, la cathédrale de Cahors associe une nef à coupoles et un portail sculpté romans (XIe-XIIe siècle) avec un cloître gothique flamboyant (début XVIe siècle), tandis que l'abbaye de Cadouin (fondée en 1115) cache, derrière son austérité romane, un superbe cloître (XVe-XVIe siècle) mêlant gothique flamboyant et éléments Renaissance.

Nombreuses ensuite sont les églises de la région, romanes ou gothiques, qui furent fortifiées pour abriter hommes, bestiaux et reliques dans les périodes d'insécurité, si fréquentes durant le conflit franco-anglais ou les guerres de Religion. Toutes les techniques de fortification furent utilisées, comme en témoignent, entre autres, le clocher-donjon crénelé de l'église de Grand-Brassac, la chambre forte sous les voûtes de la grande abbatiale de Saint-Amand-de-Coly, ou encore, la surélévation d'un niveau armé d'archères de l'église gothique Saint-Martial de Rudelle (XIIIe siècle), un demi-siècle après sa construction.

Les bastides, villes neuves du Moyen Âge

Phénomène d'urbanisme caractéristique du sud-ouest de la France, les bastides (*bastidas* en langue d'oc) sont des "villes neuves" fondées par le roi d'Angleterre ou par le roi de France, ainsi que par quelques grands du royaume au cours des XIIIe et XIVe siècles. En quelque 150 ans seulement, environ 400 bastides ont ainsi surgi de terre : la Dordogne et le Lot en comptent plus d'une trentaine. Quelles furent les raisons de ces fondations : politiques, économiques, démographiques, sécuritaires ? Sans doute, un peu tout cela. En tout cas, ces bastides étaient très novatrices sur le plan architectural et social. Alors que les bourgs médiévaux présentaient généralement un dédale de ruelles tortueuses enserrant une église, ces villes neuves étaient toutes ordonnées selon un plan rigoureux et aéré. Souvent ceintes d'une muraille, elles présentaient un contour géométrique (polygone régulier, carré, rectangle voire cercle) et un plan en damier, le quadrillage des rues et des "carreyrous" (ruelles transversales) étant centré autour d'une grande place. Des galeries couvertes permettaient de circuler à l'abri sur cette place centrale où se tenait le marché, et où se trouvait la maison communale. Les paysans qui venaient habiter dans ces villes neuves acquéraient le statut d'homme libre et devenaient propriétaires de leur maison et de leur terre. De façon très égalitaire, chacun se voyait attribuer une parcelle pour construire sa maison avec même parfois, derrière, quelques ares pour son potager et quelques hectares de terre cultivable. Par ailleurs, ils étaient souvent exempts d'impôts (une manière d'encourager l'installation dans ces villes neuves, dont certaines ont gardé le nom de "ville franche", c'est-à-dire où l'on ne payait pas de taxes).

Le patrimoine classé des chemins de Saint-Jacques-de-Compostelle

Au Moyen Âge, les pèlerinages ont connu un extraordinaire développement, en particulier celui de Saint-Jacques-de-Compostelle, du XIe au XVe siècle. Des milliers de chrétiens, souverains, évêques et simples pèlerins, venaient alors de toute l'Europe prier sur le tombeau de saint Jacques, l'apôtre venu évangéliser l'Espagne, dont les reliques avaient été découvertes vers 800 en Galice. Les routes de pèlerinage furent alors jalonnées d'églises et de monastères, d'hostelleries et d'hôpitaux, de croix et de ponts. Le *Guide du pèlerin de Saint-Jacques* (œuvre d'Aimery Picaud, vers 1139) mentionne les étapes incontournables. Parmi les quatre principaux chemins français indiqués par l'auteur, le plus ancien et l'un des plus riches en monuments, la Via Podiensis, conduit du Puy-en-Velay (en Haute-Loire) aux Pyrénées, en traversant le Quercy. Il passe par Figeac, offre un détour par le grand sanctuaire marial de Rocamadour, et continue vers Cahors (dont la cathédrale abrite les reliques de la Sainte Coiffe rapportée de Terre sainte) et Moissac. Sur l'un des chemins situés plus à l'ouest (la Via Lemovicensis au départ de Vézelay et passant par Limoges), le *Guide du pèlerin* mentionne une étape à la cathédrale Saint-Front de Périgueux. Certains tronçons de ces itinéraires, monuments ou autres témoins subsistant de ce grand pèlerinage, ont été inscrits en 1998 sur la Liste du patrimoine mondial de l'Unesco au titre des "Chemins de Saint-Jacques-de-Compostelle en France". Ce sont en particulier, en Dordogne, la cathédrale Saint-Front de Périgueux et, dans le Lot, la cathédrale Saint-Étienne et le pont Valentré (Cahors), le dolmen de Pech-Laglaire (Gréalou), l'hôpital Saint-Jacques (Figeac), l'église Saint-Sauveur et la crypte Saint-Amadour (Rocamadour), ainsi que les tronçons de Montredon à Figeac (18 km), de Faycelles à Cajarc (22 km) et de Bach à Cahors (26 km). La sublime abbatiale Saint-Pierre de Moissac, dans le Tarn-et-Garonne, à 60 km de Cahors, est également classée.

Nombre de ces bastides ont été dévastées par les guerres ou défigurées au fil du temps. D'autres ont conservé leur plan géométrique, des vestiges de remparts, de belles portes d'entrée et, surtout, leur place principale dotée de galeries couvertes et souvent d'une halle, leurs édifices religieux et de jolies maisons médiévales. Fondée en 1261, Villefranche-du Périgord est la plus ancienne bastide de Dordogne. Elle a été instituée, comme Eymet (1270), par Alphonse de Poitiers (comte de Toulouse et frère de Saint Louis), qui à lui seul fit bâtir une cinquantaine de bastides. Édifiée en 1284 par Édouard Ier, duc d'Aquitaine et roi d'Angleterre, Monpazier reste le plus bel archétype de ces bastides : rectangle parfait de 400 m sur 220 m, elle possède une magnifique place carrée de 45 m de côté tout entourée de maisons de pierre. Perchée sur la falaise, Domme, créée en 1281 par le roi de France Philippe III le Hardi, se caractérise par sa forme trapézoïdale liée à sa situation exceptionnelle. Toujours en Dordogne, on pourra aussi voir, entre autres, Beaumont-du-Périgord (bastide anglaise, 1272) ou Molières (bastide anglaise, 1284). Dans le Lot, deux beaux exemples de bastides : Rudelle (fondée en 1250 par Bertrand de Cardaillac) à l'impressionnante église fortifiée, et Castelnau-Montratier (fondée en 1250 par Ratier, seigneur de Castelnau), dont la place a conservé ses couverts et ses vieilles maisons.

Des forteresses aux demeures de plaisance

Symboles du pouvoir du seigneur et du système de défense mis en place lors des conflits franco-anglais, une profusion de châteaux forts ont été édifiés au Moyen Âge dans le Périgord et le Quercy. Des plus anciens, il ne reste souvent que des ruines, telles ces fortifications accrochées à la falaise comme on en voit encore dans les vallées

Château de Lanquais (p. 126)

encaissées du Lot et du Célé (Cabreret, Laroque-des-Arcs, Brengues) ou dans le cirque d'Autoire. Appelées "roccas" au Moyen Âge, elles furent souvent abandonnées après la guerre de Cent Ans et surnommées "châteaux des Anglais".

Castelnau-Bretenoux, doté d'un donjon et d'une tour résidentielle du XIIIe siècle, d'une tour d'artillerie du XVe siècle et d'une enceinte défensive de 250 m de long, reste l'un des plus beaux exemples de citadelle médiévale. Quant à la gigantesque forteresse de Bonaguil, entre Périgord et Quercy, c'est l'un des derniers grands châteaux forts du Moyen Âge : bâti au XIIIe siècle, il fut reconstruit à la fin du XVe siècle avec les meilleurs systèmes défensifs de l'époque, adaptés aux nouvelles armes à feu… qui s'avérèrent inutiles, faute de combats. Dans le Périgord, le castrum médiéval de Commarque et son donjon roman impressionnent d'autant qu'ils s'inscrivent dans un paysage hors du temps. Mais l'un des plus imposants châteaux forts de la région reste sans doute Beynac, forteresse massive au gros donjon carré, perchée sur la falaise à 150 m au-dessus de la Dordogne. De l'autre côté de la rivière, le château de Castelnaud fut son rival durant la guerre de Cent Ans. Reconstruit, fortifié et modernisé, il témoigne de l'évolution de l'architecture militaire et abrite un musée consacré à l'art de la guerre au Moyen Âge. Des quatre baronnies du Périgord (dont Beynac), Bourdeilles conserve une forteresse féodale (XIIIe-XIVe siècle) avec un donjon octogonal de 35 m de hauteur, à côté d'un logis Renaissance (XVIe siècle), Biron juxtapose des bâtiments de style et d'époques successives autour de sa tour féodale (XIIe siècle) et Mareuil, qui fut une puissante forteresse de plaine, a été largement agrémentée en demeure de plaisance à la Renaissance.

Les nombreux châteaux reconstruits ou remaniés après la guerre de Cent Ans gardent souvent un aspect défensif médiéval (tours, douves, mâchicoulis, créneaux), symboles de la puissance du seigneur, tout en abandonnant leur fonction militaire pour devenir des demeures de plaisance influencées par l'art de la Renaissance. L'austérité fait place à l'exubérance et au raffinement du décor, fenêtres à meneaux et lucarnes remplacent les étroites ouvertures, des escaliers monumentaux supplantent les escaliers en vis.

Le retour de l'occitan

Après sa disparition de la vie littéraire, l'occitan commença à renaître à partir du XIXe siècle dans le Périgord grâce à des poètes, conteurs, fabulistes et écrivains tels Jasmin (né en 1798 à Agen), Jules Clédat (né en 1822 à Montignac), Auguste Chastanet (né en 1825) et Robert Benoit (né en 1862), tous deux de Mussidan, ou encore le Sarladais Louis Delluc (1894-1974), qui publiera en 1958 le premier roman en langue d'oc de la région : *Tibal to garrel* (Tibal le boiteux). Dans le même temps, l'action du Félibrige (association de protection et de promotion de la langue et de la culture provençale), fondé en 1854 par le poète Frédéric Mistral et ses amis afin de restituer au provençal son rang de langue littéraire, s'étend aux autres parlers d'oc. En 1901, des écrivains périgourdins s'unissent pour fonder l'école félibréenne "Lo Bornat dau Perigòrd". Depuis 1902, elle publie sa revue en occitan *Lo Bornat* (La Ruche). Et depuis 1903, elle organise tous les ans une grande fête occitane, la Félibrée, dans un village ou une ville du Périgord. Cette célébration de la culture occitane, sous forme de défilés de groupes traditionnels, de repas, de spectacles et autres manifestations, attire chaque année des dizaines de milliers de personnes. À ne pas manquer !

C'est le cas notamment des châteaux de Monbazillac, de Losse, de Cénevières ou du château de Lanquais, dont le pavillon d'angle rappelle l'aile Lescot du Louvre. Avec ses façades sur cour et son escalier sculptés de motifs inspirés de l'humanisme italien, le château de Montal offre un superbe exemple de la première Renaissance, de même que le château de Puyguilhem, au décor foisonnant plein de grâce. Quant au château d'Assier, malheureusement démoli aux trois quarts, il rivalisait en splendeur avec les châteaux Renaissance du Val de Loire.

En dehors de l'élégant château de Hautefort, superbe exemple d'architecture classique, ou du château de Sauvebœuf (XVIIe siècle), rares sont les châteaux, ou même les édifices religieux, construits dans la région aux XVIIe et XVIIIe siècles. Le XIXe siècle, en revanche, voit une floraison de nouveaux châteaux édifiés par de vieilles familles aristocratiques, mais aussi par une nouvelle grande bourgeoisie, désireuse de s'identifier à la noblesse. Après le style néoclassique en faveur sous l'Empire (château de Labastide-Murat), se développe dans les années 1860-1890 un engouement pour le style néogothique et pour les demeures immenses mêlant allégrement les styles, tels le château de Puycharnaud ou le château Magne, à Trélissac.

Figures de la littérature

Parlé dans le tiers sud de la France, l'occitan ou langue d'oc, forme vernaculaire du latin oral, était au Moyen Âge très utilisé à l'écrit. Dans ces régions, il était même en passe de supplanter définitivement le latin à l'écrit, quand par l'ordonnance de Villers-Cotterêts (1539), François Ier imposa la langue d'oïl (qui évoluera vers le français) au lieu du latin dans toute la vie publique du royaume. Encore parlé par le peuple, l'occitan disparut pour ainsi dire de la littérature avant de connaître un renouveau d'intérêt au XIXe siècle.

Les troubadours et la fin'amor

Au XIIe siècle, dans les pays de langue d'oc s'épanouit un art nouveau, subtil et raffiné : celui des troubadours (de l'occitan *trobar* : trouver, composer, inventer). Compositeurs, poètes et musiciens de renom, de haute ou de modeste extraction, ces troubadours contribuent à l'éclat de la cour seigneuriale qui les accueille et les protège. Leurs poèmes

Sélection de livres à lire sur place

Le Goût du Périgord, textes choisis et présentés par Jean-Noël Mouret (Mercure de France, 2005). Les visages variés du Périgord vus à travers des textes de différents auteurs : Henry Miller, René Char, François Augiéras, Eugène Le Roy, Freda White, Georges Simenon, etc.

Jacquou le Croquant, Eugène Le Roy (1899, Livre de Poche, 1974). Dans la vallée de la Vézère, l'émouvante histoire d'un fils de pauvres métayers devenu orphelin qui se révolte contre les injustices.

Des grives aux loups, Claude Michelet (Robert Laffont, 1979). Premier tome de la saga des Vialhe, qui entraîne le lecteur dans la vie d'une famille d'agriculteurs en lisière de la Dordogne, côté Corrèze, tout au long du XXe siècle.

La Grande Beune, Pierre Michon (Gallimard, 2006). À travers l'envoûtante écriture de Michon, les brûlantes et troubles rêveries inspirées par deux femmes à un jeune homme de 20 ans débarqué comme instituteur dans un village du fin fond de la Dordogne, où coule la Grande Beune.

Le Déjeuner de Sousceyrac, Pierre Benoit (Albin Michel, 1931). Une histoire d'héritage, d'enquête et d'amour dans le village de Sousceyrac, sur fond de rude montagne du Ségala. Par un écrivain-voyageur du début du XXe siècle qui posa un temps ses valises dans le Lot.

La Rivière Espérance, Christian Signol (Robert Laffont, 2007). La saga des gabarriers qui naviguaient au XIXe siècle sur la Dordogne, par le célèbre auteur des *Cailloux bleus*, natif d'un petit hameau blotti au pied des causses de Martel et de Gramat.

Cahors, le roman du vin noir, Jean-Charles Chapuzet (éditions Ferret, 2008). L'histoire des vignobles de la vallée du Lot, autour de Cahors, prend des allures de roman sous la plume de l'auteur.

Les Cavernes de la rivière rouge, de Claude Cénac (Le Navire en pleine ville, 2006). Un passionnant roman d'aventures au temps de la préhistoire, qui entraînera les adolescents dans les cavernes de la vallée de la Vézère.

mélodiques, ou *cansos*, célèbrent la *fin'amor* ("l'amour parfait"), l'amour courtois : cette nouvelle conception de l'amour idéalise la femme et exige des vertus d'ascèse du chevalier qui, pour mériter la dame qu'il aime, doit se soumettre entièrement à elle. En amour, la femme devient le suzerain de l'homme. Les troubadours composent également des poèmes à caractère satirique ou polémique, les *sirventès*, et des lamentations sur des défunts. Leurs compositions se font connaître par les jongleurs qui les chantent et les récitent. Parfois aussi elles circulent par la copie. Foyer important de troubadours, le Périgord en compta plusieurs de grand renom dont Peire de Bragairac, Bertran de Born, Giraut de Bornelh, Arnaut de Mareuil et Arnaut Daniel. Dans le Quercy, les plus connus sont Uc de Saint-Circ et Guilhem Peire de Cazals. La croisade contre les Albigeois (1209-1229) signa la fin des troubadours (les seigneurs n'ayant plus les moyens de les entretenir, beaucoup partirent vers l'Espagne et l'Italie) et marqua le déclin de la civilisation occitane.

Cahors et les poètes de Cour

En 1331, le pape cahorsin Jean XXII fonde l'université de Cahors, l'une des premières en France, qui allait rivaliser autour de 1450 avec les universités les plus célèbres du royaume. Cette nouvelle université, qui allait former de grands jurisconsultes,

Forêt du Périgord noir

Écoutez Eugène Le Roy décrire les larges chemins et les profondeurs de la forêt Barade, près de Fanlac, où il situe l'action de son célèbre roman social, au début du XIXe siècle.

Scannez la page avec l'appli *lisez!*

5 min

Extrait de Jacquou le Croquant (1899).

théologiens et médecins, contribua aussi à l'essor de la littérature en langue française. Né à Cahors, Clément Marot (1496-1544) fut le poète officiel de François Ier et l'un des premiers grands poètes français modernes. Jeté en prison pour avoir mangé du lard en carême, il y écrivit son poème *L'Enfer*, satire des gens de justice. Hugues Salel (1504-1553), né à Cazals, devint valet de chambre de François Ier et traduisit pour lui en français l'*Iliade* d'Homère. Poète de la Renaissance dans le sillage de Ronsard, Olivier de Magny (1529-1561) était également un enfant de Cahors.

Montaigne et La Boétie

Deux grands humanistes du XVIe siècle, deux personnalités parmi les plus fortes de leur temps, deux écrivains restés célèbres chacun pour une œuvre unique, sont tous deux nés dans le Périgord : Michel de Montaigne (1533-1592) et Étienne de La Boétie (1530-1563) qui furent liés par une amitié d'une profondeur rare. Fondé sur l'idée que le tyran ne peut asservir que ceux qui se démettent de leur liberté, *Le Discours de la servitude volontaire* fut écrit par La Boétie à l'âge de 18 ans. Alors que Montaigne approche de la quarantaine quand il commence à rédiger ses *Essais*, retiré dans la tour du château où il était né et où l'on peut encore voir, gravées sur les poutres du plafond, 57 sentences et maximes grecques et latines, telles "Je suis homme, rien de ce qui est humain ne m'est étranger", "Sans pencher d'aucun côté" ou "Nul homme n'a su ni ne saura rien de certain". Il continuera d'enrichir son texte dans un va-et-vient constant entre la réflexion dans sa tour et l'activité dans un monde déchiré par les guerres de Religion, entre l'introspection et la politique.

Brantôme

Autre écrivain périgourdin contemporain de Montaigne, Pierre de Bourdeille (vers 1540-1614), abbé commendataire de l'abbaye de Brantôme, mena une vie de militaire puis de poète courtisan, agrémentée de voyages. À la suite d'une chute de cheval, immobilisé, il se retira sur ses terres où, pendant trente ans, il rédigea ses *Mémoires*. On se souvient particulièrement aujourd'hui des *Vies des dames galantes* (voir l'encadré p. 177).

Fénelon

Le XVIIe siècle est davantage marqué dans la région par les soulèvements des croquants que par l'éclat de sa littérature. Après avoir été formé auprès de son oncle, évêque de Sarlat, et avoir commencé sa vie ecclésiastique comme curé de Carennac, en Quercy, François de Salignac de La Mothe-Fénelon, né en 1651 dans le château familial, à Sainte-Mondane, fut repéré par Madame de Maintenon, et quitta le Périgord pour être nommé précepteur du duc de Bourgogne, petit-fils de Louis XIV. Il brillera dans le siècle et laissera des œuvres célèbres, notamment *Les Aventures de Télémaque*, qui connut

Jardins de Marqueyssac (p. 77)

un succès fulgurant dans toute l'Europe, mais provoqua également sa disgrâce par la critique du pouvoir absolu qu'elle introduisait implicitement. Jamais il ne retourna dans son pays natal, même pour visiter Saint-Avit-Sénieur quand il en fut élu prieur en 1688.

Eugène Le Roy

Depuis le succès populaire de l'adaptation télévisée que Stellio Lorenzi fit en 1969 du roman, l'histoire de *Jacquou le Croquant* colle à l'image du Périgord. Son auteur, Eugène Le Roy (1836-1907), d'origine bretonne, est né au château de Hautefort, où ses parents étaient domestiques, et fut élevé jusqu'à 11 ans dans une famille paysanne pauvre. Ainsi immergé dans la vie de la campagne, il saura en restituer la rudesse et la beauté, les rythmes des fêtes et des saisons, les us et les coutumes dans ses romans les plus célèbres, *Le Moulin du Frau* (1891) et *Jacquou le Croquant* (1899). Apologie de la civilisation rurale, ces œuvres dénoncent aussi avec une indignation, contenue dans le premier, plus violente dans le second, l'injustice sociale et l'oppression politique.

Art moderne et contemporain

Est-ce son double visage, tantôt lumineux et souriant dans sa pierre blonde, ses belles architectures et ses doux vallonnements, tantôt chaotique et mystérieux dans ses causses arides, ses éperons escarpés et la profondeur de ses cavernes, qui font que cette région fascine les artistes ? En tout cas, nombreux sont ceux qui ont puisé dans ce terroir le motif de leurs œuvres, ou qui sont venus simplement y chercher un lieu propice à leur création.

Des artistes d'ici

L'école de Périgueux regroupa des artistes essentiellement paysagistes qui, au tournant du XXe siècle, ont développé des styles personnels tout en étant en phase

Le Périgord des jardins

La Dordogne remporte la palme pour le nombre et la beauté de ses jardins, les uns hérités du passé, d'autres de création contemporaine. À elle seule, elle compte plus de quinze jardins classés "jardins remarquables" : un record !

Cônes de buis, ifs à plateaux, spirales, boules, arabesques et autres sculptures végétales font des jardins du manoir d'Eyrignac (p. 63) un haut lieu de l'art topiaire, dans l'esprit des XVIIe et XVIIIe siècles. Dessinés par le comte de Choulot, célèbre paysagiste du XIXe siècle, les jardins à la française et le parc à l'anglaise du château de Hautefort (p. 170) s'intègrent merveilleusement dans le paysage. Couloirs et chambres de verdure invitent à se perdre dans le labyrinthe des jardins d'esprit Renaissance du château de Losse (p. 92). Perchés sur un éperon rocheux surplombant la Dordogne, les jardins de Marqueyssac (p. 77) déploient 6 km d'allées sinueuses bordées de 150 000 buis centenaires à la taille moutonnante, près de La Roque-Gageac (p. 76), une ville qui cache d'autres jardins suspendus qui profitent d'un microclimat au point d'allier bananiers et palmiers, orangers et lauriers-roses. Une collection unique en Europe de bambous et de graminées du monde entier donnent au jardin botanique-pépinière de Planbuisson (au Buisson-de-Cadouin, p. 134) un caractère sauvage et luxuriant. Sur une terre sèche et caillouteuse, Serge et Brigitte Lapouge ont réussi, depuis 1990, à faire pousser fleurs champêtres et graminées, potager et verger bio, dans les jardins de l'Albarède (p. 80), un lieu ensauvagé qui plaira aux plus passionnés des visiteurs. Au cœur de la cité de Terrasson-Lavilledieu, les jardins de l'Imaginaire (p. 87), créés en 1996 par l'architecte-paysagiste Kathryn Gustafson, allient un esprit conceptuel très contemporain et la référence à la tradition, tel ce bois sacré où les clochettes dans les arbres rappellent la présence des dieux dans la nature ou ce tunnel parfumé de jasmin et de glycine qui symbolise le passage du monde réel dans le monde imaginaire ! On pourrait encore évoquer les jardins à l'italienne plantés d'ifs et d'hibiscus du château de Montréal ou les jardins panoramiques et pédagogiques de Limeuil... et bien d'autres encore ! À vous de les découvrir durant votre périple.

avec les révolutions artistiques de leur temps. Parmi ces représentants majeurs de l'art périgourdin figurent notamment Jean-Georges Pasquet (1853-1936), Jean-Louis Daniel (1861-1929) et Léon Pierre Félix (1869-1940). Mais l'ouvrage intitulé *Le Périgord des peintres* (de Jean-Michel Linfort, éditions Fanlac, 2010) invite à la découverte d'innombrables autres artistes, couvrant tous les champs de l'art, qui ont contribué à forger l'identité périgourdine. Pour n'en citer que quelques-uns à titre d'exemple, Maurice Albe (1900-1995), graveur, peintre, sculpteur et céramiste, dédia sa vie au Périgord noir. Marcel Pajot (né en 1945), après avoir, comme beaucoup, débuté par des paysages à l'aquarelle, a puisé son inspiration dans le festival Mimos (p. 41) et le carnaval. D'autres artistes nés dans le Périgord ont développé leur talent sous d'autres cieux comme la grande sculptrice Jane Poupelet (1874-1932) qui travailla notamment avec Bourdelle et Rodin. Ou le caricaturiste de génie, Georges Coursat dit Sem (1863-1934), qui croqua le Tout-Paris et rapporta d'émouvants dessins de la vie dans les tranchées durant la Première Guerre mondiale. Inclassable, Pierre Rapeau (1935-2007) a peint au fond des bois, sur les rochers et les troncs d'arbres, d'insolites créatures inspirées des contes occitans...

Peintre toulousain postimpressionniste, dans la lignée du symbolisme, Henri Martin (1860-1943) possédait deux maisons dans le Lot, à Labastide-du-Vert et à Saint-Cirq-Lapopie, où il peignit pendant 30 ans de monumentales compositions et des toiles

Écoutez Pierre Loti raconter ses souvenirs d'enfant au château de Castelnau-Bretenoux.

Scannez la page avec l'appli lisez!

6 min

Extrait du Roman d'un enfant *(1890).*

Le château de Castelnau-Bretenoux

© JEAN-BERNARD CARILLET

intimistes que l'on peut voir au musée Henri-Martin de Cahors. Né à Cahors, Jean Peyrissac (1895-1974), qui vécut longtemps à Alger, flirta avec l'orientalisme et le surréalisme avant d'être l'un des acteurs majeurs du développement de l'art abstrait en France. Peintre de l'école de Paris, ami de Braque, de Juan Gris et d'André Lhote, Roger Bissière (1886-1964), qui travailla entre Paris et sa maison de Boissiérette (Marminiac), puisa dans les paysages minéraux du Lot une inspiration qui le fit évoluer de sa période figurative et postcubiste jusqu'à la non-figuration.

Parmi les enfants du pays célèbres pour leur art, on ne saurait oublier Jean Nouvel (né en 1945), architecte de renommée mondiale, qui passa sa jeunesse à Sarlat, fit ses premières armes dans le Périgord et a notamment, dans la région, réhabilité l'église Sainte-Marie de Sarlat, et conçu un parapluie de verre pour abriter les vestiges antiques du site-musée Vesunna (2003) à Périgueux.

Des artistes venus d'ailleurs

De nombreux artistes de dimension internationale ont aussi choisi, à un tournant de leur vie, de venir vivre en Périgord, comme Robert Filliou (1926-1987) aux Eyzies, ou Martial Raysse (né en 1936) qui, après avoir bousculé le monde de l'art dans les années 1960 avec ses néons et ses installations, est venu vivre en 1979 à Issigeac pour peindre. D'autres ont même laissé leur maison en héritage. Sculpteur d'origine russe et figure majeure de l'école de Paris, Ossip Zadkine (1890-1967) acheta en 1934 une maison aux Arques, où il venait travailler l'été. Aujourd'hui transformée en musée Zadkine (p. 242), elle présente de grandes sculptures en bois ou en bronze, des photos et des gravures de l'artiste dont la puissance fait écho à la force sauvage des causses. D'autres sculptures sont exposées dans l'église et, à ciel ouvert, dans le village. C'est à Saint-Céré, dans son château de Saint-Laurent-les Tours, que le maître du renouveau dans l'art de la tapisserie, Jean Lurçat (1892-1966), créa son œuvre la plus célèbre : *Le Chant du monde*. Devenu l'atelier-musée Jean-Lurçat (p. 226), le château reste imprégné du talent de l'artiste. Peintre catalan devenu américain, dont l'œuvre s'inscrit sous le signe de la rigueur et de la géométrie, Pierre Daura (1896-1976) tomba amoureux du Lot, où il acquit, dans les années 1920, l'ancien hospice du XIIIe siècle de Saint-Cirq-Lapopie. Il orna le bâtiment de peintures murales dans un esprit médiéval et dessina un jardin de topiaires en cercles et carrés dans l'esprit de ses œuvres.

Un rendez-vous d'art contemporain au cœur du Lot

Saint-Cirq-Lapopie et Cajarc, deux villages distants de 20 km, ont fait de ce coin du Lot un rendez-vous d'artistes contemporains. Village coup de foudre, Saint-Cirq envoûta par son charme le poète surréaliste André Breton, qui acheta l'ancienne auberge des Mariniers et y fit venir de nombreux artistes, le collectionneur d'art Henri Rignault, dont l'ancienne

Vignes du Quercy

Écoutez le poète Clément Marot chanter les louanges de la serpette à vigne et du Quercy, sa région natale.

Scannez la page avec l'appli lisez!

3 min

Extraits du poème L'Enfer *(1526) et de la* Chanson XXXII *(1532).*

maison forte est devenue le musée Rignault (p. 260), et le peintre Pierre Daura (voir plus haut) dont la maison, léguée à la région par sa fille, a été transformée en 2005 en résidence pour artistes du monde entier sous le nom de Maisons Daura. Cajarc, berceau de Françoise Sagan, eut aussi pour hôte l'ancien président de la République Georges Pompidou et son épouse Claude, qui firent partager à leur village d'adoption leur passion pour l'art contemporain. Aujourd'hui, la maison des Arts Georges-Pompidou (MAGP ; p. 212) abrite, à Cajarc, un Centre d'art contemporain qui organise 3 à 5 expositions par an. C'est elle aussi qui gère les Maisons Daura où ont déjà séjourné une centaine d'artistes de 18 nationalités et de diverses disciplines. Chaque été, la MAGP organise un parcours d'art contemporain qui relie les expositions des Maisons Daura de Saint-Cirq à celles du Centre d'art contemporain de Cajarc en passant par des œuvres exposées dans les sites naturels et dans les villages de la vallée, Tour-de-Faur, Saint-Martin-Labouval, Calvignac et Larnagol.

Girolles du Périgord

© ALEXANDRE LENOIR

Cuisine et vins

Vous qui pénétrez en Dordogne ou dans le Lot, abandonnez toute velléité de régime ! Vous vous priveriez d'inoubliables souvenirs de vacances (et de quelques kilos) ! Truffe noire, foie gras, vins de caractère, fromages savoureux, desserts chantants... Dans ce haut lieu de la gastronomie, la convivialité et la détente passent avant tout par les plaisirs de bouche et une bonne bouteille. Vous voilà prévenus !

La cuisine périgourdine

Voilà des siècles que les marchés, les tablées de fêtes regorgeant de produits de terroir et les dégustations de vin rythment allègrement la vie des Périgourdins. S'immerger dans cette région, pour un vacancier, c'est donc d'abord y faire bonne chère. Les producteurs locaux et les professionnels de la restauration y peaufinent depuis toujours une des cuisines de terroir les plus gourmandes qui soient, dont le secret est de s'appuyer sur des produits nobles d'excellente qualité.

Le **canard** et l'**oie** caracolent en tête des menus dans tous les restaurants. Fleuron de la gastronomie française, le **foie gras** issu des deux volailles figure parmi les mets les plus appréciés. Gavé de maïs, de luzerne et de compléments alimentaires pendant deux à trois semaines, le foie des animaux peut tripler ou quadrupler de volume. Cette capacité de dilatation du foie de l'animal, poussée à l'extrême par l'homme (une pratique très critiquée par les associations de défense des animaux), a été créée par Dame Nature. Il s'agissait pour ces oiseaux de se gaver de nourriture (donc de stocker de l'énergie) pour pouvoir tenir sur leurs réserves lors des grandes migrations. Le foie gras de canard est moins coûteux que celui d'oie, dont le goût est plus prononcé. Les deux peuvent s'acheter cru, mi-cuit (confit dans sa graisse) ou cuit (pour une conservation très longue). Mais comme souvent en gastronomie, la fraîcheur est le gage d'un produit plus savoureux. Sachez aussi que le "bloc de foie gras", moins gourmand, est en fait un morceau de foie gras (souvent de piètre qualité) mixé et reconstitué. Autre piège : ne confondez pas foie gras et pâté de foie gras. Avant d'acheter, vérifiez bien la provenance du produit proposé. Vous pouvez par exemple vous fier à l'IGP (Indication géographique protégée) "Foie gras du Sud-Ouest", qui garantit que le produit a bien été fabriqué dans le secteur.

Le gras, c'est la vie !

Quand les températures descendent un peu trop, la sagesse populaire estime qu'il faut "faire du gras" pour affronter les rudesses de l'hiver. Aussi, de novembre à fin mars, les **marchés au gras** battent-ils leur plein dans le Lot et en Dordogne. Les producteurs de volailles grasses investissent les étals pour vendre les canards et les oies qu'ils ont patiemment préparés pendant de longs mois. En Périgord, la liste des communes abritant ces marchés se trouve sur www.perigorddecouverte.com.

Le **confit de canard** (mais aussi d'oie, de lapin, ou de n'importe quelle viande) est également un classique de la cuisine périgourdine. Il s'agit tout simplement d'une viande cuite dans la graisse de l'animal, puis conditionnée dans un bocal. Une technique domestique séculaire qui, en plus d'être très goûteuse, a le mérite de bien conserver les aliments. Lorsque l'on cuisine ainsi le porc, on parle alors d'**enchaud**. À goûter aussi, les **pommes sarladaises**, ces fameuses pommes de terre cuites dans de la graisse d'oie ou de canard, et agrémentées de persil et d'ail. C'est l'accompagnement typique de toutes les viandes.

Côté fromages, le **trappe d'Échourgnac**, un fromage de vache à pâte pressée élaboré par les nonnes de l'abbaye du village éponyme, est une spécialité très demandée.

Aux beaux jours enfin, les becs sucrés se régaleront de **fruits rouges**. À Beaulieu-sur-Dordogne, la fête de la **fraise** a lieu en mai, histoire de rappeler que la Dordogne fournit près de 25% de la production française. En tarte ou en glace, la mara des bois, la gariguette, la cigaline, la darselect et la seascape feront des heureux...

Les spécialités du Lot

L'**agneau fermier** du Quercy, dont la viande exquise bénéficie d'une IGP, est issu de la race causse du Lot. Celle-ci est facilement reconnaissable, grâce aux drôles de lunettes noires qui semblent cercler les yeux des moutons. Les petits sont alimentés pendant soixante-dix jours uniquement avec le lait de leurs mères, qui broutent dans les causses. Un régal dans l'assiette !

Cultivé depuis le XIe siècle dans la région où il fut rapporté des croisades, le **safran** est récolté en octobre-novembre. Cette épice que l'on surnomme "l'or rouge" se vend près de 30 000 € le kilo – c'est encore plus cher que la truffe noire ! – mais doit,

★ **Les tables gourmandes**

L'Allée des Vignes, Cajarc (p. 214)
Le Petit Moulin, Martel (p. 233)
Delicatessens, Gourdon (p. 242)
Izba, Périgueux (p. 154)
La Cour d'Eymet, Eymet (p. 123)
Le Bistrot d'En Face, Bergerac (p. 118)

Truffes noires

heureusement pour le porte-monnaie, être utilisée avec beaucoup de parcimonie. On trouve du fromage de brebis au safran, mais pas de quoi détrôner le délicieux **rocamadour**, un cabécou (petit palet de fromage de chèvre) très apprécié. Là encore, la végétation subtile et variée des Causses du Quercy, qui parfume le lait des chèvres, est pour beaucoup dans la finesse de ce produit, protégé par une AOC. Une trentaine de producteurs proposent le rocamadour directement à la vente. N'hésitez pas à en demander la liste auprès des offices du tourisme.

Pour un dessert local, enfin, misez par exemple sur le fameux **melon du Quercy**, cultivé du côté de Castelnau-Montratier, ou sur le **pastis**, une tourtière gourmande faite avec de la pâte très fine (une recette apportée par les Maures) et des pommes ayant souvent mariné dans du rhum ou dans une eau-de-vie.

Les vins

Dans le Quercy, le petit mais célèbre **vignoble de Cahors**, d'appellation AOC-AOP, est planté sur 4 000 ha sur les coteaux de la vallée du Lot et dans les Causses. Deux terroirs différents, mais une seule couleur, le rouge, et un cépage principal, le malbec, qui doit représenter 70% de l'encépagement pour répondre à l'appellation. également appelé côt N, il donne des crus puissants, tanniques, à la robe foncée, ce qui a valu à ce vin rouge le nom de "black wine". Près de 70 producteurs travaillent sous cette appellation. Si vous êtes intéressé par des dégustations chez le vigneron, reportez-vous à notre sélection p. 255.

Dans le Périgord, les **vins de Bergerac** se divisent en 13 AOC, qui ont chacune leur charme. En voici quelques caractéristiques :

Bergerac rouge : vin souple sur le fruit, qui peut être consommé jeune, à marier avec fromages de caractère ou pâtés, parfait pour des moments de convivialité.

Bergerac rosé : vin complexe assez minéral, avec arômes de groseille ou de fruits à chair blanche.

Bergerac sec : vin de charme sur le fruit, parfait avec poissons, coquillages et plats iodés, ou à l'apéritif.

Côtes-de-bergerac blanc : vin moelleux avec arômes de fleurs et de fruits à chair blanche.

Côtes-de-bergerac rouge : vin de garde puissant et généreux, assez haut de gamme, qui nécessite quelques années de cave avant d'atteindre son optimum.

Côtes-de-montravel : vin moelleux rond en bouche, doté d'une certaine fraîcheur aromatique.

Haut-montravel : vin liquoreux issu de vignes en crête, arômes complexes d'amandes grillées, de pêche et d'abricot sec.

Notre sélection de vignerons de Bergerac

Si vous souhaitez faire des dégustations chez le producteur, voici notre sélection de vignerons coups de cœur. En plus des qualités gustatives de leurs vins, les efforts fournis pour animer les lieux ou valoriser le patrimoine ont présidé à notre choix :

- **Château Belingard** (☎05 53 58 28 03 ; www.belingard.com ; Pomport). Un lieu qui vaut pour ses vins autant que pour son histoire et les légendes qu'il recèle. Visite guidée de la propriété de mai à octobre (gratuit juillet-septembre, sinon 5 € par adulte).
- **Château d'Elle** (☎05 53 61 66 62 ; Bergerac). Une esthète passionnée dont les vins ronds et fruités, certains élevés en fût de chêne, sont un ravissement.
- **Château Grande Maison** (☎05 53 58 26 17 ; www.grandemaison-monbazillac.com ; Monbazillac). Des Monbazillacs certifiés en biodynamie, élevés avec amour autour d'une belle demeure fortifiée du XIIIe siècle. Sympathiques visites guidées des chais à l'heure de l'apéritif.
- **Château Feely** (☎05 53 22 72 71 ; chateaufeely.com ; Saussignac). Un couple de viticulteurs originaires d'Afrique du Sud produit ici des vins en biodynamie. Voir aussi p. 121.
- **Vignoble des Verdots** (☎05 53 58 34 31 ; www.verdots.com ; Conne-de-Labarde). Un remarquable chai creusé à même la roche et arrosé par une rivière (à voir absolument !). Chambres d'hôtes donnant sur les vignes.
- **Domaine du Haut-Pécharmant** (☎05 53 57 29 50 ; www.haut-pecharmant.com ; Bergerac). Des vignes exploitées par la même famille depuis cinq générations, un accueil très convivial, et un panorama à couper le souffle sur le coteau de Monbazillac.
- **Château Pagnon** (☎05 53 27 10 72 ; www.chateaupagnon.fr ; Vélines). Sur la juridiction des vins de Montravel, une "Cave à manger" (voir p. 139) idéale pour une pause déjeuner.
- **Château de Tiregand** (☎05 53 23 21 08 ; www.chateau-de-tiregand.com ; Bergerac). Une adresse de prestige tenue par la famille de Saint-Exupéry, de lointains parents de l'aviateur-écrivain. Visite guidée des chais possible (6,50 €/personne)
- **Domaine de Grange-Neuve** (☎05 53 58 42 23 ; www.grangeneuve.fr ; Pomport). Le domaine viticole se double d'une ferme pédagogique, idéale si vous séjournez en famille dans la région.

Monbazillac (classique ou "sélection de grains nobles", plus sucré) : une des plus grandes appellations de vins liquoreux au monde, aux notes de miel d'acacia et d'épices.

Montravel rouge : vin de coteaux, souple et élégant, dont l'assemblage comporte au moins 50% de merlot.

Montravel sec : vin blanc frais d'une grande minéralité, avec prédominance de sauvignon.

Pécharmant : vin rouge puissant et fin, dont la saveur particulière est due à son exposition de coteaux et à un sous-sol très particulier.

Rosette : un moelleux classieux, à la robe légèrement paillée, souple et rond.

Saussignac : un liquoreux exceptionnel issu d'une petite appellation (15 producteurs), dont une grande part en bio.

★ Les meilleurs marchés

Marchés alimentaires : Sarlat (p. 62), Bergerac (p. 120), Eymet (p. 123).

Marchés nocturnes estivaux : Bouzic (p. 80), Saint-Amand-de-Coly (p. 92), Limeuil (p. 134) ou Issigeac (p. 124).

Marchés aux truffes : Lalbenque (p. 265), Sorges (p. 167), Villefranche-du-Périgord (p. 71) et Terrasson (p. 86)

Jour de marché à Martel

Les produits de la forêt

Les bois du Périgord et du Quercy regorgent de goûteux **champignons**. Les cèpes, qui se développent près des châtaigniers, mais aussi les **girolles** (aussi appelées chanterelles), font montre de qualités gustatives exceptionnelles ! Vous pourrez les acheter frais en août et septembre, ou séchés pour les consommer plus tard. Quant à la **truffe noire**, ou *Tuber melanosporum* pour les initiés (voir l'encadré p. 167), elle pare n'importe quel plat (omelette, risotto, pommes de terre sarladaises...) d'une touche de raffinement inoubliable. Produit de luxe, elle se vend plusieurs centaines d'euros le kilo, et peut facilement dépasser le seuil des 1 000 € selon l'offre et la demande. Très parfumé, le fameux "diamant noir" naît en mai mais a besoin de plusieurs mois pour libérer ses arômes. Il se développe près des chênes pubescents et requiert l'odorat d'un chien truffier pour être repéré. Après plusieurs décennies de folle production, le filon du diamant noir s'essouffle quelque peu. Aujourd'hui, malgré de vastes opérations de plantage d'arbres truffiers, le Périgord et le Quercy produisent moins de truffes que d'autres départements situés à une latitude similaire mais plus à l'est (Gard, Vaucluse, Var, Drôme...).

Principalement produite dans le Quercy, mais aussi dans la partie septentrionale du Périgord, la **noix** – sous forme de cerneaux – agrémente merveilleusement les salades composées. L'AOC "Noix du Périgord", obtenue en 2002, englobe trois variétés : la corne, la grandjean et la marbot. On en fait aussi une huile à la saveur très délicate, qui fait merveille avec les crudités, ainsi que du vin, des liqueurs et une eau-de-vie qui plaira aux amateurs du genre. La **châtaigne,** que vous verrez sur les étals des marchés à partir de septembre, est quant à elle issue des forêts du Périgord (vert et noir). Noix et châtaignes sont à la base de plusieurs desserts ou gâteaux d'hiver, souvent plus raffinés qu'ils n'en ont l'air.

Vallée de la Dordogne

© CAROLINE DELABROY

Nature et environnement

Plaines verdoyantes et bucoliques, forêts denses, causses arides et vastes vallées calcaires entaillées par de majestueuses rivières : le Lot et la Dordogne sont constitués d'une mosaïque variée de sites naturels très préservés et peu urbanisés. D'un fleuve l'autre, le promeneur y découvre des paysages sauvages d'une infinie beauté, s'imprégnant çà et là d'une atmosphère rurale particulièrement douce et apaisante.

Du blanc, du vert, du pourpre et du noir...

D'une superficie de 9 060 km^2, le département de la **Dordogne** doit son nom au fleuve qui le traverse, et correspond peu ou prou à l'ancien comté du Périgord, appellation déchue qui a toutefois la faveur des instances touristiques. Avec le tourisme de masse s'est imposé un découpage du secteur en quatre couleurs correspondant à des caractéristiques naturelles de chacune des entités. Ce morcellement imagé a le mérite d'illustrer l'assemblage de paysages pittoresques et contrastés qui constitue le département.

Le **Périgord blanc** est ainsi baptisé en référence aux plateaux de calcaire blancs du Ribéracois et du Verteillacois, et à la pierre argileuse utilisée pour construire nombre de bâtiments du secteur. Cette zone s'étale autour de Périgueux, la préfecture de la Dordogne, et occupe la partie centrale du département. L'appellation **Périgord vert** serait née dans

★ Les grottes à concrétions

Gouffre de Padirac (p. 225)
Grottes de Tourtoirac (p. 168)
Grottes de Maxange (p. 134)
Grotte de Villars (p. 182)
Gouffre de Proumeyssac (p. 108)
Grottes de Presque (p. 227)
Grottes de Lacave (p. 223)
Grotte du Grand Roc (p. 105)

Dans les grottes du Grand Roc

les carnets de voyage de Jules Verne. Située au nord du département et adossée au Massif central, cette zone de prairies et de forêts très… verdoyantes, où le chêne règne en maître, comprend le parc naturel régional Périgord-Limousin. Berceau de la préhistoire, le **Périgord noir** doit son nom à la teinte très foncée des chênes verts et des pins qui boisent densément son territoire ; on attribue aujourd'hui à cette appellation assez ancienne une allusion à la truffe noire. Grottes, abris naturels remarquables et sites paléolithiques y sont légion. Le **Périgord pourpre**, dernier à avoir été baptisé pour compléter l'ensemble, doit son nom à la couleur des feuilles du vignoble de Bergerac à l'automne. Une splendeur !

Le département du **Lot** doit également son nom à la rivière qui l'arrose (un affluent de la Garonne) et correspond quant à lui globalement à l'ancienne province historique du Quercy. Sa préfecture est Cahors. Il faut toutefois distinguer le **haut Quercy**, fait de plateaux calcaires parfois haut perchés et de vallées encaissées, du **bas Quercy** (ou **Quercy blanc**), une région de collines de la moyenne Garonne (au sud de Cahors, à cheval sur le Tarn-et-Garonne).

L'homme et son milieu

Longtemps coupés des grandes voies de chemin de fer et des principales autoroutes, le Lot et la Dordogne exhibent fièrement une nature sauvage et jalousement gardée, mise très tôt à l'abri des folles spéculations immobilières et de l'agriculture intensive. Ce sont d'abord les vastes **forêts** qui impressionnent. En Dordogne, elles occupent 45% du territoire, soit presque 400 000 ha – c'est l'un des départements les plus boisés de France. Les bois séculaires ont toutefois été arrachés par l'homme pour laisser place à la viticulture. Aussi, les forêts dans lesquelles vous vous promènerez sont plutôt jeunes et encore en devenir. En matière d'**agriculture**, ce sont surtout des fermes familiales, ou du moins de dimensions modestes, qui occupent le territoire. En Dordogne, les exploitations agricoles représentent 41% du territoire (élevage de volailles, fraises autour de Vergt, et vignes sur 14 000 ha). Dans le Lot, l'agriculture occupe 223 000 ha tandis que les bois et forêts représentent 47 000 ha. Les causses du centre sont propices à l'élevage ovin alors qu'au nord-est, l'élevage bovin prédomine. La vallée de la Dordogne, au nord, regorge de noyeraies ; celle du Lot, au sud, de maraîchers et de vignobles ; et les vallées du Quercy blanc conviennent bien à la culture d'oléagineux, de melons, de prunes et du tabac.

Climat

Le climat de la Dordogne est doux et agréable, avec un grand nombre de journées ensoleillées malgré de légères influences océaniques. Notez toutefois que la situation est assez contrastée selon que l'on est au nord ou au sud. L'été, l'écart n'est que de 2°C environ, mais l'hiver, comptez sur 10 à 15°C de moins au nord ! Le thermomètre excède

Le relief karstique

Le mot "karst" fait référence au relief particulier résultant de l'érosion des roches solubles, notamment le calcaire. La formation du karst est due à l'action du dioxyde de carbone contenu dans l'eau infiltrée dans la roche via des fractures appelées "diaclases" qui va dissoudre le calcaire. En surface, le dégagement lent et progressif peut faire apparaître les lapiaz (relief déchiqueté par des crevasses ou autres manifestations du travail de l'eau), les canyons ou les dolines (dépressions circulaires creusées dans la roche argilo-calcaire). En profondeur, se développent des réseaux de grottes et de rivières souterraines. Le calcaire, dissous dans l'eau d'infiltration, se redépose sur la roche en formant des concrétions variées : draperies, stalagmites, stalactites... Ce processus, extrêmement lent, est loin d'être achevé. Dans le Lot et en Dordogne, les parois rocheuses continuent à se remodeler patiemment.

rarement 32°C l'été et ne s'aventure pas en dessous de -14°C l'hiver. La pluie est bien plus fréquente dans le Nontronnais que dans le Bergeracois, la région la plus sèche du département, où la vigne se plaît particulièrement.

Le Lot navigue entre deux eaux. Proche du Massif central, le secteur nord connaît un climat plutôt montagnard tandis qu'au sud, c'est un climat plus tempéré qui s'impose. Dans le bas Quercy, on ne sait trop à quel saint se vouer. Au gré des saisons, le secteur est balayé par les influences du Bassin aquitain et de la vallée de la Garonne : tantôt océaniques, tantôt continentales, tantôt méditerranéennes.

Géologie et relief

Le relief périgourdin est quelque peu accidenté, avec près de 450 m de dénivelé négatif. Le point culminant se situe en forêt de Vieillecour, en plein Périgord vert, à 491 m d'altitude. Le Lot se compose de plateaux calcaires perchés jusqu'à 600 m d'altitude, qui toisent fièrement de profondes vallées. Le point culminant est situé à Labastide-du-Haut-Mont, à 781 m, en bordure du Cantal. Les paysages de causses sont typiques du Quercy et de l'Est périgourdin (voir l'encadré p. 318).

Les deux départements ont en commun une géologie particulière : ils sont traversés de gouffres, de grottes et de rivières souterraines qui sont le fruit d'un travail géologique de millions d'années. Adossés au versant oriental du bassin aquitain et situés dans le prolongement du Massif central, le Lot comme la Dordogne s'appuient sur une ossature formée entre le primaire (-570 millions d'années) et le quaternaire (-2 millions d'années). Le nord-est de la Dordogne est composé de roches cristallines et métamorphiques datant de l'ère primaire, contemporaines de la formation de la chaîne montagneuse hercynienne, dont l'érosion a formé le Massif central. À la fin du trias (-210 millions d'années), des dépôts détritiques issus de cette érosion se sont étendus jusqu'à recouvrir l'ensemble du Lot et de la Dordogne actuels, qui furent par la suite submergés par une mer peu profonde au début du jurassique (-208 à -145 millions d'années). La sédimentation a donné naissance à des strates d'évaporites et de calcaires dolomitiques. Puis, à la fin du jurassique et tout au long du crétacé (-145 à -65 millions d'années), l'ouverture de l'océan Atlantique fit passer la région en régime marin profond. Cette période d'intense sédimentation calcaire s'achèvera à la fin du crétacé, avec la régression marine. Au tertiaire (entre -65 millions et -2 millions d'années), une fois la mer retirée, l'érosion de ces roches calcaires commença. Les karsts apparurent (voir l'encadré ci-dessous). Dans le même temps, des dépôts fluviatiles et lacustres remodelèrent à leur tour le paysage en surface. Plus tard, les vallées se comblèrent d'alluvions quaternaires (à partir de -2 millions d'années à nos jours).

Les causses, la carte postale quercynoise

Surplombant les vallées fluviales, les causses, ces plateaux karstiques très érodés et arides, plus ou moins arables, sont typiques du Massif central et du Quercy. Constitués de calcaire et de dolomies, ils forment un paysage bucolique où paissent tranquillement les moutons et où se dressent de jolis murets de pierres sèches. Le causse de Martel, le Ségala, les causses du Quercy, de Gramat et de Limogne sont ainsi devenus le symbole d'un certain art de vivre pastoral. Plus le causse est au sud, plus la végétation s'y fait méditerranéenne, mais c'est sans doute le genévrier et la bruyère qui en sont le plus emblématiques. Notez aussi que de nombreuses variétés d'orchidées s'y laissent observer aux beaux jours. Émaillant les causses, les dolines, baptisées localement "cloups", sont verdoyantes : l'eau dissout le calcaire mais laisse sur place l'argile contenue dans la roche. De quoi former alors une couche imperméable qui retient l'eau et facilite le développement des végétaux, dans un milieu pourtant extrêmement sec.

Au fil des siècles, l'homme a su tirer parti des caractéristiques spécifiques des roches souterraines du Lot et de la Dordogne en les aménageant à son avantage. Les cluzeaux souterrains, sortes de petits tunnels taillés dans la pierre, sont ainsi typiques du territoire. Le terme peut aussi désigner des abris troglodytiques qui furent occupés par l'homme en période de danger. La plupart sont inaccessibles aujourd'hui.

Les fleuves et rivières

Une kyrielle de cours d'eau parcourt le Périgord : la Dordogne, bien sûr, mais aussi la Vézère, l'Isle, l'Auvézère, la Dronne, le Bandiat, la Loue, le Coly ou le Céou. Dans le Quercy, outre le Lot, citons les délicieuses vallées de l'Ouysse, du Célé et du Vers. Toutes sont relativement préservées des problèmes liés à la pollution des eaux.

La **Dordogne** court sur 490 km. Elle prend naissance au puy de Sancy, dans le Massif central pour se jeter dans le Bassin aquitain en confluant avec la Garonne (d'où le débat sur son statut de fleuve ou de rivière, selon qu'on considère qu'elle se jette dans la Garonne ou qu'elle partage l'estuaire avec celle-ci). Elle arrose au passage six départements. En juillet 2012, le Conseil international de coordination du MAB (programme sur l'homme et la biosphère) de l'Unesco a classé le bassin de la Dordogne dans les **Réserves de biosphère**. L'objectif étant de préserver un incroyable biotope, avec notamment pour espèces rares et menacées l'esturgeon, l'anguille et la loutre qui réapparaît progressivement. Long de 481 km, le **Lot** est un affluent de la Garonne qui naît en Lozère, traverse le Massif central et finit sa course dans le Bassin aquitain.

Les paysages des gorges dessinées par le Lot et la Dordogne, parfois profondes, parfois moins encaissées, sont sublimes ! Lorsque les méandres des deux fleuves sont extrêmement prononcés, on parle alors de **cingles**. Qu'ils enserrent des villages ou soient plus sauvages, ils donnent toujours lieu à des paysages d'une beauté exceptionnelle. Aujourd'hui, le Lot et la Dordogne profitent largement de l'essor du **tourisme fluvial** et des plaisirs nautiques.

Les parcs naturels régionaux et les espèces remarquables

Créé en 1998, le **parc naturel régional Périgord-Limousin** s'étend sur 78 localités de la Dordogne et de la Haute-Vienne, pour une superficie de 185 600 ha. On y accède par les communes de Brantôme, Thiviers, Saint-Yrieix-la-Perche, Saint-Junien, Aixe-sur-Vienne ou Nexon. Le visage du parc est rural et très protéiforme, en particulier dans la partie périgourdine, où alternent plateaux calcaires arides et paysages d'étangs, de mares et

© THIERRY / STOCK.ADOBE.COM

Paysage des causses du Quercy

de prairies humides. Sa création s'explique en grande partie par la nécessité de venir au secours des plateaux de landes de bruyères (en particulier de bruyère ciliée), remplacés au XXe siècle par des fourrés, puis des bois, plus lucratifs. La lande est le territoire favori du **busard saint-martin**, un rapace de plus d'un mètre d'envergure, dont vous aurez peut-être la chance d'observer les folles acrobaties et d'entendre les cris stridents lors de la saison des amours (entre mars et mai). Les **zones humides** constituent des réservoirs biologiques importants où l'on observe la **grenouille rousse**, la **salamandre**, la **rainette verte**, le **triton marbré**, la **loutre**... Les forêts occupent aussi 37% du parc. Le châtaignier et le chêne sont rois et l'on y observe facilement **sangliers**, **cerfs** ou **chevreuils**. Beaucoup plus difficile à observer car elle vit la nuit, la **genette**, petit mammifère tacheté et carnivore, aux faux airs de chat, vit près des taillis, des points d'eau et des forêts. Le patrimoine géologique n'est pas en reste, avec les grottes de Teyjat et de Villars, et plusieurs gisements de **serpentine** près de Jumilhac-le-Grand. Au cœur de ce patrimoine exceptionnel, environ 50 000 personnes résident dans le parc à l'année.

Labellisé en 1999, le **parc naturel régional des Causses du Quercy** compte quant à lui 102 communes et s'étale sur 185 000 ha. Il englobe principalement les causses du Quercy et déborde un peu sur le bas Quercy (Belfort-du-Quercy, Lalbenque, Belmont-Sainte-Foi). C'est un vaste plateau calcaire très rural, parfois morcelé de vallées aux reliefs escarpés, dont les versants sont très différents selon qu'ils sont exposés au nord ou au sud. Plusieurs centaines de plans d'eau, appelés **lacs de Saint-Namphaise**, du nom d'un officier de Charlemagne, émaillent le territoire. Il s'agit de mares taillées dans la roche et alimentées par les eaux de pluie, essentielles à l'agriculture et à la survie du bétail dans cette région aride. C'est le paradis des **libellules**, des **grenouilles** et des **tritons**. Partout ailleurs, les pelouses sèches s'imposent, naturellement entretenues par les brebis et agrémentées de bosquets et de haies pour servir d'abris. Quelques bois et des rivières parcourent les lieux, permettant l'observation du **chevreuil**, de la **genette**, et du **pic mar**. Les versants rocheux des falaises du parc abritent quant à eux deux oiseaux protégés : le **hibou grand-duc** et le **faucon pèlerin**.

Balade en canoë sur la Dordogne (p. 69)

© PACKSHOT / ADOBE STOCK

Sports et activités

Ni mer ni montagne : le Lot et la Dordogne n'auront qu'un attrait limité pour les sportifs aventureux en mal d'adrénaline, c'est certain. En revanche, une foule d'activités douces séduiront ceux qui souhaitent s'immerger au plus profond des sites naturels pour mieux en goûter les charmes. Descendre une rivière en canoë en famille ou entre amis, longer les cingles et les méandres des fleuves à VTT ou à pied, taquiner la carpe au bord d'une rivière, puis y piquer une tête, ou encore explorer les gouffres et les parois rocheuses lors d'une initiation à la spéléologie : voici un aperçu des souvenirs que vous rapporterez de vos vacances.

Canoë et kayak

Vous aurez l'embarras du choix si vous souhaitez vous initier à cette pratique, ou partir seul et louer du matériel. Environ 70 prestataires proposent canoës et kayaks à la location le long des cinq rivières qui arrosent le département de la **Dordogne** : la Dordogne, la Vézère, l'Isle, la Dronne et l'Auvézère. Avec près de 150 km de portions navigables sur la seule Dordogne, le département est la première destination française pour la pratique du canoë de loisirs, ce qui n'a rien d'étonnant. La descente de rivière est l'un des loisirs les plus agréables qui soient dans le secteur. Observer les grottes, les châteaux et les villages pittoresques depuis l'eau au fil de votre parcours est un spectacle enchanteur, idéal en famille. Que les sportifs se rassurent : certaines portions de rivières plus ardues se laissent plus difficilement dompter, pour des escapades plus riches en adrénaline (sur la Vézère notamment). À l'aplomb de majestueuses falaises plantées de chênes verts, l'activité permet d'apprécier un paysage naturel de toute beauté, tout en ménageant des pauses baignades ou des pique-niques sur les berges. Le courant y est modéré, et l'été, la température de l'eau est proche de 20°C. Sur toutes les rivières, des haltes nautiques, sortes d'aires d'arrêt, permettent d'accéder à l'eau ou d'en partir. Il est possible de s'y arrêter, d'y déjeuner sur le pouce ou tout simplement de s'y reposer au soleil.

La couasne de Floirac

Dans sa partie lotoise, la Dordogne est très sensible aux crues, qui modifient parfois son lit en profondeur et peuvent créer des bras morts, baptisés "couasnes". Toisée par une falaise veillée par le château de Pech d'Agudes, la couasne de Floirac vaut le détour. On peut y accéder par les eaux et déposer son embarcation, le temps d'une petite balade pédestre hors du temps sur un sentier d'interprétation expliquant les particularités de cette zone humide classée espace naturel sensible.

Voici la liste des différentes haltes aménagées que vous trouverez en Dordogne. Il y a bien d'autres départs possibles ailleurs, mais ces haltes sont plus commodes, notamment avec des enfants :

- **Sur la Dronne** Creyssac, Saint-Victor (Chantemerle), Saint-Méard-de-Dronne (La Pauze), Comberanche (Le Bourg), La Roche-Chalais (près du pont)
- **Sur l'Isle** Corgnac (Le Stade), Trélissac (moulin des Mounards), Trélissac (plaine de F. Grandou), Périgueux (moulin de Sainte-Claire), Marsac (L'Évêque), Mussidan (quais/pont de Lagut), Saint-Martial-d'Artenset (moulin de Duellas), Montpon-Ménestérol (base de loisirs de Chandos)
- **Sur l'Auvézère** Cherveix-Cubas, Tourtoirac
- **Sur la Dordogne** Vitrac (Le Pot), Gardonne (port), Limeuil
- **Sur la Vézère** Terrasson-Lavilledieu, Montignac, Le Bugue, Saint-Léon-sur-Vézère, Tursac, Limeuil

Dans le département du **Lot**, on dénombre 65 km de parcours. Les eaux du **Célé** sont particulièrement appréciées pour les paysages sauvages qu'il traverse, et certains tronçons sont assez sportifs. Un itinéraire de 20 km allant de Gluges à Pinsac figure par exemple parmi les grands classiques proposés par les loueurs, qui peuvent aussi vous accompagner et commenter le paysage.

Sécurité

Notez qu'il est impératif de savoir nager pour pratiquer cette activité et que le gilet de sauvetage est indispensable. À savoir aussi, si vous avez votre propre matériel, la navigation sur la Dordogne est réglementée par arrêté préfectoral. L'embarquement est autorisé de 9h30 à 18h. Renseignez-vous auprès des mairies avant de partir en escapade, car les barrages hydroélectriques sont nombreux sur le fleuve et les débits des cours d'eau peuvent être modifiés et varier très rapidement au besoin. Il est donc également déconseillé de bivouaquer au bord du fleuve. Pensez à protéger vos enfants du soleil : avec la réverbération, les coups de soleil sont rapides et importants. Pensez aussi à emporter de l'eau. Vous

Sur le chemin de Saint-Jacques

© OTBDG

pourrez rassembler vos effets personnels (clés, téléphone, appareil photo, vêtements) et votre pique-nique dans un container étanche pour quelques euros supplémentaires.

Se renseigner

Initiative partenaire entre le Comité départemental du tourisme de la Dordogne et le groupement des loueurs de canoës Dordogne-Périgord, le site **www.dordognecanoe.com** recense les loueurs et constitue une mine d'informations pour organiser sa descente.

Les pages dédiées des offices du tourisme du Lot, en particulier www.tourisme-cahors.fr/decouvrir/eau-et-nature/navigation/canoe-kayak et www.tourisme-lot.com peuvent aussi vous informer sur les parcours et les manifestations.

Enfin, de nombreux prestataires sont indiqués dans les chapitres régionaux de ce guide.

Randonnée

Destinations nature par excellence, le Lot et la Dordogne constituent un territoire de choix pour les marcheurs épris de paysages sauvages. De nombreux sentiers de grande randonnée (GR®) maillent les deux départements. Ces sentiers exigeants, balisés en rouge et blanc, se parcourent au long cours, sac au dos, en bivouaquant sous tente ou en dormant en gîte d'étape le soir venu. Le **GR®36**, qui part de Normandie pour rejoindre la frontière espagnole, permet d'admirer largement la vallée du Lot, les causses du Quercy, Cahors, et de longer la vallée de la Vézère et ses sites préhistoriques. Le **GR®6** donne un très bel aperçu de la région avec un tronçon reliant Sarlat à Monbazillac via Rocamadour, Figeac et Les Eyzies. Une partie du sentier est à cheval sur le chemin de Saint-Jacques-de-Compostelle. Le **GR®65**, qui correspond à la Via Podiensis, l'un des chemins de Saint-Jacques, très fréquenté l'été, permet d'admirer largement la partie méridionale du Quercy (voir p. 258). Enfin, le **GR®46**, baptisé "le tour des gorges de l'Aveyron", serpente dans le Lot, de Cahors à Beauregard. Plus modestes, les sentiers PR® (pour "petites randonnées"), se parcourent plutôt sur une demi-journée ou quelques heures. Ils sont balisés en jaune et permettent souvent d'observer le petit patrimoine oublié et les particularités locales (moulins, chapelles, lavoirs, faune et flore...).

Se renseigner

Le site **www.tourisme-lot.com** propose près de 150 balades à pied tous niveaux et adaptables aux envies du moment : dans les vignes, au bord de l'eau, avec beaucoup d'ombre, avec un panorama ou un point de vue, avec aperçu du patrimoine rural... Les balades sont cartographiées et peuvent être téléchargées au format pdf. Le Conseil général de Dordogne a mis au point le site Web **rando.dordogne.fr**, qui recense une myriade de balades à faire à pied, mais aussi à VTT, à cheval... Un site cousin

Dans la roue de Lawrence d'Arabie

En 1908, Thomas Edward Lawrence, que l'histoire baptisera Lawrence d'Arabie, n'a pas encore 20 ans quand, passionné d'architecture militaire, il se met en tête de faire un tour de France à vélo sur les traces de Richard Cœur de Lion. Dans le Périgord, il avale plus de 200 km pour atteindre le château de Chalus-Chabrol (Haute-Vienne), où son héros mourut lors d'un siège. Le récit de ses aventures, des lettres qu'il écrivit alors à sa mère, riches en anecdotes sur les mœurs françaises de l'époque, a d'ailleurs été publié (*Le Tour de France de Lawrence d'Arabie*, La Lauze éditions, 2008). De Castillon-la-Bataille à La Coquille, un circuit touristique de 270 km en 6 étapes avec possibilités de variantes sportives est aujourd'hui balisé en mémoire de cette épopée. Il est par ailleurs possible de moduler le circuit, baptisé "Dans la roue de Lawrence d'Arabie", avec des tronçons en train. Renseignez-vous sur le site Web **rando.dordogne.fr**.

www.dordogne-perigord-tourisme.fr édite 39 plans-guides de la collection "Sentiers du Périgord" à l'échelle 1/50 000, disponibles dans les offices du tourisme ou téléchargeable sur le site Web (2,50 €). La **Fédération française de randonnée pédestre** (FFRP ; www.ffrandonnee.fr) édite par ailleurs plusieurs Topoguides® assez exhaustifs qui recensent de nombreux itinéraires de balades (de 12 à 16 € chacun) : *La Dordogne… à pied®*, *Le Lot… à pied®*, *Terroirs gourmands de la Dordogne… à pied®* ou encore *Sentiers vers Saint-Jacques-de-Compostelle®* (via le GR®65).

Vélo et VTT

Lot et Dordogne ne possèdent pas de réels massifs montagneux, mais au fil des vallons, il faudra quand même de l'endurance et une bonne forme à ceux qui souhaiteront découvrir ces départements à VTT ou à vélo au long cours. En Dordogne, 29 circuits sur route relient d'adorables villages et longent les plus belles vallées (ils sont mentionnés sur le site de l'office du tourisme ci-dessous). La **véloroute de l'Isle** (p. 160 et cahier vélo) relie Périgueux à Montpon-Ménestérol, aux portes de la Gironde, en un itinéraire de plus de 100 km ouvert aux cyclistes. Dans le Lot, en Quercy, une **véloroute** de 160 km suit le vignoble de Cahors le long de la vallée de la rivière. L'office du tourisme du Lot recense par ailleurs plus de 70 parcours VTT et vélo avec différents critères de choix intéressants (beaucoup d'ombre, près des vignes…) et la possibilité de télécharger le tracé GPS.

Pour d'autres itinéraires, reportez-vous au cahier vélo.

Se renseigner

Vous trouverez des informations, des cartes, des itinéraires et des adresses de loueurs de vélos, vélos électriques et VTT sur les sites des offices du tourisme aux liens suivants :

Dordogne (www.dordogne-perigord-tourisme.fr/preparer-son-sejour/bouger/cyclotourisme)

Lot (www.tourisme-lot.com/balades-et-randonnees)

Comité départemental de cyclotourisme de la Dordogne (dordogne.ffct.org)

Comité départemental de cyclotourisme du Lot (☎ 05 65 34 41 15 ; lot.ffvelo.fr)

Pêche

Truites, sandres, brochets, poissons blancs… les eaux poissonneuses des rivières lotoises et périgourdines font le bonheur des amateurs de pêche. Dans la Dordogne, classée 2e catégorie, les cyprinidés (poissons blancs) et les carnassiers règnent en maîtres.

À VTT dans le Périgord noir, près du château de Commarque

Les silures sont légion, certains atteignant des tailles vraiment impressionnantes ! Cette rivière se prête tout particulièrement à la pêche à la mouche, que l'on pratique les bottes dans l'eau, avec vue sur les falaises et les châteaux. Pour les salmonidés, comme la truite fario, direction les étangs de Boulazac, La Coquille, Fossemagne, Thenon ou Thonac.

Le département du Lot comporte 1 500 km de ruisseaux, 400 km de rivières et 35 lacs et étangs. La rivière Lot est très appréciée des carnassiers et particulièrement réputée pour ses grosses carpes, certaines pesant jusqu'à 30 kg. On pratique la pêche de nuit toute l'année et des cales aménagées entre Cajarc et Puy-l'Évêque facilitent l'accès en bateau. Des soirées de pêche en nocturne y ont lieu toute l'année. Dans le département, ne pêchez pas dans les trois parcours "no kill" situés sur le Lot, le Célé et la Bave. Ils sont exempts de pêcheurs afin de préserver les populations piscicoles.

Si votre séjour dans le Lot ou en Dordogne est consacré à la pêche et que vous souhaitez en profiter au maximum, sachez que le label "Hébergement Pêche" valorise des hébergements à proximité des rivières, particulièrement adaptés à l'accueil des pêcheurs. Il s'agit d'un label national attribué par le président de la Fédération départementale de pêche. Le département du Lot en compte par exemple une quarantaine. Vous trouverez la liste sur www.tourisme-lot.com, dans la rubrique "Préparer votre séjour", sous l'onglet "Hébergements thématiques".

Notez enfin que, pour pouvoir s'adonner à la pêche, il faut obligatoirement adhérer à une Association agréée pour la pêche et la protection du milieu aquatique (AAPPMA) et s'acquitter de la Cotisation pêche et milieux aquatiques (CPMA), exception faite des enfants détenteurs d'une carte de pêche "découverte moins de 12 ans". Vous pouvez acheter votre carte de pêche directement en ligne sur www.cartedepeche.fr.

Se renseigner

Fédération de pêche de la Dordogne (☎ 05 53 06 84 20 ; www.federationpechedordogne.fr)

Fédération de pêche du Lot (☎ 05 65 35 50 22 ; www.pechelot.com)

La via ferrata des jardins de Marqueyssac

Dans les jardins suspendus de Marqueyssac (p. 77), à 9 km de Sarlat, les amoureux de la grimpe ne manqueront pas la "Via Ferrata des rapaces". Il s'agit d'un parcours acrobatique en falaise, à une centaine de mètres au-dessus de la vallée de la Dordogne, où l'on s'accroche, avec un baudrier, à une ligne de vie continue équipée de prises. L'activité, entièrement sécurisée, est ouverte aux plus de 8 ans et de 1,30 m. À la clé, une découverte du paysage riche en émotions et en sensations. Une belle expérience à vivre en famille... si vos enfants sont un peu aguerris !

Baignade

En Dordogne, plusieurs rivières et bases de loisirs vous permettront de vous rafraîchir quand le mercure grimpe. Les espaces dédiés à la baignade peuvent être d'accès payant, et surveillés ou non. Vous trouverez une liste des plans d'eau sur www.dordogne-perigord-tourisme.fr, rubrique "Préparer son séjour", puis "Lieux de baignade". Voir aussi nos sélections p. 68, p. 135 et dans le chapitre *Voyager en famille* p. 45.

Pour vous renseigner sur la qualité des eaux, consultez le site gouvernemental **baignades.sante.gouv.fr**, contactez la Direction départementale des affaires sanitaires et sociales (DDASS) de la Dordogne au ☎05 53 02 27 27. Dans le Lot, les baignades dans le Célé sont particulièrement appréciées, mais vous trouverez aussi d'autres plans d'eau sur www.tourisme-lot.com/les-incontournables-du-lot/activites-nature/se-baigner-en-eau-naturelle. Le service sur Internet **syded-lot.fr/eau/eaux-naturelles/infeau-loisirs**, en activité de juin à septembre, édite un bilan quotidien sur la qualité des eaux de baignade.

Spéléologie et escalade

Le sous-sol calcaire du Lot et de la Dordogne est comme un gros morceau de gruyère traversé par un réseau de rivières souterraines : un paradis pour les spéléologues ! Rien que dans le Périgord, on dénombre 8 000 phénomènes karstiques et cavités naturelles, avec des rivières parfois longues de 20 km. C'est d'ailleurs aux pionniers de la spéléologie, souvent aussi passionnés d'escalade, que l'on doit l'"invention" (la découverte) des sites préhistoriques majeurs qui se visitent aujourd'hui dans la région. Le Lot n'est pas en reste, avec des sites de spéléologie mythiques comme le puits du Bret et les pertes de Thémines. Les plongeurs expérimentés pourront par ailleurs explorer les résurgences de rivières, notamment à Gramat et dans le secteur de Rocamadour. Les formules d'initiation à la spéléologie dédiées aux débutants sont de plus en plus nombreuses.

Sécurité

Notez bien que l'activité est fortement déconseillée si vous êtes sujet à la claustrophobie ou si vous avez facilement le vertige. Du reste, l'escalade comme la spéléologie nécessitent une bonne connaissance du milieu et des techniques de déplacement. Pour votre sécurité, ne partez pas seul. Faites appel aux services de prestataires disposant d'un brevet.

Se renseigner

Comité départemental de spéléologie de la Dordogne (☎06 76 96 68 49 ; cds24.wordpress.com)

Comité départemental de spéléologie du Lot (☎05 53 53 50 72 ; www.cds46.fr)

Château de Marzac (p. 99)

Carnet pratique

Infos utiles

Achats

Terre de gourmets oblige, les **vins** et **produits du terroir** figurent en bonne place dans les emplettes que vous pourrez faire dans la région. De nombreuses boutiques et marchés proposent, notamment dans les lieux touristiques, une large sélection de foies gras, de confits, de terrines, de conserves diverses et de confitures. Au hasard de vos déplacements, vous en trouverez également dans des fermes et chez des producteurs locaux, qui vendent aussi des fromages régionaux (rocamadour et autres cabécous, bleu des Causses...). Le Lot et la Dordogne produisent par ailleurs de nombreuses spécialités à base de truffes, mais aussi du safran, des noix et des châtaignes. Les amateurs de vin pourront alourdir leurs bagages de quelques bouteilles des crus de la région. Bergerac, pécharmant, monbazillac et cahors sont des appellations réputées, déclinant des vins qui vont du rouge capiteux au blanc liquoreux.

L'**artisanat** s'illustre avec la coutellerie. Nontron, notamment, est réputée pour ses couteaux, dont l'origine remonterait au XVe siècle. La production artisanale de ces couteaux au joli manche de bois travaillé se perpétue dans la ville et ses alentours. Najac s'illustre également dans ce domaine, avec un couteau réalisé à la main dont la lame présente un arrondi caractéristique.

Argent

Vous n'aurez aucun problème pour retirer de l'argent avec une carte bancaire dans les grandes villes, où les banques et distributeurs automatiques de billets (DAB) sont nombreux. La situation se complique en revanche dans les villages, avec des possibilités de retrait parfois limitées, voire inexistantes. Il n'existe ainsi, par exemple, qu'un seul distributeur automatique dans le village pourtant touristique de Saint-Cirq-Lapopie (et il n'est pas toujours en état de marche !). Mieux vaut donc être prévoyant lorsque vous quittez les grandes villes. Cela dit, les règlements par carte bancaire et les paiements sans contact sont largement acceptés. Dans les villages dépourvus de distributeur, il arrive qu'un commerçant accepte de délivrer des espèces contre paiement par carte bancaire (cashback). Cette pratique est strictement encadrée : le montant doit être compris entre 1 et 60 €. Le commerçant doit indiquer les éventuelles commissions perçues.

Bénévolat

Quelques associations proposent des missions dans divers registres. Vous pourrez par exemple regarder les offres de **Rempart** (www.rempart.com) qui permettent de participer à la restauration de bâtiments anciens. Le **wwoofing** (*World Wide Opportunities in Organic Farming*, ou Opportunités internationales dans des fermes bio) est une autre piste. L'idée consiste à proposer à des volontaires de travailler quelques heures par jour dans des fermes pratiquant l'agriculture biologique en échange du gîte et du couvert. En dehors du travail, le volontaire dispose de temps pour faire un peu de tourisme. Vous trouverez des opportunités de *wwoofing* dans la région sur le site www.wwoof.fr.

Cartes et plans

Si vous ne faites que traverser la région et cherchez une carte routière, la carte IGN France Sud-Ouest au 1/350 000 (1 cm = 3,5 km) pourra faire l'affaire (réf. 1M803). Mieux vaut cependant des cartes plus détaillées au 1/150 000 (1 cm = 1,5 km).

L'IGN en propose une du département de la Dordogne (réf. D721318) et une du département du Lot (réf. D721334). Michelin publie pour sa part, à la même échelle, les cartes Corrèze-Dordogne (n°329), Périgord-Quercy (n°118) et Lot-Tarn-et-Garonne (n°337).

Également intéressante car plus détaillée (mais plus restreinte par son cadre), la carte IGN Périgord noir – Haut Quercy (réf. TOP75026) au 1/75 000 (1 cm = 750 m) peut être un excellent compagnon de voyage. Elle inclut en

Météo France

Météo France (www.meteofrance.com) propose des prévisions pour chaque département, pour les 7 jours à venir. L'information est disponible gratuitement sur Internet. Par téléphone, vous obtiendrez des bulletins au ☎08 99 71 02 24 (Dordogne) et au ☎08 99 71 02 46 (Lot) mais l'appel est facturé 2,99 € + le prix d'une communication.

effet 5 zooms au 1/25 000. Les randonneurs trouveront leur bonheur avec les cartes de la série TOP 25 de l'IGN. Particulièrement précises et détaillées (1 cm = 250 m), on retiendra notamment les titres *Sarlat-Souillac-Vallée de la Dordogne*, *Cahors*, *Saint-Cirq-Lapopie*, *Vallées du Lot et du Célé*, *Gramat-Rocamadour*, *Montignac-Grotte de Lascaux*, *Nontron* ou encore *La Roque-Gageac-Domme*... Toutes ces cartes peuvent être achetées en ligne sur les sites de **Michelin** (boutique.laventure.michelin.com) et de l'**IGN** (ignrando.fr/fr). Sur place, vous trouverez des cartes touristiques, peu détaillées et de qualité variable mais gratuites, dans les offices du tourisme.

Climat

Soumise d'un côté à l'influence océanique et au Gulf Stream, qui apporte sa douceur, et de l'autre au Massif central, plus rigoureux, la région présente un climat contrasté. Si le climat océanique aquitain prédomine – l'ensoleillement est au-dessus de la moyenne nationale et les précipitations en deçà –, on remarque de grandes différences selon l'altitude, l'encaissement des vallées, leur orientation et la nature des sols. Le climat régional, à dominante assez douce, peut ainsi connaître des baisses de températures sensibles, des changements rapides et des épisodes orageux. Sans surprise, les mois les plus froids sont décembre et janvier, et les plus chauds juillet et août. La région est assez peu ventée, les étés sont secs et ensoleillés et les précipitations assez marquées en hiver et au printemps. Le bas Quercy présente les conditions les plus douces.

Désagréments et dangers

La Dordogne et le Lot sont des départements qui ne posent pas de problème particulier au voyageur. La criminalité et la délinquance dans ces espaces en grande partie ruraux sont faibles, en deçà des moyennes nationales ; l'environnement et le climat ne présentent pas de danger spécifique. Seule la route appelle à une certaine vigilance, notamment en hiver. La région est en effet sillonnée de routes de campagne souvent peu fréquentées, sinueuses et étroites, où la prudence est de mise. Le principal danger, ce sont les sangliers, chevreuils et autres animaux qui franchissent la route sans crier gare. Prenez également les précautions élémentaires lors de vos randonnées : consultez la météo avant de partir, munissez-vous d'une carte, de protection solaire et d'eau, et évitez de randonner seul. Pour plus d'informations sur la sécurité lors d'activités nautiques sur la Dordogne, reportez-vous au chapitre *Sports et activités* p. 320.

Enfants

Visites du monde mystérieux des nombreuses grottes de la région, balades et randonnées, découverte des rivières en canoë-kayak ou en gabarre, châteaux forts... la région a beaucoup à offrir aux enfants, notamment dans le domaine des activités de plein air. Pour plus d'informations sur les visites et les activités avec des enfants, reportez-vous au chapitre *Voyager en famille*, p. 45.

Handicapés

Comme partout en France, la Dordogne et le Lot font des efforts dans le domaine de l'accueil des personnes à mobilité réduite, dans le cadre du programme national "Tourisme et handicap". De nombreux hôtels, chambres d'hôtes, restaurants, musées et sites touristiques sont ainsi accessibles aux personnes se déplaçant en fauteuil roulant. La situation diffère cependant beaucoup entre les grandes villes et les villages. De nombreux bourgs touristiques du Périgord et du Quercy présentent en effet un relief accidenté, avec des rues pavées et en pente, difficilement accessibles. Côté Dordogne, vous trouverez une liste détaillée des hébergements, restaurants, sites touristiques et équipements de loisirs accessibles sur le lien suivant : www.dordogne-perigord-tourisme.fr/tourisme-handicap. Le Lot est moins avancé dans ce domaine. La région du Grand Cahors, en cours de labellisation "Tourisme et handicap" au moment de la rédaction de ce guide, propose des informations sur le lien suivant : www.tourisme-cahors.fr/je-suis/en-situation-de-handicap. Il est également possible de se renseigner sur le site de l'association **Jaccede** (www.jaccede.com/fr), qui recense des lieux accessibles dans toutes les régions de France et propose même une application mobile avec une base de données, et de contacter l'**Association des paralysés de France** (www.apf-francehandicap.org ; 17 bd Auguste-Blanqui, 75013 Paris), qui s'efforce d'orienter dans leurs recherches les visiteurs à mobilité réduite ayant une demande particulière. **Yanous** (www.yanous.com), **Hizy** (hizy.org), **Handicap.fr** (www.handicap.fr) et **Tourisme et Handicaps** (www.tourisme-handicaps.org) constituent également de bonnes sources d'information. Enfin, les agences de voyages **Yoola** (www.yoola.fr) et **Comptoir des voyages** (www.comptoir.fr) organisent des voyages adaptés aux personnes à mobilité réduite.

Hébergement

On trouve dans la région un choix d'hébergement dans (presque) tous les styles et (presque) tous les prix. Vous trouverez des informations dans la rubrique "Préparer son séjour" des sites Web de la Dordogne (www.dordogne-perigord-tourisme.fr) et du Lot (www.tourisme-lot.com).

Auberges de jeunesse

Ce mode d'hébergement est peu représenté, puisque le Périgord et le Quercy ne comptent que deux auberges de jeunesse. En revanche, l'une d'elles occupe un lieu d'exception : les bâtiments conventuels d'une abbaye cistercienne à Cadouin (p. 131), en Périgord ; la seconde est au contraire flambant neuve puisqu'elle a été ouverte en 2017, à deux pas du pont Valentré, à Cahors.

Auberge de jeunesse de Cadouin (05 53 73 28 78 ; pl. de l'Abbaye ; fermée 21 déc-27 jan)

Auberge de jeunesse de Cahors – Le Chai (p. 252) Adressez-vous à la **FUAJ** (Fédération unie des auberges de jeunesse ; www.fuaj.org), membre du réseau Hostelling International (HI), si vous souhaitez bénéficier du tarif préférentiel des adhérents.

Campings

La région est bien pourvue en terrains de camping, avec plus de 250 possibilités. Les prestations couvrent toute la gamme, du terrain rustique au quatre-étoiles avec piscine, laverie, services et aires de jeux. La majorité n'ouvrent qu'en saison, généralement d'avril à septembre. Certains proposent également des chalets, mobil-homes et autres installations d'"hôtellerie de plein air". Les campings "à la ferme" permettent de planter sa tente sur le terrain d'une exploitation agricole. Cette alternative est originale et bon marché, mais les services et les infrastructures, notamment les sanitaires, sont souvent limités.

Chambres d'hôtes

Au cœur d'un village, en ville ou en pleine nature, à petit budget ou frisant le luxe, dans une exploitation agricole ou une bastide de caractère, avec piscine ou Jacuzzi, dans la maison des propriétaires ou dans une annexe indépendante, avec ou sans repas en table d'hôtes... Les chambres d'hôtes du Périgord et du Quercy, très nombreuses – la région en compte plusieurs centaines –, se prêtent à toutes les envies. Plusieurs labels ("Gîtes de France", "Clévacances", "Chambres d'hôtes du Périgord", "Accueil paysan") permettent d'affiner sa recherche et de trouver l'adresse correspondant au confort recherché. Ce dernier est très variable : certaines adresses offrent des services limités, mais permettent de séjourner à prix doux dans des régions rurales, d'autres rivalisent avec les meilleurs établissements hôteliers de charme, en proposant une prestation d'excellente qualité et un cadre particulièrement soigné. Les tarifs varient de 45 € la chambre double à plus de 100 € pour les adresses de charme. Notez

Pour les voyageurs étrangers

Formalités d'entrée

Un séjour en Dordogne et dans le Lot est naturellement soumis aux mêmes conditions que pour toute autre destination française. Une simple carte d'identité suffit pour les Suisses et les Belges, tandis que les citoyens canadiens devront présenter un passeport en cours de validité. Ils n'ont pas besoin de visa pour une période maximale de 90 jours. Pour plus de précisions, ou pour d'autres nationalités, reportez-vous aux informations du site du ministère des Affaires étrangères français : www.diplomatie.gouv.fr.

Heure locale

Comme toute la France métropolitaine, la région, présente une heure (hiver) ou deux heures (été) d'avance par rapport à l'heure de Greenwich. L'heure est la même qu'en Belgique ou en Suisse. Lorsqu'il est 14h à Périgueux ou à Cahors, il est 8h au Canada.

Prises électriques

Les prises électriques françaises disposent de deux fiches rondes (220V, 50Hz).
Les Canadiens auront besoin d'un adaptateur.

Consulats étrangers dans la région

- **Consulat de Belgique** Bordeaux (☎07 69 66 02 46 ; 184 rue Judaïque, 33 000 Bordeaux) ; Toulouse (☎05 61 52 67 93 ; 3 rue Mage, 31 000 Toulouse)
- **Consulat de Suisse** Bordeaux (☎01 49 55 67 00, 51 rue Tranchère, 33 100 Bordeaux) ; Toulouse (☎07 64 05 95 53, 27 chemin de Sironis, 31130 Balma)
- **Consulat du Canada** Toulouse (☎06 20 14 19 57, 59 allée Jean-Jaurès, 31 000 Toulouse)

Ambassades et consulats de France à l'étranger

- **Ambassade de France en Belgique**
(☎02 548 87 11 ; be.ambafrance.org ; 65 rue Ducale, 1000 Bruxelles)
- **Consulat de France en Belgique**
(☎02 548 88 11 ; bruxelles.consulfrance.org ; 42 bd du Régent, BP 82, 1000 Bruxelles)
- **Ambassade de France en Suisse**
(☎031 359 21 11 ; www.ch.ambafrance.org ; Schosshaldenstrasse 46, 3006 Berne)
- **Consulat de France en Suisse**
(☎022 319 00 00 ; www.geneve.consulfrance.org ; 2 cours des Bastions, 1205 Genève)
- **Ambassade de France au Canada**
Ottawa (☎(613) 789 17 95 ; ca.ambafrance.org ; 42 Promenade Sussex, Ottawa, Ontario)

Téléphone

Pour appeler la France depuis l'étranger, composez le code d'accès international du pays où vous vous trouvez (☎00 pour la France et la Belgique, ☎011 pour le Canada, ou ☎+) suivi de l'indicatif de la France (☎33) puis du numéro souhaité sans le 0 initial. Pour appeler l'étranger depuis la France, composez le ☎00 suivi de l'indicatif du pays (☎32 pour la Belgique, ☎41 pour la Suisse, ☎1 pour le Canada).

que les chambres d'hôtes incluent généralement les petits-déjeuners dans leurs tarifs, ce qui les rend souvent particulièrement attractives par rapport aux hôtels, qui facturent souvent les petits-déjeuners un minimum de 8 € par personne. En revanche, il n'est pas rare qu'elles n'acceptent les réservations que pour deux ou trois nuits minimum.

Covid-19

Si les horaires étaient déjà sujets à variation dans la région, la situation sanitaire a amplifié cette tendance. D'un mois à l'autre, de nombreux commerçants se voient contraints de changer leur offre (fermetures exceptionnelles, service uniquement à midi ou à emporter, etc.). Nous vous invitons par conséquent à vous renseigner par téléphone avant votre venue, surtout auprès des restaurants et des bars, d'autant que beaucoup de commerçants utilisent le message de leur boîte vocale pour informer de leur situation en temps réel.

Gîtes et locations

Cette solution est souvent intéressante pour les familles qui séjournent au moins une semaine dans la région. Parfois associés à des chambres d'hôtes, les gîtes sont généralement des maisons individuelles aménagées, avec cuisine et salle de bains, dont la location s'avère financièrement intéressante. Elle s'effectue à l'avance, sur la base d'un contrat (nombre de gîtes sont affiliés aux labels "Clévacances" ou "Gîtes de France"). Certains particuliers louent également des meublés de vacances de façon indépendante, en dehors de tout label ou affiliation.

Hôtels

La région présente un parc hôtelier complet, à défaut d'être pléthorique. On y trouve avant tout des adresses de catégorie moyenne aux tarifs raisonnables (à partir de 60 € environ la chambre double) et au confort standard, mais les établissements de charme, voire de luxe, sont également représentés dans les lieux les plus touristiques. Dans l'ensemble, les hôtels offrent un bon niveau de confort et d'équipements. Certains se doublent d'un restaurant et/ou d'une piscine, voire d'un spa. Le Périgord et le Quercy abritent enfin quelques adresses de grand style, installées notamment dans des châteaux et des demeures historiques.

Homosexualité

La communauté LGBT est assez discrète en Dordogne et dans le Lot. Les lieux de sortie gays ou estampillés LGBT-friendly ne sont pas légion. Vous trouverez quelques adresses sur le site www.gay-sejour.com.

Internet (accès)

Comme partout, un nombre croissant d'hôtels, de chambres d'hôtes et de bars-restaurants proposent à leurs clients un accès Internet en Wi-Fi gratuit, à la qualité variable. Il est également souvent possible de se connecter en Wi-Fi gratuitement dans les locaux des offices du tourisme. Les cybercafés, en revanche, se font rarissimes depuis que le taux d'équipement en Wi-Fi et en smartphones a explosé. Il peut parfois être plus difficile de trouver une connexion dans les villages. L'accès Internet mobile (4G) est très inégal, avec des agglomérations bien couvertes mais de nombreuses zones blanches à la campagne.

Offices du tourisme

Des offices du tourisme et les syndicats d'initiative sont présents dans quasiment toutes les localités. Ils offrent des services très variables. Dans les grandes villes, vous y trouverez quantité de brochures, cartes, plans et informations générales sur la région ; dans les localités plus petites, leurs services se limitent le plus souvent à une information très locale, notamment à la fourniture d'un plan de visite des principaux sites de la localité (parfois payant, souvent bien fait). Les heures d'ouverture sont également très variables et fluctuantes selon la saison. Souvent, les petits bureaux n'ouvrent que durant la saison touristique ou affichent des horaires limités hors saison. C'est pour cette raison que nous n'avons pas toujours mentionné les heures d'ouverture : le plus sûr pour trouver porte ouverte est d'appeler avant votre passage. Pour préparer votre voyage, les sites des comités départementaux du tourisme sont d'excellentes sources d'information :

Comité départemental du tourisme de la Dordogne www.dordogne-perigord-tourisme.fr

Comité départemental du tourisme du Lot www.tourisme-lot.com

Outre ces sites, de nombreuses villes disposent de leur propre site Web d'informations touristiques. Les principaux offices du tourisme sont les suivants (liste non exhaustive) :

Office du tourisme de Sarlat-Périgord noir (☎05 53 31 45 45 ; www.sarlat-tourisme.com ; 3 rue Tourny, 24200 Sarlat-la-Canéda). Voir p. 64.

Quai Cyrano - Espace Vin et Tourisme (☎05 53 57 03 11 ; www.pays-bergerac-tourisme.com ; quai Salvette, 24100 Bergerac). Voir p. 120.

Office du tourisme de Périgueux (☎05 53 53 10 63 ; www.tourisme-perigueux.fr ; 9 bis pl. du Coderc, 24000 Périgueux). Voir p. 157.

Office du tourisme de la région de Brantôme (☎05 53 05 80 63 ; perigord-dronne-belle.fr ; 2 rue Puyjoli-de-Mayjounissas, 24310 Brantôme). Voir p. 181.

Office du tourisme de Cahors–Vallée du Lot (☎05 65 53 20 65 ; www.cahorsvalleedulot.com ; pl. François-Mitterrand, 46000 Cahors). Voir p. 255.

Office du tourisme de Figeac (☎05 65 34 06 25 ; www.tourisme-figeac.com ; pl. Vival, 46100 Figeac). Voir p. 211.

Office du tourisme Vallée de la Dordogne (☎05 65 33 22 00 ; www.vallee-dordogne.com ; L'Hospitalet, 46500 Rocamadour). Voir p. 226.

Photographie

Les verdoyants paysages vallonnés du Périgord et du Quercy, les villes de caractère, les châteaux et les villages perchés de la région sont autant de sujets qui séduiront les photographes. Ces derniers risquent en revanche de se sentir quelque peu frustrés dès lors qu'ils s'enfonceront dans les profondeurs de la Terre. La photographie (avec ou sans flash) et la vidéo sont en effet limitées, voire interdits, lors de la visite de nombreuses grottes. Dans certains cas, il s'agit simplement de ne pas freiner la visite (certains propriétaires de grottes privées utilisent cet argument pour garder la mainmise sur les images diffusées). Dans d'autres cas, cette limitation répond à une évidente et nécessaire contrainte de conservation. Toute photo ou captation d'image vidéo est ainsi strictement interdite dans les grottes comportant des peintures préhistoriques, afin de ne pas nuire à ces dernières. Aucune dérogation n'est accordée, hormis pour les professionnels, qui doivent faire une demande spécifique. Les photos sont en revanche autorisées dans le gouffre de Padirac et certaines grottes "à concrétions". Renseignez-vous avant de prendre vos billets.

Voyager en solo

La région ne pose aucun problème particulier aux voyageurs et voyageuses en solo. La solitude a cependant un coût : tous les hôteliers ne proposent pas de tarif en chambre simple, ce qui oblige souvent à s'acquitter du prix d'une double. Randonner seul est, comme partout, déconseillé pour des raisons de sécurité, à moins de choisir des sentiers très fréquentés comme les chemins de Compostelle.

Transports

Depuis/vers la Dordogne et le Lot

Avion

Les aéroports de Toulouse et de Bordeaux sont les plus actifs du Grand Sud-Ouest, mais vous devrez ensuite rejoindre en voiture ou en train vos points de chute en Dordogne et dans le Lot. Parmi les aéroports régionaux, celui de Bergerac accueille les vols réguliers les plus fréquents.

Pour les liaisons depuis/vers la Belgique, la Suisse et le Canada, voir l'encadré ci-contre.

Aéroport international de Toulouse-Blagnac (☎0825 38 00 00 ; www.toulouse.aeroport.fr). Destinations notamment desservies : Paris, Nantes, Rennes, Caen, Lille, Strasbourg, Lyon ou Marseille avec **Air France** (☎3654 ; www.airfrance.fr) ; Metz-Nancy avec **TwinJet** (☎0892 707 737 ; www.twinjet.fr) ; Brest, Caen,

Si vous venez de l'étranger

Il n'est pas forcément obligatoire de passer par Paris si vous arrivez de Belgique, de Suisse, ou même du Canada.

Depuis la Belgique

La région est plutôt bien desservie par voie aérienne depuis la Belgique. **Brussels Airlines** (☎0173 231 071 ; www.brusselsairlines.com/fr-fr/) rallie Toulouse et Bordeaux depuis Bruxelles ; **Ryanair** (☎970 019 872 ; www.ryanair.com/fr) assure des vols réguliers vers Bergerac et Toulouse depuis Bruxelles ; **easyjet** (www.easyjet.com/fr) propose également des rotations directes entre Bruxelles et Bordeaux. Par la route, vous pourrez avoir recours aux services de bus assurés par **Flixbus** (www.eurolines.fr).

Depuis la Suisse

easyjet (www.easyjet.com/fr) propose de nombreux vols entre Genève et Toulouse, tandis que **Swiss** (☎0892 23 25 01 ; www.swiss.com/ch/fr) relie Toulouse et Bordeaux à Zurich. En bus, **Eurolines** (www.flixbus.fr) dessert Périgueux et Brive-la-Gaillarde depuis Genève.

Depuis le Canada

Air Canada (www.aircanada.com/fr) assure un vol régulier Montréal-Bordeaux (avec une escale). La compagnie canadienne **Air Transat** (www.airtransat.com/fr) propose durant la saison estivale des vols directs entre Montréal et Toulouse, ainsi que des liaisons vers Bordeaux. En dehors de cette période, vous devrez passer par Paris ou par une autre grande ville française.

Il existe également des liaisons aériennes depuis/vers d'autres destinations : **Ryanair** (www.ryanair.com/fr) assure des vols réguliers avec la Grande-Bretagne depuis Bergerac et Brive ; **Transavia** (www.transavia.com/fr-FR) propose une liaison directe Bergerac-Rotterdam ; **easyjet** (www.easyjet.com/fr) dessert Agadir et Marrakech depuis Toulouse.

Nantes et Strasbourg avec **Volotea** (☎0899 232 050 ; www.volotea.com/fr). Enfin, **easyJet** (☎0820 420 315 ; www.easyjet.com/fr) relie plusieurs villes en France.

Aéroport de Bordeaux (☎05 56 34 50 50 ; www.bordeaux.aeroport.fr). Destinations notamment desservies (les coordonnées des compagnies déjà citées sont données plus haut) : Paris, Lille et Nice avec Air France ; Ajaccio et Calvi avec **Air Corsica** (☎0825 35 35 35 ; www.aircorsica.com) ; Brest, Caen, Nantes, Montpellier et Rennes avec **Chalair Aviation** (☎0 892 700 499 ; www.chalair.eu). Volotea assure également des liaisons vers plusieurs villes en France, tout comme EasyJet.

Aéroport Bergerac Dordogne Périgord (☎05 53 22 25 25 ; www.bergerac.aeroport.fr ; route d'Agen) accueille des vols en provenance de Bruxelles-Charleroi et du Royaume-Uni, principalement opérés par Ryanair (☎0892 56 21 50 ; www.ryanair.com/fr).

Aéroport de Brive-Vallée de la Dordogne (☎05 55 22 40 00 ; www.aeroport-brive-vallee-dordogne.com). Une bonne option si vous allez dans le Lot. Liaisons vers Paris et Ajaccio notamment.

Aéroport de Périgueux Les liaisons aériennes vers Paris ont été supprimées à l'été 2018 en raison d'un lourd déficit et l'avenir de l'aéroport est aujourd'hui incertain.

Bus

Les réseaux de bus **Flixbus** (www.flixbus.fr) et de **BlaBlaCar Bus** (www.blablacar.fr/bus) permettent de trouver aisément une place vers une destination du Lot ou de Dordogne. Flixbus dessert Brive-la-Gaillarde, Périgueux et Cahors depuis/vers Paris, mais aussi d'autres destinations comme Grenoble ou Chambéry. BlaBlaCar Bus assure des liaisons en bus Paris-Brive-la-Gaillarde et Toulouse-Brive-la-Gaillarde. Les tarifs sont particulièrement économiques. Notez que la compagnie Eurolines, rachetée par Flixbus en juillet 2019, a définitivement disparu sous ce nom un an plus tard.

Train

Le réseau de la **SNCF** (☎3635 ; www.oui.sncf) vers la Dordogne et le Lot fonctionne avec des trains "classiques" Intercités (il n'y a pas de TGV direct). De Paris, comptez entre 4 heures 30 et 5 heures 30 environ selon la correspondance (généralement à Limoges) pour rejoindre Périgueux. Il est également possible de gagner Libourne ou Angoulême en TGV et de poursuivre en TER ou en bus – on peut ainsi atteindre Sarlat en 6 heures environ. Côté Lot, la ligne Paris-Toulouse permet de rejoindre Cahors depuis Paris en 5 heures environ, via Souillac et Gourdon. Des liaisons Intercités mettent Périgueux à environ 1 heure 15 de Bordeaux, 3 heures de Toulouse et 5 heures de Lyon. Cahors est à 1 heure 10 de Toulouse. L'absence de ligne à grande vitesse allonge certes les trajets mais présente un avantage : il est possible de trouver des billets à des tarifs particulièrement attractifs à certaines dates. Des cars SNCF assurent des liaisons entre les gares et les différentes localités de la région.

Voiture

Par la route, Périgueux est à 550 km de Paris, 770 km de Lille, 430 km de Lyon, 680 km de Marseille, 560 km de Grenoble, 280 km de Toulouse et 140 km de Bordeaux. Cahors est à 575 km de Paris, 560 km de Grenoble, 450 km de Lyon, 790 km de Lille, 510 km de Marseille, 115 km de Toulouse et 240 km de Bordeaux. L'autoroute A20 (l'Occitane) traverse la région du nord au sud, de Limoges à Montauban, passant à proximité de Périgueux, Souillac, Cahors et Caussade. L'A89 traverse sa partie nord d'est en ouest, via Bergerac, Périgueux, Nontron, Brantôme et Sarlat-la-Canéda. En dehors de ces grands axes, le Périgord et le Quercy, régions à la densité de population faible, sont sillonnés de routes à la fréquentation très variable mais en bon état.

Si vous souhaitez réduire le bilan carbone de votre déplacement, ou les frais d'essence, envisagez le covoiturage. Regardez par exemple les offres de **BlaBlaCar** (www.blablacar.fr) et **MobiCoop** (www.mobicoop.fr)

Voyages organisés

Vous trouverez, sur les sites Internet des offices du tourisme de la Dordogne (www.dordogne-perigord-tourisme.fr) et du Lot (www.tourisme-lot.com), les coordonnées d'agences locales pouvant organiser votre séjour. Voici par ailleurs quelques prestataires nationaux proposant des circuits axés sur la randonnée et le cyclotourisme :

Allibert Trekking (www.allibert-trekking.com). Circuits de randonnée à pied et à vélo sur les chemins de Compostelle et en Périgord noir.

Atalante (www.atalante.fr). Treks itinérants sur les chemins de Compostelle.

Chamina Voyages (www.chamina-voyages.com). Nouvel An gourmand en Périgord, vallées de la Dordogne et Périgord à vélo, Lot nature, multi-activités en Quercy, etc.

La Balaguère (www.labalaguere.com). Randonnées axées sur les cités médiévales du Quercy et le chemin de Compostelle, traversée (accompagnée) du Périgord et du Quercy à vélo.

Terre d'Aventures (www.terdav.com). Voyage itinérant en famille à la découverte du Périgord noir

Comment circuler

Bus

En Dordogne, les lignes du réseau **Modalis** (modalis.fr) desservent notamment Périgueux, Brantôme, Mareuil, Nontron, Hautefort, Ribérac, Bergerac, Sarlat, Souillac et Brive-la-Gaillarde. Comptez 2 € par trajet (14 € la carte de 10 trajets).

Pour connaître les réseaux de transport dans le Lot, connectez-vous au site de la **région Occitanie** et **liO** (www.mestrajets.lio.laregion.fr), qui fournit notamment un plan des liaisons régulières en bus. Les billets coûtent 2 € par trajet, la carte LibertiO' offre des réductions.

Des **bus SNCF** (www.ter.sncf.com/nouvelle-aquitaine et www.ter.sncf.com/occitanie) desservent Cajarc ou encore Puy-l'Évêque.

Camping-car

Les camping-caristes sont nombreux dans la région. Vérifiez toujours quels sont les emplacements possibles pour le stationnement. En Périgord, vous trouverez des informations sur www.dordogne-perigord-tourisme.fr/sejourner/campings-cars et dans le Lot, sur www.tourisme-lot.com/hebergement/aires-de-campings-car.

Train

Outre la ligne Paris-Toulouse, qui dessert au passage Gourdon et Souillac, la région est traversée par plusieurs lignes de train régionales **TER** (www.oui.sncf).

Les principales liaisons sont les suivantes :

Agen-Périgueux – via Villefranche-du-Périgord et Les Eyzies

Aurillac-Figeac-Toulouse – via Capdenac et Najac

Bordeaux-Périgueux-Limoges

Bordeaux-Périgueux-Brive – via Libourne

Bordeaux-Bergerac-Sarlat – via Libourne

Brive-Figeac-Rodez – via Turenne, Rocamadour-Padirac, Gramat, Assier, Capdenac

Souillac-Saint-Denis-près-Martel – via Martel

Toulouse-Cahors-Brive – via Caussade, Montpezat, Lalbenque, Gourdon, Souillac.

DISTANCES ROUTIÈRES (KM)

	Bergerac	Brantôme	Cahors	Figeac	Martel	Nontron	Périgueux	Rocamadour
Brantôme	73							
Cahors	110	153						
Figeac	150	169	70					
Martel	115	121	78	60				
Nontron	100	22	195	202	130			
Périgueux	48	24	125	180	110	48		
Rocamadour	120	125	62	45	22	152	118	
Sarlat	72	90	63	88	40	120	68	49

Vélo

Avec ses routes tranquilles, ses chemins et ses beaux paysages ruraux, la région se prête particulièrement bien à la découverte à vélo. Voir le chapitre *Sports et activités* p. 323 ainsi que le cahier vélo.

Voiture et moto

La voiture (et, dans une moindre mesure, la moto) est le principal mode de locomotion utilisé par les visiteurs dans la région. Le réseau routier est excellent et de nombreuses routes traversant des régions rurales sont peu fréquentées. En été, certaines sont cependant beaucoup plus passantes, ce qui occasionne des embouteillages. C'est par exemple le cas de la D703, qui longe la vallée de la Dordogne. Les sites les plus touristiques, comme Sarlat ou Rocamadour, ont également du mal à faire face à l'afflux de visiteurs estivaux. Le stationnement, enfin, pose souvent des problèmes : la région compte nombre de villages escarpés dont la configuration se prête mal à la circulation, et de nombreuses municipalités ont banni l'automobile des centres-villes touristiques. Vous devrez donc souvent stationner à l'écart des villages les plus fréquentés, dans des parkings payants obligatoires. Si vous ne disposez pas d'un véhicule, vous trouverez des agences de location aux abords des gares et dans les localités les plus importantes. Il s'agit le plus souvent d'enseignes internationales reconnues, comme les suivantes :

Ada (www.ada.fr). Agences à Périgueux et Figeac.

Avis (www.avis.fr). Agences à Bergerac, Cahors, Figeac, Périgueux.

Europcar (www.europcar.fr). Agences à Bergerac, Figeac, Périgueux.

Hertz (www.hertz.fr). Agences à Bergerac, Cahors.

Sixt (www.sixt.fr). Agences à Bergerac, Cahors, Périgueux.

Renseignez-vous sur les prestations incluses dans le prix (kilométrage illimité ou non, taxes, assurances, rachat de franchise...) et sur votre responsabilité en cas de problème. Mieux vaut souscrire une assurance complète couvrant tous les cas de figure. Profitez de tarifs plus avantageux sur Internet, faites jouer la concurrence et, surtout, réservez bien à l'avance. N'hésitez pas à vous connecter à l'un des sites comparateurs de prix, tels que www.bsp-auto.com ou www.carigami.fr. Vérifiez aussi si vous pouvez bénéficier d'une réduction. De nombreuses agences de location ont en effet des programmes promotionnels, en partenariat avec des compagnies d'assurances, sociétés de cartes bancaires ou encore programmes de fidélisation des compagnies aériennes.

En coulisses

Un mot des auteurs

Isabelle Paccault

Un immense merci à Matthieu Bousendorfer pour sa patience et ses conseils photo avisés, à toutes les portes ouvertes du Périgord, l'accueil chaleureux malgré la météo et la crise sanitaire. Merci à Mathilde de la grotte du Grand Roc et à Julie Martinet de Brantôme. Merci à Marie Barriet-Savev pour son professionnalisme bienveillant, et à Dominique Bovet pour sa confiance renouvelée.

Sandrine Gallotta

À ceux qui m'ont ouvert leur porte et ont partagé leurs passions et leurs savoir-faire, ce guide doit beaucoup. Un merci aux Oberon de Saint-Martial-d'Artenset pour leur accueil et pour m'avoir rapproché de mes racines périgourdines. Et, bien sûr, merci à Dominique et à Didier de Lonely Planet pour ce nouveau gage de confiance.

François Capelani

Écrire un guide de voyage est, pour une très large part, une affaire de rencontres. Merci donc à toutes les personnes croisées sur les routes du Lot, pour leur générosité et leur passion. Merci aussi à l'équipe de Lonely Planet à Paris, pour sa confiance et son soutien.

Crédits photographiques

Photographie de couverture Les jardins de Marqueyssac © Irina Crick / Shutterstock

Photographie de couverture du cahier détachable La véloroute, la Flow vélo devant le château de Puyguilhem, Villars © Bertrand Rieger / hemis.fr

Photographies du cahier détachable © Pierre Gouyou-Beauchamps

Photographie de la p. 1 La Dordogne vue du château de Beynac © Iain Frazer / stock.adobe.com

Fond de p. 30 à 39 Créé à partir d'une image Freepik.com.

À propos de cet ouvrage

Cet ouvrage est la troisième édition du guide *Dordogne et Lot*. Il a été mis à jour et rédigé par Isabelle Paccault, Sandrine Gallotta et François Capelani. Vous trouverez leurs biographies p. 352. Claire Angot, Olivier Cirendini et Alexandre Lenoir avaient rédigé l'édition précédente.

Le chapitre *Histoire* et les extraits de textes littéraires, lus par Taric Mehani, Thomas Marceul, Florine Orphelin et Caroline Klaus ont été enregistrés et montés par Jean-Paul Palmyre, du studio Quali'sons.

Direction éditoriale Didier Férat

Responsable éditorial Dominique Bovet

Responsable prépresse Jean-Noël Doan

Coordination éditoriale Marie Barriet-Savev

Maquette Denis Montagner

Cartographie Afdec (Florence Bonijol, Bertrand de Brun, Martine Marmouget, Catherine Zacharopoulou)

Couverture Laure Wilmot

Fabrication Emmanuelle Laine

Édition audio Marie Thureau

Sélection des textes Justine Munsch

Merci à Christiane Mouttet pour sa relecture attentive, à Basile Mariton pour son travail de référencement, à Dominique Bovet, Isabelle Bouwyn, Clara Mackenzie et Bénédicte Houdré pour leurs conseils et leur aide, ainsi qu'à Dominique Spaety pour sa présence bienveillante. Enfin, merci à Luan Angel et Nigel Longuet à Londres et à Jean-Pierre Masclef à Melbourne.

Vos réactions

Vos commentaires nous sont très précieux et nous permettent d'améliorer constamment nos guides. Notre équipe lit toutes vos lettres avec la plus grande attention. Nous ne pouvons pas répondre individuellement à tous ceux qui nous écrivent, mais vos commentaires sont transmis aux auteurs concernés. Tous les lecteurs qui prennent la peine de nous communiquer des informations sont remerciés dans l'édition suivante, et ceux qui nous fournissent les renseignements les plus utiles se voient offrir un guide.

Pour nous faire part de vos réactions, prendre connaissance de notre catalogue et vous abonner à notre newsletter, consultez notre site Web : **www.lonelyplanet.fr**

Nous reprenons parfois des extraits de notre courrier pour les publier dans nos produits, guides ou sites Web. Si vous ne souhaitez pas que vos commentaires soient repris ou que votre nom apparaisse, merci de nous le préciser. Notre politique en matière de confidentialité est disponible sur notre site Web.

Index

Référence des cartes

D

E

F

Référence des cartes

Comment utiliser ce guide

Ces symboles vous aideront à identifier les différentes rubriques :

- À voir
- Activités
- Cours
- Circuits organisés
- Fêtes et festivals
- Où se restaurer
- Où prendre un verre
- Où sortir
- Achats
- Renseignements et transports

Ces symboles vous donneront des informations essentielles au sein de chaque rubrique :

- Adresse éco-responsable
- GRATUIT Entrée libre

- Numéro de téléphone
- Heures d'ouverture
- Parking
- Non-fumeur
- Climatisation
- Accès Internet
- Wi-Fi
- Piscine
- Bus
- Ferry
- Tramway
- Train
- Végétarien
- Familles

Choisissez des lieux sur mesure grâce aux symboles suivants :

- Argent
- Gastronomie
- Prendre un verre
- Vélo
- Sports
- Art et culture
- Fêtes et festivals
- Sites photogéniques
- Paysages
- En famille
- Achats
- Vaut le détour
- Randonnée
- 100% local
- Histoire
- Sortir
- Plages
- Patrimoine
- Faune et flore
- Scène LGBT
- Hébergement
- Château
- Activités nautiques
- Infos pratiques

À voir

- Cave/vignoble
- Château
- Église
- Monument
- Mosquée
- Musée/galerie/édifice historique
- Plage
- Réserve ornithologique
- Ruines
- Synagogue
- Temple bouddhiste
- Temple confucéen
- Temple hindou
- Temple jaïn
- Temple shintoïste
- Temple sikh
- Temple taoïste
- Zoo/réserve animalière
- Autre site

Achats

- Magasin

Activités

- Bodysurfing
- Canoë/kayak
- Cours/circuits organisés
- Plongée/snorkeling
- Randonnée
- Sentô (bain public)
- Ski
- Snorkeling
- Surf
- Piscine/baignade
- Planche à voile
- Autres activités

Où se loger

- Camping
- Hébergement

Où se restaurer

- Restauration

Où prendre un verre

- Bar
- Café

Où sortir

- Salle de spectacle

Renseignements

- Accès Internet
- Ambassade/consulat
- Banque
- Bureau de poste
- Centre téléphonique
- Hôpital/centre médical
- Office du tourisme
- Police
- Toilettes
- Autre adresse pratique

Géographie

- Aire de pique-nique
- Cascade
- Col
- Montagne/volcan
- Oasis
- Parc
- Phare
- Plage
- Point de vue
- Portail
- Refuge/gîte

Transports

- Aéroport
- Bart
- Bus
- Ferry
- Gare/chemin de fer
- Métro/MRT
- Monorail
- Parking
- Piste cyclable
- Poste-frontière
- Station-service
- Subway/Métro
- T/T-Bane
- Taxi
- Téléphérique/funiculaire
- Tramway
- U-Bahn, Tube Station
- Autre moyen de transport

Sandrine Gallotta

Bergerac et le Périgord pourpre, Périgueux et le Périgord blanc
Éditrice régulière pour Lonely Planet, Sandrine a aussi collaboré à plusieurs ouvrages en tant qu'auteure pour le tourisme (*Voyager avec ses enfants*, Lonely Planet) ou sur le patrimoine (*365 Châteaux de France*, Aubanel ; *Plus beaux sites sauvages de France*, Atlas).

Isabelle Paccault

Sarlat et le Périgord noir, Brantôme et le Périgord vert, Cahors et le bas Quercy Après des études de langues à Berlin et de journalisme à Londres, Isabelle décide de vivre plusieurs années sur la route comme nomade numérique, pour concilier toutes ses passions, sans prendre l'avion. Passionnée de voyage lent, d'écriture et de contre-cultures, son périple l'amène à travailler des toits de Katmandou aux wagons du Transsibérien (aventures-en-conscience.com). Aujourd'hui, elle affectionne tout particulièrement les micro-aventures et les voyages locaux, comme une pratique de réenchantement du quotidien, mais elle se passionne aussi pour les peuples premiers autour du monde. Elle a collaboré à plusieurs titres pour Lonely Planet, dont *La Bible du Grand Voyageur*.

Pierre Gouyou Beauchamps

Cahier vélo détachable Voyageur au long cours et journaliste pour la presse cycliste, Pierre a rejoint en 2016 la place Gengis Khan d'Oulan Bator, en Mongolie, au départ de Lyon. 15 266 km d'aventures, racontée dans les colonnes du magazine 200, pour qui il est pigiste régulier depuis 2014. Pour Lonely Planet, Pierre a couvert plusieurs destinations à vélo : la Corse, la Loire à vélo, les Pyrénées, le Massif Central, les Alpes ou la Bourgogne.

Contributrice

Thérèse de Chérisey

Passionnée d'art, d'histoire et de voyages, Thérèse est l'auteure de nombreux livres et guides touristiques sur différentes régions de France. Elle a travaillé sur la préhistoire pour le livre *Les Origines de l'homme* de Pascal Picq et possède des attaches familiales dans le Périgord blanc et dans le Périgord noir qui l'amènent à y séjourner régulièrement. Elle a rédigé les chapitres *Histoire*, ainsi que *Culture et patrimoine* de ce guide.

Les guides lonely Planet

Une vieille voiture déglinguée, quelques dollars en poche et le goût de l'aventure, c'est tout ce dont Tony et Maureen Wheeler eurent besoin pour réaliser, en 1972, le voyage d'une vie : rallier l'Australie par voie terrestre via l'Europe et l'Asie. De retour après un périple harassant de plusieurs mois, et forts de cette expérience formatrice, ils rédigèrent sur un coin de table leur premier guide, *Across Asia on the Cheap*, qui se vendit à 1 500 exemplaires en l'espace d'une semaine. Ainsi naquit Lonely Planet, dont les guides sont aujourd'hui traduits en 13 langues.

Nos auteurs

François Capelani

Figeac et le haut Quercy Il y a une dizaine d'années, François décidait de quitter Paris (et le confort du salariat) pour s'en aller sillonner les routes du monde. Après de longs détours en Asie et aux États-Unis notamment, il est désormais éditeur free-lance et auteur de guides de voyage. Il collabore régulièrement aux guides Lonely Planet.

Jean-Bernard Carillet

Vidéos Infatigable globe-trotter (118 pays visités), Jean-Bernard aime partager ses expériences de voyage en utilisant tous les supports et médias : texte (il est auteur régulier pour Lonely Planet, avec plus de 200 collaborations à son actif), photos et vidéos. Télépilote professionnel depuis 2019, il ne se sépare plus de son drone et de sa caméra légère pour capter des images inspirantes lors de ses missions en France et à l'étranger. En Dordogne et dans le Lot, il a parcouru plusieurs milliers de kilomètres pour saisir les meilleures lumières et ambiances dans les sites qu'il a filmés. Parmi les moments marquants : la mystérieuse forêt de la Double et les superbes jardins d'Eyrignac.

Nos auteurs (Suite)

Explorer la région Dordogne et Lot
3e édition

92 avenue de France - 75013 Paris

Dépôt légal Mars 2022
ISBN 978-2-81619-480-7
Photographes © comme indiqué 2022
Imprimé par ESTIMPRIM, Autechaux, France

En Voyage Éditions | un département édi8